国家卫生和计划生育委员会"十三五"规划教材

全国中等卫生职业教育教材

供中等卫生职业教育各专业用　　第3版

数学应用基础

主　编　张守芬

副主编　杭　丽　肖芬芬

编　者（以姓氏笔画为序）

万桃先（山东省莱阳卫生学校）

尹崇阳（山东省青岛卫生学校）

李　敏（首都医科大学附属卫生学校）

李云杰（辽宁省沈阳市中医药学校）

杭　丽（辽宁省朝阳市卫生学校）

肖芬芬（广东省潮州卫生学校）

张守芬（辽宁省锦州市卫生学校）

周亦文（赣南卫生健康职业学院）

姜　珊（辽宁省锦州市卫生学校）（兼秘书）

蔡钶金（河南省郑州市卫生学校）

人民卫生出版社

图书在版编目（CIP）数据

数学应用基础/张守芬主编.—3版.—北京：人民卫生出版社，2017

ISBN 978-7-117-24373-5

Ⅰ.①数… Ⅱ.①张… Ⅲ.①数学课－中等专业学校－教材 Ⅳ.①G634.601

中国版本图书馆 CIP 数据核字（2017）第 163312 号

| 人卫智网 | www.ipmph.com | 医学教育、学术、考试、健康，购书智慧智能综合服务平台 |
| 人卫官网 | www.pmph.com | 人卫官方资讯发布平台 |

数学应用基础
第 3 版

主　　编：张守芬
出版发行：人民卫生出版社（中继线 010-59780011）
地　　址：北京市朝阳区潘家园南里 19 号
邮　　编：100021
E - mail：pmph @ pmph.com
购书热线：010-59787592　010-59787584　010-65264830
印　　刷：人卫印务（北京）有限公司
经　　销：新华书店
开　　本：787×1092　1/16　　印张：20
字　　数：499 千字
版　　次：2001 年 9 月第 1 版　　2017 年 8 月第 3 版
　　　　　2021 年 8 月第 3 版第 4 次印刷（总第 29 次印刷）
标准书号：ISBN 978-7-117-24373-5/R·24374
定　　价：52.00 元

打击盗版举报电话：010-59787491　E-mail：WQ @ pmph.com
（凡属印装质量问题请与本社市场营销中心联系退换）

出版说明

　　为全面贯彻党的十八大和十八届三中、四中、五中全会精神,依据《国务院关于加快发展现代职业教育的决定》要求,更好地服务于现代卫生职业教育快速发展的需要,适应卫生事业改革发展对医药卫生职业人才的需求,贯彻《医药卫生中长期人才发展规划(2011—2020年)》《现代职业教育体系建设规划(2014—2020年)》文件精神,人民卫生出版社在教育部、国家卫生和计划生育委员会的领导和支持下,按照教育部颁布的《中等职业学校专业教学标准(试行)》医药卫生类(第二辑)(简称《标准》),由全国卫生职业教育教学指导委员会(简称卫生行指委)直接指导,经过广泛的调研论证,成立了中等卫生职业教育各专业教育教材建设评审委员会,启动了全国中等卫生职业教育第三轮规划教材修订工作。

　　本轮规划教材修订的原则:①明确人才培养目标。按照《标准》要求,本轮规划教材坚持立德树人,培养职业素养与专业知识、专业技能并重,德智体美全面发展的技能型卫生专门人才。②强化教材体系建设。紧扣《标准》,各专业设置公共基础课(含公共选修课)、专业技能课(含专业核心课、专业方向课、专业选修课);同时,结合专业岗位与执业资格考试需要,充实完善课程与教材体系,使之更加符合现代职业教育体系发展的需要。在此基础上,组织制订了各专业课程教学大纲并附于教材中,方便教学参考。③贯彻现代职教理念。体现"以就业为导向,以能力为本位,以发展技能为核心"的职教理念。理论知识强调"必需、够用";突出技能培养,提倡"做中学、学中做"的理实一体化思想,在教材中编入实训(实验)指导。④重视传统融合创新。人民卫生出版社医药卫生规划教材经过长时间的实践与积累,其中的优良传统在本轮修订中得到了很好的传承。在广泛调研的基础上,再版教材与新编教材在整体上实现了高度融合与衔接。在教材编写中,产教融合、校企合作理念得到了充分贯彻。⑤突出行业规划特性。本轮修订紧紧依靠卫生行指委和各专业教育教材建设评审委员会,充分发挥行业机构与专家对教材的宏观规划与评审把关作用,体现了国家卫生计生委规划教材一贯的标准性、权威性、规范性。⑥提升服务教学能力。本轮教材修订,在主教材中设置了一系列服务教学的拓展模块;此外,教材立体化建设水平进一步提高,根据专业需要开发了配套教材、网络增值服务等,大量与课程相关的内容围绕教材形成便捷的在线数字化教学资源包,通过扫描每章标题后的二维码,可在手机等移动终端上查看和共享对应的在线教学资源,为教师提供教学素材支撑,为学生提供学习资源服务,教材的教学服务能力明显增强。

　　人民卫生出版社作为国家规划教材出版基地,有护理、助产、农村医学、药剂、制药技术、营养与保健、康复技术、眼视光与配镜、医学检验技术、医学影像技术、口腔修复工艺等24个专业的教材获选教育部中等职业教育专业技能课立项教材,相关专业教材根据《标准》颁布情况陆续修订出版。

5

总序号	适用专业	分序号	教材名称	版次	主编	
1	中等卫生	1	职业生涯规划	2	郭宏宇	
2	职业教育	2	职业道德与法律	2	范永丽	
3	各专业	3	经济政治与社会	1	刘丽华	
4		4	哲学与人生	1	张艳红	
5		5	语文应用基础	3	王 斌	刘冬梅
6		6	数学应用基础	3	张守芬	
7		7	英语应用基础	3	余丽霞	
8		8	医用化学基础	3	陈林丽	
9		9	物理应用基础	3	万东海	
10		10	计算机应用基础	3	施宏伟	韦 红
11		11	体育与健康	2	姜晓飞	
12		12	美育	3	汪宝德	
13		13	病理学基础	3	林 玲	
14		14	病原生物与免疫学基础	3	张金来	王传生
15		15	解剖学基础	3	王之一	
15		16	生理学基础	3	涂开峰	
17		17	生物化学基础	3	钟衍汇	
18		18	中医学基础	3	刘全生	
19		19	心理学基础	3	田仁礼	
20		20	医学伦理学	3	刘万梅	
21		21	营养与膳食指导	3	戚 林	
22		22	康复护理技术	2	刘道中	
23		23	卫生法律法规	3	罗卫群	
24		24	就业与创业指导	3	温树田	
25	护理专业	1	解剖学基础 **	3	任 晖	袁耀华
26		2	生理学基础 **	3	朱艳平	卢爱青
27		3	药物学基础 **	3	姚 宏	黄 刚
28		4	护理学基础 **	3	李 玲	蒙雅萍

续表

总序号	适用专业	分序号	教材名称	版次	主编	
29		5	健康评估 **	2	张淑爱	李学松
30		6	内科护理 **	3	林梅英	朱启华
31		7	外科护理 **	3	李 勇	俞宝明
32		8	妇产科护理 **	3	刘文娜	闫瑞霞
33		9	儿科护理 **	3	高 凤	张宝琴
34		10	老年护理 **	3	张小燕	王春先
35		11	老年保健	1	刘 伟	
36		12	急救护理技术	3	王为民	来和平
37		13	重症监护技术	2	刘旭平	
38		14	社区护理	3	姜瑞涛	徐国辉
39		15	健康教育	1	靳 平	
40	助产专业	1	解剖学基础 **	3	代加平	安月勇
41		2	生理学基础 **	3	张正红	杨汛雯
42		3	药物学基础 **	3	张 庆	田卫东
43		4	基础护理 **	3	贾丽萍	宫春梓
44		5	健康评估 **	2	张 展	迟玉香
45		6	母婴护理 **	1	郭玉兰	谭奕华
46		7	儿童护理 **	1	董春兰	刘 俐
47		8	成人护理(上册)-内外科护理 **	1	李俊华	曹文元
48		9	成人护理(下册)-妇科护理 **	1	林 珊	郭艳春
49		10	产科学基础 **	3	翟向红	吴晓琴
50		11	助产技术 **	1	闫金凤	韦秀宜
51		12	母婴保健	3	颜丽青	
52		13	遗传与优生	3	邓鼎森	于全勇
53	护理、助产	1	病理学基础	3	张军荣	杨怀宝
54	专业共用	2	病原生物与免疫学基础	3	吕瑞芳	张晓红
55		3	生物化学基础	3	艾旭光	王春梅
56		4	心理与精神护理	3	沈丽华	
57		5	护理技术综合实训	2	黄惠清	高晓梅
58		6	护理礼仪	3	耿 洁	吴 彬
59		7	人际沟通	3	张志钢	刘冬梅
60		8	中医护理	3	封银曼	马秋平
61		9	五官科护理	3	张秀梅	王增源
62		10	营养与膳食	3	王忠福	
63		11	护士人文修养	1	王 燕	
64		12	护理伦理	1	钟会亮	
65		13	卫生法律法规	3	许练光	

续表

总序号	适用专业	分序号	教材名称	版次	主编	
66		14	护理管理基础	1	朱爱军	
67	农村医学	1	解剖学基础 **	1	王怀生	李一忠
68	专业	2	生理学基础 **	1	黄莉军	郭明广
69		3	药理学基础 **	1	符秀华	覃隶莲
70		4	诊断学基础 **	1	夏惠丽	朱建宁
71		5	内科疾病防治 **	1	傅一明	闫立安
72		6	外科疾病防治 **	1	刘庆国	周雅清
73		7	妇产科疾病防治 **	1	黎 梅	周惠珍
74		8	儿科疾病防治 **	1	黄力毅	李 卓
75		9	公共卫生学基础 **	1	戚 林	王永军
76		10	急救医学基础 **	1	魏 蕊	魏 瑛
77		11	康复医学基础 **	1	盛幼珍	张 瑾
78		12	病原生物与免疫学基础	1	钟禹霖	胡国平
79		13	病理学基础	1	贺平则	黄光明
80		14	中医药学基础	1	孙治安	李 兵
81		15	针灸推拿技术	1	伍利民	
82		16	常用护理技术	1	马树平	陈清波
83		17	农村常用医疗实践技能实训	1	王景舟	
84		18	精神病学基础	1	汪永君	
85		19	实用卫生法规	1	菅辉勇	李利斯
86		20	五官科疾病防治	1	王增源	高 翔
87		21	医学心理学基础	1	白 杨	田仁礼
88		22	生物化学基础	1	张文利	
89		23	医学伦理学基础	1	刘伟玲	斯钦巴图
90		24	传染病防治	1	杨 霖	曹文元
91	营养与保	1	正常人体结构与功能 *	1	赵文忠	
92	健专业	2	基础营养与食品安全 *	1	陆 焱	袁 媛
93		3	特殊人群营养 *	1	冯 峰	
94		4	临床营养 *	1	吴 苇	
95		5	公共营养 *	1	林 杰	
96		6	营养软件实用技术 *	1	顾 鹏	
97		7	中医食疗药膳 *	1	顾绍年	
98		8	健康管理 *	1	韩新荣	
99		9	营养配餐与设计 *	1	孙雪萍	
100	康复技术	1	解剖生理学基础 *	1	黄嫦斌	
101	专业	2	疾病学基础 *	1	刘忠立	白春玲
102		3	临床医学概要 *	1	马建强	

续表

总序号	适用专业	分序号	教材名称	版次	主编	
103		4	药物学基础	2	孙艳平	
104		5	康复评定技术 *	2	刘立席	
105		6	物理因子治疗技术 *	1	张维杰	刘海霞
106		7	运动疗法 *	1	田 莉	
107		8	作业疗法 *	1	孙晓莉	
108		9	言语疗法 *	1	朱红华	王晓东
109		10	中国传统康复疗法 *	1	封银曼	
110		11	常见疾病康复 *	2	郭 华	
111	眼视光与	1	验光技术 *	1	刘 念	李丽华
112	配镜专业	2	定配技术 *	1	黎莞萍	闫 伟
113		3	眼镜门店营销实务 *	1	刘科佑	连 捷
114		4	眼视光基础 *	1	肖古月	丰新胜
115		5	眼镜质检与调校技术 *	1	付春霞	
116		6	接触镜验配技术 *	1	郭金兰	
117		7	眼病概要	1	王增源	
118		8	人际沟通技巧	1	钱瑞群	黄力毅
119	医学检验	1	无机化学基础 *	3	赵 红	
120	技术专业	2	有机化学基础 *	3	孙彦坪	
121		3	生物化学基础	3	莫小卫	方国强
122		4	分析化学基础 *	3	朱爱军	
123		5	临床疾病概要 *	3	迟玉香	
124		6	生物化学及检验技术	3	艾旭光	姚德欣
125		7	寄生虫检验技术 *	3	叶 薇	
126		8	免疫学检验技术 *	3	钟禹霖	
127		9	微生物检验技术 *	3	崔艳丽	
128		10	临床检验	3	杨 拓	
129		11	病理检验技术	1	黄晓红	谢新民
130		12	输血技术	1	徐群芳	严家来
131		13	卫生学与卫生理化检验技术	1	马永林	
132		14	医学遗传学	1	王 懿	
133		15	医学统计学	1	赵 红	
134		16	检验仪器使用与维修 *	1	王 迅	
135		17	医学检验技术综合实训	1	林筱玲	
136	医学影像	1	解剖学基础 *	1	任 晖	
137	技术专业	2	生理学基础 *	1	石少婷	
138		3	病理学基础 *	1	杨怀宝	
139		4	影像断层解剖	1	吴宣忠	

续表

总序号	适用专业	分序号	教材名称	版次	主编
140		5	医用电子技术 *	3	李君霖
141		6	医学影像设备 *	3	冯开梅　卢振明
142		7	医学影像技术 *	3	黄　霞
143		8	医学影像诊断基础 *	3	陆云升
144		9	超声技术与诊断基础 *	3	姜玉波
145		10	X线物理与防护 *	3	张承刚
146		11	X线摄影化学与暗室技术	3	王　帅
147	口腔修复	1	口腔解剖与牙雕刻技术 *	2	马惠萍　翟远东
148	工艺专业	2	口腔生理学基础 *	3	乔瑞科
149		3	口腔组织及病理学基础 *	2	刘　钢
150		4	口腔疾病概要 *	3	葛秋云　杨利伟
151		5	口腔工艺材料应用 *	3	马冬梅
152		6	口腔工艺设备使用与养护 *	2	李新春
153		7	口腔医学美学基础 *	3	王　丽
154		8	口腔固定修复工艺技术 *	3	王　菲　米新峰
155		9	可摘义齿修复工艺技术 *	3	杜士民　战文吉
156		10	口腔正畸工艺技术 *	3	马玉革
157	药剂、制药	1	基础化学 **	1	石宝珉　宋守正
158	技术专业	2	微生物基础 **	1	熊群英　张晓红
159		3	实用医学基础 **	1	曲永松
160		4	药事法规 **	1	王　蕾
161		5	药物分析技术 **	1	戴君武　王　军
162		6	药物制剂技术 **	1	解玉岭
163		7	药物化学 **	1	谢癸亮
164		8	会计基础	1	赖玉玲
165		9	临床医学概要	1	孟月丽　曹文元
166		10	人体解剖生理学基础	1	黄莉军　张　楚
167		11	天然药物学基础	1	郑小吉
168		12	天然药物化学基础	1	刘诗洙　欧绍淑
169		13	药品储存与养护技术	1	宫淑秋
170		14	中医药基础	1	谭　红　李培富
171		15	药店零售与服务技术	1	石少婷
172		16	医药市场营销技术	1	王顺庆
173		17	药品调剂技术	1	区门秀
174		18	医院药学概要	1	刘素兰
175		19	医药商品基础	1	詹晓如
176		20	药理学	1	张　庆　陈达林

** 为"十二五"职业教育国家规划教材

* 为"十二五"职业教育国家规划立项教材

前　言

为贯彻《国务院关于加快发展现代职业教育的决定》文件精神。落实教育部《中等职业学校专业教学标准》,国家卫生和计划委员会"十三五"规划教材《数学应用基础(第3版)》在2008年1月出版的第2版的基础上进行了修订,供中等卫生职业教育各专业使用。

本教材的修订原则和特点如下:

(1) 根据教育部现行《中等职业学校数学教学大纲》规定的课程教学目标和教学内容,紧密结合中等卫生职业学校教学实际和学生实际而编写。

(2) 坚持体现"三基五性三特定"原则。力争使教材贴近生活、贴近岗位、贴近学生及教师的需求。突出卫生职业特色,选择与医学相关素材,让学生意识到数学在医学中的广泛应用。

(3) 教材内容注意与九年义务教育阶段数学课程的衔接。在引入新知识前,涉及初中内容的,以"知识回顾"形式将相关知识衔接。

(4) 为满足中职升高职学生的需求,设置"考点链接"及"知识拓展",并将全国部分省市考题列入B组练习题中,供学生参考练习。

(5) 本版教材是在上版教材的基础上进行修订完善,力争做到去粗存精,更新知识,创新体例,突出因材施教,增加弹性。每章的练习题和目标测试题分A、B两个层次的模式。A层次为基本要求范围;B层次为高职升学考试题型,有一定的灵活性,难度略有提高,供有余力的同学使用。

本教材按126学时编写,内容包括:集合与充要条件、不等式、函数、指数函数与对数函数、三角函数、数列、平面向量、直线和圆的方程、立体几何、概率与统计初步等十章内容。其中第二章、第七、八、九章及第十章的统计部分是新增加的内容,是对上版教材的充实与完善,有助于实现和满足学生的发展需求。

衷心感谢各编者所在学校的大力支持!此外,辽宁省滨海实验中学高级教师宋立莹为本书的编写提出了很多宝贵意见,在此一并表示感谢!

在本教材编写、审定和出版过程中,全体编者严谨求实,精诚合作,彰显团队精神。尽管我们在本教材编写过程中付出了许多辛苦和努力,但由于水平有限,难免会有不妥之处,恳请广大读者批评指正。

张守芬

2017年2月

目　录

第一章　集合与充要条件

1. 掌握：集合的表示方法；集合之间的关系。
2. 理解：集合、元素的概念及其关系；空集的含义；集合的运算。
3. 了解："充分条件"、"必要条件"、"充要条件"的含义。

数学能成为科学的基础和应用广泛的学科，一个重要原因就是数学使用了抽象的"符号语言"，通常我们称它为数学语言。集合语言是现代数学的基本语言，是提高数学交流能力所必备的知识。学习集合语言不仅有助于简洁、准确地表达数学内容，而且可以用来刻画和解释一些生活中的现象。充要条件是逻辑知识的基础概念，学习它可以提高我们数学表达和逻辑思维能力。本章所蕴含的数学思想方法，已经渗透到科技和生活的各个领域。学习运用本章知识，是整个中等职业教育阶段数学学习的基础。

本章我们将学习集合的概念与集合的表示方法、集合之间关系、集合运算及充要条件。

第一节　集合的概念

知识回顾

在小学和初中数学中，我们已经接触过一些"集合"，如：数的集合、点的集合等。数的集合，如：自然数的集合、有理数的集合、一元一次不等式的解的集合等。

点的集合，如：平面内到一个定点的距离等于定长的点的集合（即圆，其中定点是圆心，定长是半径）；到一条线段的两个端点的距离相等的点的集合（即这条线的垂直平分线）；以 $y=kx+b(k\neq0)$ 的解 (x,y)（有序实数对）为坐标的点的集合（即一次函数 $y=kx+b(k\neq0)$ 的图像，是一条直线）。

对于我们在初中阶段学过的数，它们的关系可归纳如下：

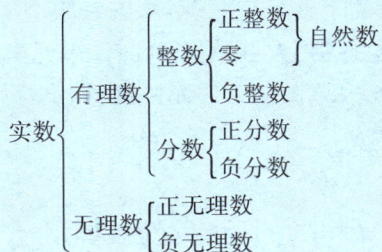

$$
\text{实数}
\begin{cases}
\text{有理数}
\begin{cases}
\text{整数}
\begin{cases}
\text{正整数} \\
\text{零} \\
\text{负整数}
\end{cases} \\
\text{分数}
\begin{cases}
\text{正分数} \\
\text{负分数}
\end{cases}
\end{cases} \\
\text{无理数}
\begin{cases}
\text{正无理数} \\
\text{负无理数}
\end{cases}
\end{cases}
$$

其中 正整数、零、负整数 合为 自然数（正整数、零）

　　一位渔民非常喜欢数学,但他怎么也想不明白集合的含义,于是他请教一位数学家:"尊敬的先生,请您告诉我集合是什么?"集合是不好定义的概念,数学家很难回答他。

　　有一天,数学家来到渔民的船上,看到渔民撒下渔网,轻轻一拉,许多鱼虾在网中跳动,数学家非常激动,高兴地告诉渔民:"这就是集合!"

　　请问:1. 集合的含义是什么?
　　　　　2. 用什么方法表示这个集合?

一、集合的概念

　　一般的,把某些确定的对象组成的整体叫做**集合(简称集)**,把组成集合的每一个对象叫做这个集合的一个**元素**。

　　一个集合,通常用大写英文字母 A、B、C、……表示,它的元素通常用小写英文字母 a、b、c、……表示。

　　如果 a 是集合 A 的元素,就说 a **属于**集合 A,记作 $a \in A$;如果 a 不是集合 A 的元素,就说 a **不属于**集合 A,记作 $a \notin A$。

　　例如:

　　(1) 某班的全体同学;

　　(2) 小于 10 的正整数;

　　(3) 直线 $y = 2x+1$ 上所有的点;

　　(4) 所有的三角形;

　　(5) 组成"索米痛片"的药物成分(注:"索米痛片"的药物成分是非那西丁、氨基比林、咖啡因、苯巴比妥)。

　　它们分别是由一些人、一些数、一些点、一些图形和一些物质组成的集合。

　　这些集合中的元素都具有以下特征:

　　(1) **确定性**:集合中的元素必须是确定的。给定一个集合,任何一个对象是不是这个集合的元素也就确定了。反之,不能确定的对象就不能构成集合。例如,著名的科学家、高个子同学都不能构成集合。

　　(2) **互异性**:对于一个给定的集合,集合中的任何一个元素都是各不相同的,相同的对象归入同一集合时只能算作集合的一个元素。

　　(3) **无序性**:集合中元素没有前后顺序。

　　集合可以根据它含有元素的个数分为两类:含有有限个元素的集合,叫**有限集**,如集合(1)、(4)是**有限集**。特别地,含有一个元素的集合叫做**单元素集**;把不含有任何元素的集合叫做**空集**,记作 $\varnothing$。含有无限个元素的集合叫**无限集**,如集合(2)、(3)是无限集。

知识拓展

在集合∅中含有什么样的元素呢？

空集的定义就是不含任何元素的集合。

由集合的一般定义可知，集合中要有"指定的对象（元素）"，空集既然也是集合，指定的对象哪里去了呢？里面没有元素还叫集合吗？

由此可见，在这里存在矛盾，区此空集的定义不应该包含在一般情况中，而是专门作了特殊的规定。

我们规定存在一个没有元素的集合，它不同于其他普遍定义下的集合，而是为了运算的简化、统一和表达的需要，引进的特殊记号，只要有集合的地方，就会有它的应用。

空集不是无，它是内部没有元素的集合。

例如：小于0的正数组成的集合，就是空集。

例1 判断下列各题中的对象能否组成集合，如果能组成集合，指出是有限集还是无限集：

（1）小于4的自然数；

（2）大于6的整数；

（3）好看的电影；

（4）方程 $x^2-9=0$ 的所有解；

（5）不等式 $x-1<0$ 的所有解；

（6）初三数学的难题。

解：（1）小于4的自然数是0、1、2、3这四个数，它们是可以确定的对象，因此它们可以组成集合，是有限集。

（2）大于6的整数是7、8、9、10……，它们是可以确定的对象，因此它们可以组成集合，又因为比6大的整数有无限个，所以大于6的整数组成了无限集。

（3）好看的电影没有具体标准，不能确定对象，因此不能组成集合。

（4）方程 $x^2-9=0$ 的解有两个，它们是3和-3，是可以确定的对象，因此可以组成集合，是有限集。

（5）解不等式 $x-1<0$，得到 $x<1$，即比1小的所有实数，这样的对象是可以确定的，并且满足这一条件的对象有无数个，所以不等式 $x-1<0$ 的解可以组成集合，是无限集。

（6）初三数学的难题没有具体标准，不能确定对象，因此不能组成集合。

由数组成的集合，叫做**数集**。我们经常会遇到各种各样的数集，例如：方程 $x^2-9=0$ 的解组成的集合，叫做方程的解集；不等式 $x-1<0$ 的解组成的集合，叫做不等式的解集，这些解集都是数集。

下面是一些常用数集及其记法：

全体非负整数组成的集合，叫做**自然数集**，记作 **N**；

在自然数集内排除0的集合，叫做**正整数集**，记作 $\mathbf{N}_+$ 或 $\mathbf{N}^*$；

全体整数组成的集合，叫做**整数集**，记作 **Z**；

全体有理数组成的集合，叫做**有理数集**，记作 **Q**；

全体实数组成的集合，叫做**实数集**，记作 **R**。

二、集合的表示方法

案例

请观察以下集合：

（1）我国的直辖市组成的集合；

（2）方程 $x^2-1=0$ 的解集；

（3）所有正偶数的集合；

（4）不等式 $x-2>0$ 的解集。

请问：怎样表示以上的集合？

集合常用的表示方法有列举法和描述法。

1. 列举法

把集合中的元素一一列举出来，用逗号分隔开，写在大括号内，这种表示集合的方法叫做**列举法**。

如案例中的(1)我国的直辖市组成的集合，可以表示为｛北京市，上海市，天津市，重庆市｝；(2)方程 $x^2-1=0$ 的解集，可以表示为｛-1,1｝。

列举法适合集合中元素不多的情况，如果集合元素较多，但呈现一定的规律，在不至于发生误解的情况下，也可用列举法。

如案例中的(3)所有正偶数组成的集合，可以表示为｛2,4,6,8……｝。

注意：用列举法表示集合时，不必考虑元素排列的顺序，但是，集合中的元素不能重复，如案例中的(2)方程 $x^2-1=0$ 的解集，可以表示为｛-1,1｝，也可表示为｛1,-1｝。

区分 a 与 $\{a\}$ 的不同：a 表示一个元素，$\{a\}$ 表示含有一个元素 a 的单元素集合。

区分 0 与 $\{0\}$、$\varnothing$ 的不同：0 是一个元素，$\{0\}$ 是含有一个元素 0 的单元素集合，而 $\varnothing$ 是不含任何元素的集合。

2. 描述法

不等式 $x-2>0$ 的解集中的元素有无穷多个，而且无法列举出来，这个集合要采用一种新的方法来表示。

将集合中元素具有的特征性质描述出来，写在大括号内，这种表示集合的方法叫做**描述法**。具体方法是：在大括号内画一条竖线，竖线左侧写上集合的代表元素 x，并标明元素的取值范围，竖线右侧写出元素具有的特征性质。

例如：不等式 $x-2>0$ 的解集，其中元素 x 的取值范围是实数，元素的特征性质是比 2 大的数，因此，用描述法表示为

$$\{x\in \mathbf{R} \mid x>2\}。$$

在这个集合中，因为能够明显看出元素的取值范围为实数，所以其中的"$\in \mathbf{R}$"可省略，即这个集合也可以表示为

$$\{x \mid x>2\}。$$

同理，方程 $x^2-1=0$ 的解集用描述法可以表示为

$$\{x \mid x^2-1=0\}。$$

"所有正偶数的集合"，用描述法可以表示为

$\{x\mid x$ 能被 2 整除且大于 0$\}$ 或 $\{x\mid x=2n,n\in\mathbf{N}_+\}$。

有时为了简便起见,常常直接用集合中元素的名称来描述集合。例如,由所有正偶数构成的集合,也可以描述为

$$\{x\mid x\text{是正偶数}\}$$

或更简便的写成:$\{$正偶数$\}$。

考点链接

集合的表示方法是高职升学考试的考点之一。

例如　平面直角坐标系第一象限内所有的点的集合可表示为(　　)。

A. $\{(x,y)\mid x>0,y>0\}$　　　B. $\{(x,y)\mid x>0,y<0\}$

C. $\{(x,y)\mid x<0,y>0\}$　　　D. $\{(x,y)\mid x<0,y<0\}$

分析　该题考察的是集合的表示方法中的描述法。

集合的表示方法有列举法和描述法,用列举法表示集合,可以明确看到集合中的元素;用描述法表示集合,可以清晰反映出集合中元素的特征性质。在具体问题中,要灵活应用适当方法来表示集合。当只是观察集合中的一些元素,又可以用列举法方便列出该集合元素时,用列举法;当要着重研究集合的特征性质时,用描述法较好。

本题中平面直角坐标系第一象限内所有的点组成的集合有无限个元素,无法用列举法表示。同时,这些点具有共同的特征性质,即:点的横坐标和纵坐标都大于 0 的实数,因此,我们可以用描述法表示该点集为 $\{(x,y)\mid x>0,y>0\}$。

【答案:A】

例 1　用列举法表示下列集合:

(1) $\{x\mid x\text{是大于 3 且小于 10 的奇数}\}$;

(2) $\{x\mid (x-3)(x-5)=0\}$。

分析　这两个集合都是有限集,第(1)题的元素可以直接列举出来;第(2)题需要解方程才能得到集合的元素。

解:(1) $\{5,7,9\}$;(2) $\{3,5\}$。

例 2　用描述法表示下列集合:

(1) 小于 8 的自然数组成的集合;

(2) 大于 10 的全体实数的集合;

(3) 所有的直角三角形的集合;

(4) 平面直角坐标系中,由第二象限所有点构成的集合;

(5) 平面直角坐标系中,直线 $y=2x+1$ 上的所有点的集合。

分析　第(1)题中元素的取值范围为自然数,需要标出;第(2)题中元素的取值范围为实数,可以不标出;第(3)题可以用描述性语言来叙述集合的特征性质,省略描述法中竖线及其左侧的代表元素;第(4)、(5)题中元素的取值范围为实数,可以不标出,其中第(4)题第二象限点的特征性质是其横坐标为负数,而纵坐标为正数;第(5)题集合中元素的特征性质是这些点的坐标都满足一次函数 $y=2x+1$ 的解析式。

解:(1) $\{x\in\mathbf{N}\mid x<8\}$;

(2) $\{x\mid x>10\}$;

(3) {直角三角形};

(4) $\{(x,y)\,|\,x<0,y>0\}$;

(5) $\{(x,y)\,|\,y=2x+1\}$。

习题 1-1A

1．（口答）说出组成下面集合的元素：

(1) {大于 2 且小于 10 的偶数};

(2) {平方后等于自己的数};

(3) {10 的约数};

(4) {小于 8 的质数};

(5) {本学期你所学习的课程}。

2．下列语句是否能构成一个集合？

(1) 小于 0 的实数的全体；

(2) 某班性格开朗的女生；

(3) 与 1 接近的实数的全体；

(4) 方程 $x^2-4=0$ 的实数解；

(5) 不等式 $x+6<0$ 实数解。

3．用符号 $\in$ 或 $\notin$ 填空：

1 ＿＿ **N**；　　0 ＿＿ **N**；　　−1 ＿＿ **N**；　　$\sqrt{3}$ ＿＿ **N**；

0 ＿＿ **Z**；　　1.6 ＿＿ **Z**；　　−2 ＿＿ **Z**；　　$\sqrt{3}$ ＿＿ **Z**；

0 ＿＿ **Q**；　　3.14 ＿＿ **Q**；　　$-\dfrac{1}{2}$ ＿＿ **Q**；　　$\sqrt{3}$ ＿＿ **Q**；

π ＿＿ **R**；　　$\dfrac{2}{3}$ ＿＿ **R**；　　−0.7 ＿＿ **R**；　　$\sqrt{3}$ ＿＿ **R**。

4．判断下列集合中，哪些是有限集？哪些是无限集？哪些是空集？

(1) $\{x\in \mathbf{N}\,|\,x<15\}$；

(2) $\{x\,|\,0<x<10\}$；

(3) $\{x\,|\,x^2+4=0\}$；

(4) $\{(x,y)\,|\,x>0,y<0\}$；

(5) $\{x\,|\,x=2n+1,n\in \mathbf{N}\}$。

5．用列举法表示下列集合：

(1) 小于 6 的自然数组成的集合；

(2) 所有正奇数组成的集合；

(3) 方程 $2x+1=0$ 的解集；

(4) 方程 $x^2-5x+6=0$ 的解集；

(5) 绝对值等于 1 的实数的集合。

6．用描述法表示下列集合：

(1) 大于 −5 的整数组成的集合；

(2) 不等式 $2x-3<7$ 的解集；

(3) 平面直角坐标系中，由第三象限所有点构成的集合；

(4) 平面直角坐标系中，x 轴上所有点构成的集合；

（5）平方等于 16 的实数的集合。

习题 1-1B

1. 用适当的方法表示下列集合,然后说出它是有限集还是无限集:

（1）矩形全体构成的集合;

（2）由 1,2,3 三个数字组成的所有的两位自然数;

（3）平方后等于 1 的实数;

（4）不大于 3 的实数;

（5）平面直角坐标系中,由第三、四象限所有点构成的集合;

（6）被 5 除,余数为 2 的自然数。

2. 把下列集合用另外一种方法表示出来:

（1）$\{3,6,9,12,15\cdots\cdots\}$;　　　（2）$\{2,4,6,8\}$;

（3）$\{$绝对值等于 3 的实数$\}$;　　　（4）$\{x\in \mathbf{Z}\mid -3.6<x<3.6\}$。

3. 下列关系是否正确?

（1）$0\in \mathbf{N}_+$;　　　　　　　（2）$-2\in \mathbf{Q}$;

（3）$\pi\in \mathbf{Q}$;　　　　　　　（4）$-4\notin \mathbf{Z}$;

（5）$\sqrt{2}\notin \mathbf{Z}$;　　　　　　（6）$3.14\notin \mathbf{R}$。

第二节　集合之间的关系

案例

两个实数,我们可以通过比较大小,判定它们之间是不等关系,还是相等关系,如 5>1,5<10,5=5。那么集合之间,是否也存在着某种关系?

观察下列集合:

（1）$A=\{$本校护理专业一年级新生$\}$,

　　$B=\{$本校护理专业在校学生$\}$;

（2）$C=\{a,b,c\}$,

　　$D=\{a,b,c,d,e\}$;

（3）$E=\{x\mid |x|=5\}$,

　　$F=\{-5,5\}$。

请问:1. 你能发现以上三组集合之间的关系吗?

　　　2. 用什么方式表示你所发现的集合之间的关系?

一、子集

一般的,对于两个集合 A 和 B,如果集合 A 的任一元素都是集合 B 的元素,那么集合 A 叫做集合 B 的**子集**,记作

$$A\subseteq B \quad 或 \quad B\supseteq A,$$

读作"A 包含于 B,或 B 包含 A"。

观察案例中的集合,容易看出,集合 A 的元素都是集合 B 的元素,在这种情况下,我们

把集合 A 叫做集合 B 的子集;同样的,集合 C 是集合 D 的子集,集合 E 是集合 F 的子集。

为了形象的表示集合,我们常常画一个封闭曲线,用它的内部表示集合,如图 1-1(1)。用这种图形可以形象地表示出集合之间的关系,这种图形通常叫维恩(Venn)图,如图 1-1(2)。

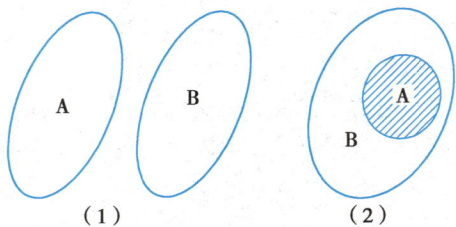

（1）　　　　（2）

图 1-1

依上述定义,任何一个集合 A 都是它自身的子集,即 $A \subseteq A$。

我们规定**空集是任一集合的子集**,也就是说对于任何集合 A,都有 $\varnothing \subseteq A$。

当集合 A 不包含于 B,或集合 B 不包含 A 时,则记做 $A \nsubseteq B$(或 $B \nsupseteq A$)。

读作"A 不包含于 B,或 B 不包含 A"。

例如　给定集合 $C = \{a, b, c\}$,$M = \{a, b, e\}$,由于集合 M 中的元素 e 不属于集合 C,所以 M 不是 C 的子集,记作 $M \nsubseteq C$;又由于 C 中元素 c 不属于 M,所以 C 不是 M 的子集,记作 $C \nsubseteq M$。

二、真子集

通过以上分析,我们知道集合 C 是集合 D 的子集,集合 E 是集合 F 的子集,再进一步观察,可以看出,集合 C 比集合 D 少两个元素,而集合 E 与集合 F 的元素是一样的。同为子集关系,我们怎样进一步区分?

一般地,如果集合 A 是集合 B 的子集,并且 B 中至少有一个元素不属于 A,那么集合 A 叫做集合 B 的**真子集**,记作

$$A \subsetneqq B \quad 或 \quad B \supsetneqq A,$$

读作"A 真包含于 B,或 B 真包含 A"。

显然,**空集是任何非空集合的真子集**。也就是说,对任何非空集合,总有 $\varnothing \subsetneqq A$。

容易知道,**对于集合 A、B、C,如果 $A \subseteq B$,$B \subseteq C$,则 $A \subseteq C$;**

对于集合 A、B、C,如果 $A \subsetneqq B$,$B \subsetneqq C$,则 $A \subsetneqq C$。

例1　写出集合 $\{a, b, c\}$ 的所有子集和真子集。

分析　集合 $\{a, b, c\}$ 的任意 1 个,2 个,3 个元素组成的集合及空集都是集合 A 的子集。

解:集合 $\{a, b, c\}$ 的子集有 $\varnothing$,$\{a\}$,$\{b\}$,$\{c\}$,$\{a, b\}$,$\{a, c\}$,$\{b, c\}$,$\{a, b, c\}$;真子集有 $\varnothing$,$\{a\}$,$\{b\}$,$\{c\}$,$\{a, b\}$,$\{a, c\}$,$\{b, c\}$。

知识拓展

如果非空集合 A 中含有 n 个元素,那么它的子集个数为 2^n 个,真子集个数为 $2^n - 1$ 个。

例如:集合 $\{a, b, c\}$ 的子集个数是 $2^3 = 8$ 个,真子集有 $2^3 - 1 = 7$ 个。

三、集合相等

以上集合 E 与集合 F 也是子集的关系,但是它们的元素完全相同。

一般地,如果两个集合的元素完全相同,那么我们就说这两个集合相等。集合 A 等于集合 B,记作

$$A=B。$$

由相等的定义可知

如果 $A \subseteq B$ 且 $B \subseteq A$,则 $A=B$;反之,如果 $A=B$,则 $A \subseteq B$ 且 $B \subseteq A$。

考点链接

集合之间的关系是高职升学考试的考点之一。

例如 若集合 $A=\{x|x<0\}$,集合 $B=\{x|x<1\}$,则集合 A 与 B 的关系是( )。

A. $A=B$ B. $B \subseteq A$ C. $A \subseteq B$ D. $B \in A$

分析 集合中有许多表示关系的符号,如"$\in$"和"$\notin$"是用来表示元素和集合之间关系的符号;而"$\subseteq$","$\supseteq$","$\subsetneqq$","$\supsetneqq$"和"="是用来表示集合和集合之间关系的符号。

本题中集合 A 与 B 的关系是集合与集合之间的关系,不能使用元素与集合之间关系符号"$\in$",因此选项 D 错误;A 与 B 是两个元素不同的集合,因此选项 A 错误;A 是由小于 0 的实数组成的集合,B 是由小于 1 的实数组成的集合,集合 A 的元素都是集合 B 的元素,由此可知集合 A 是集合 B 的子集,所以选项 B 错误。

【答案:C】

例2 用适当符号("$\in$","$\notin$","$\subsetneqq$","$\supsetneqq$","=")填空。

(1) 0 ____ $\{0\}$; (2) $\{0\}$ ____ $\varnothing$;

(3) N ____ Z; (4) b ____ $\{a,b\}$;

(5) $\{x|x>5\}$ ____ $\{x|x>6\}$; (6) $\{x|x^3=0\}$ ____ $\{0\}$。

解:(1) 0 是集合 $\{0\}$ 的元素,因此 $0 \in \{0\}$;

(2) 空集是任何非空集合的真子集,因此 $\{0\} \supsetneqq \varnothing$;

(3) 自然数都是整数,而整数除了自然数以外还有负整数,因此 $N \subsetneqq Z$;

(4) b 是集合 $\{a,b\}$ 的元素,因此 $b \in \{a,b\}$;

(5) 集合 $\{x|x>6\}$ 的元素都是集合 $\{x|x>5\}$ 的元素,并且集合 $\{x|x>5\}$ 的元素比集合 $\{x|x>6\}$ 的元素多,因此 $\{x|x>5\} \supsetneqq \{x|x>6\}$;

(6) 集合 $\{x|x^3=0\}$ 的元素与集合 $\{0\}$ 的元素相同,因此 $\{x|x^3=0\}=\{0\}$。

例3 说出下面两个集合之间的关系:

(1) $A=\{2,3,4,5,6,7\}$,$B=\{3,5,7\}$;

(2) $C=\{x|x^2=1\}$,$D=\{-1,1\}$;

(3) $E=\{直角三角形\}$,$F=\{等腰直角三角形\}$;

(4) $G=\{奇数\}$,$H=\{有理数\}$。

解:(1) 集合 B 的元素都是集合 A 的元素,并且集合 A 有三个元素不属于集合 B,因此 $B \subsetneqq A$;

(2) 集合 C 与集合 D 的元素相同,因此 $C=D$;

(3) 等腰直角三角形是直角三角形中的一部分,因此 $F \subsetneqq E$;

(4) 集合 G 的元素都是集合 H 的元素,并且有理数集中除了奇数,还有偶数、分数等元素,因此 $G \subsetneqq H$。

习题 1-2A

1. 写出集合 $\{-1,0,1\}$ 所有子集,并指出其中哪些是真子集。

2. 用适当符号("$\in$","$\notin$","$\subsetneqq$","$\supsetneqq$","$=$")填空。

(1) a ____ $\{a\}$;

(2) $\{a\}$ ____ $\{a,b,c\}$;

(3) d ____ $\{a,b,c\}$;

(4) $\{a,b\}$ ____ $\{b,a\}$;

(5) {矩形} ____ {平行四边形} ;

(6) $\{2,4,6,8\}$ ____ $\{2,8\}$;

(7) $\varnothing$ ____ $\{x \mid x^2+1=0\}$;

(8) $\varnothing$ ____ $\{1,2,3\}$;

(9) **R** ____ **Q** ;

(10) 0 ____ $\varnothing$ 。

3. 指出下列各对集合之间的关系:

(1) $A=$ {等边三角形}, $B=$ {等腰三角形};

(2) $A=\{-3,3\}$, $B=\{x \mid x^2-9=0\}$ 。

习题 1-2B

1. 指出下列各对集合之间的关系:

(1) 集合 $\{x \mid 0 \leqslant x \leqslant 5\}$ 与集合 $\{0,1,2,3,4,5\}$;

(2) 集合 $\{x \mid 0 \leqslant x \leqslant 5\}$ 与集合 $\{x \mid 0<x<5\}$;

(3) 集合 $\{x \mid x=2n, n \in \mathbf{N}\}$ 与集合 $\{x \mid x=4n, n \in \mathbf{N}\}$ 。

2. 写出 $\{a,b,c,d\}$ 的所有子集和真子集。

3. 如图 1-2, A、B、C 表示集合,说明它们之间有什么包含关系。

4. 指出下面各集合之间的关系,并用图表示:

$A=$ {平行四边形}, $B=$ {菱形}, $C=$ {矩形}, $D=$ {正方形}。

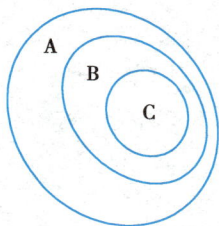

图 1-2

第三节 集合的运算

案例

学校为庆祝国庆,举办篮球友谊赛和歌咏比赛。医学检验技术一班 50 名同学,有 9 位同学参加了篮球比赛,有 20 位同学参加了歌咏比赛,其中有 3 位同学两项比赛都参加了,设

$A=$ {参加篮球比赛的同学}; $B=$ {参加歌咏比赛的同学};

请问:1. 如果由该班两项比赛都参加了的同学组成一个新的集合 C,集合 C 与集合 A、集合 B 有什么关系?你能用维恩图表示这三个集合之间的关系吗?

2. 现在要统计该班参赛的总人数,所有参赛的同学组成一个新的集合 D,集合 D 中元素的数量是集合 A 与集合 B 的元素数量之和吗?怎样用维恩图表示这三个集合之间的关系?

3. 若没有参赛的同学组成一个新的集合,你怎样表示这个新集合?

过去我们只对数进行算术运算,集合之间也可以进行运算。这里集合运算的意义是,由两个已知的集合,按照某种指定的法则,构造出一个新的集合。可以看出,集合 C 是由既属于集合 A 又属于集合 B 的元素构成的新集合,集合 C 是既是集合 A 的子集,又是集合 B 的子集。

一、交集

一般地,对于两个集合 A、B,由既属于 A 又属于 B 的所有公共元素所组成的集合,叫做 A 与 B 的**交集**,记作

$$A \cap B$$

读作"A 交 B"。

集合 A、B 的交集也可表示为

$$A \cap B = \{x \mid x \in A \text{ 且 } x \in B\}$$

两个集合的交集可以用图 1-3 中的阴影表示。

由交集的定义可知,对于任意两个集合 A、B,都有

① $A \cap B = B \cap A$;

② $A \cap A = A$;

③ $A \cap \varnothing = \varnothing \cap A = \varnothing$;

④ 如果 $A \subseteq B$,则 $A \cap B = A$。

例 1 已知 $A = \{1,2,3,4,5\}$,$B = \{3,4,5,6,7\}$,求 $A \cap B$。

解:$A \cap B = \{1,2,3,4,5\} \cap \{3,4,5,6,7\} = \{3,4,5\}$。

例 2 已知 $A = \{x \mid x > 2\}$,$B = \{x \mid x < 5\}$,求 $A \cap B$ 并用数轴表示。

解:$A \cap B = \{x \mid x > 2\} \cap \{x \mid x < 5\}$

$\qquad\qquad = \{x \mid 2 < x < 5\}$。

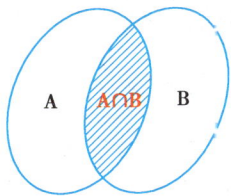

图 1-3

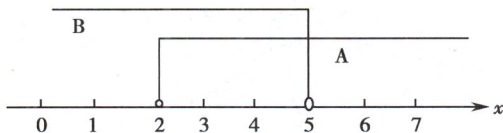

图 1-4

例 3 已知 $A = \{$等腰三角形$\}$,$B = \{$直角三角形$\}$,求 $A \cap B$。

解:$A \cap B = \{$等腰三角形$\} \cap \{$直角三角形$\}$

$\qquad\qquad = \{$等腰直角三角形$\}$。

例 4 已知 $A = \{$奇数$\}$,$B = \{$偶数$\}$,$\mathbf{Z} = \{$整数$\}$,求 $A \cap \mathbf{Z}$,$B \cap \mathbf{Z}$,$A \cap B$。

解:$A \cap \mathbf{Z} = \{$奇数$\} \cap \{$整数$\} = \{$奇数$\} = A$;

$\quad B \cap \mathbf{Z} = \{$偶数$\} \cap \{$整数$\} = \{$偶数$\} = B$;

$\quad A \cap B = \{$奇数$\} \cap \{$偶数$\} = \varnothing$。

例 5 已知 $A = \{(x,y) \mid x+y=3\}$,$B = \{(x,y) \mid x-y=-1\}$,求 $A \cap B$。

分析:集合 A 可以看成是方程 $x+y=3$ 的所有解组成的集合,集合 B 可以看成是方程 $x-y=-1$ 的所有解组成的集合,A、B 的交集是由这两个二元一次方程组成的方程组

$$\begin{cases} x+y=3 \\ x-y=-1 \end{cases}$$

的解集。

11

解：$A \cap B = \{(x,y) \mid x+y=3\} \cap \{(x,y) \mid x-y=-1\} = \{(1,2)\}$。

二、并集

在上面的案例中，我们可以看出，集合 D 是由属于集合 A 或者属于集合 B 的元素构成的新集合，这个集合共有 26 个元素，这 26 位同学就是该班参赛的总人数。

一般地，对于两个集合 A、B，把它们所有的元素合并在一起所构成的集合，叫做 A、B 的**并集**，记作

$$A \cup B$$

读作"A 并 B"。

集合 A、B 的并集也可表示为

$$A \cup B = \{x \mid x \in A \text{ 或 } x \in B\}$$

两个集合的并集可以用图 1-5 中的阴影表示。

由并集的定义可知，对于任意两个集合 A、B，都有

① $A \cup B = B \cup A$；

② $A \cup A = A$；

③ $A \cup \varnothing = \varnothing \cup A = A$；

④ 如果 $A \subseteq B$，则 $A \cup B = B$。

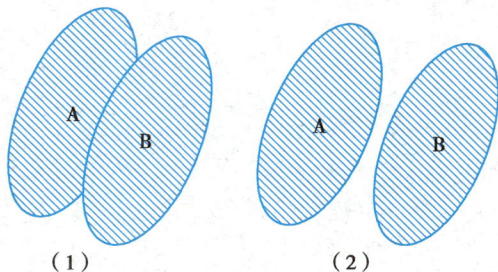

（1）　　　　（2）

图 1-5

例 6 已知 $A = \{1,2,3,4,5\}$，$B = \{3,4,5,6,7\}$，求 $A \cup B$。

解：$A \cup B = \{1,2,3,4,5\} \cup \{3,4,5,6,7\}$
$= \{1,2,3,4,5,6,7\}$。

例 7 设 $A = \{$锐角三角形$\}$，$B = \{$钝角三角形$\}$，求 $A \cup B$。

解：$A \cup B = \{$锐角三角形$\} \cup \{$钝角三角形$\} = \{$斜三角形$\}$。

例 8 设 $A = \{x \mid -1 < x < 4\}$，$B = \{x \mid 1 < x < 5\}$，求 $A \cup B$，并用数轴表示。

解：$A \cup B = \{x \mid -1 < x < 4\} \cup \{x \mid 1 < x < 5\} = \{x \mid -1 < x < 5\}$。

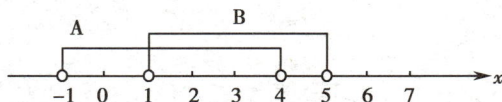

图 1-6

例 9 设 $A = \{$奇数$\}$，$B = \{$偶数$\}$，$\mathbf{Z} = \{$整数$\}$，求 $A \cup \mathbf{Z}$，$B \cup \mathbf{Z}$，$A \cup B$。

解：$A \cup \mathbf{Z} = \{$奇数$\} \cup \{$整数$\} = \mathbf{Z}$；

$B \cup \mathbf{Z} = \{$偶数$\} \cup \{$整数$\} = \mathbf{Z}$；

$A \cup B = \{$奇数$\} \cup \{$偶数$\} = \mathbf{Z}$。

三、补集

在研究集合与集合之间的关系时，如果所要研究的集合都是某一给定集合的子集，那么称这个给定的集合为**全集**，通常用 U 表示。

我们在研究常用数集时，常常把实数集 $\mathbf{R}$ 作为全集。

一般地，设 U 是全集，A 是 U 的一个子集，即 $A \subseteq U$，由 U 中所有不属于 A 的元素组成的集合叫做 A 在 U 中的**补集**，记作

$$\complement_U A$$

读作"A 在 U 中的补集"。

集合 A 在 U 中的补集也可表示为

$$\complement_U A = \{x \mid x \in U \text{ 且 } x \notin A\}$$

集合 A 在 U 中的补集 $\complement_U A$,可用图 1-7 中阴影部分表示。图中矩形表示全集 U,图中圆表示它的子集 A,阴影部分表示 $\complement_U A$。

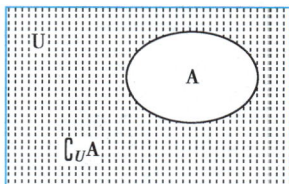

由补集定义可知,对于全集 U 的任意子集 A,有

① $A \cup \complement_U A = U$;

② $A \cap \complement_U A = \varnothing$;

③ $\complement_U(\complement_U A) = A$。

图 1-7

知识拓展

德·摩根公式:设 U 是全集,集合 A、集合 B 是全集 U 的子集,那么

$$\complement_U(A \cup B) = \complement_U A \cap \complement_U B,$$
$$\complement_U(A \cap B) = \complement_U A \cup \complement_U B。$$

德·摩根公式可以叙述为:

两个集合的并集的补集等于它们各自补集的交集;

两个集合的交集的补集等于它们各自补集的并集。

考点链接

集合的运算是高职升学考试的考点内容,包括交集、并集、补集,以及交集、并集、补集的综合运算。

例如 1. 设集合 $M = \{x \mid 1 \leq x \leq 3\}$,集合 $N = \{x \mid 2 < x \leq 4\}$,则 $M \cap N = ($ $)$。

　　　　A. $\{x \mid 1 \leq x \leq 4\}$ 　　　　　　　B. $\{x \mid 2 \leq x \leq 3\}$

　　　　C. $\{x \mid 1 \leq x \leq 2\}$ 　　　　　　　D. $\{x \mid 2 < x \leq 3\}$

分析 求集合的交集、并集、补集都是集合的运算,两个集合的运算结果仍然是一个集合。在集合运算过程中,注意借助维恩图、数轴等图形工具,可以把抽象的问题变得更加直观。

本题考察的是交集的运算,这两个集合都是用描述法表示的数集,在数轴上画出这两个集合,观察图像,可得集合 M 与集合 N 的交集是 $\{x \mid 2 < x \leq 3\}$。

【答案:D】

2. 若集合 $M = \{x \mid x - 1 = 0\}$,集合 $N = \{1, 2\}$,则 $M \cup N = ($ $)$。

　　　　A. $\{1\}$ 　　　　　B. $\{2\}$ 　　　　　C. $\{1, 2\}$ 　　　　　D. $\{-1, 1, 2\}$

分析 本题考察的是并集的运算,集合 M 是用描述法表示的数集,集合 N 是用列举法表示的数集。解方程 $x - 1 = 0$,得 $x = 1$,由此,集合 M 可用列举法表示为 $M = \{1\}$,所以 $M \cup N = \{1, 2\}$。

【答案:C】

3. 已知全集 $U=\{1,2,3\}$，集合 $M=\{1,2\}$，则 $\complement_U M=($)。

     A. $\{1\}$ B. $\{3\}$ C. $\{1,2\}$ D. $\{1,2,3\}$

分析 本题考察的是补集的运算，全集 U 中不属于集合 M 的元素组成的集合 $\{3\}$，即为 M 在全集 U 中的补集，由此可得 $\complement_U M=\{3\}$。

【答案:B】

4. 设全集为 U，A 是 U 的一个非空子集，那么 $(\complement_U A)\cap A=($)。

     A. U B. $\varnothing$ C. A D. $\complement_U A$

分析 本题是补集和交集的综合运算，我们可以借助维恩图（图1-7），直观地看出集合 A 在全集 U 中的补集和集合 A 没有共同元素，它们的交集是空集，所以 $(\complement_U A)\cap A=\varnothing$。

【答案:B】

例 10 已知 $U=\{1,2,3,4,5,6\}$，$A=\{1,5,6\}$，求 $\complement_U A,A\cap\complement_U A,A\cup\complement_U A$。

解：$\complement_U A=\{2,3,4\}$；

$A\cap\complement_U A=\{1,5,6\}\cap\{2,3,4\}=\varnothing$；

$A\cup\complement_U A=\{1,5,6\}\cup\{2,3,4\}=U$。

例 11 已知 $U=\{实数\}$，$\mathbf{Q}=\{有理数\}$，求 $\complement_U\mathbf{Q}$。

解：$\complement_U\mathbf{Q}=\{无理数\}$。

例 12 已知 $U=\mathbf{R}$，$A=\{x\,|\,x>2\}$，求 $\complement_U A$ 并用数轴表示。

分析 在数轴上作出集合 A，观察图 1-8，可以得到集合 A 的补集。

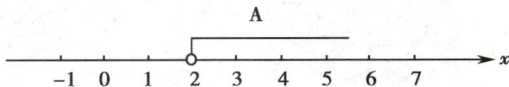
图 1-8

解：$\complement_U A=\{x\,|\,x\leqslant 2\}$。

习题 1-3A

1. 设 $A=\{3,5,6,8\}$，$B=\{4,5,7,8\}$，求 $A\cap B,A\cup B$。

2. 设 $A=\{平行四边形\}$，$B=\{矩形\}$，求 $A\cap B,A\cup B$。

3. 设 $A=\{x\,|\,x<5\}$，$B=\{x\,|\,x\leqslant 0\}$，求 $A\cap B,A\cup B$ 并用数轴表示。

4. 设 $A=\{x\,|\,x>-2\}$，$B=\{x\,|\,x\leqslant 2\}$，求 $A\cap B,A\cup B$ 并用数轴表示。

5. 设 $U=\{1,2,3,4,5,6\}$，$A=\{1,2,5\}$，$B=\{2,3,4,5\}$，求 $\complement_U A,\complement_U B,\complement_U A\cap\complement_U B,\complement_U A\cup\complement_U B$。

6. 已知全集 $U=\mathbf{R}$，$A=\{x\,|\,-7\leqslant x\leqslant 3\}$，$B=\{x\,|\,-4\leqslant x<6\}$，求 $A\cap B,A\cup B,\complement_U A,\complement_U B$。

习题 1-3B

1. 用维恩图说明：如果 $A\subseteq B$，则 $A\cap B=A$，$A\cup B=B$。

2. 已知 $A=\{x\,|\,x^2-4=0\}$，$B=\{x\,|\,x-2=0\}$，求 $A\cap B,A\cup B$。

3. 已知 $A=\{(x,y)\,|\,x+y=-1\}$，$B=\{(x,y)\,|\,x-2y=8\}$，求 $A\cap B$。

4. 已知 $U=\mathbf{R}$，$A=\{x\,|\,-1<x\leqslant 1\}$，求 $\complement_U A,\complement_U A\cap U,\complement_U A\cup U,A\cap\complement_U A,A\cup\complement_U A$。

5. 设 $U=\{小于9的正整数\}$，$A=\{1,2,3\}$，$B=\{3,4,5,6\}$，求 $A\cap B,A\cup B,\complement_U(A\cap B),\complement_U(A\cup B)$。

第四节 充 要 条 件

知识回顾

在初中,我们学习了命题的概念:能够对一件事情作出判断的语句叫命题,我们常用小写的英文字母 p, q, r, s ······来表示命题。正确的命题称为真命题,错误的命题称为假命题。每个命题都由题设(或条件)和结论两部分组成,题设是已知事项,结论是由已知事项推出的事项。

命题常用"如果······,那么······"的语言形式来加以叙述,这类命题可以记做"如果 p,那么 q","如果"后接部分 p 是题设(或条件),"那么"后接部分 q 是结论。

案例

学校制定评选一等奖学金的条件之一是每门课程的考试成绩在 85 分以上,

请问:1. 甲同学数学取得 90 分的好成绩,他可以获得一等奖学金吗?

2. 乙同学获得了一等奖学金,你能推测出他的英语成绩吗?

我们来看一个命题:"如果 $x=y$,那么 $x^2=y^2$"。这是一个真命题。由题设 $x=y$ 成立,可以推出结论 $x^2=y^2$ 成立。

像这样,当"如果 p,那么 q"为真命题时,我们就说"由 p 可以推出 q",称 p 是 q 的**充分条件**,记做 $p \Rightarrow q$。

命题"如果 $|x|=|y|$,那么 $x=y$",是一个假命题,因为由题设 $|x|=|y|$ 成立,不能推出结论 $x=y$ 成立,有可能 $x=-y$,所以 p 不是 q 的充分条件。但是通过分析我们发现,由结论 $x=y$ 成立,却可以推出题设 $|x|=|y|$ 成立。

像这样,由结论 q 可以推出题设条件 p,此时称 p 是 q 的**必要条件**,记做 $p \Leftarrow q$。

例1 指出下列各组命题中,题设 p 是结论 q 的什么条件。

(1) $p: x>5, q: x>0$;

(2) $p: x^2=25, q: x=5$。

解:(1) 因为大于 5 的数,一定大于 0,所以由题设 $x>5$ 成立,可以推出结论 $x>0$ 成立,故 p 是 q 的充分条件;而大于 0 的数,不一定大于 5,由结论 $x>0$ 成立,不能推出题设 $x>5$ 成立,所以,p 不是 q 的必要条件。

(2) 因为平方为 25 的数,可能是 5 或者 -5,所以由题设 $x^2=25$ 成立,不能推出结论 $x=5$ 成立,故 p 不是 q 的充分条件;而 5 的平方等于 25,由结论 $x=5$ 成立,可以推出题设 $x^2=25$ 成立,所以,p 是 q 的必要条件。

我们再来看一个命题:"如果 $x^2=0$,那么 $x=0$",这是一个真命题,由题设 $x^2=0$ 成立,可以推出结论 $x=0$ 成立,p 是 q 的充分条件;同时,由结论 $x=0$ 成立,也可以推出题设 $x^2=0$ 成立,p 是 q 的必要条件。

像这样,$p \Rightarrow q$,p 是 q 的充分条件;同时,$p \Leftarrow q$,p 是 q 的必要条件,那么称 p 是 q 的**充分且必要条件**,简称**充要条件**,记做 $p \Leftrightarrow q$,又称 p 与 q 等价。

考点链接

充要条件是高职升学考试考点之一。

例如 "$(x-1)(x+2)>0$"是"$\dfrac{x-1}{x+2}>0$"的(　　)。

A. 充分非必要条件 　　　　B. 必要非充分条件

C. 充分必要条件 　　　　　D. 非充分非必要条件

分析 对于命题"如果p,那么q",p是题设(或条件),q是结论。

(1) $p \Rightarrow q$,

(2) $p \Leftarrow q$,

(3) $p \Leftrightarrow q$。

由"$(x-1)(x+2)>0$"可知,因式$(x-1)$与$(x+2)$同正或同负,即两因式同号,因为两个同号因式的商大于0,所以"$\dfrac{x-1}{x+2}>0$"成立,前者可以推出后者,前者是后者的充分条件;同时,由两因式$(x-1)$与$(x+2)$的商大于0,同样可以推出两因式的积也大于0,后者可以推出前者,前者是后者的必要条件。

【答案:C】

例2 指出下列各组命题中,题设p是结论q的什么条件。

(1) $p:|a|=|b|$,$q:a=b$;

(2) $p:x=3$,$q:x^2-x-6=0$;

(3) $p:x$ 是无理数,$q:x-6$ 是无理数。

解:(1) a 与 b 的绝对值相等,a、b 可能相等,也可能是一对相反数,因此由题设$|a|=|b|$成立,不能推出结论$a=b$成立,故p不是q的充分条件;而相等的两个数的绝对值一定相等,由结论$a=b$成立,可以推出题设$|a|=|b|$成立,所以,p是q的必要条件。

(2) 由题设$x=3$成立,可以推出结论$x^2-x-6=0$成立,故p是q的充分条件;而由结论$x^2-x-6=0$成立,不能推出题设$x=3$成立,所以,p不是q的必要条件。

(3) 由题设x是无理数成立,可以推出结论$x-6$是无理数成立;同时,由结论$x-6$是无理数成立,可以推出题设x是无理数成立,所以,p是q的充要条件。

知识拓展

我们可以通过判断两个集合之间的关系,来判断这两个集合的性质推出关系,即由子集的关系,得到推出关系:

一般地,设$A=\{x|p(x)\}$,$B=\{x|q(x)\}$,如果$A \subseteq B$,那么 $x \in A \Rightarrow x \in B$,即$p \Rightarrow q$;

反之亦然,由集合性质的推出关系,可以得到两个集合的子集关系:对于以上集合,如果$p \Rightarrow q$,那么 $A \subseteq B$。

例如 若集合$A=\{x|x<0\}$,集合$B=\{x|x<1\}$,则集合A与B的关系是

分析 因为小于0的数,一定小于1,所以由$x<0$可以推出$x<1$,即$x<0 \Rightarrow x<1$,于是可以得到集合A是集合B的子集的结论。

解:$A \subseteq B$。

习题 1-4A

1. 指出下列各组命题中,题设 p 是结论 q 的什么条件。

(1) $p:x>5,q:|x|>5$;

(2) $p:x^2-9=0,q:x=3$;

(3) $p:x$ 是自然数,$q:x$ 是整数;

(4) $p:x>0,q:-x<0$;

(5) $p:x^2>0,q:x>0$;

(6) $p:a-b=0,q:a^2-b^2=0$。

2. 用符号"$\Rightarrow$"、"$\Leftarrow$"、"$\Leftrightarrow$"填空。

(1) $x>0,y>0$ _____ $xy>0$;

(2) $x=3$ _____ $x^2-2x-3=0$;

(3) $x^2-4=0$ _____ $x+2=0$;

(4) x 是偶数_____ x 是 2 的倍数;

(5) x 是 5 的倍数_____ x 是 10 的倍数;

(6) x 是无理数_____ x^2 是无理数。

习题 1-4B

指出下列各组命题中,题设 p 是结论 q 的什么条件。

(1) $p:x^2>y^2,q:|x|>|y|$;

(2) $p:ab>1,q:a>1,b>1$;

(3) $p:$ 集合 A 是空集,$q:A\cap B=\varnothing$;

(4) $p:$ 集合 A 是空集,$q:A\cup B=\varnothing$。

本章小结

一、集合及其表示方法

某些确定的对象组成的整体叫做集合,每个对象叫做这个集合的元素。若 a 是集合 A 的元素,记作 $a\in A$;反之,记作 $a\notin A$。

集合的常用表示方法有列举法和描述法。

不含有任何元素的集合叫做空集,记作 $\varnothing$。

常用数集:自然数集 $\mathbf{N}$,整数集 $\mathbf{Z}$,有理数集 $\mathbf{Q}$,实数集 $\mathbf{R}$。

二、集合之间的关系

集合之间的关系有三种:包含、真包含与集合相等。

包含关系包括真包含与相等两种情况。"集合 B 包含集合 A"是"集合 B 真包含集合 A"的必要条件,而非充分条件。

三、集合的运算

集合的运算包括交集、并集与补集。

两个集合的交集是由它们共有的元素组成的集合;两个集合的并集是由它们所有的元素组成的集合;如果集合 A 是全集 U 的一个子集,那么由 U 中所有不属于 A 的元素组成的集合,叫做 A 在 U 中的补集,记作 $\complement_U A$。

四、充要条件

$p \Rightarrow q$, p 是 q 的充分条件；

$p \Leftarrow q$, p 是 q 的必要条件；

$p \Leftrightarrow q$, p 是 q 的充要条件。

（周亦文）

目标测试

A 组

1. 选择题：

(1) 集合 $A=\{x\,|\,x>0\}$，下列写法正确的是（　　）。

　　A. $0 \in A$　　　　B. $0 \notin A$　　　　C. $0 \subseteq A$　　　　D. $0 \not\subseteq A$

(2) 下列语句能组成集合的是（　　）。

　　A. 接近 0 的数　　　　　　　　B. 本班学习好的同学

　　C. 好看的小说　　　　　　　　D. 大于 0 的数

(3) 大于 0.9 并且小于 3.1 的自然数组成的集合可以表示为（　　）。

　　A. $\{x\,|\,0.9<x<3.1\}$　　　　　　B. $\{x\in\mathbf{N}\,|\,0.9<x<3.1\}$

　　C. $\{x\in\mathbf{Z}\,|\,0.9<x<3.1\}$　　　　D. $\{x\in\mathbf{Q}\,|\,0.9<x<3.1\}$

(4) 下列集合是有限集的是（　　）。

　　A. $\{x\,|\,1<x<4\}$　　　　　　B. $\{(x,y)\,|\,x=y\}$

　　C. $\{x\in\mathbf{N}\,|\,x<50\}$　　　　D. $\{x\in\mathbf{Z}\,|\,x<5\}$

(5) 集合 $A=\{x\,|\,x^2-1=0\}$，$B=\{x\,|\,x>0\}$，则 $A\cap B=$（　　）。

　　A. $\varnothing$　　　　B. $\{1\}$　　　　C. $\{-1\}$　　　　D. $\{-1,1\}$

(6) 集合 $A=\{x\,|\,0<x<5\}$，$B=\{x\,|\,1<x<6\}$，则 $A\cup B=$（　　）。

　　A. $\{x\,|\,0<x<1\}$　　　　　　B. $\{x\,|\,0<x<6\}$

　　C. $\{x\,|\,1<x<5\}$　　　　　　D. $\{x\,|\,5<x<6\}$

(7) 设全集 $U=\{0,1,2,3\}$，集合 $A=\{1,2,3\}$，则 $\complement_U A=$（　　）。

　　A. $\varnothing$　　　　B. 0　　　　C. $\{0\}$　　　　D. $\{x\,|\,x<0\}$

(8) 设全集 $U=\mathbf{R}$，集合 $A=\{x\,|\,1<x<5\}$，则 $\complement_U A=$（　　）。

　　A. $\{x\,|\,x<1\}$　　　　　　B. $\{x\,|\,x>5\}$

　　C. $\{x\,|\,x<1$ 或 $x>5\}$　　　D. $\{x\,|\,x\leqslant1$ 或 $x\geqslant5\}$

(9) "两个三角形面积相等"是"两个三角形周长相等"的（　　）条件。

　　A. 充分但不必要　　　　　　B. 必要但不充分

　　C. 充要　　　　　　　　　　D. 既非充分，又非必要

2. 填空题：

(1) 若集合 $\{1,2,3\}=\{x,2,1\}$，则 $x=$＿＿＿＿＿＿；

(2) 设集合 $A=\{0,2,4\}$，$B=\{1,3,x\}$，且 $A\cap B=\{0\}$，则 $x=$＿＿＿＿＿＿；

(3) 设集合 $A=\{x\,|\,-1\leqslant x<3\}$，$B=\{x\,|\,1<x\leqslant6\}$，那么 $A\cap B=$＿＿＿＿＿，$A\cup B=$＿＿＿＿＿；

（4）设全集 $U=\mathbf{R}$，集合 $A=\{x\,|\,2\leq x<7\}$，则 $\complement_U A=$ _____；

（5）用适当的符号填空：

∩	∅	A	B
∅	____	____	____
A	____	____	____
B	____	____	____

∪	∅	A	B
∅	____	____	____
A	____	____	____
B	____	____	____

3. 判断题：

（1）x 是集合 A 的元素，记作 $x\in A$。（   ）

（2）$2\in\{1,2,3\}$。（   ）

（3）$0\in\varnothing$。（   ）

（4）$\varnothing\supseteq\{0\}$。（   ）

（5）$\{a,b,c\}=\{c,b,a\}$。（   ）

（6）$\{2,4,6\}\subseteq\{4,6\}$。（   ）

（7）$\{x\,|\,|x|=5\}\supsetneq\{5\}$。（   ）

（8）$A\cap B=\{x\,|\,x\in A$ 或 $x\in B\}$。（   ）

（9）$\varnothing$ 是任何集合的真子集。（   ）

（10）若全集 $U=\mathbf{R}$，$\complement_U A=\{$有理数$\}$，那么 $A=\{$无理数$\}$。（   ）

4. 已知全集 $U=\{1,2,3,4,5,6,7,8\}$，$A=\{3,4,5\}$，$B=\{8,7,4\}$，求（1）$\complement_U A,\complement_U B$，$\complement_U A\cap\complement_U B,\complement_U A\cup\complement_U B$；

（2）验证：$\complement_U(A\cap B)=\complement_U A\cup\complement_U B$，

$\complement_U(A\cup B)=\complement_U A\cap\complement_U B$。

5. 已知全集 $U=\mathbf{R}$，$A=\{x\,|\,x\leq 3\}$，$B=\{x\,|\,x>-1\}$，求 $\complement_U A,\complement_U B,\complement_U(A\cap B)$。

B 组

1. 选择题：

（1）以下不能构成集合的是（   ）。

    A. 直角三角形的全体   B. 所有的奇数

    C. 所有特别大的数   D. 所有的无理数

（2）下列结论不正确的是（   ）。

    A. $0\in\mathbf{N}$ B. $\sqrt{8}\notin\mathbf{R}$ C. $-\dfrac{1}{2}\in\mathbf{Q}$ D. $-5\in\mathbf{Z}$

（3）集合 $\{x\in\mathbf{N}\,|\,-3\leq x<3\}$ 中元素的个数是（   ）。

    A. 1   B. 2   C. 3   D. 4

（4）下列集合中只有一个元素的是（   ）。

    A. $\{x\,|\,x^2=1\}$ B. $\{x\,|\,|x|=1\}$

    C. $\{x\,|\,\sqrt{x}=1\}$ D. $\{x\,|\,x^2=-1\}$

（5）集合 $\{a,b,c\}$ 含有元素 a 的所有子集个数是（   ）。

    A. 4   B. 5   C. 6   D. 7

（6）已知集合 $A=\{a,b\}$，$B=\{b,c\}$，$C=\{a,c\}$，则 $A\cap(B\cup C)=$（   ）。

A. $\varnothing$ B. $\{a\}$

C. $\{a,b\}$ D. $\{a,b,c\}$

(7) $a \in A$ 是 $a \in A \cap B$ 的(　　)条件。

　　A. 充分但不必要　　　　　　　B. 必要但不充分

　　C. 充要　　　　　　　　　　　D. 既非充分,又非必要

2. 填空题:

(1) 若集合 $\{1,2,x\} = \{x^2,2,1\}$,则 $x =$ _____;

(2) $\{x \mid x^2-x=0\} \cap \{0\} =$ _____;

(3) 设集合 $A = \{x \mid x>0\}$,$B = \{x \mid x \leqslant 4\}$,那么 $A \cap B =$ _____,$A \cup B =$ _____;

(4) 已知集合 A 有 10 个元素,集合 B 有 8 个元素,集合 $A \cap B$ 有 3 个元素,那么集合 $A \cup B$ 有_____个元素。

(5) 已知全集 $U = \{3,5,7\}$,集合 $A = \{3,a-7\}$,$\complement_U A = \{7\}$,则 $a =$ _____。

3. 判断题:

(1) $\{x \mid x^2+1=0\} = \varnothing$。(　　)

(2) $\{0\} = \varnothing$。(　　)

(3) "绝对值很小的数的全体"可以组成一个集合。(　　)

(4) 若 $A \cap B = \varnothing$,则 $A = \varnothing$ 或 $B = \varnothing$。(　　)

(5) 任何一个非空集合至少有两个子集。(　　)

(6) 集合 A、B 的交集是集合 A、B 的真子集。(　　)

(7) $A = \varnothing$ 是 $A \cup B = B$ 的必要条件。(　　)

(8) $A \subseteq B$ 是 $A \subsetneqq B$ 的充要条件。(　　)

4. 计算题:

(1) 已知集合 $A = \{(x,y) \mid x-4y=12\}$,$B = \{(x,y) \mid 3x+2y=1\}$,求 $A \cap B$。

(2) 某班有学生 50 名,先有 32 名学生参加学校电脑操作比赛,后有 24 名学生参加护理技能比赛,如果每个学生至少参加一项比赛,求同时参加两项比赛的人数?

(3) 用适当集合,表示图 1-9 中阴影部分。

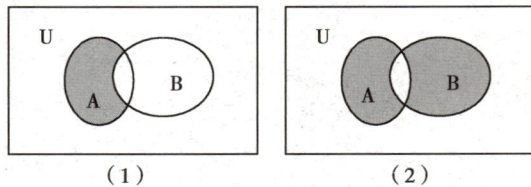

（1）　　　　　　　（2）

图 1-9

(4) 若集合 $A = \{a^2,a+2,-5\}$,$B = \{a^2+1,3a-5,10\}$,且 $A \cap B = \{-5\}$,求 a。

❀ 阅读与欣赏

康托尔与集合论

1845 年 3 月 3 日,乔治·康托尔生于俄国的一个丹麦—犹太血统的家庭。1856 年康托尔和他的父母一起迁到德国的法兰克福。像许多优秀的数学家一样,他在中学阶段就表现出一种对数学的特殊敏感,并不时得出令人惊奇的结论。他的父亲力促他学工,因而康托尔在 1863 年带着这个目的进入了柏林大学。这时柏林大学正在形成一个数学教学与研究的中心。康托尔很早就向往这所由外尔斯托拉斯占据着的世界数学中

心之一。所以在柏林大学,康托尔受了外尔斯特拉斯的影响而转到纯粹的数学。也在1869年取得在哈勒大学任教的资格,不久后就升为副教授,并在1879年被升为正教授。

1874年康托尔在克列勒的《数学杂志》上发表了关于无穷集合理论的第一篇革命性文章。数学史上一般认为这篇文章的发表标志着集合论的诞生。这篇文章的创造性引起人们的注意。在以后的研究中,集合论和超限数成为康托尔研究的主流,他一直在这方面发表论文。直到1897年,过度的思维劳累以及强列的外界刺激曾使康托尔患了精神分裂症。这一难以消除的病根在他后来30多年间一直断断续续影响着他的生活。1918年1月6日,康托尔在哈勒大学的精神病院中去世。

集合论是现代数学中重要的基础理论。它的概念和方法已经渗透到代数、拓扑和分析等许多数学分支以及物理学和质点力学等一些自然科学部门,为这些学科提供了奠基的方法。可见集合论的创立不仅对数学基础的研究有重要意义,而且对现代数学的发展有深远影响。

今天集合论已成为整个数学大厦的基础,康托尔也因此成为世纪之交的最伟大的数学家之一。

第二章 不 等 式

1. 掌握:区间的概念;一元二次不等式及其解法。
2. 理解:不等式的基本性质。
3. 了解:含绝对值的不等式的解法。

现实世界是丰富多彩的,反映在数量上,除了等量关系,还有不等量的关系。利用不等式可以表示数量之间的不等关系,不等式的知识在数学研究和数学应用中起着重要的作用。

本章在初中学过的不等式知识的基础上,进一步学习不等式的基本性质和一元二次不等式及含绝对值不等式的解法。

第一节　不等式的基本性质

案例

国产"和谐号"CRH380A 高速动车组(图 2-1)车速达 486.1km/h,此速度已经超过了普通客车时速的 3 倍,此速度的 2 倍再加上 100km/h,不超过波音飞机的最高时速。

请问:如何用不等式表示这三种交通工具的速度关系?

图 2-1

我们设高速动车组的时速为v_1,普通客车的时速为v_2,波音飞机的最高时速为v_3,则v_1、v_2的关系:$v_1 > 3v_2$

v_1、v_3的关系:$2v_1 + 100 \leqslant v_3$

一、比较实数大小的方法

在客观世界中,量与量之间的不等关系是普遍存在的。我们用数学符号"$\neq$"、"$>$"、"$<$"、"$\geqslant$"、"$\leqslant$"连接两个数或代数式,以表示它们之间的不等关系。含有这样的不等号的

式子,叫做**不等式**。能使不等式成立的未知数的值叫做**不等式的解**。

我们知道,实数与数轴上的点之间存在一一对应的关系,例如图2-2所示,点 A、B、C、D、E 分别与点 -3、-2、0、3、5 对应。实数可以通过数轴上对应点的位置比较大

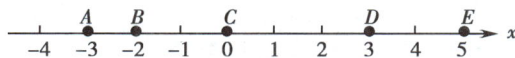
图2-2

小,即数轴上任意两点,右边的点对应的实数比左边的点对应的实数大。

比较两个实数的大小,除了可以通过观察数轴对应点的位置进行直观比较,我们还通常用作差法来比较。

设 a、b 为两个任意的实数,比较 a 和 b 的大小,可以用判断它们的差 $a-b$ 的符号的方法,得出结论:

$$a-b>0 \Leftrightarrow a>b;$$
$$a-b=0 \Leftrightarrow a=b;$$
$$a-b<0 \Leftrightarrow a<b。$$

这种用作差来比较两个实数大小的方法称**作差比较法**。我们也可用这种方法比较两个代数式的值的大小。

例1 比较两个实数的大小。

（1）$\dfrac{6}{5}$，$\dfrac{7}{6}$；　　（2）$-\dfrac{8}{11}$，$-\dfrac{7}{10}$。

解：（1）因为 $\dfrac{6}{5}-\dfrac{7}{6}=\dfrac{36-35}{30}=\dfrac{1}{30}>0$，

所以 $\dfrac{6}{5}>\dfrac{7}{6}$。

（2）因为 $-\dfrac{8}{11}-\left(-\dfrac{7}{10}\right)=-\dfrac{8}{11}+\dfrac{7}{10}=\dfrac{-80+77}{110}=\dfrac{-3}{110}<0$，

所以 $-\dfrac{8}{11}<-\dfrac{7}{10}$。

例2 已知 $a>b$，比较 $a+3$ 和 $b-5$ 的大小。

解：因为 $a>b$，所以 $a-b>0$。

又因为 $a+3-(b-5)=a+3-b+5=a-b+8>0$，

所以 $a+3>b-5$。

例3 对任意实数 x，比较 $(x+1)(x+3)$ 与 $(x-2)(x+6)$ 的大小。

解：因为 $(x+1)(x+3)-(x-2)(x+6)$

$=x^2+4x+3-x^2-4x+12$

$=15>0$，

所以对任意实数 x，有 $(x+1)(x+3)>(x-2)(x+6)$。

知识拓展

比较两个实数 a、b 的大小时,除了用作差比较法外,还可以用作商比较法和乘方比较法来比较。

1. 作商比较法:可归结为判断它们商的符号。

$$
当\ a>0,b>0\ 时
\begin{cases}
\dfrac{a}{b}>1 \Leftrightarrow a>b,\\[2mm]
\dfrac{a}{b}=1 \Leftrightarrow a=b,\\[2mm]
\dfrac{a}{b}<1 \Leftrightarrow a<b;
\end{cases}
$$

$$
当\ a<0,b<0\ 时
\begin{cases}
\dfrac{a}{b}>1 \Leftrightarrow a<b,\\[2mm]
\dfrac{a}{b}=1 \Leftrightarrow a=b,\\[2mm]
\dfrac{a}{b}<1 \Leftrightarrow a>b。
\end{cases}
$$

此方法常适用于同号两个实数比较大小或指数式之间比较大小。

2. 乘方比较法:

$a^2>b^2$ 且 $a>0,b>0$ 时 $\Rightarrow a>b$。

此方法适用于有根号的两数(式)比较大小。

二、不等式的基本性质

性质 1 如果 $a>b$,那么 $b<a$;如果 $b<a$ 那么 $a>b$。

性质 1 表明,把不等式的左边和右边交换位置,所得不等式与原不等式异向。我们把这种性质成为不等式的对称性。

性质 2 如果 $a>b$,且 $b>c$,则 $a>c$。

证明:根据两个正数之和仍为正数,得

$$
\left.
\begin{array}{l}
a>b \Rightarrow a-b>0\\
b>c \Rightarrow b-c>0
\end{array}
\right\}
\Rightarrow (a-b)+(b-c)>0 \Rightarrow a-c>0 \Rightarrow a>c。
$$

这个性质也可以表示为

$$
c<b,b<a \Rightarrow c<a。
$$

我们把性质 2 所描述的不等式的性质称为不等式的**传递性**。

初中阶段,我们还学习过不等式性质 3、性质 4,

性质 3 如果 $a>b$,则 $a+c>b+c$。

性质 3 表明,不等式的两边都加上同一个数,所得到的不等式与原不等式同向。由性质 3 很容易得出

$$
a+b>c \Rightarrow a+b+(-b)>c+(-b) \Rightarrow a>c-b。
$$

由此得到:

推论 1 不等式中的任意一项都可以把它的符号变成相反的符号后,从不等式的一边移到另一边。

我们称推论 1 为不等式的**移项法则**。

推论 2 如果 $a>b,c>d$,则 $a+c>b+d$。

我们把 $a>b$ 和 $c>d$（或 $c<b$ 和 $c<d$）这类不等号方向相同的不等式,叫做同向不等式。推论 2 说明,两个同向不等式的两边分别相加,所得到的不等式与原不等式同向。很明显,推论 2 可以推广为更一般的结论:

几个同向不等式的两边分别相加,所得到的不等式与原不等式同向。

性质 4 如果 $a>b,c>0$,则 $ac>bc$；如果 $a>b,c<0$,则 $ac<bc$。

由此得到:

推论 1 如果 $a>b>0,c>d>0$,则 $ac>bd$。

证明:因为 $a>b,c>0$,所以 $ac>bc$。

又因为 $c>d,b>0$,所以 $bc>bd$。

根据不等式的传递性,得 $ac>bd$。

很明显,这个推论可以推广为更一般的结论:

几个两边都是正数的同向不等式的两边分别相乘,所得到的不等式与原不等式同向。

推论 2 如果 $a>b>0$,则 $a^n>b^n$（$n\in \mathbf{N}_+,n>1$）。

证明:因为

$$\left.\begin{array}{c} a>b>0 \\ a>b>0 \\ \cdots\cdots \\ a>b>0 \end{array}\right\}n\ \text{个}$$

根据性质 4 的推论 1,得 $a^n>b^n$。

例 4 应用不等式的性质,证明下列不等式:

（1）已知 $a>b,ab>0$,求证:$\dfrac{1}{a}<\dfrac{1}{b}$；

（2）已知 $a>b,c<d$,求证:$a-c>b-d$；

（3）已知 $a>b>0,d>c>0$,求证:$\dfrac{c}{c}>\dfrac{b}{d}$；

证明:（1）因为 $ab>0$,所以 $\dfrac{1}{ab}>0$,

又因为 $a>b$,所以 $a\cdot\dfrac{1}{ab}>b\cdot\dfrac{1}{ab}$,即 $\dfrac{1}{b}>\dfrac{1}{a}$,

因此,$\dfrac{1}{a}<\dfrac{1}{b}$。

（2）因为 $a>b,c<d$,所以 $a>b,-c>-d$,

根据性质 3 的推论 2,得 $a+(-c)>b+(-d)$,

即 $a-c>b-d$。

（3）因为 $d>c>0$,根据（1）的结论,得 $\dfrac{1}{c}>\dfrac{1}{d}>0$,

又因为 $a>b>0$,所以 $a\cdot\dfrac{1}{c}>b\cdot\dfrac{1}{d}$,

因此,$\dfrac{a}{c}>\dfrac{b}{d}$。

从以上几个不等式的证明过程,可以看到:应用不等式性质对已知不等式进行变形,从而得出要证的不等式,是证明不等式的常用方法之一。

考点链接

性质 3 及推论和性质 4 及推论,是高职升学考试的考点之一。

例如 1. 下列命题正确的是( )

A. 若 $a>b$,则 $\dfrac{1}{a}>\dfrac{1}{b}$;   B. 若 $a>b>0,c>d$,则 $ac>bd$;

C. 若 $a>b$,则 $a^n>b^n(n\in \mathbf{N}_+)$;   D. 若 $a>b,c\neq 0$,则 $\dfrac{a}{c^2}>\dfrac{b}{c^2}$。

分析 当 $a>b>0$ 时,则 $\dfrac{1}{a}<\dfrac{1}{b}$,因此,A 是错误的。

根据性质 4 推论 1,两个都是正数的同向不等式分别相乘,所得的不等式与原不等式同向,因此 B 错误。

根据性质 4 推论 2,$a>b>0$,则 $a^n>b^n(n\in \mathbf{N}_+,n>1)$,因此,C 错误。

运用性质 4,$a>b>0,c\neq 0$,则 $c^2>0$,因此,D 是正确的。

【答案:D】

2. 已知 $a>b,c>d$,则下列各式成立的是( )。

A. $-b>c-d$;   B. $a-d>b-c$;   C. $ac>bd$;   D. $a^2>b^2$

分析 根据不等式基本性质 3 的推论 1 和 2,

$$a>b,c>d,\Rightarrow a+c>b+d\Rightarrow a-d>b-c。$$

【答案:B】

例 5 用符号"$>$"或"$<$"填空。

(1) 设 $a>b$,$a+5$ ＿＿＿ $b+5$;

(2) 设 $a>b$,$-2a$ ＿＿＿ $-2b$;

(3) 设 $a<b$,$a-1$ ＿＿＿ $b-1$;

(4) 设 $a<b$,$-2a-1$ ＿＿＿ $-2b-1$。

解:(1) $a+5>b+5$;

(2) $-2a<-2b$;

(3) $a-1<b-1$;

(4) $-2a-1>-2b-1$。

例 6 某药店按每盒 18 元的价格购进 100 盒药品,应缴纳的税费为销售额的 10%,如果要获得不低于 900 元的纯利润,每盒药的售价至少是多少?

解:设每盒药的售价至少是 x(元),

则 $100(x-18)-100\times 10\% x\geqslant 900$,

解得 $x\geqslant 30$。

答:每盒药的售价至少是 30 元。

习题 2-1A

1. 比较下列实数的大小:

（1）$\dfrac{5}{7}$和$\dfrac{7}{9}$;　　　　　　（2）$-\dfrac{7}{8}$和$-\dfrac{8}{9}$。

2. 已知 $a>b$，比较 $a+2$ 与 $b-2$ 的大小。

3. 比较代数式$(x+1)(x+2)$与代数式$(x-3)(x+6)$的大小。

4. 用不等式表示下列各语句：

（1）a 是正数；　　　　　　（2）a 是非正数；

（3）a 是负数；　　　　　　（4）a 是非负数。

5. 用"$>$"、"$<$"或"$=$"填空。

（1）$x+4$ ＿＿＿ $x+3$;（2）$a+3$ ＿＿＿ $b+3(a>b)$;

（3）$6a$ ＿＿＿ $7a(a<0)$;（4）$-5a$ ＿＿＿ $-4a(a<b)$;

（5）当 c ＿＿＿ 0 时，由 $a>b$ 可得 $ac>bc$;

（6）当 c ＿＿＿ 0 时，由 $a>b$ 可得 $ac=bc$;

（7）当 c ＿＿＿ 0 时，由 $a>b$ 可得 $ac<bc$;

（8）$a>0,b<0$，则 ab ＿＿＿ 0。

6. 某水果批发商销售苹果，苹果购进的价格是每箱 40 元，销售中估计有 5% 的损耗，那么批发商至少把价格定为多少元，才能避免亏本？

习题 2-1B

1. 比较实数的大小：

（1）$-\dfrac{3}{7}\pi$ 和 $-\dfrac{5}{8}\pi$;　　　　　　（2）$1\dfrac{2}{7}$和1.4。

2. 当 $a>b>1$ 时，比较 $a-b$ 与 $a+b-2$ 的大小。

3. 比较下列代数式的大小：

（1）$(x+5)(x+7)$,$(x+6)^2$;　　　　　　（2）$a^2+b^2+5,2(2a-b)$;

（3）$(x+1)^2$, $2x+1$。

4. 用"$>$"或"$<$"填空：

（1）$\dfrac{1}{a}$ ＿＿＿＿＿ $\dfrac{1}{b}(a>b>0)$;　　　　　　（2）$\dfrac{1}{a}$ ＿＿＿＿＿ $\dfrac{1}{b}(a<b<0)$;

（3）$\dfrac{b}{a}$ ＿＿＿＿＿ $\dfrac{b+1}{a}(a>0,b>0)$。

5. 选择题：

（1）某同学拿出 50 元钱购买纪念邮票，票面 8 角的每套 5 张，票面 2 元的每套 4 张，如果每种邮票至少买两套，则买票面 8 角的 x(套)与票面 2 元的 y(套)用不等式表示为（　　）。

A. $\begin{cases} x\geqslant 2,x\in \mathbf{N}_+ \\ y\geqslant 2,y\in \mathbf{N}_+ \\ 0.8\times 5x+2\times 4y\leqslant 50 \end{cases}$　　　　B. $\begin{cases} x\leqslant 2,x\in \mathbf{N}_+ \\ y\leqslant 2,y\in \mathbf{N}_+ \\ 0.8\times 5x+2\times 4y\leqslant 50 \end{cases}$

C. $\begin{cases} x\geqslant 2 \\ y\geqslant 2 \end{cases}$　　　　D. $0.8\times 5x+2\times 4y\leqslant 50$

（2）设 a、b 是两个实数，若 $a-b>a,a+b>b$，则下列式子中正确的是（　　）。

A. $ab>0$　　　　B. $ab<0$　　　　C. $a-b=0$　　　　D. $a-b<0$

（3）如果 $a>b$，那么（　　）。

  A．$ac>bc$　　　　　B．$ac^2>bc^2$　　　　C．$ac=bc$　　　　D．$b-a<0$

（4）若 $a>b(ab\neq0)$，则下列关系中正确的是（　　）。

  A．$|a|>|b|$　　　　B．$ac^2>bc^2$　　　　C．$\dfrac{1}{a}<\dfrac{1}{b}$　　　　D．$c-a<c-b$

第二节　区　　间

知识回顾

  初中我们把只含有一个未知量，并且未知数的最高次数是 1 的不等式，叫做一元一次不等式。解一元一次不等式的步骤可通过去分母、去括号、移项、合并同类项，化成不等式 $ax>b$ 的形式，不等式两边都除以未知数的系数，得到不等式的结果 $x>\dfrac{b}{a}$ 或 $x<\dfrac{b}{a}$，这个解不等式的步骤可以根据具体情况灵活运用。

案例

  根据世界卫生组织的标准，成年人血压水平的正常收缩压 90～140mmHg、舒张压 60～90mmHg。

  请问：你能用另一种方法表示它们的范围吗？

一、有限区间

  集合 $\{x\,|-1<x<2\}$ 可以用数轴上位于 -1 和 2 之间的一段不包括端点的线段（图 2-3）表示。

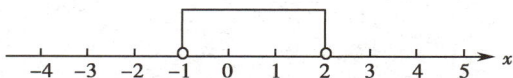

图 2-3

  由数轴上两点之间的一切实数所组成的集合叫做**区间**，其中，这两个点叫做**区间的端点**。

  设有两个实数 a、b，且 $a<b$，规定：

（1）数集 $\{x\,|\,a\leqslant x\leqslant b\}$ 叫做**闭区间**，记作 $[a,b]$，即 $[a,b]=\{x\,|\,a\leqslant x\leqslant b\}$，如图 2-4（1）。

（2）数集 $\{x\,|\,a<x<b\}$ 叫做**开区间**，记作 (a,b)，即 $(a,b)=\{x\,|\,a<x<b\}$，如图 2-4（2）。

（3）数集 $\{x\,|\,a\leqslant x<b\}$ 叫做**右半开区间**，记作 $[a,b)$，即 $[a,b)=\{x\,|\,a\leqslant x<b\}$，如图 2-4（3）。

（4）数集 $\{x\,|\,a<x\leqslant b\}$ 叫做**左半开区间**，记作 $(a,b]$，即 $(a,b]=\{x\,|\,a<x\leqslant b\}$，如图 2-4（4）。

  有限区间在数轴上可以用一条以 a、b 为端点的线段来表示。区间闭的一端用实心点表示，区间开的一端用空心点表示。

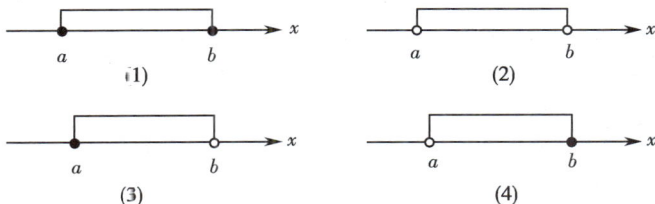

图 2-4

知识拓展

在数学中,区间是某个范围的数的收集,一般以集合形式表示。在初等代数中,传统的区间指一个集合,包含某两个特定实数之间的所有实数,并且可能包含这两个实数(或其中之一)。区间作为最"简单"的实数集合,可以给它们定义"长度"或"测度"。然后,"测度"的概念可以拓展到更复杂的集合。

例1 用区间表示下列数集:

(1) $\{x\mid -1<x<3\}$;

(2) $\{x\mid -1\leq x\leq 1\}$;

(3) $\{x\mid 0\leq x<4\}$;

(4) $\{x\mid -4.5<x\leq -1\}$。

解: 由区间的定义得到

(1) $\{x\mid -1<x<3\}=(-1,3)$;

(2) $\{x\mid -1\leq x\leq 1\}=[-1,1]$;

(3) $\{x\mid 0\leq x<4\}=[0,4)$;

(4) $\{x\mid -4.5<x\leq -1\}=(-4.5,-1]$。

例2 已知集合 $A=(0,3)$,集合 $B=[1,5]$,求 $A\cup B,A\cap B$。

解: 两个集合在数轴上表示(图 2-5),观察图形得,

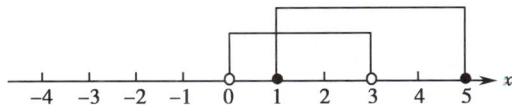

图 2-5

$$A\cup B=(0,5],\quad A\cap B=[1,3)。$$

二、无限区间

集合 $\{x\mid x<3\}$ 可以用数轴上位于 3 左边的一段不包括端点的射线表示(图 2-6)。

把区间的概念推广,我们将实数集 R 记作 $(-\infty,+\infty)$。其中"∞"读作"无穷

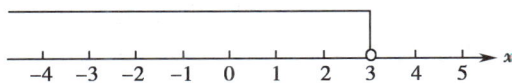

图 2-6

大",它不是一个数,只是一个记号,"$+\infty$"读作"正无穷大","$-\infty$"读作"负无穷大"。

(1) 数集 $\{x\mid x\geq a\}$ 记作 $[a,+\infty)$,如图 2-7(1);

(2) 数集 $\{x\mid x>a\}$ 记作 $(a,+\infty)$,如图 2-7(2);

(3) 数集 $\{x\mid x\leq b\}$ 记作 $(-\infty,b]$,如图 2-7(3);

(4) 数集 $\{x\mid x<b\}$ 记作 $(-\infty,b)$,如图 2-7(4)。

我们可以看到,用区间表示集合具有书写方便、简单、直观的特点。

例3 已知集合 $A=(0,+\infty)$,集合 $B=(3,+\infty)$,求 $A\cup B,A\cap B$。

解: 两个集合在数轴上表示(图 2-8),观察图形得,

$$A\cup B=(0,+\infty)=A,\quad A\cap B=(3,+\infty)=B。$$

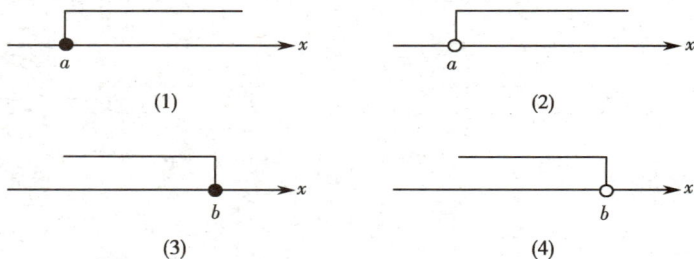

(1)　　　　　　　　(2)

(3)　　　　　　　　(4)

图 2-7

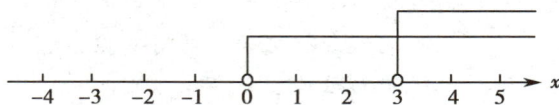

图 2-8

例 4 解不等式 $2(x+1)+\dfrac{x-2}{3}>\dfrac{7x}{2}-1$，并用区间表示。

解：$12(x+1)+2(x-2)>21x-6$，　　　　　（原式两边乘 6）

$12x+12+2x-4>21x-6$，　　　　（去括号）

$12x+2x-21x>-12+4-6$，　　　（移项）

$-7x>-14$，　　　　　　　　　（合并同类项）

$x<2$。　　　　　　　　　　　（不等式性质）

所以，原不等式的解集是 $\{x\,|\,x<2\}$，即 $(-\infty,2)$。

习题 2-2A

1. 用区间表示下列数集：

（1）$\{x\,|-1<x<2\}$；　　　　　（2）$\{x\,|\,5\leqslant x\leqslant 7\}$；

（3）$\{x\,|\,0\leqslant x<3\}$；　　　　　（4）$\{x\,|-4.5<x<-1\}$；

（5）$\{x\,|\,x>5\}$；　　　　　　　（6）$\{x\,|\,x\leqslant 10\}$；

（7）$\{x\,|\,x<0\}$；　　　　　　　（8）$\{x\,|\,x\geqslant 6\}$。

2. 已知集合 $A=[-3,2)$，集合 $B=(1,6]$，求 $A\cup B$，$A\cap B$。

3. 已知集合 $A=(-\infty,0)$，集合 $B=(-\infty,4)$，求 $A\cup B$，$A\cap B$。

4. 求不等式的解集，并用区间表示：

（1）$2x-3<5x+1$；　　　　　（2）$\dfrac{2x-3}{7}\geqslant\dfrac{3x+2}{4}$；

（3）$2-4x>3(3x-1)$。

习题 2-2B

1. 已知集合 $A=(3,5]$，$B=(4,+\infty)$，求 $A\cup B$，$A\cap B$。

2. 设全集 $S=\mathbf{R}$，集合 $A=(-\infty,3)$，集合 $B=(0,4)$，求 $\complement_S A$，$\complement_S B$，$A\cap\complement_S B$。

第三节　一元二次不等式

知识回顾

1. 一般地,由几个一元一次不等式所组成的不等式组叫做一元一次不等式组。解一元一次不等式组的步骤可通过先求这个不等式组中各个不等式的解集,再求出这些不等式的解集的公共部分的方法,求出这个不等式组的解集。

例如　解不等式组 $\begin{cases} 5x-3<4x-1, \\ 9+2x>6+3x。 \end{cases}$

解:由原不等式组可得

$$\begin{cases} x<2, \\ x<3, \end{cases}$$

所以　　　　　　　　　　　$x<2$,

即原不等式组的解集为 $\{x \mid x<2\}$。

2. 一元二次不等式 $ax^2+bx+c=0(a\neq0)$ 的求根公式为 $x_{1,2}=\dfrac{-b\pm\sqrt{b^2-4ac}}{2a}$。根的判别公式 $\Delta=b^2-4ac$,

当 $\Delta>0$ 时,方程有两个不相等的实数解;

当 $\Delta=0$ 时,方程有两个相等的实数解;

当 $\Delta<0$ 时,方程没有实数解。

案例

汽车在行驶中,由于惯性的作用,刹车后还要继续向前滑行一段距离才能停住,我们称这段距离为"刹车距离"。刹车距离是分析事故的一个重要因素。在一个限速40km/h 以内的弯道上,甲、乙两辆汽车相向而行,发现情况不对,同时刹车,但还是相碰了。交警现场勘查测得甲车的刹车距离略超过12m,乙车的刹车距离略超过10m。又知甲、乙车型的汽车在这种路面的刹车距离 $S(\text{m})$ 与车速 $x(\text{km/h})$ 的数值之间分别有如下关系式:

$$S_甲=0.1x+0.01x^2,$$
$$S_乙=0.05x+0.005x^2。$$

请问:甲、乙两辆车的驾驶员谁应负主要责任?

要弄清主要责任人,需求出甲、乙两车速度 x 的范围,比较后才能分析出甲、乙两人谁超速,从而确定主要责任人。为此用刹车距离 S 和实测数据,列出如下关系式

$$S_甲=0.1x+0.01x^2>12,$$
$$S_乙=0.05x+0.005x^2>10。$$

含有一个未知数,且未知数的最高次数是 2 的不等式,叫做**一元二次不等式**,它的一般形式为

$$ax^2+bx+c>0 \text{ 或 } ax^2+bx+c<0, (a\neq 0),$$

其中,$a>0$(对于二项式系数是负数,即 $a<0$ 的不等式,可以把不等式两边同时乘以-1,并改变不等号方向,仍可化成上面两种形式之一)。

一元二次方程 $ax^2+bx+c=0$ 的判别式 $\Delta = b^2-4ac$,有 $\Delta>0$、$\Delta=0$、$\Delta<0$ 三种情况,按这三种情况,我们来研究相应的一元二次不等式的解法。

例 1 求不等式 $x^2-x-6>0$ 的解集。

解:$\Delta = (-1)^2-4\times 1\times(-6) = 25>0$,

因为 $x^2-x-6 = (x+2)(x-3)$,

所以原不等式可化为 $(x+2)(x-3)>0$。

根据积的符号法则,可将此不等式转化为两个不等式组

① $\begin{cases} x+2>0, \\ x-3>0, \end{cases}$ 或 ② $\begin{cases} x+2<0, \\ x-3<0。 \end{cases}$

①的解集为 $\{x|x>3\}$ 即 $(3,+\infty)$,②的解集为 $\{x|x<-2\}$ 即 $(-\infty,-2)$,

故原不等式的解集为 $(-\infty,-2)\cup(3,+\infty)$。

例 2 求不等式 $x^2-9<0$ 的解集。

解:$\Delta = -4\times 1\times(-9) = 36>0$

因为 $x^2-9 = x^2-3^2 = (x+3)(x-3)$,

所以原不等式可化为 $(x+3)(x-3)<0$。

根据积的符号法则,可将原不等式转化为两个不等式组

① $\begin{cases} x+3>0, \\ x-3<0, \end{cases}$ 或 ② $\begin{cases} x+3<0, \\ x-3>0。 \end{cases}$

①的解集为 $(-3,3)$,②无解,即解集为 $\varnothing$,

故原不等式的解集为 $(-3,3)\cup\varnothing = (-3,3)$。

由例 1 和例 2 可以看出,当 $\Delta>0$ 时,利用因式分解法,先将 ax^2+bx+c 分解为两个一次式的积,再根据积的符号法则,将原不等式转化为两个一次不等式组,它们解集的并集即为一元二次不等式的解集。

一般地,当 $\Delta>0$ 时,$ax^2+bx+c = a(x-x_1)(x-x_2)$,其中 x_1,x_2 是方程 $ax^2+bx+c=0$ 的两个不等实根,设 $x_1<x_2$,则不等式 $ax^2+bx+c>0$ 的解集为 $(-\infty,x_1)\cup(x_2,+\infty)$;$ax^2+bx+c<0$ 的解集为 (x_1,x_2)。

例 3 求不等式 $x^2-4x+4>0$ 的解集。

解:$\Delta = (-4)^2-4\times 1\times(-4) = 0$,

因为 $x^2-4x+4 = (x-2)^2$,所以原不等式可化为 $(x-2)^2>0$

因为任何一个实数的平方都大于等于 0,

所以,当 $x\neq 2$ 时,都能使 $(x-2)^2>0$ 成立,

故原不等式的解集为 $\{x|x\in \mathbf{R}, \text{且 } x\neq 2\}$ 即 $(-\infty,2)\cup(2,+\infty)$。

一般地,当 $\Delta=0$ 时,先通过配方,将 ax^2+bx+c 化成完全平方的形式,即 $ax^2+bx+c = a\left(x+\dfrac{b}{2a}\right)^2$,那么不等式 $ax^2+bx+c>0$ 的解集为 $\left(-\infty,-\dfrac{b}{2a}\right)\cup\left(-\dfrac{b}{2a},+\infty\right)$;不等式 $ax^2+bx+c<0$ 的解集为 $\varnothing$。

例 4 求不等式 $x^2-x+2>0$ 的解集。

解：$\Delta = (-1)^2 - 4 \times 1 \times 2 = -7 < 0$，

因为 $x^2 - x + 2 = \left(x - \dfrac{1}{2}\right)^2 + \dfrac{7}{4}$，

所以原不等式可化为 $\left(x - \dfrac{1}{2}\right)^2 + \dfrac{7}{4} > 0$。

又因为对于一切实数 x，都能使不等式 $\left(x - \dfrac{1}{2}\right)^2 + \dfrac{7}{4} > 0$ 成立，

故原不等式的解集为 **R**。

一般地，当 $\Delta < 0$ 时，采用配方法，可以判断出对于一切实数 x，有 $ax^2 + bx + c > 0$ 恒成立，因此，不等式 $ax^2 + bx + c > 0$ 的解集为 **R**；而 $ax^2 + bx + c < 0$ 恒不成立，因此，$ax^2 + bx + c < 0$ 的解集为 $\varnothing$。

由以上分析我们得到解一元二次不等式的基本步骤是

（1）判断二次项系数是否为正数，如果不是，那么将不等式两边同乘 -1；

（2）判断对应方程解的情况，如果有解，求出方程的解；

（3）根据表 2-1 写出一元二次不等式的解集。

表 2-1

方程或不等式	解集		
	$\Delta > 0$	$\Delta = 0$	$\Delta < 0$
$ax^2 + bx + c = 0$	$\{x_1, x_2\}$	$\{x_0\}$	$\varnothing$
$ax^2 + bx + c > 0$	$(-\infty, x_1) \cup (x_2, +\infty)$	$(-\infty, x_0) \cup (x_0, +\infty)$	**R**
$ax^2 + bx + c \geqslant 0$	$(-\infty, x_1] \cup [x_2, +\infty)$	**R**	**R**
$ax^2 + bx + c < 0$	(x_1, x_2)	$\varnothing$	$\varnothing$
$ax^2 + bx + c \leqslant 0$	$[x_1, x_2]$	$\{x_0\}$	$\varnothing$

说明：表 2-1 中 $\Delta = b^2 - 4ac$，$x_1 < x_2$。

考点链接

求一元二次不等式的解集是高职升学考试的考点之一。

例如 1. 一元二次不等式 $x^2 - 5x + 6 \geqslant 0$ 的解集是（　　）。

    A. $\{x \mid 2 \leqslant x \leqslant 3\}$　　B. $\{x \mid x \leqslant 2$ 或 $x \geqslant 3\}$　　C. $\{x \mid x \leqslant 2\}$　　D. $\{x \mid x \geqslant 3\}$

分析　根据一元二次不等式基本步骤，先判断二次项系数 $a = 1 > 0$，

又由 $x^2 - 5x + 6 = 0$ 有两根 $x_1 = 2, x_2 = 3$，

    因此 $x^2 - 5x + 6 \geqslant 0$ 的解集是 $\{x \mid x \leqslant 2$ 或 $x \geqslant 3\}$

【答案：B】

2. 不等式 $(x + 2)^2 \leqslant 0$ 的解集是（　　）。

    A. $\{-2\}$　　　　　　B. $(-\infty, -2) \cup (-2, +\infty)$　C. $\varnothing$　　　　D. **R**

分析　不论 x 取何值均有 $(x + 2)^2 \geqslant 0$，所以 $(x + 2)^2 \leqslant 0$ 的成立条件是 $x + 2 = 0$ 即 $x = -2$。

【答案：A】

习题 2-3A

1. 填空题:

(1) $f(x)=\begin{cases}x-2>0\\x+2>0\end{cases}$ 的解集是_____;

　　$f(x)=\begin{cases}x-2<0\\x+2<0\end{cases}$ 的解集是_____;

　　$(x-2)(x+2)>0$ 的解集是_____。

(2) $f(x)=\begin{cases}x-1>0\\x+2<0\end{cases}$ 的解集是_____;

　　$(x-1)(x+2)<0$ 的解集是_____。

2. 求下列不等式的解集:

(1) $x^2-3x-10>0$；　　　　　(2) $x^2-5x+6<0$；

(3) $x^2-4>0$；　　　　　　　(4) $x^2\geqslant16$。

习题 2-3B

1. 填空题:

(1) 不等式 $x^2+1>0$ 的解集用区间表示为_____;

(2) 不等式 $(x+2)(x-1)<0$ 的解集用区间表示为_____;

(3) 不等式 $(x-2)^2-1<0$ 的解集用区间表示为_____;

(4) 不等式 $x^2+2x-3<0$ 的解集用区间表示为_____。

2. 选择题:

(1) 不等式 $x^2-7x+6>0$ 的解集为(　　)。

　　A. $(1,6)$　　　　B. $(-\infty,1)\cup(6,+\infty)$　　C. $\varnothing$　　　　　　D. $(-\infty,+\infty)$

(2) $x^2-2x\leqslant0$ 的解集为(　　)。

　　A. $\{x\mid0\leqslant x\leqslant2\}$　　B. $\{x\mid x\leqslant0$ 或 $x\geqslant2\}$　　C. $\{x\mid x\leqslant0\}$　　D. $\{x\mid x\geqslant2\}$

(3) $4-x^2\geqslant0$ 的解集为(　　)。

　　A. $\{x\mid-2\leqslant x\leqslant2\}$　　　　　　　　B. $\{x\mid x\leqslant2\}$

　　C. $\{x\mid x\geqslant-2\}$　　　　　　　　　　　D. $\{x\mid x\leqslant2$ 或 $x\geqslant-2\}$

(4) 一元二次不等式 $2x^2-5x+3<0$ 的解集为(　　)。

　　A. $(-\infty,1)$　　　B. $\left(1,\dfrac{3}{2}\right)$　　　C. $\left(\dfrac{3}{2},+\infty\right)$　　D. **R**

(5) $-x^2+bx+c\geqslant0$ 的解集是 $\{x\mid3\leqslant x\leqslant4\}$，则 b 和 c 的值分别为(　　)。

　　A. $b=7,c=12$　　B. $b=7,c=-12$　　　C. $b=-7,c=12$　　D. $b=-7,c=-12$

第四节　含绝对值的不等式

案例

　　商场出售的标明净含量500g的袋装食盐,按商品质量规定,其实际含量数与所标含量数的差不能超过5g。

　　请问:如何用绝对值来表示这个数量关系?

我们知道,在实数集中,对任意实数 a 有

$$|a|=\begin{cases} a\,(a>0),\\ 0\,(a=0),\\ -a\,(a<0)。\end{cases}$$

实数 a 的绝对值 $|a|$,在数轴上等于对应实数 a 的点到原点的距离,这是 $|a|$ 的几何意义。

对于含绝对值的方程

$$|x|=3,$$

由绝对值的定义可知,方程 $|x|=3$ 的解是 $x=-3$ 或 $x=3$,在数轴上表示如图 2-9(1)所示。

再看对应的不等式 $|x|<3$ 或 $|x|>3$,由绝对值定义,结合图 2-9(1),不等式 $|x|<3$ 表示数轴上到原点的距离小于 3 的点的集合,如图 2-9(2)。

因此,不等式 $|x|<3$ 的解集是 $(-3,3)$。

同理,不等式 $|x|>3$ 的解集表示数轴上到原点的距离大于 3 的点的集合,如图 2-9(3)。

因此,不等式 $|x|>3$ 的解集是 $(-\infty,-3)\cup(3,+\infty)$。

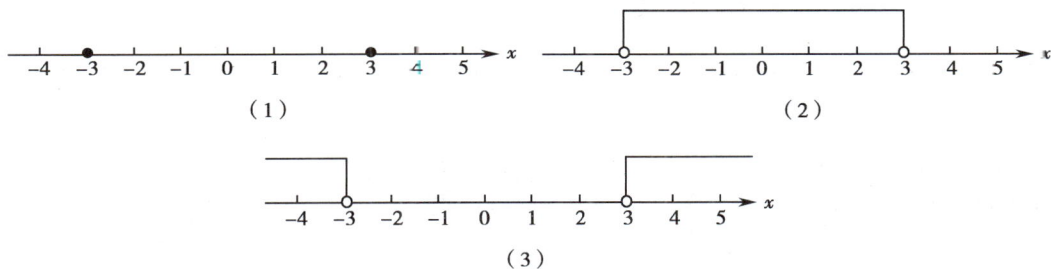

图 2-9

一般地,如果 $a>0$,则

$$|x|<a\Leftrightarrow -a<x<a,$$
$$|x|>a\Leftrightarrow x>a \text{ 或 } x<-a。$$

例 1 解不等式 $3|x|-6>0$。

解:由原不等式得 $3|x|-6>0$,得 $|x|>2$,

所以,原不等式的解集为 $(-\infty,-2)\cup(2,+\infty)$。

知识拓展

$|x|$ 的几何意义是在数轴上表示坐标为 x 的点到原点的距离。

$|x-a|$ 与 $|x+a|$ 的几何意义:

$|x-a|$ 的几何意义是数轴上坐标为 x 的点到 a 的距离;$|x+a|$ 的几何意义是在数轴上坐标为 x 的点到 $-a$ 的距离。

例 2 解不等式 $|2x-3|<7$。

解:由原不等式可得 $-7<2x-3<7$,

于是 $-4<2x<10$,即 $-2<x<5$,

所以,原不等式的解集是$(-2,5)$。

例3 解不等式$|2x-3|\geqslant 7$。

解:由原不等式可得 $2x-3\leqslant -7$ 或 $2x-3\geqslant 7$,

整理得 $x\leqslant -2$ 或 $x\geqslant 5$

所以,原不等式的解集是$(-\infty,-2]\cup[5,+\infty)$。

考点链接

求绝对值不等式的解集是高职升学考试的考点之一。

例如不等式$|x-2|<1$的解集是_____。

分析 由原不等式得$-1<x-2<1$,解得$1<x<3$。

【答案:$(1,3)$】

习题 2-4A

1. 用区间表示法填空:

(1) 不等式$|x|<2$的解集是_____;

(2) 不等式$|x|>2$的解集是_____;

(3) 不等式$|x|\leqslant 5$的解集是_____;

(4) 不等式$|x|\geqslant 5$的解集是_____。

2. 求下列不等式的解集并用区间表示。

(1) $|3x|-2>0$;   (2) $|2x-1|\geqslant 7$;

(3) $|3x-5|\leqslant 1$。

习题 2-4B

1. 用区间表示法填空:

(1) 不等式$|x+1|>-1$的解集是_____;

(2) 不等式$|x+1|<-1$的解集是_____;

(3) 不等式$|x-1|<5$的解集是_____;

(4) 不等式$|3x|-5\leqslant 0$的解集是_____。

2. 求下列不等式的解集,并用区间表示:

(1) $|2x-5|-4\leqslant 0$;   (2) $\left|\dfrac{1}{2}x+1\right|\geqslant 2$;

(3) $|1-4x|\geqslant 9$。

3. 选择题:

(1) 不等式$x>0$是$|x|>0$的(   )。

  A. 充分条件   B. 必要条件

  C. 充要条件   D. 既不充分也不必要条件

(2) 不等式$|x|>5$是$x<-5$的(   )。

  A. 充分条件   B. 必要条件

  C. 充要条件   D. 既不充分也不必要条件

本章小结

不等式的性质是进行不等式的变换和解不等式的主要依据。对每一条性质,都要弄清条件和结论,注意条件加强和放宽后,条件和结论之间发生的变化。避免由于忽略某些限制条件而造成解题的失误。

比较两个实数大小的方法有两种,几何法和代数法。几何法即通过观察两个实数在数轴上对应点的位置关系来进行直观比较。代数法是通过作差方法来比较。区间是数学中常用的术语和符号,函数的定义域,值域,不等式的解集通常借助区间进行表示。

解一元二次不等式时,首先要将一元二次不等式化成标准式即二次项系数为正数的形式,其次要注意一元二次方程的根及一元二次不等式解集间的内在联系。

解绝对值不等式问题的基本思想是设法化成不含绝对值符号的不等式来解。

(李云杰)

目标测试

A 组

1. 选择题:

(1) 若 $m>3$,则下列不等式中成立的是(   )。

    A. $m+3>3$ B. $m-3<0$

    C. $m-2>3$ D. $m-6<-3$

(2) a 是实数,下列不等式正确的是(   )。

    A. $3a>2a$ B. $3+a>2+a$

    C. $3+a>3-a$ D. $\dfrac{3}{a}>\dfrac{2}{a}$

(3) 不等式 $x^2+3x+2<0$ 的解集是(   )。

    A. $(1,2)$ B. $(-\infty,1)\cup(2,+\infty)$

    C. $(-2,-1)$ D. $(-\infty,-2)\cup(-1,+\infty)$

(4) 不等式 $|x-1|<5$ 的解集是(   )。

    A. $(-6,4)$ B. $(-\infty,-6)\cup(4,+\infty)$

    C. $(-4,6)$ D. $(-\infty,-4)\cup(6,+\infty)$

(5) 已知 $x<y$,使 $ax>ay$ 成立的条件是(   )。

    A. $a\geq0$ B. $a\leq0$

    C. $a>0$ D. $a<0$

2. 填空题:

(1) $\dfrac{5}{12}$ 和 $\dfrac{11}{25}$ 中较大的数是_____;

(2) $\{x\mid-2<x\leq5\}$,用区间表示为_____;

(3) $2|x|-5>1$ 的解集为_____;

(4) 当 $x=$_____时,$\sqrt{x^2-4x}$ 有意义;

(5) 不等式 $\begin{cases} x>-1 \\ x-4\leqslant 2 \end{cases}$ 的解集为_____。

3. 判断题：

(1) 若 $a>b$，$c\in\mathbf{R}$，则 $ac>bc$。（　　）

(2) 若 $a>b$，$c>d$，则 $a+c>b+d$。（　　）

(3) 当 $x\geqslant-\dfrac{1}{2}$ 时，代数式 $2x+1$ 不小于0。（　　）

(4) $|x|<6$ 的解集是 $\{x|-6<x<6\}$。（　　）

(5) 如果 $x^2>25$，那么 $x>\pm 5$。（　　）

4. 设 $a=(x-1)^2$，$b=2x^2-2x+1$，用作差比较法比较 a 与 b 的大小。

5. 解下列不等式(组)，并用区间表示：

(1) $\begin{cases} 2x-1\geqslant 3, \\ 3x-2<7; \end{cases}$ 　　　　(2) $5(x-2)\leqslant 4x+1$；

(3) $x^2-x-6<0$； 　　　　(4) $|x+3|>2$；

(5) $|3x-5|\geqslant 4$。

B 组

1. 选择题：

(1) 若 $a<0$，则下列结论正确的是（　　）。

    A. $a^2<a<2a$ 　　　　B. $a<2a<a^2$

    C. $2a<a^2<a$ 　　　　D. $2a<a<a^2$

(2) 下列不等式解集为空集的是（　　）。

    A. $x^2-2x-3>0$ 　　　　B. $x^2-2x-3<0$

    C. $x^2-2x+3>0$ 　　　　D. $x^2-2x+3<0$

(3) 若 $a<0$，则不等式 $(x-2a)(x+a)<0$ 的解集是（　　）。

    A. $\{x|-a<x<2a\}$ 　　　　B. $\{x|x<-a$ 或 $x>2a\}$

    C. $\{x|2a<x<-a\}$ 　　　　D. $\{x|x<2a$ 或 $x>-a\}$

(4) 若 $a<b<0$，则下列不等式正确的是（　　）。

    A. $\dfrac{1}{a}>\dfrac{1}{b}$ 　　　　B. $\dfrac{a}{b}<1$

    C. $|a|<|b|$ 　　　　D. $ab<1$

(5) 以下四个条件，能使 $\dfrac{1}{a}<\dfrac{1}{b}$ 不成立的是（　　）。

    A. $b>0$，$a<0$ 　　　　B. $a<0$，$b<0$，$a>b$

    C. $a>0$，$b<0$ 　　　　D. $a>b>0$

2. 填空题：

(1) 如果 $a>b$，那么 $2a-\sqrt{3}$ _____ $2b-\sqrt{3}$；

(2) 如果 $a>5$，$b<-5$，则 $(5-a)(b+5)$ _____ 0；

(3) 不等式 $3(x-2)+1>2x+6$ 的解集用区间表示为_____；

(4) 已知 $a>0$，则关于 x 的不等式 $a(2-x)(x-3)<0$ 的解集是_____；

(5) $(x-5)(x-3)>3$ 的解集是_____。

3. 判断题:

(1) 已知 $a<b<0$,则 $\frac{1}{a}>\frac{1}{b}$。(   )

(2) 如果 $a<c$,且 $b<c$,那么 $a+b>2c$。(   )

(3) 若 $\frac{a}{c^2}>\frac{b}{c^2}(c\neq0)$,则 $a>b$。(   )

(4) 若 $a>b$,则 $a^2>b^2$。(   )

(5) 不等式 $(1-x)(2+x)>0$ 的解集为 $(-2,1)$。(   )

4. 设全集为 $\mathbf{R}$,集合 $A=\{x\,|\,|x-1|<4\}$,$B=\{x\,|\,x^2-x\geqslant0\}$,求 $A\cup B$,$A\cap B$,$A\cap\complement_R B$。

5. 比较大小:

(1) 设 $a=(x-1)^2$,$b=3x^2-2x+8$,比较 a 和 b 的大小;

(2) 设 $b\in\mathbf{R}$,比较 b^2-3 与 $4b-15$ 的大小。

6. 解下列不等式,并用区间表示:

(1) $-3x^2+7x-2>0$; (2) $4x^2-4x-1>0$;

(3) $|2-3x|>6$; (4) $1<|3x+4|\leqslant6$。

🍀 阅读与欣赏

数学家——华罗庚

华罗庚(1910.11.12—1985.6.12),汉族,籍贯江苏金坛,世界著名数学家,中国科学院院士,第一届至第六届全国人大常委会委员。

他是中国解析数论、矩阵几何学、典型群、自守函数论与多元复变函数论等多方面研究的创始人和开拓者,是中国在世界上最有影响力的数学家之一,被列为芝加哥科学技术博物馆中当今世界88位数学伟人之一。国际上以华氏命名的数学科研成果有"华氏定理""华氏不等式""华—王方法"等。

华罗庚于1924年金坛中学初中毕业,后刻苦自学。1930年后在清华大学任教。1936年赴英国剑桥大学访问、学习。1938年回国后任西南联合大学教授。1946年赴美国,任普林斯顿数学研究所研究员、普林斯顿大学和伊利诺斯大学教授。1950年回国后,历任清华大学教授、中国科学院数学研究所及应用数学研究所所长、中国数学学会理事长、全国数学竞赛委员会三任、美国国家科学院国外院士、第三世界科学院院士、联邦德国巴伐利亚科学院院士,中国科学院物理学数学化学部副主任、副院长、主席团成员,中国科学技术大学数学系主任、副校长,中国科协副主席,国务院学位委员会委员等职。曾被授予法国南锡大学、香港中文大学和美国伊利诺斯大学荣誉博士学位。

华罗庚主要从事解析数论、矩阵几何学、典型群、自守函数论、多复变函数论、偏微分方程、高维数值积分等领域的研究与教授工作并取得突出成就。40年代,解决了高斯完整三角和的估计这一历史难题,得到了最佳误差阶估计(此结果在数论中有着广泛的应用);对 G.H. 哈代与 J.E. 李特尔伍德关于华林问题及 E. 赖特关于塔里问题的结果作了重大的改进,至今仍是最佳纪录。

在代数方面，华罗庚证明了历史长久遗留的一维射影几何的基本定理；给出了体的正规子体一定包含在它的中心之中这个结果的一个简单而直接的证明，被称为嘉当-布饶尔-华定理。其专著《堆垒素数论》系统地总结、发展与改进了哈代与李特尔伍德圆法、维诺格拉多夫三角和估计方法及他本人的方法，其主要结果居世界领先地位，先后被译为俄、匈、日、德、英文出版，成为 20 世纪经典数论著作之一。其专著《多个复变典型域上的调和分析》以精密的分析和矩阵技巧，结合群表示论，具体给出了典型域的完整正交系，从而给出了柯西与泊松核的表达式。曾获中国自然科学一等奖。他倡导应用数学与计算机的研制，曾出版《统筹方法平话》《优选学》等多部著作并在中国推广应用。他与王元教授合作，在近代数论方法应用研究方面取得重要成果，被称为"华-王方法"。在发展数学教育和科学普及方面做出了重要贡献。发表研究论文 200 多篇，专著和科普性著作数十种。

1985 年 6 月，华罗庚访问日本，在讲台上作学术报告时不幸逝世。华罗庚刻苦学习，勤奋钻研，永远是我们青年一代学习的榜样。

第三章　函　数

学习目标

1. 理解：函数的概念；函数的单调性、函数的奇偶性。
2. 了解：函数的表示法；函数的实际应用。

函数是研究变量之间对应关系的工具，函数思想广泛应用于数学的各个领域。函数与已经学过的代数式、方程、不等式等都有着密切的关系，是进一步学习其他数学知识的基础。

本章将在初中所学的函数知识基础上，利用集合知识重新认识函数，理解函数的单调性和奇偶性，并通过实例了解函数表示法在医学上的广泛应用。

第一节　函数的概念

知识回顾

初中阶段，我们曾经学习过函数的定义：在某一变化中有两个变量 x 和 y，如果对于在某一范围内任取一个 x 值，都有唯一确定的 y 值与它对应，则称 y 是 x 的函数，x 叫做自变量，y 叫做因变量。例如，$y = x$，$y = 2x + 1$，$y = \dfrac{1}{x}$ 等。

案例

2015 年 9 月 25 日，采用固体燃料发动机的我国新型运载火箭长征十一号在酒泉卫星发射中心成功发射(图 3-1)。在卫星上升的过程中卫星离地面的距离随时间的变化而变化，卫星外的温度和气压随卫星与地面的距离的变化而变化……。

请问：卫星离地面的距离随时间变化的关系用什么来表示呢？

图 3-1

事实上,现实生活中许多运动变化的现象都可以表示为变量之间的对应关系,即当一个变量变化时,另一个变量也随之变化,这就是我们要研究的函数。

函数的概念

我们在学习了集合的概念之后,对函数作出如下的定义:

在某个变化过程中有两个变量 x 和 y,设变量 x 的取值范围为数集 D,如果对于 D 内的每一个 x 值,按照某个对应法则 f,y 都有唯一确定的值与它对应,那么把 x 叫做**自变量**,把 y 叫做 x 的**函数**,记作 $y=f(x)$,数集 D 叫做函数的**定义域**。与 x 值对应的 y 值叫做**函数值**,函数值的集合叫做函数的**值域**。

与初中学习的函数定义相比,这个定义更加完善,它强调了函数的定义域与对应法则。

知识拓展

函数的新定义(近代定义)与初中学习的函数定义(传统定义)在实质上是一致的,两个定义中的定义域和值域完全相同,两个定义中的对应法则实际上也一样,只不过叙述的出发点不同,传统定义是从运动变化的观点出发,其中的对应法则是将自变量 x 的每一个取值与唯一确定的函数值对应起来;近代定义的对应法则是从集合与对应的观点出发,其中的对应法则是将原象集合中的任一元素与象集合中唯一确定的元素对应起来,从历史上看,传统定义来源于物理公式,最初的函数概念几乎等同于解析式。后来,人们逐渐意识到定义域与值域研究受到了不必要的限制。如果只根据变量观点,有些函数就很难进行深入研究。例如,

$$f(x)=\begin{cases}1, & x\text{是有理数},\\ 0, & x\text{是无理数},\end{cases}$$

对于这个函数,如果用变量的观点来解释,会显得十分勉强,也说不出 x 的物理意义是什么,但用集合与对应的观点来解释,就十分自然。从这个意义上来说,函数的近代定义更具有一般性。

由函数的定义可以知道,当函数的定义域和对应法则确定后,这个函数就完全确定了。因此,通常把函数的定义域和函数的对应法则叫做函数的两个要素。当两个函数的定义域和对应法则完全相同时,这两个函数才被认为是相同的。例如,$y=x$ 和 $y=(\sqrt[3]{x})^3$,由于它们的定义域和对应法则都相同,所以它们表示的是同一个函数。又如,$y=x$ 和 $y=|x|$,虽然它们的定义域都是实数集 **R**,但是 $y=x$ 和 $y=|x|=\begin{cases}x, & x\geq 0,\\ -x, & x<0\end{cases}$ 的对应法则是不同的,所以它们不是相同的函数。

函数的定义域是确定函数的重要因素之一,只有在函数定义域内讨论函数才有意义。对于用解析法表示的函数,在没有特别说明的情形下,它的定义域就是指使解析式中自变量有意义的取值范围。

函数除使用记号 $f(x)$ 表示,还经常用 $g(x)$,$h(x)$,$p(x)$,$F(x)$,$G(x)$,$\varphi(x)$ 等表示。

例1 求下列函数的定义域:

(1) $f(x)=x^2+2x+1$;　　　　　　　　(2) $f(x)=\dfrac{1}{x-3}$;

(3) $f(x)=\sqrt{2-3x}$; (4) $f(x)=\sqrt{x+1}+\dfrac{1}{3-x}$。

解：(1)对于函数 $f(x)=x^2+2x+1$，当 x 取任何实数时都有意义，所以这个函数的定义域是 **R**；

(2) 要使 $\dfrac{1}{x-3}$ 有意义，必须使分母 $x-3\neq0$，即 $x\neq3$，所以这个函数的定义域是

$$\{x\mid x\neq3\}，即(-\infty,3)\cup(3,+\infty)；$$

(3) 要使 $\sqrt{2-3x}$ 有意义，必须使被开方数 $2-3x\geq0$，即 $x\leq\dfrac{2}{3}$，所以这个函数的定义域是

$$\left\{x\mid x\leq\dfrac{2}{3}\right\}，\quad 即\left(-\infty,\dfrac{2}{3}\right]；$$

(4) 要使函数有意义，必须使 $\begin{cases}x+1\geq0,\\3-x\neq0,\end{cases}$ 即 $\begin{cases}x\geq-1,\\x\neq3,\end{cases}$ 所以这个函数的定义域是

$$\{x\mid x\geq-1\ 且\ x\neq3\}，\quad 即[-1,3)\cup(3,+\infty)。$$

例2 已知函数 $f(x)=2x^2-1$，$x\in\{-2,-1,0,1,2,3,4\}$，求 $f(-2)$，$f(0)$，$f(2)$，$f(4)$ 及函数的值域。

解： $f(-2)=2\times(-2)^2-1=7$；

$f(0)=2\times0^2-1=-1$；

$f(2)=2\times2^2-1=7$；

$f(4)=2\times4^2-1=31$。

所以函数 $f(x)=2x^2-1$，$x\in\{-2,-1,0,1,2,3,4\}$ 的值域是 $\{-1,1,7,17,31\}$。

例3 已知函数 $f(x)=x+1$，求

(1) $f(-1)$，$f(2)$，$f(0)+2f(1)$，$f(-x)$，$f(x+1)$；

(2) 函数的值域。

解：(1) $f(-1)=-1+1=0$；

$f(2)=2+1=3$；

$f(0)+2f(1)=0+1+2(1+1)=5$；

$f(-x)=-x+1$；

$f(x+1)=x+1+1=x+2$；

(2) 因为 $x\in$ **R**，所以 $x+1\in$ **R**，

所以函数 $f(x)=x+1$ 的值域为 **R**。

考点链接

判定两个函数是否为同一函数是高职升学考试的考点之一。

例如 下列函数中与函数 $f(x)=x$ 表示同一个函数的是（ ）。

A. $f(x)=\dfrac{x^2}{x}$ B. $f(x)=\sqrt{x^2}$ C. $f(x)=\sqrt[3]{x^3}$ D. $f(x)=x^2$

分析 只有当两个函数的定义域和对应法则都分别相同时，这两个函数才是同一个函数，具体判定时要注意以下两点：

1. 看定义域,若定义域不同,则两个函数不同;

2. 看对应法则,若对应法则不同,则两个函数不同;若对应法则相同,且定义域也相同,则是同一函数。

【答案:C】

习题 3-1A

1. 求下列函数的定义域,并用区间表示:

(1) $f(x) = \dfrac{1}{\sqrt{x-9}}$;

(2) $f(x) = \dfrac{2+x}{1-x}$;

(3) $f(x) = \dfrac{\sqrt{x+4}}{x+2}$;

(4) $f(x) = \sqrt{-x} + \dfrac{1}{2x+3}$。

2. 已知函数 $f(x) = -\dfrac{1}{2}x^2$,求

(1) $f(-1), f(1), f(-1)-f(1), f(-x), f(-x)-f(x)$;

(2) 函数的值域。

习题 3-1B

1. 选择题:

(1) 下面 $f(x)$ 和 $g(x)$ 表示同一函数的是( )。

　　A. $f(x) = |x|$ 和 $g(x) = \sqrt{x^2}$　　　　B. $f(x) = \sqrt{x^2}$ 和 $g(x) = (\sqrt{x})^2$

　　C. $f(x) = \dfrac{x^2-1}{x-1}$ 和 $g(x) = x+1$　　D. $f(x) = \sqrt{x+1} \cdot \sqrt{x-1}$ 和 $g(x) = \sqrt{x^2-1}$

(2) 设函数 $f(x)$ 的定义域区间为 (a, b),$g(x) = f(x-1)$,则函数 $g(x)$ 的定义域是( )。

　　A. $(a+1, b+1)$　　　　B. $(a-1, b-1)$

　　C. $(1-a, 1-b)$　　　　D. (a, b)

2. 填空题:

(1) 若 $f\left(\dfrac{1}{x}+1\right) = 3 \cdot 2^x + \dfrac{1}{2}x$,则 $f(0) = $ _____;

(2) 若函数 $f(2x) = \dfrac{2-x}{x+2}$,则 $f(2) = $ _____。

3. 求下列函数的定义域:

(1) $f(x) = \sqrt{1-2x} + \sqrt{3x-1} + 3$;

(2) $f(x) = \dfrac{\sqrt[3]{4x+8}}{\sqrt{3x-2}}$;

(3) $f(x) = \sqrt{x^2+4x-5}$;

(4) $f(x) = \sqrt{\dfrac{2-x}{x+2}}$。

4. 一列匀速行驶的火车,速度为 160km/h,求:

(1) 它经过的路程 $S(\text{km})$ 与时间 $t(\text{h})$ 的函数关系式;

(2) 当火车行驶 2.5h,经过的路程为多少千米。

第二节　函数的表示法及在医学中的应用

知识回顾

初中阶段我们曾经学过正比例函数和反比例函数：

1. 函数 $y=kx+b$（k、b 为常数，$k\neq 0$），当 $b=0$ 时，函数 $y=kx$（$k\neq 0$）叫做正比例函数。函数图像经过原点，当 $k>0$ 时，函数图像如图 3-2(1)；当 $k<0$ 时，函数图像如图 3-2(2)。

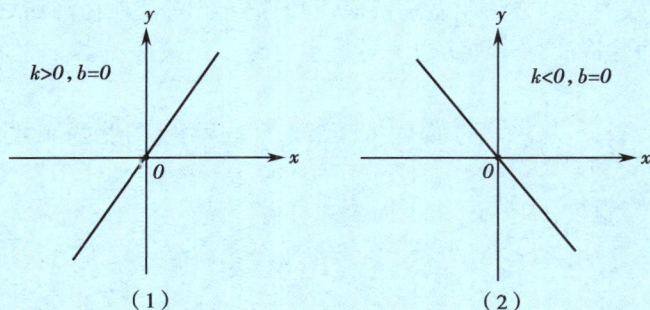

图 3-2

2. 函数 $y=\dfrac{k}{x}$（k 为常数，$k\neq 0$）叫做反比例函数。函数定义域为 $\{x\,|\,x\neq 0\}$，值域为 $(-\infty,0)\cup(0,+\infty)$。当 $k>0$ 时，函数图像的两支曲线分别在一、三象限，如图 3-3(1)；当 $k<0$ 时，函数图像的两支曲线分别在二、四象限，如图 3-3(2)。

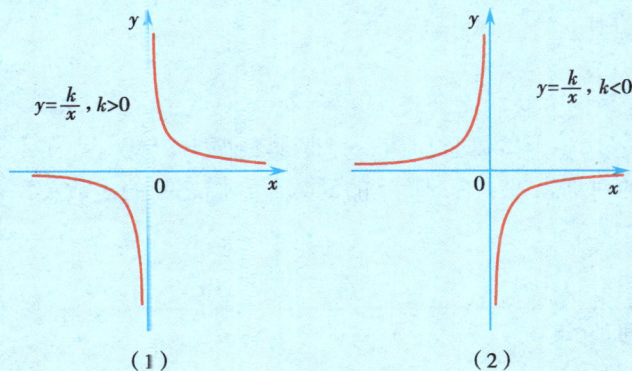

图 3-3

案例

在医院，护士每天要测量住院患者的体温，并将测得的数据作为点的坐标，绘制到医院的"体温表"中，最后把有关的点连成曲线，为医生诊断病情提供依据。

请问：1. 你能正确的绘制体温表的曲线吗？

　　　 2. 运用绘制图像来表示患者体温随时间变化而变化的函数关系有什么优点？

通过上面案例,我们能发现,患者体温随时间变化的情况存在函数关系,这种函数关系我们能用绘制图像的方法表示出来,可见根据实际情况可以选择用不同的方法表示某种函数关系。下面我们就一起学习一下函数的表示法。

一、函数的表示法

函数的表示法通常有解析法、列表法、图像法三种。函数的表示法在医疗卫生工作和医学科学研究方面有着广泛的应用。

1. 解析法

用等式表示函数关系的方法叫做**解析法**,我们把这个等式叫做**解析式**。

例如,临床上静脉输液每分钟滴数 y 与每小时输入药液毫升数 x 之间的关系可用公式表示为:

$$每分钟滴数 = \frac{每小时输入药液毫升数 \times 每毫升相当滴数}{60 \, 分}。$$

已知每毫升相当滴数为 15 滴,由上面公式可得

$$y = \frac{1}{4}x, \quad x \in (0, +\infty)。$$

如果某患者 1 小时之内需输液 200ml,根据公式 $y = \frac{1}{4}x$,可以计算出每分钟需要滴 50 滴,护士就可以按照此滴速给患者输液。

又如,水是维持人生命不可缺少的物质,正常成人每日的需水量 $y(\text{ml})$ 与人的体重 x（kg）的一般的关系: $y = 40x$。

用解析法表示函数关系的优点是:函数关系清楚,容易从自变量的值求出对应的函数值,便于研究函数的性质。

2. 列表法

用表格来表示函数的方法叫做**列表法**。

例如,给一个糖尿病患者按每公斤体重口服葡萄糖 1.75 克后,在不同的时间 t 测定其血糖水平 y,则患者的血糖水平 y 是时间 t 的函数。它们之间的函数关系可由测得的数据为（如表 3-1）：

表 3-1

口服葡萄糖后的时间 t（小时）	0	0.5	1	2	3
患者的血糖水平 y（毫克%）	115	150	175	165	120

函数定义域为 $\{0, 0.5, 1, 2, 3\}$,值域为
$$\{115, 150, 175, 165, 120\}。$$

用列表法表示函数关系的优点是:不必通过计算就知道当自变量取某些值时函数所对应的值。

3. 图像法

用图像来表示函数的方法叫做**图像法**。

例如,图 3-4 表示的是我国人口出生率随着时间变化的函数关系。

又如,护理人员每天必须测量住院患者的体温、脉搏等,并将测得的数据作为点的坐标

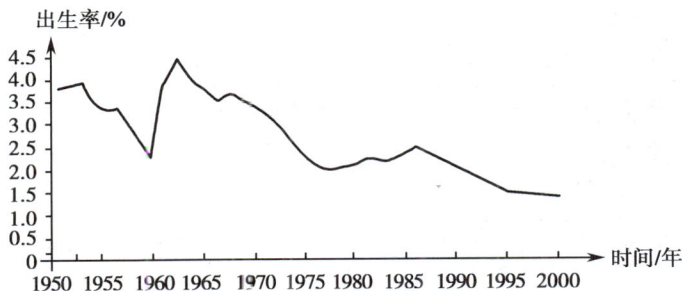

图 3-4

描到医院的"体温表"中,最后把有关的点连成曲线,见附录 1 体温单,为医生诊断病情提供依据。

用图像法表示函数关系的优点是:能直观形象地表示出函数的变化情况。

例1 同学们去超市买笔记本,某种笔记本的单价是 2 元,买 x($x \in \{1,2,3,4\}$)个笔记本需要 y(元),请用三种方法表示这个函数。

解:(1) 解析法:根据题意得,函数解析式为 $y = 2x$,故函数用解析法表示为

$$y = 2x, \quad x \in \{1,2,3,4\}。$$

(2) 列表法:依照售价,分别计算出购买 1~4 本笔记本需付款数,列出表格,如表 3-2 所示:

表 3-2

x(本)	1	2	3	4
y(元)	2	4	6	8

(3) 图像法:以表 3-2 中的 x 值为横坐标,对应的 y 值为纵坐标,在直角坐标系中依次作出点 $(1,2)$,$(2,4)$,$(3,6)$,$(4,8)$,得到函数的图像(如图 3-5)。

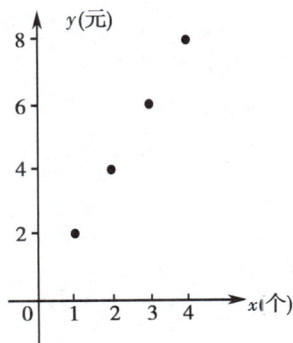

图 3-5

二、分段函数

生活中我们常常会遇到一种函数,在自变量取值范围不同时,函数的解析式也不同。

例如,某城市目前出租车价格规定为起步价 10 元,可乘坐 3 千米;不到 3 千米按 3 千米计价,3 千米以后按 2 元/千米计价,可再行 7 千米;以后按每 3 元/千米计价,乘坐的路程确定了应付的车费(不计等候费、过路费)。

试问 (1) 行驶 2 千米应付车费多少元?

(2) 行驶 8 千米应付车费多少元?

(3) 行驶 12 千米应付车费多少元?

我们可以分别研究三个范围内的车费,设行驶路程为 x(千米),应付车费为 y(元),列表 3-3。

47

表3-3

x（千米）	$0<x\leqslant 3$	$3<x\leqslant 10$	$x>10$
y（元）	10	$10+2(x-3)$	$10+2(10-3)+3(x-10)$

综上所述将函数写作

$$y=\begin{cases}10, & 0<x\leqslant 3,\\ 10+2(x-3), & 3<x\leqslant 10,\\ 10+2(10-3)+3(x-10), & x>10,\end{cases}$$

所以，（1）$x=2$ 时，$y=10$，即行驶 2 千米应付车费 10 元；

（2）$x=8$ 时，$y=10+2(x-3)=20$，即行驶 8 千米应付车费 20 元；

（3）$x=12$ 时，$y=10+2(10-3)+3(x-10)=30$，即行驶 12 千米应付车费 30 元。

从这个例子可以看出，有些函数在它的定义域中，对于自变量 x 的不同取值范围，对应的法则不同，我们把这样的函数叫做**分段函数**。

分段函数有几段，它的图像就由几条线组成。作图时，要特别注意每段图像端点的空心与实心。

知识拓展

学习分段函数应注意以下七点：

1. 分段函数是一个函数，而不是几个函数；

2. 分段函数的"段"可以是等长的，也可以是不等长的，例如，

$$y=\begin{cases}1, & -2\leqslant x\leqslant 0,\\ x, & 0\leqslant x\leqslant 3,\end{cases}$$

其"段"是不等长的；

3. 画分段函数的图像时，一定要考虑区间端点是否包含在内，若端点包含在内，则用实心点"·"表示，若端点不包含在内，则用空心圈"°"表示。

4. 写分段函数的定义域时，区间端点应不重不漏；

5. 处理分段函数问题时，要首先确定自变量的取值属于哪个范围，然后选取相应的对应关系；

6. 分段函数的定义域是各段定义域的并集，分段函数的值域是分别求出各段上的值域后取并集；分段函数的最大（小）值则是每段上求出最大（小）值后，然后取各段中的最大（小）值；

7. 几种常见的分段函数：

（1）符号函数：如 $f(x)=(-1)^{x}=\begin{cases}-1, & x\text{ 为奇数,}\\ 1, & x\text{ 为偶数。}\end{cases}$

（2）含绝对值符号的函数：如 $f(x)=|x|=\begin{cases}x, & x\geqslant 0,\\ -x, & x<0。\end{cases}$

（3）自定义函数：如 $f(x)=\begin{cases}-x-1, & x\leqslant -2,\\ x^{2}-x-2, & -2<x<1,\\ x-2, & x\geqslant 1。\end{cases}$

例2 已知函数 $f(x)=|x|=\begin{cases} x, & x\geqslant 0, \\ -x, & x<0, \end{cases}$ 求 $f(-2)$，$f(3)$ 的值。

解: 因为 $-2<0$，此时函数表达式为 $f(x)=-x$，

所以 $f(-2)=-(-2)=2$。

因为 $3>0$，此时函数表达式为 $f(x)=x$，

所以 $f(3)=3$。

考点链接

分段函数的概念以及求对应函数值是高职升学考试的考点之一。

例如 已知函数 $f(x)=\begin{cases} x-1, & z\in[0,3], \\ -x, & z\in[-3,0), \end{cases}$ 则 $f(0)=$ _____。

分析 因为 $0\in[0,3]$，此时函数表达式为 $f(x)=x-1$，

所以 $f(0)=0-1=-1$。

【答案：-1】

习题 3-2A

1. 已知函数解析式为 $y=\dfrac{1}{3}x,x\in\{1,3,6,9\}$，分别用列表法和图像法表示这个函数。

2. 设函数 $f(x)=\begin{cases} x^2, & x>0, \\ 1+2x, & x\leqslant 0, \end{cases}$ 求出 $f(2)$ 和 $f(-2)$ 的值。

习题 3-2B

1. 某企业 2015 年四个季度生产某种型号机器的数量 y（万台）与 x（季度）的函数关系，如表 3-4 所示：

表 3-4

x（季度）	1	2	3	4
y（万台）	10	12	14	16

试写出函数的定义域，并作出函数的图像。

2. 设函数 $f(x)=\begin{cases} -x^2, & x\in(-\infty,0), \\ 2x+1, & x\in[0,+\infty), \end{cases}$ 求 $f(-2)-f(2)$ 的值。

3. A、B 两地相距 20 千米，某人以每小时 5 千米的速度步行，从 A 地向 B 地行走，用三种方法表示行走时间 x（小时）（$x\in\mathbf{N}_+$）和人与 B 地的距离 y（千米）之间的函数关系式。

4. 已知函数 $f(x)=\dfrac{x+2}{x-6}$，

（1）点 $(3,14)$ 在 $f(x)$ 的图像上吗？

（2）当 $x=4$ 时，求 $f(x)$ 的值；

（3）当 $f(x)=2$ 时，求 x 的值。

5. 记录男婴体重发育曲线。

（1）根据所提供的婴儿体重实测值如表 3-5，在图 3-6 中正确记录相应的体重发育曲线。

49

表3-5

月龄	0	1	2	3	4	5	6	7	8	9	10	11	12	13	14	15
身长	45	47	49	50	53	55	57	58	60	62	64	66	68	69	70	71

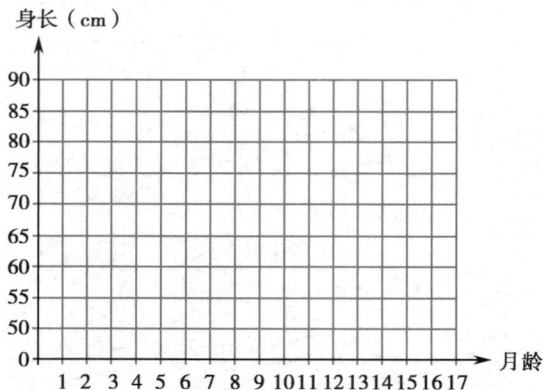

图3-6

（2）根据所提供的正常男婴体重的下限值和上限值如表3-6，判断婴儿生长是否正常。

表3-6

月龄	0	1	2	3	4	5	6	7	8	9	10	11	12	13	14	15
下限	49	50	52	55	59	60	62	64	66	67	68	70	71	72	73	74
上限	55	60	63	66	69	71	73	75	76	78	79	80	82	83	84	85

6. 某学校对教室采用药薰消毒法进行消毒，已知药物燃烧时室内每立方米空气中的含药量 y（mg）与时间 x（min）成正比例，药物燃烧完后 y 与 x 成反比例，如图3-7所示，现测得药物 8min 燃烧完，此时空气中每立方米的含药量为6mg，请按题中所提供的信息，解答下列问题：

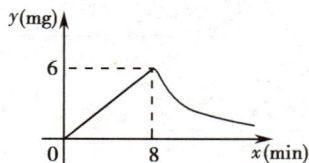

图3-7

（1）药物燃烧时 y 关于 x 的函数关系式是_____；
药物燃烧后 y 关于 x 的函数关系式是_____。

（2）研究表明，当空气中每立方米的含药量低于 1.6mg 时，学生方可进入教室，那么从消毒开始，至少需要经过多少分钟后，学生才能回到教室。

（3）研究表明，当空气中每立方米的含药量不低于 3mg 且持续时间不低于 10min 时才能有效杀死空气中的病菌，那么此次消毒是否有效？为什么？

第三节　函数的性质

知识回顾

初中阶段我们曾经学过一次函数：

函数 $y=kx+b$（k、b 为常数，$k \neq 0$）叫做一次函数。当 $k>0$ 时，随着自变量 x 的增大，

函数值 y 也增大,函数图像如图 3-8(1)和图 3-8(2);当 $k<0$ 时,随着自变量 x 的增大,函数值 y 也减小,函数图像如图 3-8(3)和图 3-8(4)。

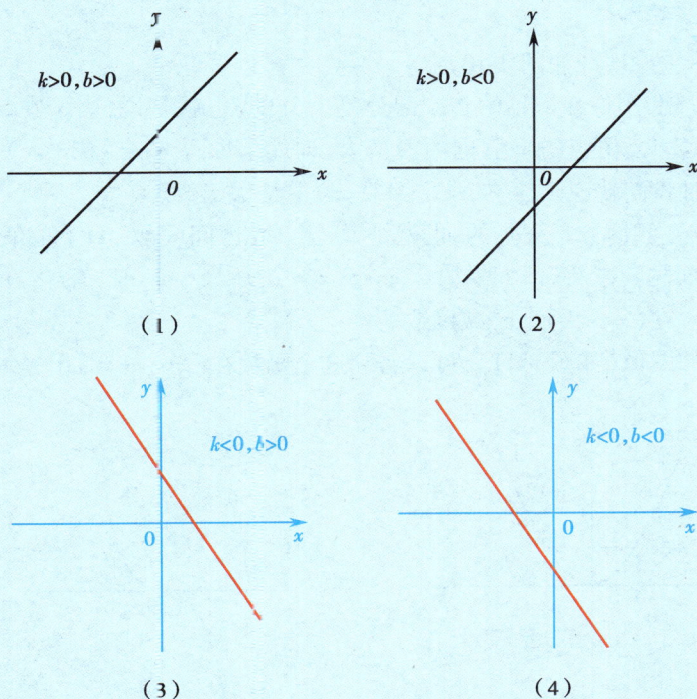

（1）

（2）

（3）

（4）

图 3-8

案例

某城市气象站用温度自动记录仪录下了 3 月份的某天 7 时到 23 时的气温 $T(℃)$ 随时间 t(小时)变化的曲线如图 3-9。

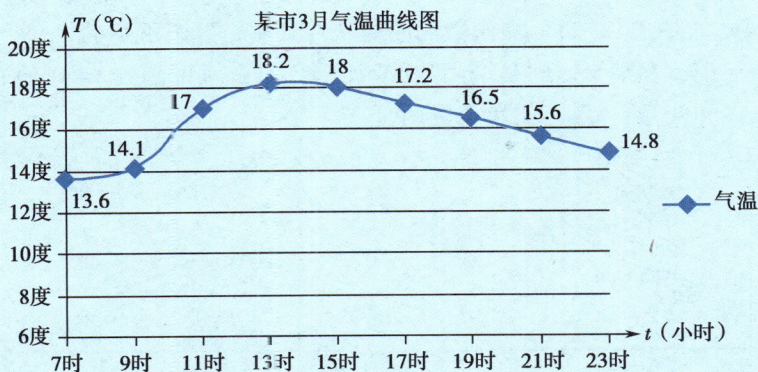

图 3-9

请问:1. 在哪一段时间内气温逐渐升高?

2. 在哪一段时间内气温逐渐降低?

51

利用函数图像讨论函数的性质是学习函数的基本方法之一,也是培养数形结合能力的一个重要手段。下面讨论函数两个重要性质:单调性和奇偶性。

一、函数的单调性

观察函数 $y=x^2$ 的图像(如图 3-10)。

由图像可以发现,图像在 y 轴的右侧部分是上升的,也就是说,当 x 在区间 $[0,+\infty)$ 上取值时,随着 x 的增大,相应的 y 值也随着增大,即如果取 $x_1,x_2\in[0,+\infty)$,当 $x_1<x_2$ 时,有 $f(x_1)<f(x_2)$。这时我们就说函数 $y=x^2$ 在 $[0,+\infty)$ 上是增函数。

图像在 y 轴的左侧部分是下降的,也就是说,当 x 在区间 $(-\infty,0)$ 上取值时,随着 x 的增大,相应的 y 值反而随着减小,即如果取 $x_1,x_2\in(-\infty,0)$,当 $x_1<x_2$ 时,有 $f(x_1)>f(x_2)$。这时,我们就说函数 $y=x^2$ 在 $(-\infty,0)$ 上是减函数。

从函数 $y=x^3$ 的图像(如图 3-11),可以看到这个函数在 $(-\infty,+\infty)$ 上是增函数。

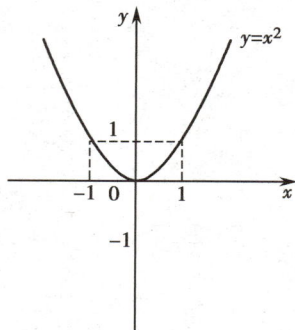

图 3-10

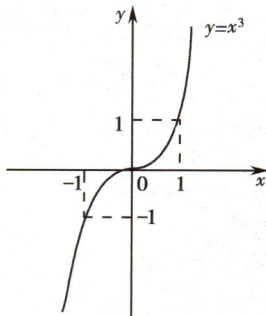

图 3-11

设函数 $y=f(x)$ 的定义域为 D,

(1)若对于任意的 $x_1,x_2\in D$,当 $x_1<x_2$ 时,都有 $f(x_1)<f(x_2)$,则称函数 $y=f(x)$ 在定义域为 D 上是**增函数**,如图 3-12(1)。增函数的图像从左到右是逐渐上升的。

(2)若对于任意的 $x_1,x_2\in D$,当 $x_1<x_2$ 时,都有 $f(x_1)>f(x_2)$,则称函数 $y=f(x)$ 在定义域为 D 上是**减函数**,如图 3-12(2)。减函数的图像从左到右是逐渐下降的。

如果函数 $y=f(x)$ 在某个区间是增函数或减函数,那么就说函数 $y=f(x)$ 在这一区间具有**单调性**,这一区间叫做 $y=f(x)$ 的**单调区间**。

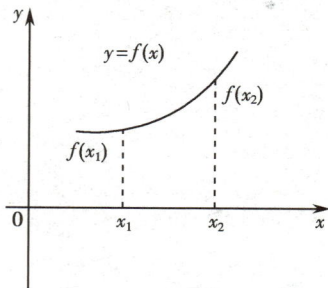

(1)

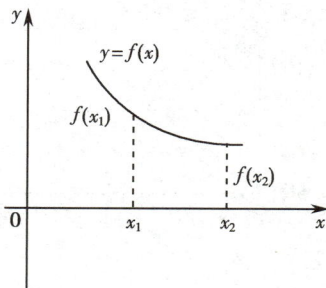

(2)

图 3-12

例1 根据函数 $y=f(x)$ 的图像(图 3-13),试写出它的单调区间,并指出每一单调区间上函数是增函数还是减函数。

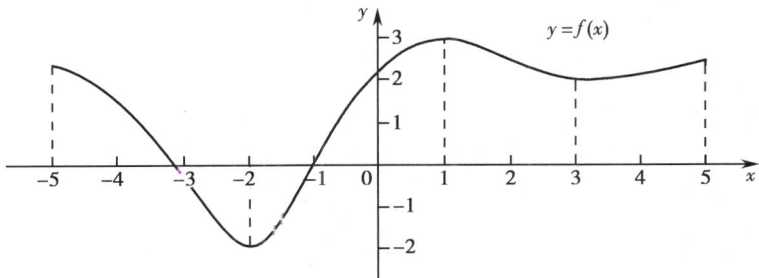

图 3-13

解:函数 $y=f(x)$ 的单调区间是 $[-5,-2)$, $[-2,1)$, $[1,3)$, $[3,5]$;

其中 $y=f(x)$ 在区间 $[-2,1)$, $[3,5]$ 上是增函数,在区间 $[-5,-2)$, $[1,3)$ 上是减函数。

例2 判断函数 $y=2x+1$ 的单调性。

解:函数 $y=2x+1$ 为一次函数,定义域为 $(-\infty,+\infty)$,其函数图像为一条直线。确定图像上两个点即可做出函数图像,如表 3-7

表 3-7

x	0	1
y	1	3

在直角坐标系中,描出点 $(0,1)$ 和 $(1,3)$,做出经过这两个点的直线,如图 3-14。观察图像得到函数 $y=2x+1$ 在区间 $(-\infty,+\infty)$ 上是增函数。

二、函数的奇偶性

观察函数 $f(x)=x^2$ 的图像(图 3-10),可以发现,图像关于 y 轴对称。也就是说,当 x 取两个互为相反数的值时,对应的两个函数值相等,即 $f(-x)=f(x)$,这时我们称函数 $f(x)=x^2$ 是**偶函数**。

设函数 $y=f(x)$ 的定义域为 D,若对任意的 $x\in D$,且 $-x\in D$,都有 $f(-x)=f(x)$,则把函数 $f(x)$ 叫做**偶函数**。偶函数的图像关于 y 轴对称。

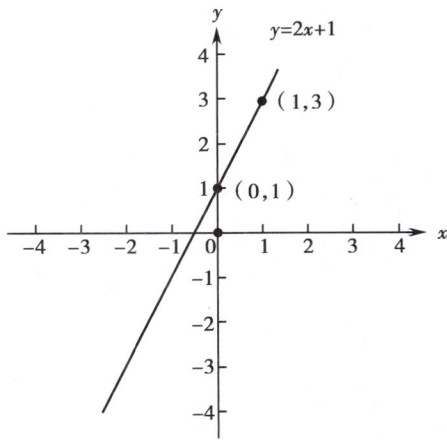

图 3-14

观察函数 $y=x^3$ 的图像(图 3-11),可以发现:图像关于原点对称,也就是说,当 x 取两个互为相反数的值时,对应的两个函数值互为相反数,即 $f(-x)=-f(x)$,这时我们称函数 $y=x^3$ 是奇函数。

设函数 $y=f(x)$ 的定义域为 D,若对任意的 $x\in D$,且 $-x\in D$,都有 $f(-x)=-f(x)$,则把函数 $f(x)$ 叫做**奇函数**。奇函数的图像关于原点对称。

如果一个函数是奇函数或者是偶函数,那么我们说这个函数具有**奇偶性**。如果一个函数既不是奇函数也不是偶函数,那么我们把这个函数叫做**非奇非偶函数**。

例3 判断下列函数的奇偶性:

(1) $f(x)=x^2+1$; 　　　　　　(2) $f(x)=x+\dfrac{1}{x}$;

(3) $f(x)=\sqrt{x}$; 　　　　　　(4) $f(x)=x+1$。

解:(1) 函数的定义域为 $D=(-\infty,+\infty)$,对任意的 $x\in D$,且 $-x\in D$,都有 $f(-x)=(-x)^2+1=x^2+1$,即 $f(-x)=f(x)$,所以 $f(x)=x^2+1$ 是偶函数。

(2) 函数的定义域为 $D=(-\infty,0)\cup(0,+\infty)$,对任意的 $x\in D$,且 $-x\in D$,都有 $f(-x)=-x+\dfrac{1}{-x}=-\left(x+\dfrac{1}{x}\right)$,即 $f(-x)=-f(x)$,所以 $f(x)=x+\dfrac{1}{x}$ 是奇函数。

(3) 函数的定义域为 $D=[0,+\infty)$,对任意的 $x\in D$,且 $-x\notin D$,所以 $f(x)=\sqrt{x}$ 是非奇非偶函数。

(4) 函数的定义域为 $D=(-\infty,+\infty)$,对任意的 $x\in D$,且 $-x\in D$,但是 $f(-x)=-x+1$,即 $f(-x)\neq f(x)$ 且 $f(-x)\neq -f(x)$,所以 $f(x)=x+1$ 是非奇非偶函数。

考点链接

函数的单调性和奇偶性是高职升学考试的考点之一。

例如　1. 判断若 $f(3)>f(4)$ 则 $y=f(x)$ 在 **R** 上是减函数。(　　)

分析　因为 $3<4$,而且 $f(3)>f(4)$,则 $y=f(x)$ 在 **R** 上是减函数。

【答案:正确】

2. 已知函数 $y=f(x)$ 是奇函数,且 $f(3)=9$,求 $f(-3)$ 的值。

分析　因为已知函数 $y=f(x)$ 是奇函数,所以 $f(-x)=-f(x)$,即 $f(-3)=-f(3)=-9$。

【答案:-9】

习题 3-3A

1. 画出下列函数的图像,并判断函数的单调性:

(1) $f(x)=3x-2$; 　　　　　　(2) $f(x)=4-2x$。

2. 判断下列函数的奇偶性:

(1) $f(x)=2x^3$; 　　　　　　(2) $f(x)=\dfrac{5}{x}-x$;

(3) $f(x)=-3x+1$; 　　　　　　(4) $f(x)=x^2-2x+1$。

习题 3-3B

1. 选择题:

(1) 已知函数 $f(x)$ 是奇函数,当 $x>0$ 时,$f(x)=x^2+2$,则 $f(-1)$ 的值是(　　)。

　　A. -3 　　　B. -1 　　　C. 1 　　　D. 3

(2) 假设函数 $f(x)=kx+b$ 是增函数,则(　　)。

　　A. $k>0$ 　　　B. $k<0$ 　　　C. $b<0$ 　　　D. $b>0$

(3) 既是偶函数,又在 $(0,+\infty)$ 上为增函数的是(　　)。

　　A. $f(x)=2x$ 　　B. $f(x)=\dfrac{3}{x}$ 　　C. $f(x)=x^2$ 　　D. $f(x)=\dfrac{1}{2}x$

（4）函数 $f(x)$ 是奇函数，且在 **R** 上是增函数，则不等式 $(x-1)f(x) \geqslant 0$ 的解集为（　　）。

A. $[0,1]$

B. $[1,+\infty)$

C. $(-\infty,0]$

D. $(-\infty,0) \cup [1,+\infty)$

（5）$f(x)$ 是定义域在 $[-6,6]$ 上的偶函数，且 $f(3)>f(1)$，则下列各式一定成立的是（　　）。

A. $f(0)<f(6)$

B. $f(3)>f(2)$

C. $f(-1)<f(3)$

D. $f(2)>f(0)$

2. 设 $f(x-1)=x^2-2x$，

（1）求函数 $f(x)$ 的表达式；

（2）判断函数 $f(x)$ 的奇偶性，并说明理由。

第四节　二次函数图像性质与应用

知识回顾

二次函数配方法：例如 $y=2x^2-4x+6$

步骤 1. 把二次项系数提出来，得 $y=2(x^2+2x+3)$

2. 括号内的二次项和一次项保持不变，在常数项上加上一次项系数一半的平方，同时减去加上的这个数，以保持原式不变，

得 $y=2\left[x^2+2x+\left(\dfrac{2}{2}\right)^2-\left(\dfrac{2}{2}\right)^2+3\right]$

3. 这时配方的前三项可以组成一个完全平方式，

得 $y=2\left[(x+1)^2-1+3\right]=2\left[(x-1)^2+2\right]$

4. 最后再把二次项系数乘进来，得 $y=2(x+1)^2+4$。

案例

一条游船共 120 个座位，票价每位 20 元，正好全部售完。若票价每提高 1 元，预计将少售出 4 张票。

请问：1. 票价定在多少时，游船的收入最大？

2. 游船的最大收入是多少？

一般地，函数 $y=ax^2+bx+c(a \neq 0, x \in \mathbf{R})$，叫做**二次函数**，其中 a 是二次项系数，b 是一次项系数，c 是常数项。二次函数的图像是抛物线，当 $a>0$ 时，抛物线开口向上；当 $a<C$，抛物线开口向下。

1. 分析二次函数 $y=x^2-4x+3$ 的性质并画出图像。

解（1）利用"配方法"$y=x^2-4x+3=(x-2)^2-1$

由 $(x-2)^2 \geqslant 0$，得

该函数对任意实数 x 都有 $y \geqslant -1$。

且当 $x=2$ 时，$y=-1$，说明函数在 $x=2$ 时取得最小值 -1。

记作 $y_{\min}=-1$。函数图像的顶点是 $(2,-1)$。

（2）求函数的图像与 x 轴的交点，当 $y=0$ 时，则 $x^2-4x+3=0$，解此方程，得 $x_1=1$，$x_2=3$。所以函数图像与 x 轴的交点坐标为 $(1,0)$，$(3,0)$。

（3）列表作图。以 $x=2$ 为中间值，取 x 的一些值，列表3-8：

表3-8

x	…	0	1	2	3	4	…
y	…	3	0	-1	0	3	…

在直角坐标系内描点画图如图 3-15。

从上表和图像我们可以看出，函数 $y=x^2-4x+3$ 关于直线 $x=2$ 成轴对称图形，在区间 $(-\infty,2]$ 上是减函数，在区间 $[2,+\infty)$ 上是增函数。

分析可以得出，对任意二次函数 $y=ax^2+bx+c(a\neq 0)$，都可以通过"配方法"写成：$y=a\left(x+\dfrac{b}{2a}\right)^2+\dfrac{4ac-b^2}{4a}$，所以我们总结二次函数图像的性质如下：

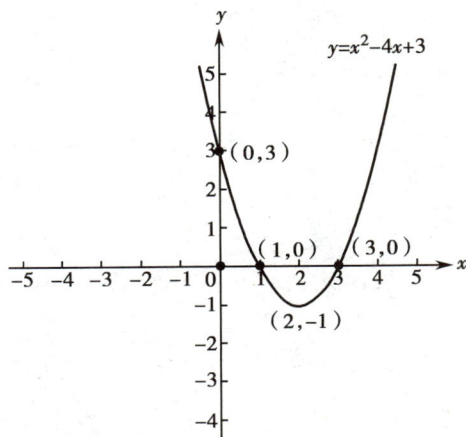

图 3-15

（1）二次函数的图像是一条抛物线；

（2）当 $a>0$ 时，抛物线开口向上；当 $a<0$，抛物线开口向下；

（3）二次函数图像的对称轴方程：$x=-\dfrac{b}{2a}$；

（4）二次函数图像顶点的坐标：$\left(-\dfrac{b}{2a},\dfrac{4ac-b^2}{4a}\right)$；

（5）极值：当 $a>0$ 时，y 的最小值 $y_{\min}=\dfrac{4ac-b^2}{4a}$；当 $a<0$ 时，y 的最大值 $y_{\max}=\dfrac{4ac-b^2}{4a}$；

（6）二次函数的单调性：当 $a>0$ 时，在区间 $\left(-\infty,-\dfrac{b}{2a}\right]$ 上是减函数，在 $\left[-\dfrac{b}{2a},+\infty\right)$ 上是增函数；当 $a<0$ 时，在区间 $\left(-\infty,-\dfrac{b}{2a}\right]$ 上是增函数，在 $\left[-\dfrac{b}{2a},+\infty\right)$ 上是减函数。

例1 已知函数 $y=-x^2-2x+5$。求（1）图像的开口方向；（2）对称轴方程；（3）顶点坐标；（4）极值；（5）函数的单调区间。

解：$a=-1$，$b=-2$，$c=5$。

（1）图像的开口方向：因为 $a=-1<0$，所以开口方向向下；

（2）对称轴方程：$x=-\dfrac{b}{2a}=-\dfrac{-2}{2\times(-1)}=-1$，所以 $x=-1$；

（3）顶点坐标：因为 $\left(-\dfrac{b}{2a},\dfrac{4ac-b^2}{4a}\right)$，

$$\dfrac{4ac-b^2}{4a}=\dfrac{4\times(-1)\times 5-(-2)^2}{4\times(-1)}=\dfrac{-24}{-4}=6$$

所以顶点坐标为 $(-1,6)$；

（4）极值：因为开口方向向下，所以 y 有最大值，即 $y_{max} = \dfrac{4ac-b^2}{4a} = 6$。

（5）函数的单调区间：在区间 $(-\infty,-1]$ 上函数为增函数，在区间 $[-1,+\infty)$ 上函数为减函数。

知识拓展

一元二次方程、一元二次不等式与二次函数有着密切的关系：

求一元二次方程 $ax^2+bx+c=0$ 的解，就是求二次函数 $y=ax^2+bx+c(a\neq0)$ 的根；

求一元二次不等式 $ax^2+bx+c<0$ 的解集，就是求二次函数 $y=ax^2+bx+c(a\neq0)$ 的函数值 $y<0$ 时自变量 x 的取值范围；

求一元二次不等式 $ax^2+bx+c>0$ 的解集，就是求二次函数 $y=ax^2+bx+c(a\neq0)$ 的函数值 $y>0$ 时自变量 x 的取值范围。

例 2 已知二次函数 $y=x^2-x-6$，说出：（1）x 取哪些值时，$y=0$；（2）x 取哪些值时，$y>0$；x 取哪些值时，$y<0$。

解：（1）当 $y=0$ 时，则有 $x^2-x-6=0$。解此方程得，$x_1=-2,x_2=3$。所以，当 $x=-2$ 或者 $x=3$ 时，$y=0$。

（2）画出简图（图 3-16），函数图像开口向上，与 x 轴的交点坐标为 $(-2,0)$ 和 $(3,0)$，这两点把 x 轴分成了 3 段，当 $x\in(-\infty,-2)\cup(3,+\infty)$ 时，$y>0$；当 $x\in(-2,3)$ 时，$y<0$。

我们根据二次函数的性质可以解决很多生活中的实际问题，例如案例中问题。

例 3 一条游船共 120 个座位，票价每位 20 元，正好全部售完。若票价每提高 1 元，预计将少售出 4 张票。请问：（1）票价定在多少时，游船的收入最大？（2）游船的最大收入是多少？

解：设票价为 x（元），游船收入为 y（元），则根据题意 $y=[120-1(x-20)\times4]x$，整理得

$$y=-4x^2+200x$$

根据二次函数性质，当 $x=-\dfrac{200}{2\times(-4)}=25$（元）时，

$$y_{max}=\dfrac{4\times(-4)\times0-200^2}{4\times(-4)}=2500（元），$$

即票价定在 25 元/位时，该游船收入最大，游船的最大收入为 2500 元。

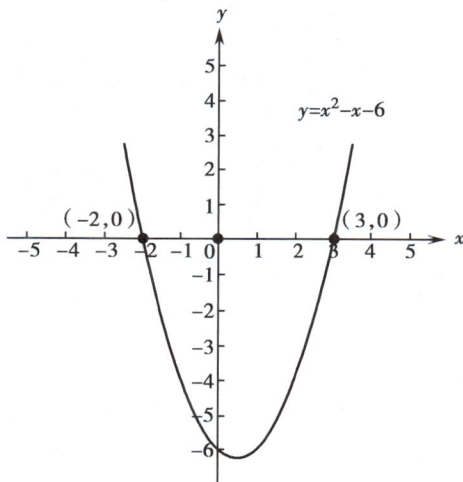

图 3-16

考点链接

二次函数对称轴和极值;通过二次函数求解一元二次不等式都是高职升学考试中的考点。

例如 1. 关于函数 $y=-x^2+2x$,下列说法错误的是(　　)。

A. 函数 $y=-x^2+2x$ 的最大值是 1;

B. 函数 $y=-x^2+2x$ 图像的对称轴是直线 $x=1$;

C. 函数 $y=-x^2+2x$ 的单调递增区间是 $[-1,+\infty)$;

D. 函数 $y=-x^2+2x$ 的图像经过点 $(2,0)$。

分析函数 $y=-x^2+2x$ 的最大值是 $y_{\max}=\dfrac{4ac-b^2}{4a}=1$,故 A 正确;函数 $y=-x^2+2x$ 图像的对称轴是直线 $x=-\dfrac{b}{2a}=-\dfrac{2}{2(-1)}=1$,故 B 正确;函数 $y=-x^2+2x$ 的单调递增区间是 $\left(-\infty,-\dfrac{b}{2a}\right]$,即 $(-\infty,1]$,故 C 错误;当 $x=2$ 时,$y=0$,所以函数 $y=-x^2+2x$ 的图像经过点 $(2,0)$,故 D 正确。

【答案:C】

2. 已知二次函数 $y=x^2+(m+1)x+m-1$ 的图像经过原点,则使 $y<0$ 的 x 的取值范围是什么?

分析因为已知二次函数图像经过原点,即当 $x=0$ 时,$y=0$,解得 $m-1=0$ 即 $m=1$,所以已知二次函数为 $y=x^2+2x$。求 $y<0$ 的 x 的取值范围就是求一元二次不等式 $x^2+2x<0$ 的解集,解得 x 的取值范围是 $(-2,0)$。

【答案:$(-2,0)$】

习题 3-4A

1. 已知函数分别为 $y=-x^2+2x+8$ 和 $y=x^2+2x-3$,求(1)图像的开口方向;(2)对称轴方程;(3)顶点坐标;(4)极值;(5)函数的单调区间。

2. 已知二次函数分别为 $y=-x^2+4x+5$ 和 $y=5x-3x^2-2$ 说出:

(1) x 取哪些值时,$y=0$;

(2) x 取哪些值时,$y>0$,x 取哪些值时,$y<0$。

3. 某商店每月按出厂价每瓶 3 元购进一种饮料,根据以前的统计数据,若零售价定为每瓶 4 元,每月可销售 400 瓶;若每瓶售价每降低 0.05 元,则可多销售 40 瓶。在每月的进货量当月销售完的前提下,请你给该商店设计一个方案:销售价定为多少元和从工厂购买多少瓶时,才获得最大利润?

习题 3-4B

1. 选择题:

(1) 若 $0<x<2$,则 $x(x-2)$ 的最小值是(　　)。

A. 2　　　　　　B. 1　　　　　　C. -2　　　　　　D. -1

(2) 已知二次函数 $f(x)=x^2+(m+2)x+m-2$ 的图像经过原点,则使 $f(x)<0$ 的 x 的取值范围是(　　)。

A. $(-2,0)$　　　　　　　　　　B. $(-4,0)$

C. $(-\infty,-4)\cup(0,+\infty)$　　D. $(-\infty,-2)\cup(0,+\infty)$

（3）已知函数 $y=\sqrt{-x^2+bx+c}$ 的定义域是 $\{x|2\leq x\leq 3\}$，则 b 和 c 的值分别为（　　）。

A. $b=5,c=6$　　　　　　　　B. $b=5,c=-6$

C. $b=-5,c=6$　　　　　　　D. $b=-5,c=-6$

2. 已知二次函数 $y=f(x)$ 的图像经过原点，顶点坐标为 $(1,1)$，

（1）求函数 $y=f(x)$ 的解析式；

（2）若函数 $y=f(x)+k$ 的图像与 x 轴不相交，求实数 k 的取值。

本章小结

　　函数是描述事物运动变化规律的数学模型。变量之间的"对应关系"反映了函数的本质。正确理解函数的概念，掌握函数的两个要素是学好函数的前提。

　　分段函数是一种对应法则不能统一的函数，处理分段函数问题时，需要注意除了要用到分类讨论的思想外，还要注意其中整体和局部的关系。

　　函数的奇偶性和单调性是函数的重要性质，可以从数与形两个方面来认识它们。从数的方面看，单调性是研究函数值 y 随 x 增大或减小而变化的性质，奇偶性是研究自变量取相反数时，两个函数值是相等还是互为相反数；从形的方面看，单调性是研究图像"上升"、"下降"的，奇偶性是研究图像对称的。函数的奇偶性与单调性渗透着数与形的转换关系，体现着数与形结合的数学思想。

（姜　珊）

目标测试

A 组

1. 选择题：

（1）二次函数 $f(x)=(x-3)(x-1)$ 的对称轴是（　　）。

A. $x=-1$　　　　B. $x=1$　　　　C. $x=-2$　　　　D. $x=2$

（2）已知函数 $f(x)$ 在定义域 $(-\infty,+\infty)$ 上是奇函数，$f(1)=-2,f(3)=1$，则（　　）。

A. $f(3)>f(-1)$　　　　　　　B. $f(3)<f(-1)$

C. $f(3)=f(-1)$　　　　　　　D. $f(3)$ 与 $f(-1)$ 无法比较

（3）函数 $f(x)=\begin{cases}x+2, & x\leq-1 \\ x^2, & -1<x<2, \\ 2x, & x\geq 2,\end{cases}$ 若 $f(x)=3$，则 x 的值是（　　）。

A. 1　　　　　　　　　　　　B. 1 或 $\dfrac{3}{2}$

C. $1,\pm\sqrt{3},\dfrac{3}{2}$　　　　　　　D. $\sqrt{3}$

（4）设点 $(2,4)$ 为奇函数 $y=f(x)$ 图像上的点，则下列各点在函数图像上是（　　）。

A. $(-2,4)$　　　B. $(2,-4)$　　　C. $(-2,-4)$　　　D. $(-4,-2)$

2. 填空题:

(1) $f(x)=\dfrac{x}{x^2-4}$ 的定义域是_____;

(2) 若 $f(x)$ 是偶函数,且 $f(3)=8$,则 $f(-3)=$ _____;

(3) $f(x)=\sqrt{x}+1$ 的值域是_____;

(4) 设函数 $f(x+1)=x^2+2x+4$,则 $f(1)=$ _____。

3. 判断题:

(1) $y=1$ 不是函数。(　　)

(2) 函数的两个要素是定义域和对应法则。(　　)

(3) $y=x+1$ 是奇函数。(　　)

(4) 奇函数的图像关于 x 轴对称,偶函数的图像关于 y 轴对称。(　　)

4. 求下列函数的定义域:

(1) $f(x)=\sqrt{x^2-3}$;　　　　　　　　　(2) $f(x)=\dfrac{\sqrt{x+2}}{x-2}$。

B 组

1. 选择题:

(1) 函数 $y=\dfrac{1}{\sqrt{4-2x}}$ 的定义域是(　　)。

　　A. $\{x\,|\,x<2\}$　　　　　B. $\{x\,|\,x>2\}$　　　　　C. $\{x\,|\,x\leqslant 2\}$　　　　　D. $\{x\,|\,x\geqslant 2\}$

(2) 已知函数 $y=f(x)(x\in\mathbf{R})$ 是偶函数,且在区间 $[0,+\infty)$ 上是增函数,则下列关系正确的是(　　)。

　　A. $f(-1)>f(2)>f(-3)$　　　　　　B. $f(2)>f(-1)>f(-3)$

　　C. $f(-3)>f(2)>f(-1)$　　　　　　D. $f(-3)>f(-1)>f(2)$

(3) 函数 $f(x)=-x^2+2$ 是(　　)。

　　A. 奇函数　　　　　　　　　　　　B. 偶函数

　　C. 既是奇函数又是偶函数　　　　　D. 非奇非偶函数

(4) 设函数 $y=f(x)$ 是反比例函数,且 $f(2)=-4$,则函数的解析式是(　　)。

　　A. $y=\dfrac{8}{x}$　　　　　B. $y=-\dfrac{8}{x}$　　　　　C. $y=\dfrac{4}{x}$　　　　　D. $y=-\dfrac{4}{x}$

(5) 二次函数 $y=x^2+4$ 的值域(　　)。

　　A. $[4,+\infty)$　　　　　B. $(4,+\infty)$　　　　　C. $(-\infty,4)$　　　　　D. $(-\infty,4]$

2. 填空题:

(1) $y=\sqrt{x-8}+\sqrt{3+x}$ 的定义域是_____;

(2) 若 $f(x)=ax^3-x$,且 $f(-2)=5$,则 $f(2)=$ _____;

(3) 已知 $f(x)=\begin{cases}0, & x<1, \\ x, & x\geqslant 1,\end{cases}$ 则 $f(-3)=$ _____,$f(1)=$ _____,$f(3)=$ _____;

(4) 已知 $f(x)=x^2+2x+1$,则 $f(-x)=$ _____,$f(x+1)=$ _____;

(5) 设 $f(x)$ 是定义在区间 $[-6,11]$ 上的函数,如果 $f(x)$ 在区间 $[-6,-2]$ 上递减,在区

间 $[-2,11]$ 上递增,画出 $f(x)$ 的一个大致的图像,从图像上可以发现 $f(-2)$ 是函数 $f(x)$ 的一个_____;

(6) 已知 $f(x)$ 是偶函数,当 $x<0$ 时,$f(x)=x(x+1)$,则当 $x>0$ 时,$f(x)=$_____。

3. 判断题:

(1) 函数 $f(x)=1-x^2,x\in[-1,3)$ 是偶函数。(　　)

(2) 若函数 $f(x)=(m-1)x^2+2mx+3$ 为偶函数,则 $f(x)$ 在区间 $(-5,2)$ 上是减函数。(　　)

(3) 若 $f(5)>f(6)$ 则 $y=f(x)$ 在 $\mathbf{R}$ 上是减函数。(　　)

(4) $y=\sqrt{x}+1$ 的值域为 $[1,+\infty)$。(　　)

4. 某医药研究所开发了一种新药,据监测成人按规定的剂量服药后,每毫升血液中的含药量 y 与时间 t 之间近似满足如图 3-17 所示的曲线。写出服药后,y 与 t 之间的函数关系式。

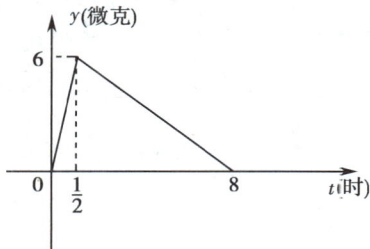

图 3-17

5. 设 $f(x)$ 既是 $\mathbf{R}$ 上的减函数,也是 $\mathbf{R}$ 上的奇函数,且 $f(1)=2$。(1)求 $f(-1)$ 的值(2)若 $f(t^2-3t+1)>-2$,求 t 的取值范围。

6. 设 $f(x-1)=x^2-2x$,(1)求函数 $f(x)$ 的表达式(2)判断函数 $f(x)$ 的奇偶性,并说明理由。

阅读与欣赏

函数概念形成与发展

函数(function)这一名词,是微积分的奠基人之一——莱布尼兹在 1692 年首先采用的。最初他用函数表示幂(即 $x,x^2,x^3,\cdots$),后还用函数表示曲线上一点的一些线段的长(如横坐标、纵坐标、弦、切线等)。1718 年莱布尼兹的学生约翰·贝奴里给出了函数的明确定义:变量的函数是由这些变量与常量所组成的一个解析表达式。

十八世纪中叶,著名数学家达朗贝尔和欧拉在研究弦振动问题时,感到有必要给出函数的一般定义,达朗贝尔认为函数是指任意的解析式。1748 年欧拉的定义是:函数是随意画出的一条曲线。后来由于富里埃级数的出现,沟通了解析式与曲线间的联系。但是,用解析式来定义函数,显然是片面的,因为有很多函数是没有解析表达式的。

1775 年欧拉在《微分学》中给出了函数的另一种定义:如果某些变量,以这样一种方式依赖于另一些变量,即当后面这些变量变化时,前面这些变量也随之而变化,则将前面的变量称为后面变量的函数。这个定义朴素的反映了函数中的辩证因素,在特定条件下,体现了“自变”到“因变”的生动过程。但是这个定义没有提到两个变量之间的对应关系,因此没有反映出科学的函数概念的特征。尽管这样,欧拉的这个定义对以后函数的发展产生了巨大的影响。此外,现在我们广泛采用的符号 $f(x)$,也是欧拉 1734 年首先引用的。

1834 年俄国数学家罗巴契夫斯基进一步提出函数的定义:x 的函数是这样的一个数,它对于每一个 x 都有确定的值,并且随着 x 一起变化。函数值可以由解析式给出,也可以由一个条件给出,这个条件提供了一种寻求全部对应值的方法。函数的这种依赖关系可以存在,但仍然是未知的。这个定义指出了对应关系(条件)的必要性,利用这个关系,可以求出每一个 x 的对应值。

1837 年德国数学家犹利克雷认为怎样去建立 x 与 y 之间的对应关系是无关紧要的,所以他的定义是:如果对于 x 的每一个值,y 总有完全确定的值与之对应,则 y 是 x 的函数。这个定义抓住了概念的本质属性,变量 y 称为 x 的函数,只须有一个法则存在,使得这个函数定义域中的每一个值,有一个确定的 y 值和它对应就行了,不管这个法则是公式或图相像或表格或其他形式。这个定义比前面的定义带有普遍性,为理论研究和实际应用提供了方便。

我国"函数"一词是清代数学家李善兰最初使用的,1859 年他在《代数学》的译本中,把"function"译成"函数","凡式中有天,为天之函数"。我国古代以天、地、人、物表示未知数(如 x、y、z、w),所以这个函数的定义相当于:若一式中含有 x,则称为关于 x 的函数。"函"有着包含的意思(我国古代"函"和"含"可以通用)。这正是李善兰用"函数"一词翻译"function"一词的原因。

第四章　指数函数与对数函数

学习目标

1. 掌握：实数指数幂及其运算法则；会利用计算器求对数值（$\lg N$、$\ln N$、$\log_a N$）。
2. 理解：有理数指数幂；指数函数的图像和性质；对数的概念（含常用对数、自然对数）。
3. 了解：幂函数举例；积、商、幂的对数；对数函数的图像和性质；指数函数与对数函数的实际应用举例。

在实际生活中，有关人口增长、银行利率、细胞分裂、放射性物质衰变等增长率的许多问题都需要用指数函数和对数函数的知识来解决。这一章的内容在中职数学中起到承上启下的重要作用。所涉及一些重要思想方法对掌握数学语言、学好中职数学意义重大。

本章将在函数知识的基础上，进一步学习指数运算、对数运算及幂函数、指数函数、对数函数图像和性质。

第一节　实数指数幂

知识回顾

在初中我们已经学习了整数指数幂，并知道

$$a^n = a \cdot a \cdot a \cdots a$$

$$a^0 = 1 \quad (a \neq 0)$$

$$a^{-n} = \frac{1}{a^n} \quad (a \neq 0, n \in N_+)$$

整数指数幂的运算法则有：

$$a^m \cdot a^n = a^{m+n}$$
$$(a^m)^n = a^{mn} \quad (a \neq 0, b \neq 0, m \in Z, n \in Z)$$
$$(ab)^n = a^n \cdot b^n$$

例如 $4^0 = 1$；$(-0.4)^0 = 1$；$2^{-3} = \frac{1}{2^3} = \frac{1}{8}$；$-3x^{-4} = -\frac{3}{x^4}$；

$$\left(-\frac{1}{2}\right)^{-3}=\frac{1}{\left(-\frac{1}{2}\right)^3}=\frac{1}{-\left(\frac{1}{2}\right)^3}=-\frac{1}{\frac{1}{8}}=-8;$$

$$(-3a^2)^{-4}=\frac{1}{(-3a^2)^4}=\frac{1}{(-3)^4(a^2)^4}=\frac{1}{81a^8}。$$

案例

我国农业科学家在研究某农作物的生长状况时,得到该农作物的生长时间 x 周(从第一周到第 12 周)与植株高度 y(cm)之间的关系 $y=3^{\frac{x}{4}}$。当农作物生长了 1 周、3 周、5 周时,植株的高度(单位:cm)分别是 $3^{\frac{1}{4}},3^{\frac{3}{4}},3^{\frac{5}{4}}$。

请问:1. 像这样幂指数是分数的数,它的意义是什么?

2. 怎么求它的值?

一、有理数指数幂及运算

(一)方根的概念

如果 $x^n=a(n>1,n\in\mathbf{N})$,则 x 叫做 a 的 **n 次方根**。当 n 为偶数时,正数的偶次方根有两个,它们互为相反数,分别表示为 $\sqrt[n]{a},-\sqrt[n]{a}$;负数的偶次方根没有意义。当 n 为奇数时,正数的奇次方根为一个正数,负数的奇次方根为一个负数,均可表示为 $\sqrt[n]{a}$。当 $\sqrt[n]{a}$ 有意义时,$\sqrt[n]{a}$ 叫做**根式**,n 叫做**根指数**,正数 a 的正的 n 次方根叫做 n **次算术根**。

例如,$2^4=16,(-2)^4=16$,因此 2 和 -2 都是 16 的 4 次方根。

又如,$2^5=32,(-2)^5=-32$,因此 2 是 32 的 5 次方根,-2 是 -32 的 5 次方根。

当 $\sqrt[n]{a}$ 有意义时,根式具有以下的性质:

$$\boxed{(\sqrt[n]{a})^n=a}$$

$$\boxed{当 n 为奇数时,\sqrt[n]{a^n}=a}$$

$$\boxed{当 n 为偶数时 \sqrt[n]{a^n}=|a|=\begin{cases}a,a\geq 0,\\-a,a<0。\end{cases}}$$

例如 $(\sqrt[3]{-3})^3=-3,\sqrt[3]{3^3}=3$,

$\sqrt[4]{2^4}=2,\sqrt[4]{(-2)^4}=2$。

(二)分数指数幂

我们还可以把整数指数幂推广到正分数指数幂。如

$$(a^{\frac{1}{5}})^5=a^{\frac{1}{5}\times 5}=a,\quad (a^{\frac{3}{5}})^5=a^{\frac{3}{5}\times 5}=a^3。$$

而由根式的性质,$(\sqrt[5]{a})^5=a\ (\sqrt[5]{a^3})^5=a^3$,

于是有 $a^{\frac{1}{5}}=\sqrt[5]{a},a^{\frac{3}{5}}=\sqrt[5]{a^3}$

综合以上就有分数指数幂同于整数指数幂的运算了。为了避免讨论,约定底数 $a>0$,则可定义

$$a^{\frac{1}{n}} = \sqrt[n]{a} \quad (n \in \mathbf{N}_+)$$

$$a^{\frac{m}{n}} = \sqrt[n]{a^m} \quad (n, m \in \mathbf{N}_+ 且 \frac{m}{n} 为既约分数)$$

同负整数指数幂的意义一样,当底数 $a>0$ 时,定义

$$a^{-\frac{m}{n}} = \frac{1}{a^{\frac{m}{n}}} \quad (a \neq 0, n, m \in \mathbf{N}_+ 且 \frac{m}{n} 为既约分数)$$

至此,我们就把整数指数幂推广到了**有理数指数幂**,有理数指数幂还可以推广到**实数指数幂**。

知识拓展

当 $\sqrt[n]{a}$ 有意义时,$(\sqrt[n]{a})^n = a$;

又由于 $(a^{\frac{1}{n}})^n = a^{\frac{1}{n} \cdot n} = a$,于是

$a^{\frac{1}{n}} = \sqrt[n]{a}$(当 n 为奇数时,$a \in \mathbf{R}$;当 n 为偶数时,$a \geqslant 0$。)

$a^{\frac{m}{n}} = \sqrt[n]{a^m}$($m, n \in \mathbf{N}_+$ 且 $\frac{m}{n}$ 为既约分数。当 n 为奇数时,$a \in \mathbf{R}$;当 n 为偶数时,$a \geqslant 0$。)

由负分数指数幂的意义得

$a^{-\frac{m}{n}} = \frac{1}{a^{\frac{m}{n}}}$($m, n \in \mathbf{N}_+$ 且 $\frac{m}{n}$ 为既约分数。当 n 为奇数时,$a \neq 0$;当 n 为偶数时,$a > 0$。)

注:既约分数即最简分数,也就是分子与分母互质的分数。

二、实数指数幂的运算法则

如果我们限定 $a>0$,α、β 为任意实数,则实数指数幂有以下**运算法则**:

$$a^{\alpha} a^{\beta} = a^{\alpha+\beta}$$

$$(ab)^{\alpha} = a^{\alpha} b^{\alpha}$$

$$(a^{\alpha})^{\beta} = a^{\alpha\beta}$$

例1 求下列各式的值:

(1) $(-125)^{-\frac{1}{3}}$;

(2) $\left(\frac{4}{9}\right)^{\frac{3}{2}}$;

(3) $\sqrt{2} \cdot \sqrt[4]{8} \cdot \sqrt[5]{64}$;

(4) $\sqrt[4]{(1-\sqrt{2})^4}$。

解:(1) $(-125)^{-\frac{1}{3}} = \frac{1}{(-125)^{\frac{1}{3}}} = \frac{1}{[(-5)^3]^{\frac{1}{3}}} = -\frac{1}{5}$;

(2) $\left(\dfrac{4}{9}\right)^{\frac{3}{2}}=\left[\left(\dfrac{2}{3}\right)^2\right]^{\frac{3}{2}}=\left(\dfrac{2}{3}\right)^3=\dfrac{8}{27}$；

(3) $\sqrt{2}\cdot\sqrt[4]{8}\cdot\sqrt[5]{64}=2^{\frac{1}{2}}\cdot(2^3)^{\frac{1}{4}}\cdot(2^6)^{\frac{1}{5}}=2^{\frac{1}{2}}\cdot2^{\frac{3}{4}}\cdot2^{\frac{6}{5}}=2^{\frac{1}{2}+\frac{3}{4}+\frac{6}{5}}=2^{\frac{49}{20}}$；

(4) $\sqrt[4]{(1-\sqrt{2})^4}=\left|1-\sqrt{2}\right|=\sqrt{2}-1$。

考点链接

运用实数指数幂的运算法则进行计算是高职升学考试的考点之一。

例如 计算 $3(\sqrt{2}-1)^0-27^{\frac{1}{3}}+(2^{\frac{4}{3}})^{-\frac{1}{2}}$。

分析 运用实数指数幂的运算法则进行计算时，先将根式按"由内到外"或"由外到内"化成分数指数幂的形式，然后运用幂的运算法则进行计算，有括号的先算括号内的，运算结果通常用分数指数幂表示。

$$3(\sqrt{2}-1)^0-27^{\frac{1}{3}}+(2^{\frac{4}{3}})^{-\frac{1}{2}}=3\times1-3+2^{-\frac{2}{3}}=2^{-\frac{2}{3}}$$

【答案：$2^{-\frac{2}{3}}$】

例 2 利用函数计算器计算（精确到 0.0001）：

(1) $1.2^{1.56}$；　　　　　(2) 3.14^{-3}；　　　　　(3) $0.618^{\frac{1}{3}}$。

解：首先进行计算器的状态设置，操作步骤为：键入 MODE 键入 1 ，将计算器设定为普通计算状态；然后键入 SHIFTMODE64 时计算结果精确到 0.0001。

(1) 顺次按键 1.2 $x^{\blacksquare}$ 1.56 = 显示结果为

1.3290

(2) 顺次按键 3.14 $x^{\blacksquare}$ (−) 3 = 显示结果为

0.0323

(3) 顺次按键 0.618 $x^{\blacksquare}$ $\dfrac{\blacksquare}{\square}$ 1 ▼ 3 = 显示结果为

0.8518

说明：由于计算器型号不同，操作上可能略有不同，本教材使用的计算器型号为 CASIO *fx*−82*ES PLUSA*。

习题 4-1A

1. 计算题：

(1) $a^{\frac{1}{2}}\cdot a^{-\frac{2}{3}}$；　　(2) $(a^{\frac{2}{3}}\cdot b^{\frac{1}{4}})^6$；　　(3) $\sqrt{a}\cdot\sqrt[4]{a^3}$；　　(4) $a\sqrt{a}\cdot\sqrt[4]{a}\cdot\sqrt[8]{a}$；

(5) $\dfrac{\sqrt{a}\cdot\sqrt[3]{a^2}}{a\cdot\sqrt[6]{a}}$；　　(6) $\sqrt[3]{3}\cdot\sqrt[4]{3}\cdot\sqrt[3]{81}$；　　(7) $\dfrac{\sqrt{3}\cdot\sqrt[6]{6}}{3\cdot\sqrt[3]{9}}$。

2. 求出下列幂的值：

(1) $27^{\frac{2}{3}}$；　　(2) $100\,000^{\frac{1}{5}}$；　　(3) $32^{-\frac{2}{5}}$；　　(4) $\left(\dfrac{25}{4}\right)^{\frac{3}{2}}$；　　(5) $81^{-\frac{3}{4}}$。

3. 利用函数计算器计算（精确到 0.0001）：

(1) $3.5^{1.24}$；　　(2) 2.5^{-5}；　　(3) $0.56^{\frac{3}{4}}$。

习题 4-1B

1. 用分数指数幂表示下列各式：

(1) $\sqrt[5]{a^2+b^2}$；　　(2) $\sqrt[4]{(m^2-n^2)^3}$；　　(3) $\dfrac{\sqrt{x}}{\sqrt[5]{y^2}}$。

2. 化简：

(1) $\left(a^{\frac{1}{2}}+b^{\frac{1}{2}}\right)\left(a^{\frac{1}{2}}-b^{\frac{1}{2}}\right)$；

(2) $\left(a^{\frac{1}{3}}+b^{\frac{1}{3}}\right)\left(a^{\frac{2}{3}}-a^{\frac{1}{3}}b^{\frac{1}{3}}+b^{\frac{2}{3}}\right)$。

3. 设 $a>0$ 且 $a\neq 0$，x,y 为任意实数,则下列算式错误的是（　　）。

　　A. $a^0=1$　　　B. $a^x\cdot a^y=a^{x+y}$　　　C. $\dfrac{a^x}{a^y}=a^{x-y}$　　　D. $(a^x)^2=a^{x^2}$

4. 计算：(1) $0.125^{-\frac{1}{3}}+81^{\frac{3}{4}}+(0.2^3)^{-\frac{2}{3}}$；

　　　　　(2) $5\cdot\sqrt{5}\cdot\sqrt[3]{5}\cdot\sqrt[6]{5}$。

第二节　幂　函　数

知识回顾

1. 一次函数 $y=kx+b$ 的图像都是一条直线,如 $y=x$ 是一条过原点且平分一、三象限的直线；二次函数 $y=ax^2+bx+c\,(a\neq 0)$ 的图像都是一条抛物线,当 $a>0$ 时,抛物线的开口向上,当 $a<0$ 时,抛物线的开口向下,如 $y=x^2$ 是一条过原点且开口向上的抛物线。

2. 作函数图像的一般步骤:(1)列表;(2)描点;(3)连线。

案例

观察下列函数 $y=x$，$y=x^3$，$y=\dfrac{1}{x}$，$y=x^{\frac{1}{2}}$ 的表达式。

请问：1. 以上函数表达式的共同特征是什么？

　　　2. 这些函数的共同性质是什么？

一、幂函数的定义

观察案例中的函数可以发现,这些函数的表达式的共同特征是,幂的底数是自变量,指数是常数。

一般地,形如

$$y=x^\alpha\,(\alpha\in\mathbf{R})$$

的函数叫做幂函数,其中 x 是自变量,α 是常数。

知识拓展

幂函数的定义域是使 x^{α} 有意义的实数集合,它的定义域随指数 α 的值而确定。

当 $\alpha=0$ 时,函数 $y=x^{\alpha}$ 的定义域是 $\{x\,|\,x\in\mathbf{R},x\neq0\}$;

当 α 为正整数时,函数 $y=x^{\alpha}$ 的定义域是 $\mathbf{R}$;

当 α 为负整数时,函数 $y=x^{\alpha}$ 的定义域是 $\{x\,|\,x\in\mathbf{R},x\neq0\}$;

当 α 为正分数时,$\left(\text{设 }\alpha=\dfrac{q}{p},\dfrac{q}{p}\text{ 为既约分数},p\text{、}q\text{ 是正整数},q>1\right)$

函数的定义域是使 $\sqrt[p]{x^{q}}$ 有意义的实数的集合。

例如 1. 函数 $y=x^{\frac{1}{2}}$ 的定义域是 $[0,+\infty)$;函数 $y=x^{\frac{2}{3}}$ 的定义域是 $(-\infty,+\infty)$。

当 α 为负分数时,$\left(\text{设 }\alpha=-\dfrac{q}{p},\dfrac{q}{p}\text{ 为既约分数},p\text{、}q\text{ 是正整数},q>1\right)$

函数的定义域是使 $\dfrac{1}{\sqrt[q]{x^{p}}}$ 有意义的实数的集合。

2. 函数 $y=x^{-\frac{1}{2}}$ 的定义域是 $(0,+\infty)$;函数 $y=x^{-\frac{2}{3}}$ 的定义域是 $\{x\,|\,x\in\mathbf{R},x\neq0\}$。

二、幂函数的图像

现在我们来研究幂函数的图像和性质。在同一坐标系中画出 $y=x$,$y=x^{2}$,$y=x^{\frac{1}{2}}$,$y=x^{-1}$ 的图像,对于函数 $y=x$ 与 $y=x^{2}$ 的图像,我们已经很熟悉,不难画出,下面我们来画出 $y=x^{\frac{1}{2}}$ 与 $y=x^{-1}$ 的图像。

列出 x 和 y 的对应值表,见表4-1。

(1) $y=x^{\frac{1}{2}}$

表4-1(1)

x	0	$\frac{1}{4}$	$\frac{1}{2}$	1	2	…
$y=x^{\frac{1}{2}}$	0	0.5	0.71	1	1.41	…

(2) $y=x^{-1}$

表4-1(2)

x	…	-2	-1	$-\frac{1}{2}$	$\frac{1}{2}$	1	2	…
$y=x^{-1}$	…	$-\frac{1}{2}$	-1	-2	2	1	$\frac{1}{2}$	…

在同一坐标系中,用描点法画出这两个函数的图像(图 4-1),这样就得到了幂函数的图像。

三、幂函数的性质

从这些函数的图像可以看出,幂函数随着 α 的取值不同,它们的定义域、性质和图像不尽相同,但它们具有以下共同的**性质**:

1. 所有幂函数在 $(0,+\infty)$ 上都有定义,并且图像都通过点 $(1,1)$;

2. 当 $\alpha>0$ 时,幂函数的图像通过点 $(0,0)$,并且在区间 $[0,+\infty)$ 内是增函数;

3. 当 $\alpha<0$ 时,幂函数在区间 $(0,+\infty)$ 内是减函数。

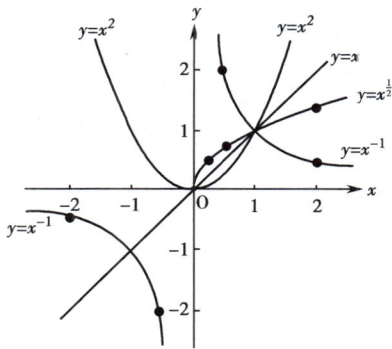

图 4-1　幂函数的图像

例　利用幂函数的性质,比较下列各题中两个值的大小:

(1) $2^{2.1}$ 与 $2.5^{2.1}$;

(2) $0.45^{\frac{3}{4}}$ 与 $0.47^{\frac{3}{4}}$;

(3) $3.2^{-\frac{2}{3}}$ 与 $2.3^{-\frac{2}{3}}$;

(4) $0.65^{-1.2}$ 与 $0.78^{-1.2}$。

解: (1) 考察函数 $y=x^{2.1}$,因为 $2.1>0$,所以它在 $[0,+\infty)$ 上是增函数,
又因为 $2<2.5$,所以 $2^{2.1}<2.5^{2.1}$。

(2) 考察函数 $y=x^{\frac{3}{4}}$,因为 $\frac{3}{4}>0$,所以它在 $[0,+\infty)$ 上是增函数,

又因为 $0.45<0.47$,所以 $0.45^{\frac{3}{4}}<0.47^{\frac{3}{4}}$。

(3) 考察函数 $y=x^{-\frac{2}{3}}$,因为 $-\frac{2}{3}<0$,所以它在 $(0,+\infty)$ 上是减函数,

又因为 $3.2>2.3$,所以 $3.2^{-\frac{2}{3}}<2.3^{-\frac{2}{3}}$。

(4) 考察函数 $y=x^{-1.2}$,因为 $-1.2<0$,所以它在 $(0,+\infty)$ 上是减函数,
又因为 $0.65<0.78$,所以 $0.65^{-1.2}>0.78^{-1.2}$。

考点链接

利用幂函数的性质来比较两个值的大小是高职升学考试的考点之一。

例如　利用"$<$","$>$"填空:

1. (1) $0.35^{\frac{3}{5}}$ _____ $0.38^{\frac{2}{5}}$;　　　　(2) $0.38^{-\frac{3}{5}}$ _____ $0.32^{-\frac{3}{5}}$。

分析　利用幂函数的性质来比较两个值的大小时,要注意所比较的两个数的特点是:指数相同,底数不同。

2. 考察函数 $y=x^{\frac{3}{5}}$,因为 $\frac{3}{5}>0$,所以它在 $[0,+\infty)$ 上是增函数,

又因为 $0.35<0.38$,所以 $0.35^{\frac{3}{5}}<0.38^{\frac{3}{5}}$。

3. 考察函数 $y=x^{-\frac{3}{5}}$,因为 $-\frac{3}{5}<0$,所以它在 $[0,+\infty)$ 上是减函数,

又因为 $0.38>0.32$,所以 $0.38^{-\frac{3}{5}}<0.32^{-\frac{3}{5}}$

【答案:(1)$<$;(2)$<$】

习题 4-2A

1. 在函数 $y=x^{-2}$；$y=2^x$；$y=x^{\frac{2}{3}}$；$y=\sqrt{x}$；$y=2x+1$；$y=\dfrac{1}{x^3}$；$y=x^2+x$ 中，哪几个函数是幂函数？

2. 在同一坐标系中画出幂函数 $y=x^3$，$y=x^{-2}$ 的图像，试结合图像说出这些函数具有哪些主要性质？

3. 利用幂函数的性质，比较下列各题中两个值的大小：

(1) $0.32^{\frac{2}{5}}$ 与 $0.35^{\frac{2}{5}}$；　　　　　　　　(2) $2.3^{\frac{3}{4}}$ 与 $2.5^{\frac{3}{4}}$；

(3) $5.2^{-\frac{1}{3}}$ 与 $5.3^{-\frac{1}{3}}$；　　　　　　　　(4) $0.99^{-0.2}$ 与 $0.9^{-0.2}$。

习题 4-2B

1. 若 $\left(\dfrac{1}{2}\right)^x<\left(\dfrac{4}{5}\right)^x$，则 x 的取值范围为（　　　）。

　　A. $(-\infty,+\infty)$　　　　B. $(0,+\infty)$　　　　C. $(1,+\infty)$　　　　D. $(-\infty,0)$

2. 求下列函数的定义域：

(1) $y=x^{-4}$；　　　　(2) $y=x^{\frac{3}{2}}$；　　　　(3) $y=x^{\frac{2}{5}}$；　　　　(4) $y=x^{-\frac{2}{3}}$。

第三节　指数函数的图像和性质

案例

　　薇甘菊是热带、亚热带地区危害最严重的杂草之一，所到之处，树木枯萎花草凋零。深圳是国内受薇甘菊侵害的"重灾区"。1984 年在广东深圳银湖地区发现野生的薇甘菊。九十年代以来，由于薇甘菊已适应了深圳的自然环境，危害面积几乎是以几何数量疯狂增长。深圳林区面积共有 87 000 公顷，2005 年受害面积已达 3700 公顷，比 2004 年的 3500 公顷，增长了 5.7%。

　　请问：1. 如果不及时采取有效的防治措施的话，那么到 2020 年深圳受薇甘菊危害的面积将达到多少？

　　　　　2. 多少年后深圳 87 000 公顷林区将被薇甘菊全部侵占？

　　　　　3. 如果到 2020 年使深圳受薇甘菊危害的林区面积不超过 5000 公顷，那么要把薇甘菊增长率控制在多少范围内？

一、指数函数的定义

　　某种细胞分裂时，1 个分裂成 2 个，2 个分裂成 4 个，4 个分裂成 8 个，……。在这个问题中，分裂的次数是一个变量，我们把它看作自变量，用 x 表示。每次分裂后得到的细胞个数也是一个变量，显然这个变量是自变量 x 的函数，用 y 表示。那么

$$x=0，\quad y=2^0=1;$$
$$x=1，\quad y=2^1=2;$$
$$x=2，\quad y=2^1\times2=2^2=4;$$
$$x=3，\quad y=2^2\times2=2^3=8;$$
$$\cdots\cdots$$

这样,我们可归纳出第 x 次分裂后,细胞的个数
$$y=2^x$$
这个函数的定义域是非负整数集。由上式,任给一个 x 值,我们就可求出对应的 y 的值。通过这个例子我们得到了自变量出现在指数位置上的函数。

一般地,把形如
$$y=a^x(a>0,\quad a\neq 1)$$
的函数叫做**指数函数**。指数函数的定义域为实数集 **R**,值域为正实数集 $(0,+\infty)$。

知识拓展

指数函数 $y=a^x$,其中 $a>0$ 且 $a\neq 1$ 的理由:

如果 $a>0$,对于每一个实数 x,a^x 恒有意义,并且 $a^x>0$。

如果 $a=0$,$\begin{cases}当\ x>0\ 时,a^x\ 恒等于\ 0\\当\ x\leq 0\ 时,a^x\ 无意义\end{cases}$

如果 $a<0$,比如 $y=(-4)^x$,这时对于 $x=\dfrac{1}{2},\dfrac{1}{4},\cdots\cdots$,在实数范围内函数值不存在。

如果 $a=1$,$y=1^x\equiv 1$ 是一个常量,对它没有研究的必要。

为了避免上述情况的出现,规定 $a>0$ 且 $a\neq 1$。

二、指数函数的图像

以指数函数 $y=2^x$ 和 $y=\left(\dfrac{1}{2}\right)^x$ 为例,通过列表、描点法绘制图像。

列出 x 和 y 的对应值表(表 4-2)。

(1) $y=2^x$

表 4-2(1)

x	$\cdots$	-3	-2	-1	0	1	2	3	$\cdots$
$y=2^x$	$\cdots$	$\dfrac{1}{8}$	$\dfrac{1}{4}$	$\dfrac{1}{2}$	1	2	4	8	$\cdots$

(2) $y=\left(\dfrac{1}{2}\right)^x$

表 4-2(2)

x	$\cdots$	-3	-2	-1	0	1	2	3	$\cdots$
$y=\left(\dfrac{1}{2}\right)^x$	$\cdots$	8	4	2	1	$\dfrac{1}{2}$	$\dfrac{1}{4}$	$\dfrac{1}{8}$	$\cdots$

在同一坐标系中,用描点法画出这两个函数的图像(图 4-2)。
指数函数的图像称为**指数曲线**。

三、指数函数的性质

观察图 4-2 中两个函数的图像,可以归纳得到指数函数 $y=a^x(a>0,a\neq 1,x\in\mathbf{R})$ 具有以

下主要性质：

1. 定义域为实数集 **R**，值域为正实数集 $(0,+\infty)$；

2. 图像都通过点$(0,1)$；

3. 当$a>1$时，在$(-\infty,+\infty)$内是增函数；

当$0<a<1$时，在$(-\infty,+\infty)$内是减函数。

例1 利用指数函数的性质，比较下列各题中两个值的大小：

(1) 2^3与$2^{4.7}$；　　　　(2) $2^{-1.6}$与2^{-2}；

(3) $\left(\dfrac{1}{4}\right)^3$与$\left(\dfrac{1}{4}\right)^4$；　(4) $\left(\dfrac{1}{4}\right)^{-3}$与$\left(\dfrac{1}{4}\right)^{-4}$；

(5) $2^{0.8}$与1。

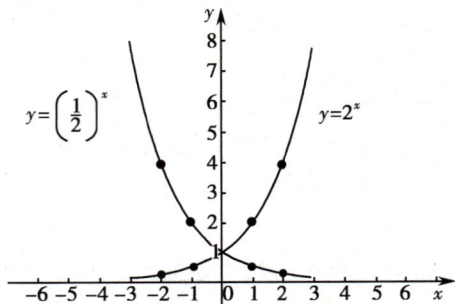

图4-2 指数函数的图像

解：(1) 考察函数$y=2^x$，因为$2>1$，所以它在$(-\infty,+\infty)$内是增函数，

又因为$3<4.7$，所以$2^3<2^{4.7}$。

(2) 考察函数$y=2^x$，因为$2>1$，所以它在$(-\infty,+\infty)$内是增函数，

又因为$-1.6>-2$，所以$2^{-1.6}>2^{-2}$。

(3) 考察函数$y=\left(\dfrac{1}{4}\right)^x$，因为$0<\dfrac{1}{4}<1$，所以它在$(-\infty,+\infty)$内为减函数，

又因为$3<4$，所以$\left(\dfrac{1}{4}\right)^3>\left(\dfrac{1}{4}\right)^4$。

(4) 考察函数$y=\left(\dfrac{1}{4}\right)^x$，因为$0<\dfrac{1}{4}<1$，所以它在$(-\infty,+\infty)$内为减函数，

又因为$-3>-4$，所以$\left(\dfrac{1}{4}\right)^{-3}<\left(\dfrac{1}{4}\right)^{-4}$。

(5) 解法一：由于$1=2^0$，题目可转化为比较$2^{0.8}$与2^0的大小。考察函数$y=2^x$，因为$2>1$，所以它在$(-\infty,+\infty)$内为增函数，

又因为$0.8>0$，所以$2^{0.8}>1$。

解法二：观察指数函数$y=2^x$的图像，发现当$x=0.8$时，$2^{0.8}>1$。

例2 根据下列各式，确定a的取值范围：

(1) $a^{24}>a^{16}$；　　　　(2) $a^{0.24}>a^{0.26}$。

解：(1) 因为$a^{24}>a^{16}$，又因为$24>16$，所以函数$y=a^x$在区间$(-\infty,+\infty)$内是增函数，由指数函数的性质，得$a>1$。

(2) 因为$a^{0.24}>a^{0.26}$，又因为$0.24<0.26$，所以函数$y=a^x$在区间$(-\infty,+\infty)$内是减函数，由指数函数的性质，得$0<a<1$。

例3 比较下列各式中x、y的大小。

(1) $0.5^x>0.5^y$；　　　　(2) $5^x>5^y$。

解：(1) 因为$a=0.5(0<a<1)$，所以函数$y=a^x$在区间$(-\infty,+\infty)$内是减函数，又因为$0.5^x>0.5^y$，所以$x<y$。

(2) 因为$a=5>1$，所以函数$y=a^x$在区间$(-\infty,+\infty)$内是增函数，

又因为$5^x>5^y$，所以$x>y$。

例4　求下列函数的定义域:

(1) $y=2^x+1$;　　　　　(2) $y=2^{x+1}$;　　　　　(3) $y=2^{\frac{1}{x+1}}$。

解:(1) 因为函数 $y=2^x$ 的定义域为 **R**,所以函数 $y=2^x+1$ 的定义域为 **R**。

(2) 因为 $x+1\in$ **R**,所以 $x\in$ **R**,所以函数 $y=2^{x+1}$ 的定义域为 **R**。

(3) 因为 $x+1\neq0$,所以 $x\neq-1$,所以函数 $y=2^{\frac{1}{x+1}}$ 的定义域为 $\{x\mid x\neq-1\}$。

考点链接

利用指数函数的性质来比较两个值的大小、根据已知条件求指数函数的函数值及由指数函数的单调性确定参数的范围及大小都是高职升学考试的考点。

例如　1. 利用"<","> "填空:

(1) $5^{0.7}$ _____ $5^{0.6}$;　　　　　(2) $0.8^{-0.1}$ _____ $0.8^{-0.2}$。

分析　在比较两个值的大小时,是运用幂函数的性质还是指数函数的性质容易混淆,所以在判断时,要看清是底数相同还是指数相同,若是指数相同,利用幂函数的性质来判断;若是底数相同,则利用指数函数的性质来判断。

(2) 考察函数 $y=5^x$,因为 $5>1$,所以它在 $(-\infty,+\infty)$ 内为增函数,

又因为 $0.7>0.6$,所以 $5^{0.7}>5^{0.6}$;

(3) 考察函数 $y=0.8^x$,因为 $0<0.8<1$,所以它在 $(-\infty,+\infty)$ 内为减函数,

又因为 $-0.1>-0.2$,所以 $0.8^{-0.1}<0.8^{-0.2}$。

【答案:(1)>(2)<】

2. 设 $f(x)=a^x(a>0,a\neq0)$ 的图像经过点 $P(2,16)$,则 $f(3)=$ _____。

分析　函数的图像经过点 $P(2,16)$,即当 $x=2$ 时,$y=16$。

因为 $16=a^2$ 且 $a>0,a\neq0$,即 $a=4$,

所以 $f(3)=4^3=64$。

【答案:64】

3. 若 $a^{0.8}<a^{0.6}$,则 a 的取值范围为(　　)。

A. $a>1$　　　B. $0<a<1$　　　C. $a>0$　　　D. 无法确定

分析　与1不同的是:该题知道了两个函数值的大小,而两个自变量的大小可以比较,要确定 a 的取值范围,本题考察的仍是指数函数的单调性。

因为 $a^{0.8}<a^{0.6}$,又因为 $0.8>0.6$

所以函数 $y=a^x$ 在区间 $(-\infty,+\infty)$ 内是减函数,

由指数函数的性质,得 $0<a<1$。

【答案:B】

例5　一种产品的年产量原来是 n 件,计划在今后的 x 年内使年产量平均每年比上一年增加 $p\%$,写出年产量随着年数变化而变化的函数关系式。

解:设经过 x 年,这种产品的产量为 y,

经过1年,年产量 $y=m+m\cdot p\%=m(1+p\%)$

经过2年,年产量 $y=m(1+p\%)+m(1+p\%)\cdot p\%=m(1+p\%)^2$;

······

一般地,经过 x 年,这种产品的年产量为

$$y=m(1+p\%)^x。$$

答:这种产品的年产量随着年数变化而变化的函数关系式为 $y=m(1+p\%)^x$。

习题 4-3A

1. 回答下列问题:

(1)一个指数函数的底数是 $\frac{1}{5}$,则它的解析式是什么?它的定义域、值域各是什么?

(2)指数函数 $y=5^x$ 的底数是多少?这个函数的单调性如何?

2. 利用指数函数的性质,比较下列各题中两个值的大小:

(1)$3^{0.8}$ 与 $3^{0.6}$;   (2)$0.85^{-0.1}$ 与 $0.85^{0.1}$。

3. 求下列函数的定义域:

(1)$y=3^{x-1}$;   (2)$y=3^x+2$。

4. 选择题:

(1)下列哪个函数满足 $a<1$ 且 $a\neq0$ 的函数是(　　　)。

    A. $y=a^x$ B. $y=(a+1)^x$ C. $y=(1-a)^x$ D. $y=\left(\dfrac{1}{a}\right)^x$

(2)下列函数的图像经过点 $(0,-1)$ 的是(　　　)。

    A. $y=2^x$ B. $y=-2^x$ C. $y=\left(\dfrac{1}{2}\right)^x$ D. $y=(-2)^x$

(3)下列值大于 1 的是(　　　)。

    A. $2^{-0.15}$ B. $(-2)^0$ C. $2^{0.15}$ D. 0.15^2

(4)下列不等式满足 $a\geq1$ 的是(　　　)。

    A. $a^{0.24}>a^{0.16}$ B. $a^{0.24}\geq a^{0.16}$ C. $a^{24}>a^{26}$ D. $a^{24}\geq a^{26}$

(5)下列哪个不等式满足 $x\geq y$(　　　)。

    A. $0.25^x>0.25^y$ B. $0.25^x\geq0.25^y$ C. $5.2^x>5.2^y$ D. $5.2^x\geq5.2^y$

习题 4-3B

1. 选择题:

(1)$y=\left(\dfrac{1}{3}\right)^x$(　　　)。

    A. 在 $(-\infty,+\infty)$ 内是减函数

    B. 在 $(-\infty,+\infty)$ 内是增函数

    C. 在 $(-\infty,0)$ 内是减函数,在 $[0,+\infty)$ 内是增函数

    D. 在 $(-\infty,0)$ 内是增函数,在 $[0,+\infty)$ 内是减函数

(2)下列函数单调递减的是(　　　)。

    A. $y=\dfrac{1}{2}x$ B. $y=2^x$ C. $y=\left(\dfrac{1}{2}\right)^x$ D. $y=x^2$

(3)若 $a^{0.6}<a^{0.4}$,则 a 的取值范围为(　　　)。

    A. $a>1$ B. $0<a<1$ C. $a>0$ D. 无法确定

(4)在同一坐标系中,二次函数 $y=(1-a)x^2+a$ 与指数函数 $y=a^x$ 的图像可能是(如图 4-3)(　　　)。

(5)某市 2012 年的专利申请量为 10 万件,为了落实"科教兴鲁"战略,该市计划 2017

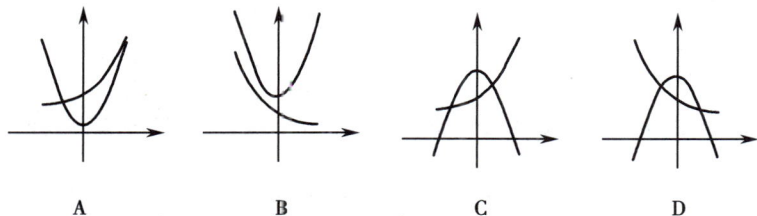

图 4-3

年专利申请量达到 20 万件,其年平均增长率最少为( )。

    A. 12.25%   B. 13.32%

    C. 14.87%   D. 18.92%

2. 填空题:

(1) 函数 $y=\dfrac{\sqrt{2^x-4}}{x-2}$ 的定义域是_____;

(2) 比较大小:$0.5^{\frac{1}{2}}$_____$0.5^{\frac{1}{3}}$。

3. 把下列三个数按从小到大的顺序用不等号连结起来:

(1) $\left(\dfrac{2}{3}\right)^{-\frac{1}{3}},\left(\dfrac{3}{2}\right)^{\frac{2}{3}},\left(\dfrac{9}{4}\right)^{\frac{1}{4}}$;   (2) $2^{-3.5},2^{0},\left(\dfrac{1}{2}\right)^{-3.5}$。

第四节　对数的概念及对数运算

知识回顾

   1. 在整数指数幂的定义中,a 叫做幂的底数,n 叫做幂的指数,a^n 叫做幂。

   2. $a^0=1(a\neq0)$,$a^1=a$。

   3. $a^p\cdot a^q=a^{p+q}$,$\dfrac{a^p}{a^q}=a^{p-q}$,$(a^\alpha)^\beta=a^{\alpha\beta}$。

案例

   活酵母细胞在适宜的条件下,每小时可增加原细胞的 1.5 倍。

   请问:10 个细胞经过多少小时后,可繁殖成 15 250 个?

一、对数

(一) 对数的概念

   $2^3=(?)$,我们知道,$2^3=8$,这里 2 是底数,3 是指数,已知底数和指数求幂值,这是幂的运算;$(?)^3=8$,已知幂值和指数求底数,这是开方运算;$2^{(?)}=8$,在这里是知道了底数和幂值求指数,该如何求指数呢? 为解决这类问题,我们引入一个新的计算工具——对数。

   一般地,设 $a>0$ 且 $a\neq1$,如果有实数 b 满足 $a^b=N(N>0)$,则称 b 是以 a 为底 N 的**对数**,

并且把 b 记作 $\log_a N$，即

$$\log_a N = b$$

其中 a 叫做对数的**底数**，N 叫做对数的**真数**，我们把 $a^b = N$ 叫做**指数式**，$\log_a N = b$ 叫做**对数式**。

实质上，上述对数式是指数式的另一种表达形式，同样，指数式也是对数式的另一种表达形式，因此，若 $a > 0$ 且 $a \neq 1$，则

$$\log_a N = b \Leftrightarrow a^b = N$$

例如，我们可以把 $2^4 = 16$ 写成 $\log_2 16 = 4$。$2^4 = 16$ 叫做指数式，$\log_2 16 = 4$ 叫做对数式。

若 $a > 0$ 且 $a \neq 1$，对于任意一个实数 b，$a^b > 0$，即 N 总是正数。

零和负数没有对数。

由于 $a^0 = 1$，所以 $\boxed{\log_a 1 = 0}$，即 **1 的对数等于零**。

又因为 $a^1 = a$，所以 $\boxed{\log_a a = 1}$，即**底的对数等于 1**。

我们把 $b = \log_a N$ 代入 $a^b = N$ 中就可得到**对数恒等式** $\boxed{a^{\log_a N} = N}$。

把 $a^b = N$ 代入 $b = \log_a N$ 中就可得到 $\boxed{\log_a a^b = b}$。

例 1 将下列指数式转换成对数式：

（1）$2^5 = 32$； （2）$4^{-2} = \dfrac{1}{16}$。

解：（1）由 $2^5 = 32$，得 $\log_2 32 = 5$；

（2）由 $4^{-2} = \dfrac{1}{16}$，得 $\log_4 \dfrac{1}{16} = -2$。

例 2 将下列对数式转换成指数式：

（1）$\log_2 8 = 3$； （2）$\log_2 4 = 2$。

解：（1）由 $\log_2 8 = 3$，得 $2^3 = 8$；

（2）由 $\log_2 4 = 2$，得 $2^2 = 4$。

例 3 求下列对数的值：

（1）$\log_2 1$； （2）$\log_2 2$；

（3）$\log_2 32$； （4）$\log_{10} 0.00001$。

解：（1）$\log_2 1 = 0$；

（2）$\log_2 2 = 1$；

（3）设 $\log_2 32 = x$，有 $2^x = 32 = 2^5$，

那么 $x = 5$，所以 $\log_2 32 = x$。

（4）设 $\log_{10} 0.00001 = x$，有 $10^x = 0.00001 = 10^{-5}$，

那么 $x = -5$，所以 $\log_{10} 0.00001 = -5$。

例 4 已知 $\log_x \dfrac{1}{32} = -5$，求 x。

解：因为 $\log_x \dfrac{1}{32} = -5$，

所以 $x^{-5} = \dfrac{1}{32}$，

又因为 $2^{-5} = \dfrac{1}{32}$，

所以 $x = 2$。

例5 计算：

（1）$2^{\log_2 8}$；　　　　　　　　　　　　　（2）$\log_2 2^3$。

解：（1）$2^{\log_2 8} = 8$；

（2）$\log_2 2^3 = 3$。

（二）常用对数

以 10 为底的对数叫做**常用对数**。例如，$\log_{10} 3$ 就是常用对数。为了简便，通常把底 10 略去不写，并把"log"写成"lg"，即把 $\log_{10} N$ 写成 $\lg N$。如果没有指出对数的底，我们所说的对数就是指常用对数。例如，1000 的对数是 3，就是指 1000 的常用对数是 3。

例6 求下列对数的值：

（1）$\lg 1$；　　　　　　　　　（2）$\lg 10$；　　　　　　　　　（3）$10^{\lg N}$。

解：（1）$\lg 1 = \log_{10} 1 = 0$；

（2）$\lg 10 = \log_{10} 10 = 1$；

（3）$10^{\lg N} = 10^{\log_{10} N} = N$。

利用 $\boxed{\log}$ 键可计算常用对数 $\lg N$ 的值，利用 $\boxed{\log_{\blacksquare}\square}$ 键可计算一般底数的对数。

例7 利用函数计算器计算（精确到 0.0001）：

（1）$\lg 31$；　　　（2）$\lg 3.14$；　　　（3）$\log_7 5$；　　　（4）$\log_3 4$。

解：将计算器设定为普通计算状态：键入 $\boxed{\text{SHIFTMODE64}}$ 时计算结果精确到 0.0001。

（1）顺次按键 $\boxed{\log}$ 31 $\boxed{=}$ 显示结果为 $\boxed{1.4914}$；

（2）顺次按键 $\boxed{\log}$ 3 $\boxed{.}$ 14 $\boxed{=}$ 显示结果为 $\boxed{0.4969}$；

（3）顺次按键 $\boxed{\log_{\blacksquare}\square}$ 7 $\boxed{\triangleright}$ 5 $\boxed{=}$ 显示结果为 $\boxed{0.8271}$；

（4）顺次按键 $\boxed{\log_{\blacksquare}\square}$ 3 $\boxed{\triangleright}$ 4 $\boxed{=}$ 显示结果为 $\boxed{1.2619}$。

二、积、商、幂的对数

根据指数幂的定义和运算法则及对数的定义，可以推出对数的运算法则。设 $a > 0$ 且 $a \neq 1$，对于任意的正实数 M、N，有

1. $\boxed{\log_a(M \cdot N) = \log_a M + \log_a N}$

设 $\log_a M = p$，$\log_a N = q$，则 $a^p = M$，$a^q = N$，

那么 $M \cdot N = a^p \cdot a^q = a^{p+q}$,

所以 $\log_a(M \cdot N) = \log_a a^{p+q} = p+q = \log_a M + \log_a N$。

法则 1 两个正数的积的对数,等于同一底数的这两个正数的对数的和。

此法则可推广到有限个正数的积的对数

$$\log_a(M_1 M_2 \cdots M_n) = \log_a M_1 + \log_a M_2 + \cdots + \log_a M_n$$

2. $\boxed{\log_a \dfrac{M}{N} = \log_a M - \log_a N}$

设 $\log_a M = p$, $\log_a N = q$, 则 $a^p = M$, $a^q = N$,

所以 $\dfrac{M}{N} = \dfrac{a^p}{a^q} = a^{p-q}$,

所以 $\log_a \dfrac{M}{N} = \log_a a^{p-q} = p-q = \log_a M - \log_a N$。

法则 2 两个正数的商的对数,等于同一底数的被除数的对数与除数的对数的差。

3. $\boxed{\log_a M^n = n\log_a M}$

设 $\log_a M = p$, 则 $a^p = M$, 所以 $M^n = (a^p)^n = a^{np}$,

所以 $\log_a M^n = \log_a a^{np} = np = n\log_a M$。

法则 3 一个正数的幂的对数,等于幂的底数的对数乘以幂指数。

法则 1、2、3 也称为积、商、幂的对数运算法则。对数具有简化运算的功能,即可把乘法运算转化为加法运算,除法运算转化为减法运算,幂的运算转化为乘法运算。

常用对数运算法则有:

$$\lg(M \cdot N) = \lg M + \lg N; \lg\left(\dfrac{M}{N}\right) = \lg M - \lg N; \lg M^n = n\lg M。$$

知识拓展

应用公式时要特别注意:

$\log_a(M+N) \neq \log_a M + \log_a N$;

$\log_a(M-N) \neq \log_a M - \log_a N$;

$\log_a(M \cdot N) \neq \log_a M \cdot \log_a N$;

$\dfrac{\log_a M}{\log_a N} \neq \log_a \dfrac{M}{N}$;

$(\log_a M)^n \neq n\log_a M$。

例 8 用 $\log_a x, \log_a y, \log_a z$ 表示下列各式:

(1) $\log_a \dfrac{xy}{z}$; 　　　(2) $\log_a(x^3 y^{-2})$; 　　　(3) $\log_a \dfrac{\sqrt[3]{x}}{y^2 z^4}$。

解:(1) $\log_a \dfrac{xy}{z} = \log_a(xy) - \log_a z = \log_a x + \log_a y - \log_a z$;

（2）$\log_a(x^3 y^{-2}) = \log_a x^3 + \log_a y^{-2} = 3\log_a x - 2\log_a y$；

（3）$\log_a \dfrac{\sqrt[3]{x}}{y^2 z^4} = \log_a \sqrt[3]{x} - \log_a(y^2 z^4) = \log_a x^{\frac{1}{3}} - (\log_a y^2 + \log_a z^4)$

$$= \frac{1}{3}\log_a x - 2\log_a y - 4\log_a z。$$

例 9 计算：

（1）$\log_2(2^4 \cdot 4^5)$； （2）$\lg \sqrt[4]{100\,000}$。

解：（1）$\log_2(2^4 \cdot 4^5) = \log_2 2^4 + \log_2 4^5 = 4\log_2 2 + 5\log_2 4 = 4 + 5 \times 2 = 14$；

（2）$\lg \sqrt[4]{100\,000} = \lg 100\,000^{\frac{1}{4}} = \frac{1}{4}\lg 10^5 = \frac{1}{4} \times 5 = \frac{5}{4}$。

三、换底公式与自然对数

我们前面已经学习了常用对数，可以求得任意一个以 10 为底的对数的值。现在我们来说明如何利用以 10 为底的对数的值，求以任意数 $a(a>0, a \neq 1)$ 为底的对数的值。

对数换底公式：

$$\boxed{\log_b N = \frac{\log_a N}{\log_a b}}$$ （a、b 均为不等于 1 的正数，$N>0$）

证明：设 $\log_b N = x$，则 $b^x = N$，

等式两端取以 a 为底的对数，得

$\log_a b^x = \log_a N$，即 $x\log_a b = \log_a N$；

所以 $x = \dfrac{\log_a N}{\log_a b}$，即 $\log_b N = \dfrac{\log_a N}{\log_a b}$。

当 $a = 10$ 时，有 $\log_b N = \dfrac{\lg N}{\lg b}$。

例 10 求 $\log_2 5$ 的值。

解：$\log_2 5 = \dfrac{\lg 5}{\lg 2} = \dfrac{0.6990}{0.3010} \approx 2.322$。

例 11 求 $\log_{16} 27 \cdot \log_9 3$ 的值。

解：$\log_{16} 27 \cdot \log_9 8 = \dfrac{\lg 27}{\lg 16} \cdot \dfrac{\lg 8}{\lg 9}$

$$= \frac{\lg 3^3}{\lg 2^4} \cdot \frac{\lg 2^3}{\lg 3^2}$$

$$= \frac{3\lg 3}{4\lg 2} \cdot \frac{3\lg 2}{2\lg 3}$$

$$= \frac{3}{4} \times \frac{3}{2} = \frac{9}{8}。$$

例 12 计算：$\log_a x \cdot \log_x z \cdot \log_z a$。

解：$\log_a x \cdot \log_x z \cdot \log_z a = \dfrac{\lg x}{\lg a} \cdot \dfrac{\lg z}{\lg x} \cdot \dfrac{\lg a}{\lg z} = 1$。

在科学技术领域及医药卫生工作中,常常用到以无理数 $e = 2.71828\cdots$ 为底的对数 $\log_e N$。以无理数 e 为底的对数叫做**自然对数**,通常记作 $\ln N$。根据对数换底公式,可以得到自然对数与常用对数的关系:

$$\ln N = \frac{\lg N}{\lg e} \approx \frac{\lg N}{0.4343} \approx 2.303 \lg N。$$

例 13 求下列对数的值:

(1) $\ln 1$; (2) $\ln e$; (3) $e^{\ln N}$。

解:(1) $\ln 1 = \log_e 1 = 0$;

(2) $\ln e = \log_e e = 1$;

(3) $e^{\ln N} = e^{\log_e N} = N$。

对于自然对数有

$$\ln(MN) = \ln M + \ln N$$

$$\ln \frac{M}{N} = \ln M - \ln N$$

$$\ln M^n = n \ln M$$

$$\log_b N = \frac{\ln N}{\ln b}$$

实际上计算自然对数 $\ln N$ 的值,利用计算器的自然对数键 $\boxed{\ln}$ 可以直接求得,而且运算过程简便,计算结果也精确的多。

例 14 函数计算器计算(精确到 0.0001):

(1) $\ln 31$; (2) $\ln 3.14$; (3) $\ln 0.618$。

解:键入 $\boxed{\text{SHIFTMODE64}}$ 时计算结果精确到 0.0001。

(1) 顺次按键 $\boxed{\ln}$ $\boxed{31}$ $\boxed{=}$ 显示结果为: $\boxed{3.4340}$;

(2) 顺次按键 $\boxed{\ln}$ $\boxed{3}$ $\boxed{.}$ $\boxed{14}$ $\boxed{=}$ 显示结果为: $\boxed{1.1442}$;

(3) 顺次按键 $\boxed{\ln}$ $\boxed{0}$ $\boxed{.}$ $\boxed{618}$ $\boxed{=}$ 显示结果为: $\boxed{-0.4813}$。

考点链接

对数的概念、利用对数函数的运算法则进行计算是高职升学考试的考点。

例如 1. 设 $f(x) = \log_2(ax+b)$. 若 $f(2)=2, f(3)=3$,则_____。

A. $a=1, b=-4$ B. $a=2, b=-2$

C. $a=4, b=3$ D. $a=4, b=-4$

分析 该题考察的是对数的概念,把对数式化成指数式,这样可得到两个关于 a,b 的二元一次方程,然后解方程组即可。

因为 $f(2)=2, f(3)=3$,所以 $2=\log_2(2a+b), 3=\log_2(3a+b)$

所以 $2a+b=2^2=4, 3a+b=2^3=8$

解得 $a=4, b=-4$

【答案:D】

2. 设 $\lg x=3, \lg y=2$,则 $\lg(x^3 y^2)=$ _____。

分析 该题考察的是对数的运算法则,把 $\lg(x^3 y^2)$ 用 $\lg x, \lg y$ 表示,然后代入即可

$\lg(x^3 y^2)=\lg x^3+\lg y^2=3\lg x+2\lg y=3\times 3+2\times 2=13$。

【答案:13】

习题 4-4A

1. 将下列指数式转换成对数式:

(1) $2^6=64$;

(2) $4^{-0.5}=0.5$。

2. 将下列对数式转换成指数式:

(1) $\log_2 16=4$;

(2) $\log_2 2=1$。

3. 求下列对数的值:

(1) $\log_5 125$;

(2) $\log_{\frac{1}{2}} 4$;

(3) $\log_2 5$;

(4) $\log_3 7$;

(5) $\lg 100$;

(6) $\lg 100\,000$;

(7) $\lg 0.0000001$;

(8) $\log_{0.1} 0.00001$。

4. 计算下列各式的值:

(1) $\log_2 2^5$;

(2) $\log_{\frac{1}{2}} 2^5$;

(3) $\log_e e^{-5}$;

(4) $5^{\log_5 0.65}$;

(5) $\log_2 25 \cdot \log_3 8 \cdot \log_5 9$;

(6) $\log_3 4 \cdot \log_{16} 9 \cdot \log_3 27$;

(7) $\log_4 5 \cdot \log_{25} 16$。

5. 用 $\log_a x, \log_a y, \log_a z$ 表示下列各式:

(1) $\log_a(x^2 y^4)$;

(2) $\log_a(xyz^3)$;

(3) $\log_a \dfrac{x^3 y^4}{z^5}$;

(4) $\log_a \dfrac{x^7 \sqrt[4]{y}}{\sqrt[3]{z}}$。

6. 计算下列各式:

(1) $\log_3 5-\log_3 15$;

(2) $\lg 2+\lg 5$;

(3) $\log_2 6-\log_2 3$;

(4) $\log_2 3-\log_2 \dfrac{1}{6}+2\log_2 \dfrac{1}{3}$。

7. 利用计算器计算:

(1) $\log_3 78$;

(2) $\lg 89.3$;

(3) $\lg 0.057$;

(4) $\ln 86.1$;

(5) $\ln 0.023$;

(6) $\ln 4.516$。

习题 4-4B

1. 求值:

(1) $\lg 1+\lg 10\,000+\lg 0.01+\lg 0.000001$;

(2) $\lg \dfrac{500}{4}+\lg \dfrac{300}{2}+\lg \dfrac{800}{15}$。

2. 已知 lg2 = 0.3010,求 lg5 的值。

3. 化简:$\sqrt{(lg5)^2+lg5lg4+(lg2)^2}$。

4. 设 $\lg x = 2, \lg y = 3$,则 $\lg(x^3y^2)=$ _____。

5. 选择题:

(1) $\log_4 3 - \log_4 12 + \log_8 4 = ($ $)$。

    A. $-\dfrac{1}{3}$ B. 1   C. $\dfrac{1}{2}$ D. $-\dfrac{5}{3}$

(2) 下列式子正确的是(   )。

    A. $\lg7+\lg3=1$ B. $\lg\dfrac{7}{3}=\dfrac{\lg7}{\lg3}$ C. $\lg_3 7=\dfrac{\lg3}{\lg7}$ D. $\lg^{37}=7\lg3$

第五节 对数函数的图像和性质

案例

    2011 年 3 月 11 日,日本发生 9.0 级大地震并引发了海啸导致核危机。在日本福岛核电站测得一种放射性物质不断变化为其他物质,科学家估计,每经过一年其剩留的放射物质的质量约为原来的 84%。设每年的衰变速度不变。

    请问:该物质大约经过几年,剩留物质的质量是原质量的一半?

一、对数函数的定义

在第三节我们曾经研究过某种细胞在分裂过程中,细胞个数 y 是分裂次数 x 的指数函数 $y=2^x$。也就是说,如果知道细胞分裂的次数 x,就能求出细胞分裂的个数 y。反过来,如果知道了细胞个数 y,则细胞分裂次数 x 就是细胞个数 y 的函数,即

$$x=\log_2 y$$

因习惯用 x 表示自变量,用 y 表示它的函数,所以,上面的函数就可以写成 $y=\log_2 x$。一般地,把形如

$$y=\log_a x(a>0,a\neq1)$$

的函数叫做**对数函数**。对数函数的定义域为 $(0,+\infty)$,值域为 **R**。

二、对数函数的图像

现在我们来画出下面两个函数的图像:

(1) $y=\log_2 x$;   (2) $y=\log_{\frac{1}{2}} x$。

首先列出这两个函数 x 和 y 的对应值表(表 4-3):

(1) $y=\log_2 x$ 对应值:

表 4-3(1)

x	…	$\dfrac{1}{8}$	$\dfrac{1}{4}$	$\dfrac{1}{2}$	1	2	4	8	…
$y=\log_2 x$	…	-3	-2	-1	0	1	2	3	…

（2）$y=\log_{\frac{1}{2}}x$ 对应值：

表4-3（2）

x	$\cdots$	8	4	2	1	$\dfrac{1}{2}$	$\dfrac{1}{4}$	$\dfrac{1}{8}$	$\cdots$
$y=\log_{\frac{1}{2}}x$	$\cdots$	-3	-2	-1	0	1	2	3	$\cdots$

在同一坐标系中，用描点法画出这两个函数的图像（如图4-4）。

这样就得到了这两个对数函数的图像，对数函数的图像称为**对数曲线**。

三、对数函数的性质

观察比较图4-4中两个函数的图像，可以归纳得到对数函数

$$y=\log_a x\,(a>0,a\neq1)$$

具有以下的主要**性质**：

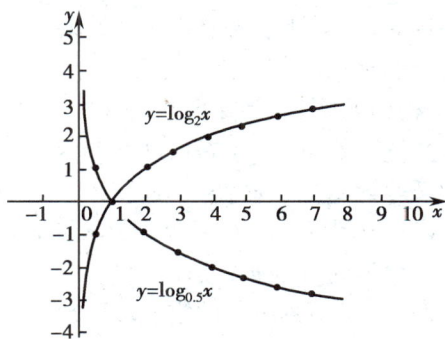

图4-4 对数函数的图像

1. 定义域为$(0,+\infty)$，值域为 $\mathbb{R}$；

2. 图像都通过点$(1,0)$；

3. 当$a>1$时，对数函数在$(0,+\infty)$内是增函数；

当$0<a<1$时，对数函数在$(0,+\infty)$内是减函数。

例1 利用对数函数的性质，比较下列各题中两个值的大小：

（1）$\log_3 4$ 与 $\log_3 5$；   （2）$\log_{\frac{1}{2}}4$ 与 $\log_{\frac{1}{2}}5$；

（3）$\log_3 2$ 与 1；   （4）$\log_{\frac{1}{3}}2$ 与 0。

解：（1）考察函数 $y=\log_3 x$，

因为 $a=3>1$，所以函数 $y=\log_3 x$ 在区间$(0,+\infty)$内是增函数，

又因为 $4<5$，所以 $\log_3 4<\log_3 5$。

（2）考察函数 $y=\log_{\frac{1}{2}}x$，

因为 $a=\dfrac{1}{2}(0<a<1)$，所以函数 $y=\log_{\frac{1}{2}}x$ 在区间$(0,+\infty)$内是减函数，

又因为 $4<5$，所以 $\log_{\frac{1}{2}}4>\log_{\frac{1}{2}}5$。

（3）由于 $\log_3 3=1$，考察函数 $y=\log_3 x$，

因为 $a=3>1$，所以函数 $y=\log_3 x$ 在区间$(0,+\infty)$内是增函数，

又因为 $2<3$，所以 $\log_3 2<1$。

（4）由于 $\log_{\frac{1}{3}}1=0$，考察函数 $y=\log_{\frac{1}{3}}x$，

因为 $a=\dfrac{1}{3}(0<a<1)$，所以函数 $y=\log_{\frac{1}{3}}x$ 在区间$(0,+\infty)$内是减函数，

又因为 $2>1$，所以 $\log_{\frac{1}{3}}2<0$。

例2 根据下列各式，确定 a 的取值范围：

（1）$\log_a 24>\log_a 16$；

（2）$\log_a 0.24>\log_a 0.26$。

解:(1) 因为 $\log_a 24 > \log_a 16$,又因为 $24 > 16$,

所以函数 $y = \log_a x$ 在区间 $(0, +\infty)$ 内是增函数,

由对数函数的性质,得 $a > 1$。

(2) 因为 $\log_a 0.24 > \log_a 0.26$,又因为 $0.24 < 0.26$,

所以函数 $y = \log_a x$ 在区间 $(0, +\infty)$ 内是减函数,

由对数函数的性质,得 $0 < a < 1$。

例 3 比较下列各式中 x, y 的大小:

(1) $\log_{0.5} x > \log_{0.5} y$;   (2) $\log_5 x > \log_5 y$。

解:(1) 因为 $a = 0.5 (0 < a < 1)$,

所以函数 $y = \log_a x$ 在区间 $(0, +\infty)$ 内是减函数,

又因为 $\log_{0.5} x > \log_{0.5} y$,所以 $x < y$。

(2) 因为 $a = 5 > 1$,所以函数 $y = \log_a x$ 在区间 $(0, +\infty)$ 内是增函数,

又因为 $\log_5 x > \log_5 y$,所以 $x > y$。

例 4 求下列函数的定义域 $(a > 0, a \neq 1)$:

(1) $y = \log_a(x^2 + 1)$;   (2) $y = \dfrac{1}{\log_3 x}$。

解:(1) 因为 $x^2 + 1 > 0$,即 $x^2 > -1$,所以 $x \in \mathbf{R}$,

所以函数 $y = \log_a(x^2 + 1)$ 的定义域为 $\{x \mid x \in \mathbf{R}\}$。

(2) 因为 $\begin{cases} x > 0 \\ \log_3 x \neq 0 \end{cases}$

所以 $\begin{cases} x > 0 \\ x \neq 1 \end{cases}$

所以函数 $y = \dfrac{1}{\log_3 x}$ 的定义域为 $\{x \mid x > 0$ 且 $x \neq 1\}$。

考点链接

    利用对数函数的性质比较两个值的大小、求对数函数的定义域及由对数函数的单调性确定参数的范围及大小是高职升学考试的考点。

    例如 1. 利用 "<", ">" 填空:

(1) $\log_{\frac{1}{3}} 0.4$ _____ $\log_{\frac{1}{3}} 0.6$;

(2) $\log_3 3.2$ _____ $\log_3 3.5$。

    分析 在比较两个对数值的大小时,首先要看底数是大于 1 还是大于 0 小于 1 的数,然后再比较真数的大小,问题即可解决。

(1) 考察函数 $y = \log_{\frac{1}{3}} x$,

因为 $a = \dfrac{1}{3} (0 < a < 1)$,所以函数 $y = \log_{\frac{1}{3}} x$ 在区间 $(0, +\infty)$ 内是减函数,

又因为 $0.4 < 0.6$,所以 $\log_{\frac{1}{3}} 0.4 > \log_{\frac{1}{3}} 0.6$。

(2) 考察函数 $y = \log_3 x$,

因为 $a = 3 > 1$,所以函数 $y = \log_3 x$ 在区间 $(0, +\infty)$ 内是增函数,

又因为 3.2<3.5,所以 $\log_3 3.2 < \log_3 3.5$。

【答案：(1)> (2)<】

2. 函数 $y = \dfrac{\lg(1-x)}{\sqrt{1+x}}$ 的定义域是（　　）。

A. $[-1,1]$ 　　　　　　　　　　B. $(-1,1)$

C. $(-\infty,1)$ 　　　　　　　　D. $(-1,+\infty)$

分析　求函数的定义域要注意：(1) 对数的真数一定要大于 0

(2) 负数不能开偶次方

(3) 分母不能为 0

因为 $\begin{cases} 1-x>0 \\ 1+x>0 \end{cases}$

所以 $-1<x<1$

【答案：B】

3. 下列哪个不等式满足 $x>y$（　　）。

A. $\log_{0.25} x > \log_{0.25} y$ 　　　　　　B. $\log_{0.25}\dfrac{1}{x} > \log_{0.25}\dfrac{1}{y}$

C. $\log_2 \dfrac{1}{x} > \log_2 \dfrac{1}{y}$ 　　　　　　D. $\log_2(-x) > \log_2(-y)$

分析　本题主要考察对数函数的单调性，另外，还考察了对数的一个性质：零与负数没有对数。由题意可知，答案 A、B、C 中 x 与 y 均要求大于 0，答案 D 中 x 与 y 要小于 0。

易判断答案 A、D 错误

对于答案 B：因为 $a=0.25(0<a<1)$，

所以函数 $y=\log_a x$ 在区间 $(0,+\infty)$ 内是减函数，

又因为 $\log_{0.25}\dfrac{1}{x} > \log_{0.25}\dfrac{1}{y}$，所以 $\dfrac{1}{x} < \dfrac{1}{y}$。

而 $x>0,y>0$，所以 $xy>0$。

所以 $y<x$

同理，对于答案 C 能得到 $y>x$。

【答案：B】

习题 4-5A

1. 回答下列问题：

(1) 一个对数函数的底数是 $\dfrac{1}{5}$，则它的解析式是什么？它的定义域、值域各是什么？

(2) 对数函数 $y=\log_4 x$ 的底数是多少？这个函数的单调性如何？

2. 利用对数函数的性质，比较下面两个值的大小：

(1) $\log_{\frac{1}{2}}3$ 与 $\log_{\frac{1}{2}}5$；　　　　　(2) $\lg 5$ 与 $\lg 7$；

(3) $\log_{\frac{2}{3}}0.5$ 与 $\log_{\frac{2}{3}}0.8$；　　　　(4) $\log_4 0.6$ 与 $\log_4 0.9$。

3. 求下列函数的定义域：

（1）$y=\log_3(2+x)$；

（2）$y=\lg\dfrac{1}{1+3x}$；

（3）$y=\sqrt[4]{\lg x}$；

（4）$y=\log_3(x^2-3x+2)$。

4. 选择题：

（1）下列哪个函数满足 $a<1$ 且 $a\neq0$（　　）。

    A．$y=\log_a x$　　　　　　　　B．$y=\log_{a+1}x$

    C．$y=\log_{1-a}x$　　　　　　　D．$y=\log_{\frac{1}{a}}x$

（2）下列哪个函数的图像经过 $(-1,0)$ 点（　　）。

    A．$y=\log_2 x$　　　　　　　　B．$y=\log_2(-x)$

    C．$y=\log_{\frac{1}{2}}x$　　　　　　D．$y=\log_2\dfrac{1}{x}$

（3）下列哪个值大于 0（　　）。

    A．$\log_2 0.15$　　　　　　　B．$\log_2 1$

    C．$\log_{0.51}0.15$　　　　　　D．$\log_{0.15}2$

（4）下列哪个不等式满足 $a>1$（　　）。

    A．$\log_a 0.24>\log_a 0.26$　　　　B．$\log_{\frac{1}{a}}0.26>\log_{\frac{1}{a}}0.24$

    C．$\log_a 24>\log_a 26$　　　　　D．$\log_{\frac{1}{a}}0.24>\log_{\frac{1}{a}}0.26$

（5）函数 $f(x)=\log_{\frac{1}{2}}x$ 的定义域是（　　）。

    A．$(0,+\infty)$　　　　　　　B．$[0,+\infty)$

    C．$(0,2)$　　　　　　　　　D．$\mathbf{R}$

习题 4-5B

1. 把下列三个数按从小到大的顺序用不等号连结起来：

（1）$\log_{\frac{1}{3}}2,\log_3 2,1$；

（2）$\log_{\frac{3}{2}}3,\log_{\frac{3}{2}}\dfrac{1}{3},0$。

2. 填空题：

（1）计算 $8^{\frac{1}{3}}+\log_2 8-2\log_2\sqrt{2}-\log_2 1$ 的结果是_____；

（2）设 $f(x)=\log_2(ax+b)$，若 $f(0)=3,f(1)=4$，则 $f(3)=$_____。

3. 选择题：

（1）函数 $f(x)=\sqrt{\lg(x-1)}$ 的定义域是（　　）。

    A．$(1,2)$　　　　　　　　　B．$(2,+\infty)$

    C．$(1,+\infty)$　　　　　　　D．$[2,+\infty)$

（2）设 $0<a<b<1$，那么 $\log_a 5$ 与 $\log_b 5$ 的大小关系是（　　）。

    A．$\log_a 5<\log_b 5$　　　　　B．$\log_a 5=\log_b 5$

    C．$\log_a 5>\log_b 5$　　　　　D．无法确定

第六节 指数函数与对数函数在医学中的应用

案例

监测发现，一般人在停止喝酒后，血液中的酒精含量会以每小时 25% 的速度减少。根据我国《车辆驾驶人员血液、呼气酒精含量阈值与检验》（GB19522—2010），以下简称"国标"规定，车辆驾驶人员血液中的酒精含量大于或者等于 20mg/100ml，小于 80mg/100ml 的驾驶行为，属于饮酒驾驶。

驾驶员小王喝了少量酒后，血液中的酒精含量迅速上升至 30mg/100ml。请问：驾驶员小王至少经过多少小时才能开车（精确到 1 小时）？

一、指数函数在医学中的应用（药物及放射性物质的衰变规律）

公式 $Q = Q_0 e^{-kt}$ 在医药上称为药代动力学一级反应公式，用它可以研究药物在体内的吸收、代谢过程，并且也能运用它研究放射性物质的衰变规律。

例1 已知安定的血药浓度初值 $Q_0 = 600\mu g/ml$，消除常数 $k = 0.014/d$。试推算：（1）30 天后的血药浓度；（2）此药物的半衰期 $t_{\frac{1}{2}}$（半衰期为血药浓度下降至一半所需的时间）。

解：（1）根据公式 $Q = Q_0 e^{-kt}$，得到 30 天后的血药浓度

$$Q = 600\, e^{-0.014 \times 50} = 394.2\,(\mu g/ml),$$

（2）按照题意 $\frac{1}{2}Q_0 = Q_0 e^{-0.014 \times T_{\frac{1}{2}}}$，得 $\frac{1}{2} = e^{-0.014 \times T_{\frac{1}{2}}}$，

即 $-0.014 T_{\frac{1}{2}} = \ln 0.5 = \ln 0.5$，所以 $T_{\frac{1}{2}} = \dfrac{\ln 0.5}{-0.014} = \dfrac{-0.693}{-0.014} = 49.5$。

答：30 天后的血药浓度是 394.2（$\mu g/ml$）；该药物的半衰期 $t_{\frac{1}{2}}$ 是 49.5 天。

为了确保药物的疗效，既要维持恒定的血药浓度又不致产生蓄积性的中毒，除应使用适当剂量外，还必须确定恰当的给药时间，半衰期是决定大多数给药间隔时间的主要依据，一般半衰期较长的药物在体内消除较慢，作用持久，给药间隔时间可长一些；反之，则应短一些。半衰期小于 10 小时，一般每天给药 4 次；半衰期在 10～24 小时，一般每天给药 2 次；对于半衰期在 24 小时以上的药物，只需日服 1 次或更长时间 1 次。一般来说，一次给药后，约经过 4～5 个半衰期血药浓度下降 95%，可以认为药物已基本消除。连续快速静脉滴注或恒量固定时间重复用药时，必须经过 4～5 个半衰期才能使血药浓度达到相对稳定水平，此时药物的吸收速度与排泄速度达到平衡。

例2 放射性 ^{131}I 溶液 100ml（每毫升含 $3.7 \times 10^7 Bq\,^{131}I$），$^{131}I$ 的半衰期 $t_{\frac{1}{2}}$ 为 8 天，问经 3 天衰变后，该药物内还剩 ^{131}I 多少 Bq？

解：按照题意 $\frac{1}{2}Q_0 = Q_0 e^{-8k}$，$\frac{1}{2} = e^{-8k}$，$-8k = \ln\frac{1}{2}$，

所以 $k = \dfrac{\ln 0.5}{-8} = \dfrac{-0.6932}{-8} = 0.0866$。

根据公式 $Q = Q_0 e^{-kt}$，得到 3 天后该药物内还剩 ^{131}I，

$Q = 100 e^{-0.0866×3} = 77.12$。

答：该药物内还剩 77.12Bq ^{131}I。

二、对数函数在医学中的应用

溶液的酸碱性对物质如药物的稳定性和药理作用都有重要影响，药物及药物制剂的保管都需要控制一定的酸碱性条件，临床检验工作中很多操作也都要严格控制溶液的酸碱性。

医药上使用的溶液，其氢离子浓度都比较小，用它直接来表示溶液的酸碱性不太方便，因此，常用 pH 来表示溶液的酸碱性，pH 就是氢离子浓度的负对数。

即 $pH = -\lg[H^+]$，式中的 $[H^+]$ 的单位是 mol/L。

当 pH=7 时，溶液呈中性；pH>7 时，溶液呈碱性；pH<7 时，溶液呈酸性。

溶液的酸碱性对人的生命极为重要。人血液的正常 pH 是 7.35～7.45。临床上把血液的 pH 小于 7.35 叫做酸中毒，大于 7.45 叫做碱中毒。

知识拓展

正常人部分体液的酸碱度 pH：唾液 6.62；胃液 1.74；小肠液 8.35；胰液 7.88；大肠液 8.48；尿液 7.40。

口服药物通过消化道吸收，一般说来，酸性药物在胃中容易被吸收，而碱性药物在小肠液中容易被吸收。有时改变体液的 pH 可以促进药物的吸收，如碳酸氢钠使胃液的 pH 提高，可增大碱性药物在胃中的吸收而减少酸性药物在胃中的吸收。

例 3 某患者人血液氢离子浓度为 $4.82×10^{-8}$（mol/L），求该患者血液酸碱度 pH，并判断血液是否正常。

解：根据公式 $pH = -\lg[H^+]$，得

$pH = -\lg(4.82×10^{-8}) = -(\lg4.82 + \lg10^{-8})$

$= -\lg4.82 + 8 = -0.6830 + 8 = 7.3170 < 7.35$。

答：该患者血液为酸中毒。

例 4 人乳汁液的 pH 是 7.6，试推算人乳汁液的氢离子浓度。

解：根据公式 $pH = -\lg[H^+]$，得 $[H^+] = 10^{-pH} = 10^{-7.6} = 2.512×10^{-8}$

答：人乳汁液的氢离子浓度是 $2.512×10^{-8}$mol/L。

考点链接

已知溶液的氢离子浓度求 pH 是高职升学考试的考点之一。

例如 某患者血液氢离子浓度为 $3.51×10^{-8}$mol/L，试计算该患者血液的 pH，并判断血液的酸碱度是否正常（已知 $\lg3.51 = 0.5453$）

分析 该题考察的知识点是：pH 就是氢离子浓度的负对数，即 $pH = -[H^+]$。

解题过程中要用到对数的运算法则，并要会利用计算器求对数值。

根据公式 $pH = -\lg[H^+]$，得

$$\mathrm{pH} = -\lg(3.51\times10^{-8}) = -(\lg3.51+\lg10^{-8}) = -\lg3.51+8$$
$$= -0.5453+8 = 7.4547 > 7.45。$$

该患者血液为碱中毒。

【答案:pH = 7.4547,碱中毒】

习题 4-6A

1. 用盐酸利多卡因注射液治疗心律失常,已知此药物的血药浓度初值 $Q_0 = 4\mathrm{m\mu g/ml}$,消除常数 $k = 0.14/h$。试推算:(1)半小时后的血药浓度;(2)此药物的半衰期 $t_{\frac{1}{2}}$。

2. 某放射性物质溶液 100ml(每毫升含 7.4×10^8Bq),衰变常数为 0.2567/天,问经 30 天衰变后,该溶液含放射性物质多少 Bq?

3. 已知正常人尿液的氢离子浓度 $[\mathrm{H}^+]$ 是 3.981×10^{-8},试推算其尿液 pH。

习题 4-6B

1. 已知婴儿胃液 pH 是 5.12,试推算婴儿胃液的氢离子浓度。

2. 某放射性物质溶液 300ml(每毫升含 5.4×10^7Bq),衰变常数为 0.3567/每天,问经 10 天衰变后,该溶液含放射性物质多少 Bq?该放射性物质的半衰期 $T_{\frac{1}{2}}$ 是多少?

本章小结

整数指数幂的定义和运算法则,可以推广到任意实数。运算时可先将根式化成分数指数幂,然后运用幂的运算法则进行计算,运算结果通常用分数指数幂表示。

在理解记忆函数性质时,一定要做到"数形结合"。在应用性质比较两个值的大小时,若指数相同,底数不同,利用幂函数的性质来判断;若底数相同,指数不同,则利用指数函数的性质来判断。

对数的概念给出了指数式与对数式之间的关系,也把指数函数与对数函数沟通起来,学习时要注意对比记忆。

(万桃先)

目标测试

A 组

1. 选择题:

(1) 已知 $\log_3(\log_2 x) = 1$,则 $x^{\frac{1}{2}} = ($)。

A. $\dfrac{1}{3}$　　　B. $\dfrac{1}{2\sqrt{2}}$　　　C. $2\sqrt{2}$　　　D. $2\sqrt{3}$

(2) 设 $\log_3 x = \log_4 4$,则 $x = ($)。

A. 3　　　B. 9　　　C. 18　　　D. 27

(3) 设 $2^{x-1} = a$,$2^{y-1} = b$,则 $2^{x+y} = ($)。

A. $a+b$　　　B. $2ab$　　　C. ab　　　D. $4ab$

(4) $\log_8 64 = ($ $)$。

    A. 1   B. 2   C. 3   D. 8

(5) 函数 $y = x + \log_3(1+x)$ 的定义域是(   )。

    A. $[0, +\infty)$ B. $[-1, +\infty)$ C. $\{x \mid x > -1\}$ **D. R**

2. 填空题：

(1) 函数 $f(x) = a^x (a>0$ 且 $a \neq 1)$, $f(2) = 9$, 则 $f\left(\dfrac{1}{2}\right) = $ _____；

(2) 用 "<"，">" 填空：

1) $5^{4.5}$ _____ $5^{4.8}$, $\log_3 2.5$ _____ $\log_3 2.7$, $0.6^{-0.3}$ _____ $0.6^{-0.2}$, $\log_{0.5} 6$ _____ $\log_{0.5} 4$；

2) 若 $1.23^x > 1.23^y$, 则 x _____ y；

    若 $0.2^x > 0.2^y$, 则 x _____ y；

    若 $\log_{4.5} x > \log_{4.5} y$, 则 x _____ y；

    若 $\log_{0.3} x > \log_{0.3} y$, 则 x _____ y；

(3) $\log_2 2 = $ _____；$\log_4 1 = $ _____；$\ln e = $ ____；$\lg 1 = $ _____；

(4) $\log_6 2 + \log_6 3 = $ _____；$\log_2 6 - \log_2 3 = $ _____；

(5) 把指数式 $2^{-1} = \dfrac{1}{2}$ 写成对数式 _____；

    把对数式 $\log_{\frac{1}{3}} 9 = -2$ 写成指数式 _____。

3. 判断题：

(1) $8^{\frac{2}{3}} = 2$。(   )

(2) $\log_3(24-6) = \log_3 24 - \log_3 6$。(   )

(3) 函数 $y = 2^x$ 的定义域为 $\{x \mid x > 0$ 且 $x \neq 1\}$。(   )

(4) $\lg 100 = 2$。(   )

(5) 函数 $y = \log_2 x$ 在区间 $(0, +\infty)$ 是减函数。(   )

4. 解答题：

(1) 求下列函数的定义域：

1) $y = 3^x + 3$；   2) $y = \sqrt{\lg(x-3)}$；

(2) 化简：$\sqrt{\dfrac{2}{3}(\lg m)^2 - \dfrac{4}{3}\lg m \lg n + \dfrac{2}{3}(\lg n)^2}$ $(0 < m \leqslant n < 1)$；

(3) 已知 $\lg 2 = 0.3010$, $\lg 7 = 0.8451$, 求 $\lg 35$；

(4) 利用函数计算器计算(精确到 0.0001)：

1) $0.2^{2.34}$；   2) 3.8^{-3}；   3) $1.23^{\frac{2}{3}}$；

4) $\log_5 2.3$；   5) $\ln 2.3$；   6) $\lg 1.23^{\frac{2}{3}}$。

B 组

1. 选择题：

(1) 下列比较大小正确的是(   )。

    A. $1 < 0.5^{-2} < 0.5^{-3}$ B. $0.5^{-2} < 1 < 0.5^{-3}$

    C. $0.5^{-3} < 1 < 0.5^{-2}$ D. $0.5^{-3} < 0.5^{-2} < 1$

（内容）

（2）若 $0<a<1$，则 $a^3,a^2,3^a,2^a$ 中，最小的数与最大的数是（　　）。

    A. a^3 与 3^a　　　　B. a^2 与 2^a　　　　C. a^2 与 3^a　　　　D. a^3 与 2^a

（3）$f(x)=\log_\pi(x^2+1)$ 的定义域是（　　）。

    A. $(-1,1)$　　　　B. $(0,-\infty)$　　　　C. $(1,+\infty)$　　　　D. $\mathbf{R}$

（4）$f(3x)=\lg(27x^2+7)$，则 $f(1)=$（　　）。

    A. 2　　　　B. $\lg34$　　　　C. $\lg15$　　　　D. 1

（5）函数 $f(x)=\lg(x-2)$ 的定义域是（　　）。

    A. $\mathbf{R}$　　　　B. $\{x\mid x\geq2\}$　　　　C. $\{x\mid x>2\}$　　　　D. $\{x\mid x>0\}$

（6）设 a、b 是任意实数，且 $a>b$，则下列式子正确的是（　　）。

    A. $a^2>b^2$　　　　B. $\dfrac{b}{a}<1$　　　　C. $\lg(a-b)>0$　　　　D. $\log_2(x^2+1)>0$

（7）设 $a=\left(\dfrac{1}{3}\right)^3,b=\log_3\dfrac{1}{2},c=3^{\frac{1}{2}}$ 则下列不等式中正确的是（　　）。

    A. $a>b>c$　　　　B. $b>a>c$　　　　C. $c>a>b$　　　　D. $b>c>a$

2. 填空题：

（1）设 $f(x)=a^x(a>0,a\neq0)$ 的图像经过点 $P(-2,16)$，则 $f(3)=$ ＿＿＿＿；

（2）已知 $f(x)$ 是偶函数，且 $x\geq0$ 时，$f(x)=3^x$，则 $f(-2)=$ ＿＿＿＿；

（3）计算 $(\sqrt{2}-1)^0-\left(\dfrac{1}{3}\right)^{-1}+8^{\frac{1}{3}}-2\log_3\dfrac{1}{\sqrt{3}}$ 的结果是＿＿＿＿；

（4）设 $\log_39=a$，$\log_28=b$，则 $2^{ab}=$ ＿＿＿＿；

（5）函数 $f(x)=a\log_2x+b\log_3x+2$，$f\left(\dfrac{1}{2012}\right)=4$，则 $f(2012)=$ ＿＿＿＿。

3. 判断题：

（1）$15^{\sqrt{2}}$ 没有意义。（　　）

（2）存在 x，使 $\log_2x=-1$。（　　）

（3）$\log_31=1$。（　　）

（4）$a^2a^3=a^6$。（　　）

4. 解答题：

（1）求函数 $y=\sqrt{2x+1}+\lg(x^2-3x+2)$ 的定义域；

（2）计算：$(\lg2)^2+\lg2\cdot\lg25+(\lg5)^2$；

（3）设 $f(x)=a^x(a>0,a\neq1)$，求证：

    1）$f(x_1)\cdot f(x_2)=f(x_1+x_2)$；

    2）$\dfrac{f(x_1)}{f(x_2)}=f(x_1-x_2)$。

（4）已知 $8^x=9^y=6^z$，求证：$\dfrac{2}{x}+\dfrac{3}{y}=\dfrac{6}{z}$。

数学中的黄金发现——对数

对数的产生是数学史上的重大事件,是代数学发展史上的一个里程碑,它开辟了数计算的新纪元。它的诞生不仅对方程式、根式计算、微积分等数学问题的研究有推动作用,而且对当时的贸易、航海、天文观测、透镜设计、抛物体运动及地理学的发展也产生了积极影响,天文界更是对这一伟大的发明欣喜若狂。

对数思想最早是由法国数学家舒开(N. Chuguet)于 1484 年出版的著作《数的科学三部曲》一书中提出的,他研究了算术级数和几何级数间的对应关系。1544 年,德国的斯提菲(M. Stifel,1486—1567)又一次提出了对数的思想,他在《整数的算术》中指出几何级数 $a_n = 2^n (n = 0,1,2,\cdots\cdots)$ 的各项和其指数所形成的算术级数间的对应关系。他发现,利用这种级数间的对应关系,可以巧妙地化简复杂的计算。对数的真正发明者是英国数学家纳皮尔(J·Napier,1550—1617),他曾致力于农业、牧业方面的改革和发明,16世纪末到 17 世纪初,由于在天文、航海和工程技术中遇到了大量的复杂计算问题,吸引他在数值计算方面投入了大量的精力,1614 年,纳皮尔在他的《论述对数的奇迹》以及在 1619 年他逝后出版的遗作《作出对数的奇迹》中系统阐述了他关于对数的思想,从而发明了对数。

对数发明后,许多人致力于对数的研究,进一步完善了对数的概念和计算规则。纳皮尔发明的对数是以 $1/e$ 为底的,在计算上有其局限性。后经于是纳皮尔的朋友英国人布里格斯(Briggs,1561—1631)与纳皮尔商议将对数改成以 10 为底,确定取 $\log_{10} 1 = 0, \log_{10} 10 = 1$ 等,这就是得到了现在所用的常用对数,由于我们的数系是十进制,因此它在数值计算上具有优越性。1617 年,布里格斯完成了第一张常用对数表,此后,他又继续进行艰难复杂的计算,完成了分段的十四位常用对数表,并于 1624 年发表了他的研制成果。余下的一大段常用对数表是由荷兰人佛朗格(1600—1632)在 1628 年完成的。1648 年,波兰传教士穆尼阁(Smogolenski)将对数传入中国。1653 年,穆尼阁与薛凤祚合编《比例对数表》成为我国最早的对数著作。1732 年出版的《数理精蕴》中较详细介绍了对数的求法。方中通,梅文鼎等对此有所研究,戴煦对对数作了较深的研究,并出书《求表捷术》,其中包括以递次开方法和级数法来研究对数。

18、19 世纪,对数的研究已和其他数学分支有了较广泛的联系。J·伯努利把对数引入了部分分式的积分,建立了对数与三角函数的联系;1747 年前后,欧拉(Euler)对对数函数与指数函数、三角函数之间的联系有了进一步的研究。事实上,"对数源于指数"这一点,正是通过欧拉才为世人所认识,从而才有现代意义上的对数。应用对数可使乘、除法转化为简单的加、减法,乘方、开方转化为乘、除法,大大地简化了当时实际工作中出现的大量极复杂的计算,它把科学家们从复杂的计算中解放出来,等于延长了科学家的生命,为人类劳动生产率的提高做出了巨大贡献。同时,高斯、柯西还进一步把对数由实数扩展到复数,又给数学世界带来了一片勃勃生机。

纵观对数的发现过程我们可以看到,首先,对数的产生给我们提供了重要的数学思想和方法。纳皮尔在解决两个级数的对比中提出了对数问题,并在解决个别问题的基础上概括出了今天被人们称之为对数运算法则的基本公式,成为解决实际问题的灵活可变的普遍化公式。由此我们认识到:社会需要是产生科学问题的一个重要因素,然后必须用理论工具对科学问题加以说明,并使产生于研究个别问题的特殊方法普遍化、形式化,这一思想方法值得我们注视和研究。

其次,由对数的定义式,若 $N=a^b$,则 $b=\log_a N$,不难发现 b 和 N 有着内在的本质联系,两者处于对立统一的关系中,这正是指数式 $N=a^b$ 的意义所在。除了指数和对数外,数学中具有这样关系的两个量是不胜枚举的。从对数发展的历史看出,根据已知的某数学量,在对立统一关系中探寻潜在的某数学量及其规律,对于指导数学的研究具有重要启示和指导意义。

再次,对数及其运算体现了数学之美。恩格斯曾经把对数的发明与解析几何的创立、微积分的建立并称为十七世纪数学的三大成就。从科学美学的意义上来理解,对数的思想方法,体现了简单性的科学美学原则,这是具有普遍意义的。

最后,社会生产、科学技术的需要是数学发展的主要动力;对科学知识的刻苦钻研,会使人兴奋和快乐,从而产生浓厚的兴趣,更益于学习效率的提高。

第五章 三角函数

学习目标

1. 掌握:特殊角的三角函数值的计算;三角函数在各象限的符号的判断;弧度与角度之间的互相转换;同角三角函数的基本关系式的应用;诱导公式的计算;正弦函数的图像和性质;利用计算器计算已知角度求三角函数的值;利用计算器计算已知三角函数值求给定范围的角度。
2. 理解:终边相同角所组成的集合;弧度制的概念、任意角的正弦函数、余弦函数和正切函数的定义。
3. 了解:角的概念的推广以及余弦函数、正切函数的图像和性质。

知识回顾

　　初中阶段,我们已经学习了角的定义:把具有公共端点的两条射线组成的图形叫做角;学习了三角形的有关知识:三角形按角的关系分为直角三角形、锐角三角形、钝角三角形;直角三角形的两个锐角互余;三角形三个内角和等于180°,一个三角形的外角和等于360°;在直角三角形中定义了锐角的正弦、余弦、正切,并且掌握了三角形中特殊角的正弦、余弦、正切的值等知识。

　　本章将在初中学习的基础上,将角的概念推广,从动态的角度定义角,并介绍角的另一种度量单位——弧度制;定义任意角的正弦函数、余弦函数、正切函数,学习同角三角函数的基本关系式和诱导公式,并研究正弦函数、余弦函数、正切函数的图像和性质,学习用计算器计算三角函数的值和已知三角函数值求给定范围的角度。

第一节　角的概念推广

知识回顾

　　初中阶段,我们已经学习了角的定义:把具有公共端点的两条射线组成的图形叫做角;角分为锐角、直角、钝角三种类型。大于0°且小于90°的角叫做锐角,等于90°的角叫做直角,大于90°且小于180°的角叫做钝角。

案例

> 手表快了或慢了,我们要转动时针与分针进行校准。若你的手表慢了 10 分钟,或快了 1.5 小时。
>
> 请问:你是怎样将它校准的? 当时间校准以后,分针转了多少度?

手表慢了 10 分钟,校正时分针顺时针旋转 60°;手表快了 1.5 小时,校正时分针逆时针旋转 540°。以上校正过程中分针需要顺时针或逆时针旋转,有时转不到一周,有时转一周以上,角的大小已不仅仅局限于 0°~360° 之间,而且旋转方向也不同,如何区分它们呢? 这就需要我们将角的概念进行推广。

一、任意角的概念

一个角可以看成是由一条射线在平面内绕着它的端点旋转而成的,如图 5-1(1) 所示,一条射线由原来的位置 OA,绕着它的端点 O 按逆时针方向旋转到另一位置 OB,就形成角 α。旋转开始时的射线 OA 叫做**角 α 的始边**,旋转终止的射线 OB 叫做**角 α 的终边**,射线的端点 O 叫做**角 α 的顶点**。角的记法:角 α 或 $\angle\alpha$,也可以简记成 α。

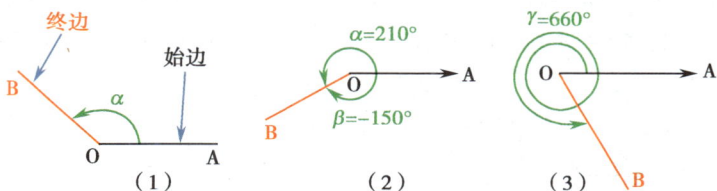

图 5-1

规定:按逆时针方向旋转所形成的角叫做**正角**,按顺时针方向旋转所形成的角叫做**负角**。如图 5-1(2) 所示,以 OA 为始边逆时针方向旋转到 OB 所形成的角 $\alpha=210°$,以 OA 为始边顺时针方向旋转到 OB 所形成的角 $\beta=-150°$,图 5-1(3) 中以 OA 为始边逆时针方向旋转到 OB 所形成的角 $\gamma=660°$。

特别地,当一条射线没有作任何旋转时,我们也认为这时形成了一个角,并把这个角叫做**零角**。角的概念推广以后,它包括任意大小的**正角**、**负角**和**零角**。

为了研究方便,经常在平面直角坐标系内来讨论角。将角的顶点与坐标原点重合,角的始边与 x 轴的非负半轴重合,角的终边落在第几象限,我们就说这个角是第几象限的角。角的终边落在坐标轴上,则此角不属于任何一个象限而称其为**轴线角(或界线角)**。如图 5-2(1) 中所示,210° 与 -150° 都是第三象限的角,60° 是第一象限的角;图 5-2(2) 中 30°、390°、-330° 都是第一象限的角;0°、90° 与 180°、-90° 是轴线角(或界线角)。

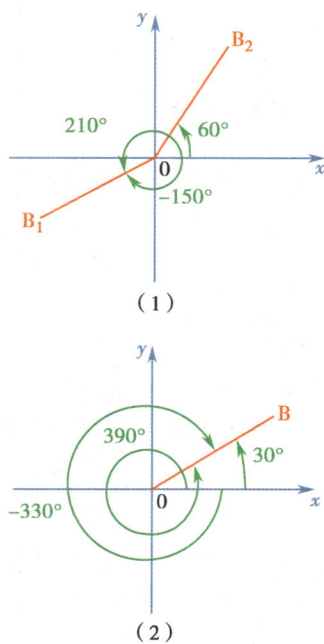

图 5-2

> **知识拓展**
>
> 　　角的应用非常广泛。例如,在空战中,飞机定位敌机用到的方位角(方位角是飞机相对于敌机尾部的角度);在运动场上,掷铅球、铁饼的扇形场地,铅球、铁饼的落地有效区域是角度为 34.92° 的扇形区域;把筷子的一头放在水里,一头露在外面,我们发现它变折了,这就是光的折射现象;黑板在灯光下,某个角度看不清黑板上的字,即表面平滑的黑板对光行单向反射造成的结果;物理学在研究这些现象中都需要使用角。生活中其实还有很多角的应用实例,同学们不妨试试。

二、终边相同的角

由图 5-2(1)可以看出,210° 与 −150° 角终边相同,−150°=(−1)×360°+210°;由图 5-2(2)可以看出,30°、390°、−330° 角终边也相同,390°=1×360°+30°,−330°=(−1)×360°+30°,显然,除了这两个角之外,与 30° 角的终边相同的角还有:

750°=2×360°+30°;−690°=(−2)×360°+30°;

1110°=3×360°+30°;−1050°=(−3)×360°+30°;……

由此可知:所有与 30° 角的终边相同的角,它们的大小相差 360° 的整数倍。于是可以推出所有与 30° 终边相同的角,连同 30° 角在内(而且仅有这样的角),可以用下式表示:

$$k×360°+30°,k∈\mathbf{Z}$$

当 $k=0$ 时,它表示 30° 角;$k=1$ 时,它表示 390° 角;$k=−1$ 时它表示 −330° 角。

一般地,所有与 $α$ 终边相同的角连同 $α$ 在内可以构成一个集合 S:

$$S=\{β\,|\,β=α+k·360°,k∈Z\}$$

即任何一个与角 $α$ 终边相同的角,连同角 $α$ 在内,都可以表示成角 $α$ 与整数个周角的和,它是一个由无限个角组成的集合。

例 1 在 0°~360°(系指 0°≤α≤360°)范围内,找出与下列各角终边相等的角,并判断它们是第几象限角。

　(1) 640°;　　　　　(2) −240°;　　　　　(3) −950°48′。

解:(1) 因为 640°=360°+280°,所以 640° 与 280° 终边相同,它是第三象限角;

(2) 因为 −240°=−360°+120°,所以 −240° 与 120° 终边相同,它是第二象限角;

(3) 因为 −950°48′=−3×360°+129°12′,所以 −950°48′ 与 129°12′ 终边相同,它是第二象限角。

例 2 写出终边在 y 轴上的角的集合(用 0°~360° 的角表示)。

解:在 0°~360° 范围内,终边在 y 轴非负半轴的角为 90°,终边在 y 轴非正半轴的角为 270°,因此终边在 y 轴非负半轴、y 轴非正半轴的所有角分别是:

$$90°+k·360°=90°+2k·180°,k∈\mathbf{Z} \quad (1)$$
$$270°+k·360°=90°+(2k+1)·180°,k∈\mathbf{Z} \quad (2)$$

(1)式表示 180° 的偶数倍加 90°,(2)式表示 180° 的奇数倍加 90°,偶数与奇数合并在一起正好是整数。故可将它们合并为 180° 的整数倍加 90°。

因此终边在 y 轴上的角的集合为 $\{α\,|\,α=90°+k·180°,k∈Z\}$。

同理,可以推出终边在 x 轴上的角的集合为 $\{α\,|\,α=k·180°,k∈Z\}$。

终边在坐标轴上的角的集合为 $\{\alpha\,|\,\alpha=k\cdot90°,k\in Z\}$。

例3 写出与下列各角终边相同的角的集合 S,并把其中在 $-360°\sim720°$ 的角写出来。

(1) $60°$;　　　　(2) $-35°$;　　　　(3) $385°15'$。

解:(1) $S=\{\beta\,|\,\beta=k\cdot360°+60°,k\in Z\}$,

其中在 $-360°\sim720°$ 的角有:

$$(-1)\times360°+60°=-300°,$$
$$0\times360°+60°=60°,$$
$$1\times360°+60°=420°;$$

(2) $S=\{\beta\,|\,\beta=k\cdot360°-35°,k\in Z\}$,

其中在 $-360°\sim720°$ 的角有:

$$0\times360°-35°=-35°,$$
$$1\times360°-35°=325°,$$
$$2\times360°-35°=685°;$$

(3) $S=\{\beta\,|\,\beta=k\cdot360°+385°15',k\in Z\}$,

其中在 $-360°\sim720°$ 的角有:

$$(-2)\times360°+385°15'=-334°45',$$
$$(-1)\times360°+385°15'=25°15',$$
$$0\times360°+385°15'=385°15'。$$

考点链接

终边相同的角的集合是高职升学考试的考点之一。

例如　与 $-75°$ 角终边相同的角的集合是(　　)。

A. $\{\beta\,|\,\beta=-75°+k\cdot90°,k\in Z\}$　　　B. $\{\beta\,|\,\beta=-75°+k\cdot180°,k\in Z\}$

C. $\{\beta\,|\,\beta=-75°+k\cdot270°,k\in Z\}$　　　D. $\{\beta\,|\,\beta=-75°+k\cdot360°,k\in Z\}$

分析　任何一个与角 α 终边相同的角,都可以表示成角 α 与整数个周角的和,它是一个由无限个角组成的集合。与角 α 终边相同的角的集合为

$$S=\{\beta\,|\,\beta=\alpha+k\cdot360°,k\in Z\}。$$

【答案:D】

习题 5-1A

1. 选择题:

(1) 下列说法中,正确的是(　　)。

　　A. 第一象限的角一定是锐角　　　　　　B. 锐角一定是第一象限的角

　　C. 小于 $90°$ 的角一定是第一象限的角　　D. 第一象限的角一定是正角

(2) 与 $-240°$ 终边相同的角为(　　)。

　　A. $240°$　　　　　　B. $120°$　　　　　　C. $-120°$　　　　　　D. $60°$

(3) 第二象限的角可表示为(　　)。

　　A. $\{\alpha\,|\,0°<\alpha<90°,k\in Z\}$

　　B. $\{\alpha\,|\,90°<\alpha<180°,k\in Z\}$

　　C. $\{\alpha\,|\,0°+k\cdot360°<\alpha<90°+k\cdot360°,k\in Z\}$

D. $\{\alpha\,|\,90°+k\cdot360°<\alpha<180°+k\cdot360°,k\in Z\}$

(4) 已知 α 是钝角，那么 $\dfrac{\alpha}{2}$ 是（　　）。

　　A. 第一象限角　　　　　　　B. 第二象限角

　　C. 第一与第二象限角　　　　D. 不小于直角的正角

2. 填空题：

（1）分针每分钟转过_____度；时针每小时转过_____度。

（2）所有与 $-30°$ 终边相同的角组成一个集合，这个集合为_____。

3. 写出与下列各角终边相同的角的集合 S，并把其中在 $-360°\sim720°$ 的角写出来。

（1）$460°$；　　　　　（2）$-225°$；　　　　　（3）$125°20'$。

习题 5-1B

1. 写出终边在 x 轴上的角的集合。

2. 设 α 为第三象限的角，指出 $\dfrac{\alpha}{2}$ 是第几象限的角。

第二节　弧　度　制

知识回顾

　　初中所学角的度量制度叫做角度制，它是用度、分、秒为单位来度量角度的，规定把周角的 $\dfrac{1}{360}$ 作为 1 度的角，角度制的度量是 60 进制的（$1°=60'$，$1'=60''$），角度制下计算弧长和扇形面积的公式为：$l=\dfrac{n\pi r}{180}$，$S=\dfrac{1}{2}rl$。

　　角度制下角的运算是 60 进制的，运用起来不太方便，在数学和其他许多科学研究中还要经常用到另一种角的度量单位，本节将在角度制的基础上引入另一种角的度量单位——**弧度制**。

案例

　　角度为 $30°,60°$ 的圆心角，当半径 $r=1,2,3,4$ 时，分别计算弧长 l 及弧长与半径的比值。

　　请问：弧长与半径的比值与什么有关？

$\alpha=30°$：$r=1$ 时，$l=\dfrac{n\pi r}{180}=\dfrac{30\times\pi\times1}{180}=\dfrac{\pi}{6}$，$\dfrac{l}{r}=\dfrac{\pi}{6}$；

　　$r=2$ 时，$l=\dfrac{n\pi r}{180}=\dfrac{30\times\pi\times2}{180}=\dfrac{\pi}{3}$，$\dfrac{l}{r}=\dfrac{\pi}{6}$；

　　$r=3$ 时，$l=\dfrac{n\pi r}{180}=\dfrac{30\times\pi\times3}{180}=\dfrac{\pi}{2}$，$\dfrac{l}{r}=\dfrac{\pi}{6}$；

$$r = 4 \text{ 时}, l = \frac{n\pi r}{180} = \frac{30 \times \pi \times 4}{180} = \frac{2\pi}{3}, \frac{l}{r} = \frac{\pi}{6}。$$

$$\alpha = 60°: r = 1 \text{ 时}, l = \frac{n\pi r}{180} = \frac{60 \times \pi \times 1}{180} = \frac{\pi}{3}, \frac{l}{r} = \frac{\pi}{3};$$

$$r = 2 \text{ 时}, l = \frac{n\pi r}{180} = \frac{60 \times \pi \times 2}{180} = \frac{2\pi}{3}, \frac{l}{r} = \frac{\pi}{3};$$

$$r = 3 \text{ 时}, l = \frac{n\pi r}{180} = \frac{60 \times \pi \times 3}{180} = \pi, \frac{l}{r} = \frac{\pi}{3};$$

$$r = 4 \text{ 时}, l = \frac{n\pi r}{180} = \frac{60 \times \pi \times 4}{180} = \frac{4\pi}{3}, \frac{l}{r} = \frac{\pi}{3}。$$

结论:圆心角不变则弧长与半径的比值不变。

由上述案例可知 $\frac{l}{r}$ 比值的大小只与角的大小有关,可以利用这个比值来度量角,这就是

角的另外一种度量单位——**弧度制**。

我们把长度等于半径长的弧所对的圆心角,叫
做 **1 弧度的角**。如图 5-3(1)所示,弧 AB 的长等于
半径 r,则弧 AB 所对的圆心角就是 1 弧度的角,1 弧
度的单位记作 $1rad$。图 5-3(2)中,弧 AB 的长等于
$2r$,则弧 AB 所对的圆心角就是 $2rad$ 的角。

规定:正角的弧度数是一个正数,负角的弧度数
是一个负数,零角的弧度数是零。

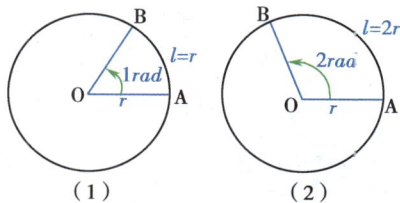

图 5-3

如果圆心角所对的弧长 $l = 4\pi r$,那么这个角的弧度数是 $\frac{l}{r} = \frac{4\pi r}{r} = 4\pi$;如果圆心角表示

一个负角,且所对的弧长 $l = 3\pi r$,那么这个角的弧度数的绝对值是 $\frac{l}{r} = \frac{3\pi r}{r} = 3\pi$,即这个角的

弧度数是 -3π。

由角的定义,角 α 的弧度数的绝对值 $|\alpha| = \frac{l}{r}$,其中 l 是以角 $|\alpha|$ 作为圆心角时所对弧的

长,r 是圆的半径。这种用弧度为单位来度量角的单位制度叫做**弧度制**。

由于圆的周长 $l = 2\pi r$,所以圆的周长所对的圆心角的弧度数是

$$\frac{l}{r} = \frac{2\pi r}{r} = 2\pi(rad)$$

也就是说一个圆周角等于 $2\pi rad$,而在角度制下它是 $360°$。因而有:

$$\boxed{360° = 2\pi rad}$$

$$\boxed{180° = \pi rad}$$

由此可得出度与弧度的单位换算的关系式:

$$1° = \frac{\pi}{180} \approx 0.01745 rad \qquad n° = \frac{n\pi}{180} rad$$

$$1 rad = \left(\frac{180}{\pi}\right)° \approx 57.30° = 57°18' \qquad n rad = \left(\frac{180n}{\pi}\right)°。$$

在用弧度表示角的大小的时候，单位"弧度"或 rad 通常可以省略，如 $1rad$、$\frac{\pi}{4}\,rad$ 可以分别写作 1、$\frac{\pi}{4}$。

一些特殊角的度数与弧度数的对应（表 5-1）：

表 5-1

角度	0°	30°	45°	60°	90°	120°	135°	150°	180°	270°	360°
弧度	0	$\frac{\pi}{6}$	$\frac{\pi}{4}$	$\frac{\pi}{3}$	$\frac{\pi}{2}$	$\frac{2\pi}{3}$	$\frac{3\pi}{4}$	$\frac{5\pi}{6}$	π	$\frac{3\pi}{2}$	2π

用弧度制来度量角，实际上是在角的集合与实数集之间建立起一对一的对应关系，即每一个角都有一个实数（这个角的弧度数）与它对应；反之，每一个实数也都有一个角（该角的弧度制等于这个实数）与它对应（图 5-4）。

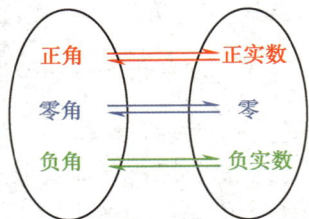

图 5-4

知识拓展

弧度制和角度制一样，是度量角的一种方法，由于弧度制是十进制，其运算比角度制简单，另外在弧长和扇形的面积公式的表示上弧度制也比角度制简单。

例如　若两个角的和是 1 弧度，此两角的差是 1°，试求这两个角。

解：设这两个角为 α、β 弧度，则 $\begin{cases}\alpha+\beta=1,\\ \alpha-\beta=\dfrac{\pi}{180},\end{cases}$

解得 $\alpha=\dfrac{1}{2}+\dfrac{\pi}{360}$，$\beta=\dfrac{1}{2}-\dfrac{\pi}{360}$。

例 1　把下列各角由角度化为弧度。

（1）25°；　　　　　（2）-100°；　　　　　（3）67°30′。

解：（1）$25°=25\times\dfrac{\pi}{180}=\dfrac{5\pi}{36}$；

（2）$-100°=-100\times\dfrac{\pi}{180}=-\dfrac{5\pi}{9}$；

（3）$67°30'=\left(67\dfrac{1}{2}\right)°=67\dfrac{1}{2}\times\dfrac{\pi}{180}=\dfrac{135}{2}\times\dfrac{\pi}{180}=\dfrac{3\pi}{8}$。

例 2　把下列各角由弧度化为角度。

（1）$-\dfrac{7\pi}{12}$；　　　　　（2）2.5；　　　　　（3）-1.2。

解：（1）$-\dfrac{7\pi}{12}=\left(\dfrac{180}{\pi}\right)°\times\left(-\dfrac{7\pi}{12}\right)=-105°$；

（2） $2.5=2.5\times\left(\dfrac{180}{\pi}\right)^\circ=\left(\dfrac{450}{\pi}\right)^\circ$；

（3） $-1.2=-1.2\times\left(\dfrac{180}{\pi}\right)^\circ=-\left(\dfrac{216}{\pi}\right)^\circ$。

例3 将下列各角化成 $2k\pi+\alpha(0\le\alpha<2\pi,k\in\mathbf{Z})$ 的形式,并确定其所在象限。

（1） $\dfrac{14\pi}{3}$；　　　　　　（2） $-\dfrac{11\pi}{6}$。

解：（1） $\dfrac{14\pi}{3}=2\times2\pi+\dfrac{2\pi}{3}$，

因为 $\dfrac{2\pi}{3}$ 是第二象限的角,所以 $\dfrac{14\pi}{3}$ 是第二象限的角。

（2） $-\dfrac{11\pi}{6}=-1\times2\pi+\dfrac{\pi}{6}$，

因为 $\dfrac{\pi}{6}$ 是第一象限的角,所以 $-\dfrac{11\pi}{6}$ 是第一象限的角。

例4 如图5-5所示,已知田径场弯道处弧 AB 的弧长 l 所对的圆心角 α 为 60°,l 所在圆的半径为 $R=48$m,求 l 的长(精确到 0.1m)。

解：弧长 l 所对的圆心角为 $\alpha,\alpha=60^\circ=\dfrac{\pi}{3}$，

$l=|\alpha|R=\dfrac{\pi}{3}\times48=16\pi\approx50.3$（m）。

答：l 的长为 50.3m。

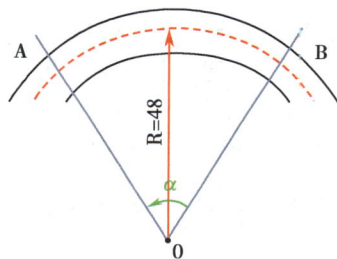

图 5-5

考点链接

判断角的终边所在的象限是高职升学考试的考点之一。

例如 角 $-\dfrac{17\pi}{6}$ 的终边在(　　)。

A. 第一象限　　　B. 第二象限　　　C. 第三象限　　　D. 第四象限

分析 判断角的终边所在象限时,将任意角化为 $0^\circ\sim360^\circ$（或 $0\sim2\pi$）的角加 360°（或 2π）的整数倍,再判断其所在象限。

$$-\dfrac{17\pi}{6}=-2\times2\pi+\dfrac{7\pi}{6}$$

因为 $\dfrac{7\pi}{6}$ 是第三象限的角,所以 $-\dfrac{17\pi}{6}$ 是第三象限的角。

【答案:C】

计算器的使用

利用 CASIO $fx-82ES\ PLUS$ 计算器进行三角计算时,除了要设定计算状态与精确度,还要设定角度计算模式或弧度计算模式,步骤为:按键 $\boxed{\text{SHIFT}}$ →键 $\boxed{\text{MODE}}$,若按 $\boxed{3}$ 选择角

度制,按 $\boxed{4}$ 选择弧度制。

角度单位的输入使用 $\boxed{\circ\,'\,''}$,如输入 $12°32'23''$ 时,依次按键 12 $\boxed{\circ\,'\,''}$ 32 $\boxed{\circ\,'\,''}$ 23 $\boxed{\circ\,'\,''}$ 。利用 $\boxed{\circ\,'\,''}$ 还可以进行度、分、秒的转换,如前面输入 $12°32'23''$,显示为 $12°32'23''$,再按 $\boxed{\circ\,'\,''}$ 键,显示 $12.192028°$,再按 $\boxed{\circ\,'\,''}$ 键,又显示 $12°32'23''$ 。

利用 $\boxed{Ans}$ 键可以方便地进行角度制与弧度制的转换。由角度转换成弧度时,首先将计算器设为弧度状态,设置精确度,并输入角度,然后依次按键 $\boxed{SHIFT}$ →键 $\boxed{Ans}$ →键 $\boxed{1}$ →键 $\boxed{=}$ 。如输入 $32°15'18''$ 依步骤可转换为 32.0906 弧度(精确度设置为 0.0001)。由弧度转换成角度时,首先将计算器设为角度状态,设置精确度,并输入弧度,然后依次按键 $\boxed{SHIFT}$ →键 $\boxed{Ans}$ →键 $\boxed{2}$ →键 $\boxed{=}$ 。如输入 $\dfrac{2\pi}{3}$,依步骤可转换为 $120°$ 。

Windows7 自带计算器的使用

打开"开始"→"所有程序"→"附件"→"计算器",选择"查看"→"科学型",单位选择"度",如图 5-6 所示,若要把度转换成度分秒,先输入转换的数值,再单击键 $\boxed{dms}$ 即可。如 $32.32°$ 转换成度分秒,先输入 32.32 ,单击键 $\boxed{dms}$,这时就显示 32.1912 ,这就是 $32°19'12''$ 。如把度分秒转换为度先输入 32.1912 →单击 $\boxed{Inv}$ →单击 $\boxed{dms}$,就转换成度了 $32.32°$ 。

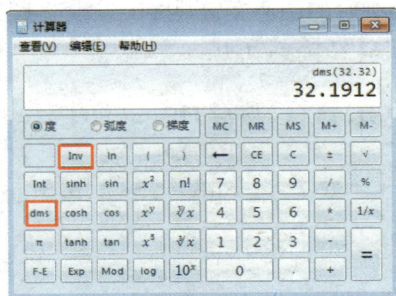

图 5-6

角度制与弧度制的转换可选择"查看"→"单位转换",如图 5-7 所示,要转换的单位类型选为"角度",若角度制转换为弧度制,选择从"角度"到"弧度",在角度数值框中输入要转换的角度,下面即可得到弧度,如输入 36 度,下面角度框中即可显示 0.6283185307179586 弧度。若弧度制转换为角度制,选择从"弧度"到"角度",在弧度数值框中输入要转换的弧度,下面即可得到角度,如输入 1.5 弧度,下面角度框中即可显示 85.94366926962349 度。

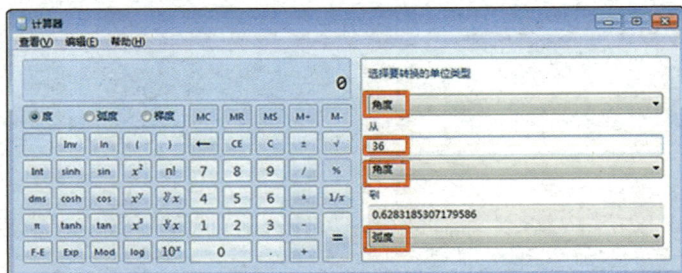

图 5-7

例 5 使用计算器进行角度与弧度的相互转化(精确到 0.0001)。

(1) -105°;   (2) 1.2。

解: 依上述步骤可得

(1) -86° = -1.5010 rad;

(2) 1.2 = 86.7549°。

习题 5-2A

1. 填表(在空格内填上适当的角度或弧度)。

度	0°		45°	60°		120°	135°			225°	240°	270°		
弧度		$\dfrac{\pi}{6}$			$\dfrac{\pi}{2}$			$\dfrac{5\pi}{6}$	π				$\dfrac{11\pi}{6}$	2π

2. 若 $4\pi < \alpha < 6\pi$,且 α 与 $-\dfrac{2\pi}{3}$ 终边相同,则 $\alpha =$ _____。

3. 若 θ 是第二象限的角,当其终边顺时针旋转 630° 后成为角 α,则角 α 所在象限为( )。

  A. 第一象限   B. 第二象限   C. 第三象限   D. 第四象限

4. 把下列角度化为弧度:

(1) 75°;   (2) -135°;   (3) 105°;   (4) 22°30′。

5. 把下列弧度化为角度:

(1) $\dfrac{2\pi}{3}$;   (2) $-\dfrac{3\pi}{5}$;   (3) $-\dfrac{4\pi}{3}$;   (4) -4π。

6. 将下列各角化成 $2k\pi + \alpha (0 \le \alpha < 2\pi, k \in \mathbf{Z})$ 的形式,并确定其所在的象限。

(1) $\dfrac{19\pi}{3}$;   (2) $-\dfrac{31\pi}{6}$。

7. 用科学计算器进行角度与弧度的相互转化(精确到 0.0001)。

(1) 17°;   (2) 131°;   (3) 1.54;   (4) 6.8。

8. 若圆心角 $\angle AOB = \dfrac{\pi}{6}$,该角所对弧长 $l = 30$cm,求 $\angle AOB$ 所对圆的半径 R(精确到 0.1cm)。

习题 5-2B

1. 分针每分钟转过多少弧度?时针每小时转过多少弧度?

2. 用弧度表示:

(1) 终边在 x 轴上的角的集合;

(2) 终边在 y 轴上的角的集合;

(3) 写出第一象限的角的集合。

3. 把下列各角化成 $2k\pi + \alpha (0 \le \alpha < 2\pi, k \in \mathbf{Z})$ 的形式,并指出它们分别是第几象限的角。

(1) $\dfrac{5\pi}{2}$ (2) $\dfrac{20\pi}{3}$ (3) $-\dfrac{13\pi}{6}$

4. 已知扇形 AOB 的周长是 6cm,该扇形中心角是 1 弧度,求该扇形面积。

5. 已知扇形的圆心角为 $\dfrac{5\pi}{12}$ 弧度,面积为 30π(cm²),求该扇形的弧长和半径。

6. 半径为 10cm 的轮子以 30rad/s（弧度/秒）的速度旋转,求轮周上一点经过 3s 所转过的弧长。

第三节　任意角的正弦函数、余弦函数和正切函数

知识回顾

初中阶段,我们学习了锐角三角函数,它们是在直角三角形中定义的。如图 5-8 所示,锐角 α 的正弦、余弦、正切依次为:$\sin\alpha = \dfrac{a}{c}$,$\cos\alpha = \dfrac{b}{c}$,$\tan\alpha = \dfrac{a}{b}$。锐角三角函数就是以锐角为自变量,以比值为函数值的函数。

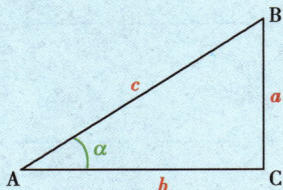

图 5-8

本节将学习任意角 α 的正弦、余弦、正切函数的定义。

一、任意角的正弦函数、余弦函数和正切函数的概念

案例

将直角三角形 ABC 放在直角坐标系内,使得点 A 与坐标原点重合,如图 5-9 所示 AC 边在 x 轴的非负半轴上,设点 $P(B)$ 的坐标为 (x,y),r 为角的终边上的点 P 到坐标原点的距离,则 $r = \sqrt{x^2 + y^2}$。

请问:角 α 的三角函数该如何定义呢?

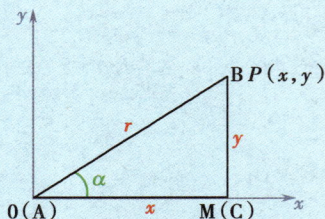

图 5-9

显然可定义为:$\sin\alpha = \dfrac{y}{r}$,$\cos\alpha = \dfrac{x}{r}$,$\tan\alpha = \dfrac{y}{x}$。

设 α 是一个任意大小的角,如图 5-10 所示,在角 α 的终边上任取一点 $P(x,y)$,P 点到原点的距离为 r($r = \sqrt{x^2 + y^2} > 0$),则角 α 的正弦、余弦和正切分别记为

$$\sin\alpha = \dfrac{y}{r},\ \cos\alpha = \dfrac{x}{r},\ \tan\alpha = \dfrac{y}{x}$$

对于确定的角 α,这三个比值都不会随点 P 在角 α 终边上的位置的改变而改变,都是唯一确定的。这就是说,正弦、余弦、正切都是以角 α 为自变量,以比值为函数值的函数,它们分别叫做**正弦函数**、**余弦函数**、**正切函数**。

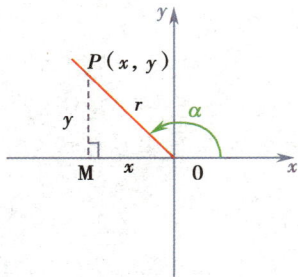

图 5-10

当角 α 的终边在 y 轴上时，$\alpha = k\pi + \dfrac{\pi}{2}(k \in \mathbf{Z})$，这时终边上任意一点 P 的横坐标 x 都等于 0，所以 $\tan\alpha = \dfrac{y}{x}$ 无意义。

正弦、余弦、正切函数的定义域如表 5-2 所示：

表 5-2

三角函数	定义域
$\sin\alpha$	$\mathbf{R}$
$\cos\alpha$	$\mathbf{R}$
$\tan\alpha$	$\left\{ \alpha \mid \alpha \neq k\pi + \dfrac{\pi}{2}, k \in \mathbf{Z} \right\}$

例1 已知角 α 的终边经过点 $P(2, -3)$（如图 5-11），求 $\sin\alpha$、$\cos\alpha$、$\tan\alpha$ 的值。

解：因为 $x = 2$，$y = -3$，所以 $r = \sqrt{x^2 + y^2} = \sqrt{13}$，于是

$$\sin\alpha = \frac{y}{r} = \frac{-3}{\sqrt{13}} = -\frac{3\sqrt{13}}{13},$$

$$\cos\alpha = \frac{x}{r} = \frac{2}{\sqrt{13}} = \frac{2\sqrt{13}}{13},$$

$$\tan\alpha = \frac{y}{x} = -\frac{3}{2}。$$

例2 已知角 α 的终边过点 $(a, 2a)(a \neq 0)$，求 $\sin\alpha$、$\cos\alpha$、$\tan\alpha$ 的值。

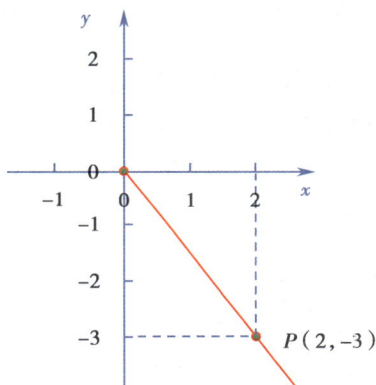

图 5-11

解：因为过点 $(a, 2a)(a \neq 0)$，所以 $r = \sqrt{a^2 + (2a)^2} = \sqrt{5}\,|a|$，$x = a$，$y = 2a$，

当 $a > 0$ 时，$\sin\alpha = \dfrac{y}{r} = \dfrac{2a}{\sqrt{5}a} = \dfrac{2\sqrt{5}}{5}$，

$$\cos\alpha = \frac{x}{r} = \frac{a}{\sqrt{5}a} = \frac{\sqrt{5}}{5},$$

$$\tan\alpha = \frac{y}{x} = 2;$$

当 $a < 0$ 时，$\sin\alpha = \dfrac{y}{r} = \dfrac{2a}{-\sqrt{5}a} = -\dfrac{2\sqrt{5}}{5}$，

$$\cos\alpha = \frac{x}{r} = \frac{a}{-\sqrt{5}a} = -\frac{\sqrt{5}}{5},$$

$$\tan\alpha = \frac{y}{x} = 2。$$

知识拓展

常用的三角函数除正弦、余弦、正切函数,还有余切、正割、余割函数。表示正切、余弦、正弦的三个比值$\frac{y}{x}$、$\frac{x}{r}$、$\frac{y}{r}$的倒数

$\frac{x}{y}$叫做α的余切,记作$\cot\alpha$,即$\cot\alpha=\frac{x}{y}$;

$\frac{r}{x}$叫做α的正割,记作$\sec\alpha$,即$\sec\alpha=\frac{r}{x}$;

$\frac{r}{y}$叫做α的余割,记作$\csc\alpha$,即$\csc\alpha=\frac{r}{y}$。

余切、正割、余割也都是以角为自变量,以比值为函数值的函数,这三个函数与正弦、余弦、正切一起统称为**三角函数**。

因为正弦与余割、余弦与正割、余切与正切互为倒数,因此它们的积为1。即:
$\sin\alpha\cdot\csc\alpha=1$,$\cos\alpha\cdot\sec\alpha=1$,$\tan\alpha\cdot\cot\alpha=1$。

当角α的终边在坐标轴上时,则$x=0$或$y=0$,这样的特殊角的三角函数值列表5-3如下:

表5-3

角 α	0°	90°	180°	270°
角 α 的弧度数	0	$\frac{\pi}{2}$	π	$\frac{3\pi}{2}$
$\sin\alpha$	0	1	0	−1
$\cos\alpha$	1	0	−1	0
$\tan\alpha$	0	不存在	0	不存在

例3 求下列各角的 $\sin\alpha$、$\cos\alpha$、$\tan\alpha$ 的值:

(1) 0; (2) π; (3) $\frac{3\pi}{2}$。

解:(1) 因为当$\alpha=0$时,$x=r$,$y=0$,所以
$\sin0=0$,$\cos0=1$,$\tan0=0$。

(2) 因为当$\alpha=\pi$时,$x=-r$,$y=0$,所以
$\sin\pi=0$,$\cos\pi=-1$,$\tan\pi=0$。

(3) 因为当$\alpha=\frac{3\pi}{2}$时,$x=0$,$y=-r$,所以

$\sin\frac{3\pi}{2}=-1$,$\cos\frac{3\pi}{2}=0$,$\tan\frac{3\pi}{2}$不存在。

考点链接

已知角的终边上一点,求此角的正弦、余弦与正切函数值是高职升学考试的考点之一。

例如 已知 θ 的顶点为坐标原点,始边为 x 轴的正半轴,若 $P(4,3)$ 是角 θ 终边上的一点,则 $\tan\theta=($)。

A. $\dfrac{4}{5}$ B. $\dfrac{3}{5}$ C. $\dfrac{4}{3}$ D. $\dfrac{3}{4}$

分析 已知角的终边上一点的坐标,求三角函数值往往运用定义法。

因为 $\tan\theta=\dfrac{y}{x}$,而 $x=4$,$y=3$,

所以 $\tan\theta=\dfrac{y}{x}=\dfrac{3}{4}$。

【答案:D】

二、任意角的三角函数的符号

因为角 α 的终边上一点到原点的距离 r 总是正的,根据三角函数的定义,角 α 的各三角函数值的符号取决于它终边上一点的横坐标或纵坐标的符号,由此可以得知各象限角三角函数值的正负号列表(表 5-4)所示。

表 5-4

α 所在象限	点 p 的坐标		$\sin\alpha=\dfrac{y}{r}$	$\cos\alpha=\dfrac{x}{r}$	$\tan\alpha=\dfrac{y}{x}$
	x	y			
第一象限	+	+	+	+	+
第二象限	−	+	+	−	−
第三象限	−	−	−	−	+
第四象限	+	−	−	+	−

为了方便记忆,我们将 $\sin\alpha$、$\cos\alpha$、$\tan\alpha$ 在各象限内的正负符号用图 5-12 表示。

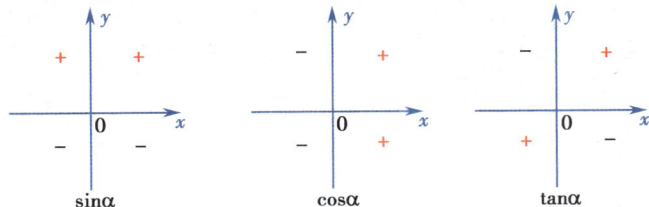

图 5-12

例 4 确定下列三角函数值的符号。

(1) $\cos 105°$;   (2) $\tan\dfrac{5\pi}{4}$;   (3) $\sin\dfrac{16\pi}{7}$;   (4) $\tan(-385°)$。

解:(1) 因为 $105°$ 是第二象限的角,所以 $\cos 105°<0$;

(2) 因为 $\dfrac{5\pi}{4}$ 是第三象限的角,所以 $\tan\dfrac{5\pi}{4}>0$;

(3) 因为 $\dfrac{16\pi}{7}=2\pi+\dfrac{2\pi}{7}$,而 $\dfrac{2\pi}{7}$ 是第一象限角,所以 $\sin\dfrac{19\pi}{7}>0$;

(4) 因为 $-385°=(-2)\times360°+335°$,而 $335°$ 是第四象限角,所以 $\tan(-385°)<0$。

例5 根据条件 $\sin\theta>0$ 且 $\tan\theta<0$,确定 θ 角是第几象限角。

解:因为 $\sin\theta>0$,所以 θ 角在第一或第二象限;

又因为 $\tan\theta<0$,所以 θ 角在第二或第四象限;

所以符合 $\sin\theta>0$ 且 $\tan\theta<0$ 的 θ 角是第二象限角。

考点链接

已知角的大小或角的终边所在象限,判断三角函数值的符号是高职升学考试的考点之一。

例如 1. 若角 $\alpha=\dfrac{5\pi}{6}$,则( )。

  A. $\sin\alpha>0$ 且 $\cos\alpha<0$ B. $\sin\alpha<0$ 且 $\cos\alpha<0$

  C. $\sin\alpha>0$ 且 $\cos\alpha>0$ D. $\sin\alpha<0$ 且 $\cos\alpha>0$

分析 三角函数的符号判定可记各函数符号为正的象限,口诀:一全正,二正弦、三正切、四余弦。

因为 $\alpha=\dfrac{5\pi}{6}$,为第二象限的角,所以 $\sin\alpha>0$ 且 $\cos\alpha<0$。

【答案:A】

2. 设 $\sin\alpha<0$ 且 $\cos\alpha>0$,则角 α 在( )。

  A. 第一象限   B. 第二象限   C. 第三象限   D. 第四象限

分析 因为 $\sin\alpha<0$,α 为第三或第四象限的角,而 $\cos\alpha>0$,α 为第一或第四象限的角,因此,α 为第四象限的角。

【答案:D】

3. 若点 $P(\sin\alpha,\cos\alpha)$ 在第三象限,则角 α 是( )。

  A. 第一象限角   B. 第二象限角   C. 第三象限角   D. 第四象限角

分析 因为点 P 在第三象限,则 $\cos\alpha$ 与 $\sin\alpha$ 同负,α 为第三象限的角。

【答案:C】

习题 5-3A

1. 已知点 P 在角 α 的终边上,求 $\sin\alpha$、$\cos\alpha$、$\tan\alpha$。

(1) $P(-3,1)$;   (2) $P(-\sqrt{3},-1)$;   (3) $P(1,-\sqrt{3})$。

2. 若 $-\dfrac{\pi}{2}<\alpha<0$,则点 $P(\tan\alpha,\cos\alpha)$ 位于( )。

  A. 第一象限   B. 第二象限   C. 第三象限   D. 第四象限

3. 角 α 的终边过点 $P(-4k, 3k)(k<0)$，则 $\cos\alpha$ 的值是（　　）。

A. $\dfrac{\sqrt{3}}{5}$ 　　　　 B. $\dfrac{4}{5}$ 　　　　 C. $-\dfrac{3}{5}$ 　　　　 D. $-\dfrac{4}{5}$

4. 根据下列条件，确定 θ 是第几象限的角。

（1）$\sin\theta>0$ 且 $\cos\theta<0$；

（2）$\cos\theta>0$ 且 $\tan\theta<0$；

（3）$\sin\theta \cdot \tan\theta<0$；

（4）$\dfrac{\sin\theta}{\cos\theta}>0$。

习题 5-3B

1. 计算：

（1）$3\sin\dfrac{\pi}{2}+3\cos0-4\cos\pi+\sin\dfrac{3\pi}{2}-5\cos2\pi$；

（2）$\cos\dfrac{\pi}{3}-\tan\dfrac{\pi}{4}+\dfrac{3}{4}\tan^2\dfrac{\pi}{6}-\sin\dfrac{\pi}{6}+\cos^2\dfrac{\pi}{6}+\sin\dfrac{3\pi}{2}$。

2. 若 $\sin\alpha=-\dfrac{3}{5}$，$\cos\alpha=\dfrac{4}{5}$，则角 2α 的终边位置在第几象限。

3. 若角 α 的终边经过点 $P(-\sqrt{2}, \sqrt{2})$，并且 $-360°<\alpha<360°$，试写出角的集合 A，并求出 A 中绝对值最小的角。

第四节　同角三角函数的基本关系式

案例

　　通常用坡度来表示斜坡的斜度，其数值往往是坡角（斜坡与水平面所成的角）的正切值，设坡角为 α（如图 5-13），如果 $\tan\alpha=0.75$，沿着斜坡走了 10m，想知道升高了多少米，这就需要计算出坡角 α 的正弦值。

　　请问：已知 $\tan\alpha$ 值时如何计算 $\sin\alpha$ 的值？

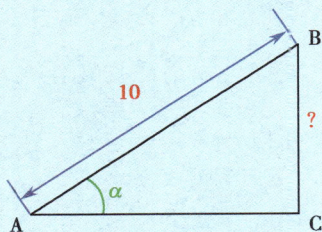

图 5-13

　　在直角坐标系中，以原点为圆心，单位长度为半径的圆叫做**单位圆**。下面在单位圆中来研究同角三角函数的基本关系。

　　设角的终边与单位圆的交点为点 $P(x, y)$，如图 5-14 所示：$\cos\alpha=\dfrac{x}{1}=x$，$\sin\alpha=\dfrac{y}{1}=y$，则交点 P 的坐标为 $P(\cos\alpha, \sin\alpha)$，故由勾股定理得：

$$\boxed{\sin^2\alpha+\cos^2\alpha=1} \qquad (1)$$

由正切的定义得

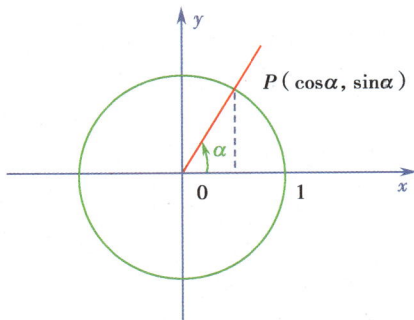

图 5-14

$$\tan\alpha = \frac{\sin\alpha}{\cos\alpha}\ (\alpha \neq k\pi + \frac{\pi}{2}, k \in Z)$$ （2）

公式（1）表示同角的正弦函数与余弦函数之间的平方关系，公式（2）为同角的三角函数之间的商数关系，利用这两个基本关系式可以由一个角的某个三角函数值，求出这个角的其他三角函数值，还可以化简三角函数式和证明三角恒等式。

知识拓展

为了方便记忆同角三角函数的关系，人们发明了六边形记忆法，如图 5-15 所示，这图融三组公式于一体，构思巧妙。

已知角 α 终边上点 $P(x, y)$，点 P 到原点的距离 r，则

$$\cot\alpha = \frac{x}{y}, \quad \sec\alpha = \frac{r}{x}, \quad \csc\alpha = \frac{r}{y}。$$

记忆方法：

对角线上两个函数的积为 1，

即 $\sin\alpha \cdot \csc\alpha = 1, \cos\alpha \cdot \sec\alpha = 1, \tan\alpha \cdot \cot\alpha = 1$。

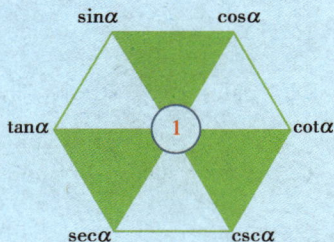

图 5-15

例1 已知 $\sin\alpha = \frac{3}{5}$，并且 α 是第二象限角，求 $\cos\alpha$、$\tan\alpha$ 的值。

解：因为 $\sin^2\alpha + \cos^2\alpha = 1$，

所以 $\cos^2\alpha = 1 - \sin^2\alpha = 1 - \left(\frac{3}{5}\right)^2 = 1 - \frac{9}{25} = \frac{16}{25}$，

又因为 α 是第二象限角，$\cos\alpha < 0$，

所以 $\cos\alpha = -\sqrt{\frac{16}{25}} = -\frac{4}{5}$，

$\tan\alpha = \frac{\sin\alpha}{\cos\alpha} = \frac{3}{5} \times \left(-\frac{5}{4}\right) = -\frac{3}{4}$。

例2 已知 $\cos\alpha = -\frac{15}{17}$，求 $\sin\alpha$、$\tan\alpha$ 的值。

解：因为 $\cos\alpha < 0$，且 $\cos\alpha \neq -1$，

所以 α 是第二或第三象限角。

如果 α 是第二象限角，

$\sin\alpha = \sqrt{1 - \cos^2\alpha} = \sqrt{1 - \left(-\frac{15}{17}\right)^2} = \frac{8}{17}$，

$\tan\alpha = \frac{\sin\alpha}{\cos\alpha} = \frac{8}{17} \times \left(-\frac{17}{15}\right) = -\frac{8}{15}$；

同理如果 α 是第三象限角，

$\sin\alpha = -\frac{8}{17}, \tan\alpha = \frac{8}{15}$。

例3 化简 $\sqrt{1-\cos^2 60°}$

解：$\sqrt{1-\cos^2 60°}$

$= \sqrt{\sin^2 60°}$

$= |\sin 60°|$

$= \dfrac{\sqrt{3}}{2}$

例4 已知 $\tan\alpha = 3$，求下列各式的值：

（1）$\dfrac{2\sin\alpha+\cos\alpha}{3\sin\alpha-\cos\alpha}$；

（2）$\dfrac{1}{1-\sin\alpha\cos\alpha}$。

解：（1）方法一：因为 $\tan\alpha=3$，所以 $\dfrac{\sin\alpha}{\cos\alpha}=3$，即 $\sin\alpha=3\cos\alpha$，

所以 $\dfrac{2\sin\alpha+\cos\alpha}{3\sin\alpha-\cos\alpha}=\dfrac{2(3\cos\alpha)+\cos\alpha}{3(3\cos\alpha)-\cos\alpha}=\dfrac{7\cos\alpha}{8\cos\alpha}=\dfrac{7}{8}$。

方法二：因为 $\tan\alpha=3$，所以 $\cos\alpha\neq 0$，

$\dfrac{2\sin\alpha+\cos\alpha}{3\sin\alpha-\cos\alpha}=\dfrac{\dfrac{2\sin\alpha}{\cos\alpha}+\dfrac{\cos\alpha}{\cos\alpha}}{\dfrac{3\sin\alpha}{\cos\alpha}-\dfrac{\cos\alpha}{\cos\alpha}}=\dfrac{2\tan\alpha+1}{3\tan\alpha-1}=\dfrac{6+1}{9-1}=\dfrac{7}{8}$。

（2）方法一：原式 $=\dfrac{\sin^2\alpha+\cos^2\alpha}{\sin^2\alpha+\cos^2\alpha-\sin\alpha\cos\alpha}$（分子、分母同除以 $\cos^2\alpha$）

$=\dfrac{\tan^2\alpha+1}{\tan^2\alpha+1-\tan\alpha}=\dfrac{3^2+1}{3^2+1-3}=\dfrac{10}{7}$。

方法二：$\sin\alpha\cos\alpha=\dfrac{\sin\alpha\cos\alpha}{\sin^2\alpha+\cos^2\alpha}=\dfrac{\tan\alpha}{\tan^2\alpha+1}=\dfrac{3}{10}$，

代入得 $\dfrac{1}{1-\sin\alpha\cos\alpha}=\dfrac{1}{1-\dfrac{3}{10}}=\dfrac{10}{7}$。

在三角函数的求值、化简、证明时，常把数"1"表示为三角函数式，"$\sin^2\alpha+\cos^2\alpha$"参与计算。

考点链接

已知一个角的某一个三角函数值求出其他三角函数值、进行化简、证明是高职升学考试的考点之一。

例如 1. 若 $\cos\alpha>0$，$\tan\alpha<0$，则化简 $\sqrt{1-\cos^2\alpha}$ 的结果为 _____。

分析 在求值中，确定角的终边位置是关键和必要的，有时，由于角的终边位置的不确定，因此解的情况可能不止一种。

因为 $\cos\alpha>0$，α 为第一或第四象限角；

又 $\tan\alpha<0$，α 为第二或第四象限角；

所以 α 为第四象限角，$\sin\alpha<0$。$\sqrt{1-\cos^2\alpha}=|\sin\alpha|=-\sin\alpha$。

【答案：$-\sin\alpha$】

2. 已知 $\cos\alpha=\dfrac{4}{5}$，且 α 为第四象限的角，则 $\tan\alpha$ 等于_____。

分析 因为 $\cos\alpha=\dfrac{4}{5}$，α 是第四象限角，所以 $\sin\alpha<0$，

所以 $\sin\alpha=-\sqrt{1-\cos^2\alpha}=-\dfrac{3}{5}$，$\tan\alpha=-\dfrac{3}{4}$。

【答案：$-\dfrac{3}{4}$】

3. 已知 $\sin\theta-2\cos\theta=0$，证明：$\dfrac{\sin^2\theta+2\sin\theta\cos\theta-5\cos^2\theta}{\sin^2\theta-\cos^2\theta}=1$。

分析 因为 $\sin\theta-2\cos\theta=0$ 所以 $\sin\theta=2\cos\theta$，

$$所以左边=\frac{(2\cos\theta)^2+2(2\cos\theta)\cos\theta-5\cos^2\theta}{(2\cos\theta)^2-\cos^2\theta}$$

$$=\frac{4\cos^2\theta+4\cos^2\theta-5\cos^2\theta}{4\cos^2\theta-\cos^2\theta}$$

$$=\frac{3\cos^2\theta}{3\cos^2\theta}=1=右边，$$

故等式成立。

4. 设角 $\alpha\in\left(0,\dfrac{\pi}{2}\right)$，且一元二次方程 $x^2-2x\sin\alpha+\cos^2\alpha=0$ 的两个根相等，求 $\tan\alpha$。

解：由题意：一元二次方程的两个根相等，$\Delta=0$，$4\sin^2\alpha-4\cos^2\alpha=0$，即 $\sin^2\alpha=\cos^2\alpha$，因此 $\tan^2\alpha=1$。

又因为 $\alpha\in\left(0,\dfrac{\pi}{2}\right)$，所以 $\tan\alpha=1$。

【答案：1】

习题 5-4A

1. 已知 $\sin\alpha=-\dfrac{1}{2}$，α 为第三象限的角，求 $\cos\alpha$、$\tan\alpha$。

2. 已知 $\cos\alpha=-\dfrac{3}{5}$，α 为第二象限的角，求 $\sin\alpha$、$\tan\alpha$。

3. 已知 $\sin\alpha=\dfrac{4}{5}$，求 $\cos\alpha$、$\tan\alpha$。

4. 已知 $\sin\alpha=\dfrac{12}{13}$，并且 α 是第二象限角，求 $\cos\alpha$、$\tan\alpha$。

5. 已知 $\sin\alpha=2\cos\alpha$，求 $\dfrac{\sin\alpha-4\cos\alpha}{5\sin\alpha+2\cos\alpha}$。

6. 求证：$\dfrac{\cos\alpha}{1-\sin\alpha}=\dfrac{1+\sin\alpha}{\cos\alpha}$。

习题 5-4B

1. 已知 $\tan\alpha=2$，求下列各式的值：

（1）$\dfrac{3\sin\alpha-\cos\alpha}{2\sin\alpha+\cos\alpha}$；

（2）$2\sin^2\alpha-\dfrac{3}{2}\sin\alpha\cos\alpha+3\cos^2\alpha$。

2. 证明：

（1）$\sin^4\alpha-\cos^4\alpha=\sin^2\alpha-\cos^2\alpha$；

（2）$\dfrac{1-2\sin x\cos x}{\cos^2 x-\sin^2 x}=\dfrac{1-\tan x}{1+\tan x}$；

（3）$\tan^2\theta-\sin^2\theta=\tan^2\theta\sin^2\theta$。

3. 化简：

（1）$\dfrac{2\cos^2\alpha-1}{1-2\sin^2\alpha}$；

（2）$(1+\tan^2\alpha)\cos^2\alpha$。

第五节 诱 导 公 式

案例

30°与390°角是终边相同的角，390°＝30°+360°；-30°与30°角的终边关于 x 轴对称，-30°＝-（30°）；30°与210°角的终边关于原点对称，210°＝180°+30°；30°与150°角的终边关于 y 轴对称，150°＝180°-30°。

请问：1. 30°与390°角的正弦、余弦、正切值有什么关系？

2. -30°与30°角的正弦、余弦、正切值有什么关系？

3. 30°与210°角的正弦、余弦、正切值有什么关系？

4. 30°与150°角的正弦、余弦、正切值有什么关系？

一、$2k\pi+\alpha$（$k\in Z$）的诱导公式

设 α 是一个任意角，由于角 $2k\pi+\alpha(k\in Z)$ 的终边与角 α 的终边相同（图 5-16），它们的终边与单位圆的交点为 $P(\cos\alpha,\sin\alpha)$，因此由角的正弦、余弦、正切的定义可得**诱导公式一**：

$$\sin(2k\pi+\alpha)=\sin\alpha$$
$$\cos(2k\pi+\alpha)=\cos\alpha$$
$$\tan(2k\pi+\alpha)=\tan\alpha$$

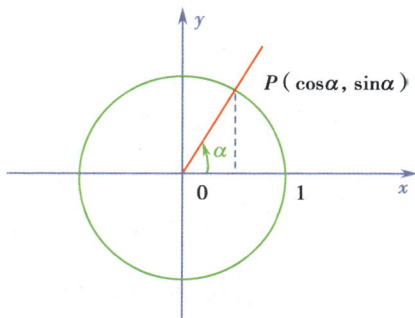

图 5-16

113

即终边相同的角的同一三角函数的值相等。

例 1 求下列三角函数的值：

（1） $\sin \dfrac{13}{3}\pi$；　　　　（2） $\cos \dfrac{9}{4}\pi$；　　　　（3） $\tan\left(-\dfrac{11}{6}\pi\right)$。

解：（1） $\sin \dfrac{13}{3}\pi = \sin\left(4\pi + \dfrac{\pi}{3}\right) = \sin \dfrac{\pi}{3} = \dfrac{\sqrt{3}}{2}$；

（2） $\cos \dfrac{9}{4}\pi = \cos\left(2\pi + \dfrac{\pi}{4}\right) = \cos \dfrac{\pi}{4} = \dfrac{\sqrt{2}}{2}$；

（3） $\tan\left(-\dfrac{11}{6}\pi\right) = \tan\left(-2\pi + \dfrac{\pi}{6}\right) = \tan \dfrac{\pi}{6} = \dfrac{\sqrt{3}}{3}$。

二、角 -α 的诱导公式

已知任意角 α 的终边与单位圆交于点 P，$-\alpha$ 角的终边与单位圆交于点 P'（如图 5-17），由于角 α 与 $-\alpha$ 是由射线从 x 轴的正方向开始，按相反方向绕原点做相同大小的旋转而成，所以这两个角的终边关于 x 轴对称。

若点 P 的坐标为 (x, y)，那么点 P' 的坐标为 $(x, -y)$。所以

$$\sin(-\alpha) = \dfrac{-y}{1} = -\sin\alpha, \quad \cos(-\alpha) = \dfrac{x}{1} = \cos\alpha,$$

$$\tan(-\alpha) = \dfrac{-y}{x} = -\tan\alpha。$$

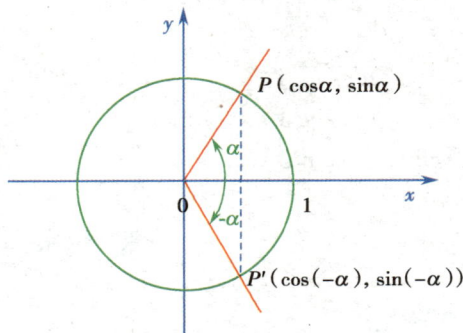

图 5-17

可得**诱导公式二**：

$$
\boxed{
\begin{aligned}
\sin(-\alpha) &= -\sin\alpha \\
\cos(-\alpha) &= \cos\alpha \\
\tan(-\alpha) &= -\tan\alpha
\end{aligned}
}
$$

例 2 求下列三角函数的值：

（1） $\sin\left(-\dfrac{\pi}{3}\right)$；　　　　（2） $\cos\left(-\dfrac{\pi}{4}\right)$；　　　　（3） $\tan\left(-\dfrac{\pi}{6}\right)$。

解：（1） $\sin\left(-\dfrac{\pi}{3}\right) = -\sin \dfrac{\pi}{3} = -\dfrac{\sqrt{3}}{2}$；

（2） $\cos\left(-\dfrac{\pi}{4}\right) = \cos \dfrac{\pi}{4} = \dfrac{\sqrt{2}}{2}$；

（3） $\tan\left(-\dfrac{\pi}{6}\right) = -\tan \dfrac{\pi}{6} = -\dfrac{\sqrt{3}}{3}$。

三、角 π ±α 的诱导公式

已知任意角 α 的终边与单位圆交于点 $P(x, y)$，由于角 $\pi+\alpha$ 的终边就是角 α 的终边的

反向延长线,角 $\pi+\alpha$ 的终边与单位圆的交点 P' 与点 P 关于原点 O 对称(图 5-18),点 P' 的坐标为 $(-x, -y)$。又因为单位圆的半径 $r=1$,根据任意角三角函数的定义可得 $\sin(\pi+\alpha)=\dfrac{-y}{1}=-\sin\alpha$,

$$\cos(\pi+\alpha)=\dfrac{-x}{1}=-\cos\alpha, \tan(\pi+\alpha)=\dfrac{-y}{-x}=\tan\alpha, 可$$

得**诱导公式三**:

$$\boxed{\begin{array}{l}\sin(\pi+\alpha)=-\sin\alpha \\ \cos(\pi+\alpha)=-\cos\alpha \\ \tan(\pi+\alpha)=\tan\alpha\end{array}}$$

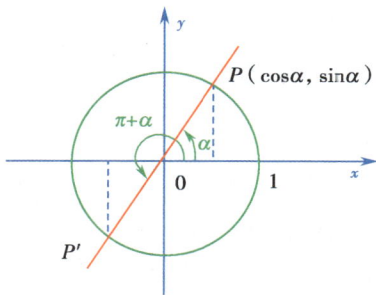
图 5-18

已知任意角 α 的终边与单位圆交于点 $P(x,y)$,角 $\pi-\alpha$ 的终边与单位圆的交点 P' 与点 P 关于原点 y 轴对称(如图 5-19),由此可知,点 P' 的坐标为 $(-x, y)$。又因为单位圆的半径 $r=1$,根据任意角三角函数的定义可以得

$$\sin(\pi-\alpha)=\dfrac{y}{1}=\sin\alpha, \cos(\pi-\alpha)=\dfrac{-x}{1}=-\cos\alpha, \tan$$

$$(\pi-\alpha)=\dfrac{y}{-x}=-\tan\alpha,$$

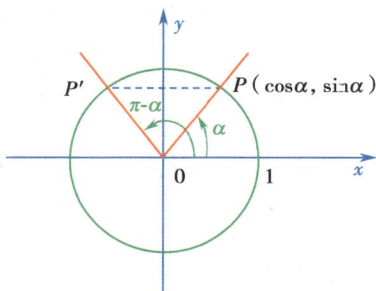
图 5-19

可得**诱导公式四**:

$$\boxed{\begin{array}{l}\sin(\pi-\alpha)=\sin\alpha \\ \cos(\pi-\alpha)=-\cos\alpha \\ \tan(\pi-\alpha)=-\tan\alpha\end{array}}$$

诱导公式一、诱导公式二、诱导公式三、诱导公式四统称为诱导公式,利用这些公式可以把任意角的三角函数转化为锐角三角函数。简化过程如下:

任意负角的三角函数 → 任意正角的三角函数 → 0°~360°间角的三角函数 →

0°~90°间角的三角函数 → 求值。三角函数的**简化口诀**:负化正,正化小,化成锐角去查表(求值)。诱导公式的**记忆口诀**:函数名不变,符号看象限(等于 α 的同名函数值,前面加上一个把 α 看成锐角时原函数值的符号)。

知识拓展

三角函数的诱导公式除了本节所讲四个公式外,还有
公式五:

$$\boxed{\sin\left(\dfrac{\pi}{2}-\alpha\right)=\cos\alpha}$$

$$\cos\left(\frac{\pi}{2}-\alpha\right)=\sin\alpha$$

$$\tan\left(\frac{\pi}{2}-\alpha\right)=\cot\alpha$$

公式六:

$$\sin\left(\frac{\pi}{2}+\alpha\right)=\cos\alpha$$

$$\cos\left(\frac{\pi}{2}+\alpha\right)=-\sin\alpha$$

$$\tan\left(\frac{\pi}{2}+\alpha\right)=-\cot\alpha$$

这两组公式是表示 $\frac{\pi}{2}\pm\alpha$ 角的正弦、余弦、正切与 α 角余弦、正弦、余切的关系式。

诱导公式、公式五、公式六的记忆方法:把角写成 $\frac{k\pi}{2}\pm\alpha$,$k\in\mathbf{Z}$ 形式,记忆口诀:**奇变偶不变,符号看象限**。

即 k 为偶数时,三角函数名不变,k 为奇数时,三角函数名改变;符号取决于把 α 看成锐角时,$\frac{k\pi}{2}\pm\alpha$ 所在象限原三角函数值的符号。

例3 求下列三角函数的值:

(1) $\sin\left(\frac{4\pi}{3}\right)$; (2) $\cos\left(\frac{8\pi}{3}\right)$; (3) $\tan\left(\frac{11\pi}{6}\right)$。

解:(1) $\sin\left(\frac{4\pi}{3}\right)=\sin\left(\pi+\frac{\pi}{3}\right)=-\sin\frac{\pi}{3}=-\frac{\sqrt{3}}{2}$;

(2) $\cos\left(\frac{8\pi}{3}\right)=\cos\left(2\pi+\frac{2\pi}{3}\right)=\cos\frac{2\pi}{3}=\cos\left(\pi-\frac{\pi}{3}\right)=-\cos\frac{\pi}{3}=-\frac{1}{2}$;

(3) $\tan\left(\frac{11\pi}{6}\right)=\tan\left(\pi+\frac{5\pi}{6}\right)=\tan\left(\frac{5\pi}{6}\right)=\tan\left(\pi-\frac{\pi}{6}\right)=-\tan\left(\frac{\pi}{6}\right)=-\frac{\sqrt{3}}{3}$。

例4 化简:$\dfrac{\sin(2\pi+\alpha)\cos(\pi+\alpha)}{\cos(-180°-\alpha)\tan(\alpha-180°)}$

解:原式 $=\dfrac{\sin\alpha(-\cos\alpha)}{\cos[-(180°+\alpha)]\tan[-(180°-\alpha)]}$

$=\dfrac{\sin\alpha(-\cos\alpha)}{\cos(180°+\alpha)[-\tan(180°-\alpha)]}$

$=\dfrac{\sin\alpha(-\cos\alpha)}{(-\cos\alpha)\tan\alpha}$

$=\dfrac{\sin\alpha}{\tan\alpha}$

$=\cos\alpha$。

例 5　化简：$\dfrac{\cos(\alpha-\pi)}{\sin(\pi-\alpha)}\cdot\sin(\alpha-2\pi)\cdot\tan(2\pi-\alpha)$。

解：原式 $=\dfrac{\cos[-(\pi-\alpha)]}{\sin\alpha}\cdot\sin\alpha\cdot(-\tan\alpha)$

$=\dfrac{\cos(\pi-\alpha)}{\sin\alpha}\cdot\sin\alpha\cdot(-\tan\alpha)$

$=\dfrac{-\cos\alpha}{\sin\alpha}\cdot\sin\alpha\cdot\left(-\dfrac{\sin\alpha}{\cos\alpha}\right)$

$=\sin\alpha$。

例 6　求证：$\dfrac{\sin(2\pi+\alpha)\cos(\pi+\alpha)}{\cos(-180°-\alpha)\tan(\alpha-180°)}=\cos\alpha$。

证明：左边 $=\dfrac{\sin\alpha(-\cos\alpha)}{\cos[-(180°+\alpha)]\tan[-(180°-\alpha)]}$

$=\dfrac{\sin\alpha(-\cos\alpha)}{(-\cos\alpha)\tan\alpha}$

$=\dfrac{\sin\alpha}{\tan\alpha}$

$=\cos\alpha=$ 右边。

所以原式成立。

考点链接

利用诱导公式求解特殊角三角函数值化简三角函数式是高职升学考试的考点之一。

例如　1. 计算 $\sin\left(-\dfrac{25\pi}{6}\right)+\cos\left(-\dfrac{\pi}{3}\right)-\tan\dfrac{5\pi}{4}$ 的结果是 _____。

分析　原式 $=\sin\left(-4\pi-\dfrac{\pi}{6}\right)+\cos\left(-\dfrac{\pi}{3}\right)-\tan\left(\pi+\dfrac{\pi}{4}\right)$

$=-\sin\dfrac{\pi}{6}+\cos\dfrac{\pi}{3}-\tan\dfrac{\pi}{4}=-\dfrac{1}{2}+\dfrac{1}{2}-1=-1$。

【答案：-1】

2. α 为第二象限的角，且 $\sin\alpha=\dfrac{4}{5}$，求 $\dfrac{2\sin(\alpha-3\pi)-3\cos(-\alpha)}{4\sin(\alpha-5\pi)+9\cos(3\pi+\alpha)}$ 的值。

分析　解题时应注重化归思想的运用，将任意角的三角函数值的问题化归为锐角的三角函数的问题，将不同角化同角，是三角变换中常用的方法。

因为 α 为第二象限的角，$\cos\alpha<0$，而 $\sin\alpha=\dfrac{4}{5}$，所以 $\cos\alpha=-\dfrac{3}{5}$，

$\dfrac{2\sin(\alpha-3\pi)-3\cos(-\alpha)}{4\sin(\alpha-5\pi)+9\cos(3\pi+\alpha)}=\dfrac{-2\sin\alpha-3\cos\alpha}{-4\sin\alpha-9\cos\alpha}=\dfrac{-2\times\dfrac{4}{5}+3\times\dfrac{3}{5}}{-4\times\dfrac{4}{5}+9\times\dfrac{3}{5}}=\dfrac{1}{11}$。

【答案:$\dfrac{1}{11}$】

3. 已知 $\tan(\pi+\alpha)=2$,则 $\cos^2\alpha$ 的值为（　　）。

A. $\dfrac{4}{5}$ 　　　　 B. $\dfrac{3}{5}$ 　　　　 C. $\dfrac{2}{5}$ 　　　　 D. $\dfrac{1}{5}$

分析　由 $\tan(\pi+\alpha)=2$ 可得 $\tan\alpha=2$,即 $\dfrac{\sin\alpha}{\cos\alpha}=2$,可得 $\sin\alpha=2\cos\alpha$,

又因为:$\sin^2\alpha+\cos^2\alpha=1$,可得 $4\cos^2\alpha+\cos^2\alpha=1$,

$\cos^2\alpha=\dfrac{1}{5}$。

【答案:D】

四、利用计算器求任意角的三角函数

1. 利用 CASIO fx-82ES $PLUS$ 计算器的 $\boxed{\sin}$ 、$\boxed{\cos}$ 、$\boxed{\tan}$ 键,可以方便地计算任意角的正弦、余弦、正切值。步骤如下:设置模式(角度制或弧度制)→按下所需三角函数键($\boxed{\sin}$ 、$\boxed{\cos}$ 、$\boxed{\tan}$)→输入角的大小→按 $\boxed{=}$ 显示结果。

2. 若用 Windows7 自带计算器计算,单击"开始"→"所有程序"→"附件"→"计算器"(图 5-20)。在打开的计算器界面单击"查看"→"科学型",选择模式(角度制或弧度制),在输入框中输入角度的大小(如含度分秒单击 $\boxed{\text{dms}}$ 转换成度),然后单击面板上面的三角函数键($\boxed{\sin}$ 、$\boxed{\cos}$ 、$\boxed{\tan}$)按钮,就可以看到算出的函数值了。如计算 $\sin(32°12'23'')$,步骤为:选择"度",输入 32.1232,单击 $\boxed{\text{dms}}$ 转换成

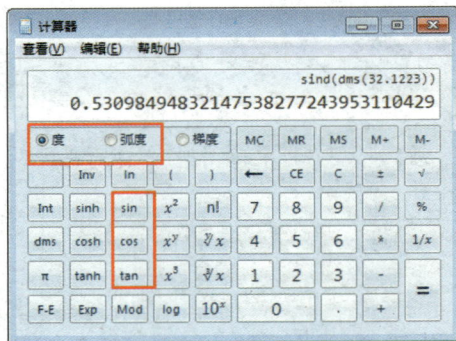

图 5-20

度:32.072352,再单击 $\boxed{\sin}$ 即可出现函数值 0.5309897401。

例7　用计算器求下列三角函数值:

（1）$\sin230°$; 　　　（2）$\cos136°12'$; 　　　（3）$\tan448°$; 　　　（4）$\sin(-112°)$。

解:选择"度",依上述步骤可得:

（1）$\sin230°=-0.7880107536$;

（2）$\cos136°12'=-0.7202024789$;

（3）$\tan448°=28.6362532829$;

（4）$\sin(-112°)=-0.9271838546$。

例8　用计算器求下列三角函数值:

（1）$\sin 1.2$ （2）$\cos\left(-\dfrac{11\pi}{7}\right)$ （3）$\tan\left(\dfrac{7\pi}{4}\right)$ （4）$\sin\left(-\dfrac{17\pi}{6}\right)$

解：选择"弧度"，依上述步骤可得：

（1）$\sin 1.2 = 0.9320390860$；

（2）$\cos\left(-\dfrac{11\pi}{7}\right) = 0.2225209340$；

（3）$\tan\left(\dfrac{7\pi}{4}\right) = -1$；

（4）$\sin\left(-\dfrac{17\pi}{6}\right) = -0.5$。

习题 5-5A

1. 求下列三角函数值：

（1）$\sin\dfrac{13\pi}{6}$； （2）$\cos 398°15'$； （3）$\tan\left(-\dfrac{15\pi}{4}\right)$；

（4）$\cos\left(-\dfrac{\pi}{3}\right)$； （5）$\sin\left(-\dfrac{\pi}{4}\right)$； （6）$\tan\left(-\dfrac{\pi}{3}\right)$；

（7）$\tan 263°42'$； （8）$\cos\dfrac{7\pi}{6}$； （9）$\sin\dfrac{4\pi}{3}$；

（10）$\sin 100°21'$； （11）$\tan\left(-\dfrac{3\pi}{4}\right)$； （12）$\cos\dfrac{5\pi}{6}$；

（13）$\sin\dfrac{7\pi}{4}$； （14）$\tan\left(\dfrac{5\pi}{3}\right)$。

2. 将下列三角函数转化为锐角三角函数：

（1）$\tan\dfrac{3\pi}{5}$； （2）$\sin\dfrac{31\pi}{36}$； （3）$\cos 519°$； （4）$\sin\left(-\dfrac{17}{3}\pi\right)$。

3. 求下列函数值：

（1）$\cos\dfrac{65\pi}{6}$； （2）$\sin\left(-\dfrac{31\pi}{4}\right)$； （3）$\sin 660°$； （4）$\tan(-600°)$。

4. 化简：

（1）$\sin(\alpha+180°)\cos(-\alpha)\tan(-\alpha-180°)$；

（2）$\dfrac{\cos(\pi-\alpha)\sin(\pi+\alpha)}{\cos(-\alpha)\tan(2\pi+\alpha)}$；

（3）$\dfrac{\sin(2\pi-\alpha)\cos(\pi+\alpha)}{\cos(\pi-\alpha)\sin(3\pi-\alpha)}$。

习题 5-5B

1. 求下列三角函数值：

（1）$\sin(-1574°)$； （2）$\cos\left(-\dfrac{17\pi}{4}\right)$； （3）$\tan\left(-\dfrac{26\pi}{3}\right)$。

2. 已知 $\sin(\pi+\alpha)=\dfrac{4}{5}$，且 $\sin\alpha\cdot\cos\alpha<0$，求 $\dfrac{2\sin(\alpha-\pi)+3\tan(3\pi-\alpha)}{4\cos(\alpha-3\pi)}$ 的值。

3. 已知 $\tan(\pi+\alpha)=3$，求 $\dfrac{2\cos(\pi-\alpha)-3\sin(\pi+\alpha)}{4\cos(-\alpha)+\sin(2\pi-\alpha)}$ 的值。

4. 已知 $\sin\alpha$、$\cos\alpha$ 是关于 x 的方程 $x^2 - bx + \dfrac{1}{2} = 0$ 的两根，且 $3\pi < \alpha < \dfrac{7\pi}{2}$，求

$\dfrac{\tan(6\pi-\alpha)\sin(-2\pi+\alpha)\cos(6\pi-\alpha)}{\cos(\alpha-180°)\sin(900°-\alpha)}$ 的值。

第六节　三角函数的图像及性质

案例

下面是某个码头在某年某个季节每天的时间与水深的关系表：

时间	0	2	3	5	6	8	9	12	15	18	21	24
水深	5.0	7.17	7.5	6.25	5.0	2.84	2.5	5.0	7.5	5.0	2.5	5.0

请问：1. 水深的最大值是多少米？最小值是多少米？水深变化有什么规律？

2. 时间与水深存在什么样的函数关系式？

一、正弦函数的图像及性质

（一）正弦函数 $y = \sin x$ 的图像

每年都有春、夏、秋、冬，每星期都是从星期一到星期日，地球每天都绕着太阳自转，这一些都给我们循环、重复的感觉，可以用"周而复始"来描述，这就叫周期现象。

由诱导公式 $\sin(2k\pi+x) = \sin x (k \in \mathbf{Z})$ 可知，正弦函数值是按一定的规律重复出现的。

一般地，对于函数 $y = f(x)$，如果存在一个非零的常数 T，使得当 x 取定义域内的每一个值时，有 $f(x+T) = f(x)$ 都成立，则把函数 $y = f(x)$ 叫做**周期函数**，这个非零的常数 T，叫做这个函数的**周期**。

对于正弦函数 $y = \sin x$，$x \in \mathbf{R}$ 来说，2π、4π、-2π、-4π、……都是它的周期。

对于一个周期函数来说，如果在所有的周期中，存在着一个最小的正数，这个最小正数就叫做**最小正周期**。显然，正弦函数 $y = \sin x$，$x \in \mathbf{R}$ 是周期函数，$2k\pi (k \in \mathbf{Z}$ 且 $k \neq 0)$ 都是它的周期，它的最小正周期是 2π。

以后说到三角函数的周期，通常都是指最小正周期。

由周期性的定义可知，在长度为 2π 的区间内，如区间 $[-2\pi, 0]$、$[0, 2\pi]$、$[2\pi, 4\pi]$ 上正弦函数的图像相同，在 $[-2\pi, 0]$ 和 $[2\pi, 4\pi]$ 上的正弦函数图像。可以通过平行移动的 $[0, 2\pi]$ 上的图像得到，因此本节主要研究 $[0, 2\pi]$ 上的图像。

利用描点法作出正弦函数 $y = \sin x$ 在区间 $[0, 2\pi]$ 上的图像。在 $0 \sim 2\pi$ 范围内，选取自变量的一些值，求出对应的函数值（表5-5）：

表5-5

x	0	$\dfrac{\pi}{6}$	$\dfrac{\pi}{3}$	$\dfrac{\pi}{2}$	$\dfrac{2\pi}{3}$	$\dfrac{5\pi}{6}$	π	$\dfrac{7\pi}{6}$	$\dfrac{4\pi}{3}$	$\dfrac{3\pi}{2}$	$\dfrac{5\pi}{3}$	$\dfrac{11\pi}{6}$	2π
$y = \sin x$	0	$\dfrac{1}{2}$	$\dfrac{\sqrt{3}}{2}$	1	$\dfrac{\sqrt{3}}{2}$	$\dfrac{1}{2}$	0	$-\dfrac{1}{2}$	$-\dfrac{\sqrt{3}}{2}$	-1	$-\dfrac{\sqrt{3}}{2}$	$-\dfrac{1}{2}$	0

以表中(x,y)的每组对应值为点的坐标,在平面直角坐标系中描出对应的点,然后用光滑的曲线依次将各点连接,就得到$y=\sin x,x\in[0,2\pi]$的图像(如图5-21)。

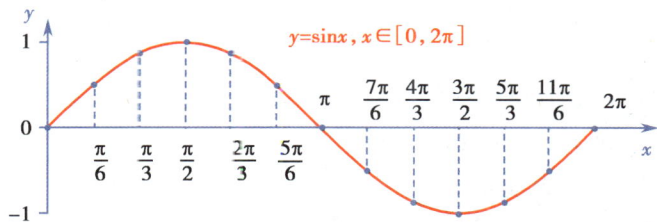

图 5-21

因为终边相同的角的三角函数值相等,即$\sin(x+2k\pi)=\sin x,k\in\mathbf{Z}$。所以,把$y=\sin x$,$x\in[0,2\pi]$的图像分别向左或向右平行移动$2\pi,4\pi,6\pi\cdots\cdots$,就可得到$y=\sin x,x\in\mathbf{R}$的图像(如图5-22)。正弦函数$y=\sin x$在$x\in\mathbf{R}$内的图像叫做**正弦曲线**

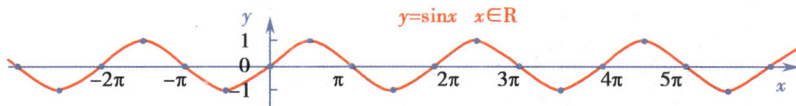

图 5-22

由图5-21可以看出,下面五点:

$$(0,0),\left(\frac{\pi}{2},1\right),(\pi,0),\left(\frac{3\pi}{2},-1\right),(2\pi,0)。$$

在确定图像形状时起着关键的作用。这五点描出后,正弦函数$y=\sin x,x\in[0,2\pi]$的图像的形状就基本上确定了。因此,在精确度要求不太高时,我们常常先描出这关键的五个点,然后用光滑的曲线将它们连接起来,就得到相应区间内的正弦函数的简图。这种作图方法叫做**五点法**。

例1 用五点法作函数$y=1+\sin x,x\in[0,2\pi]$的简图。

解:列表5-6,

表 5-6

x	0	$\frac{\pi}{2}$	π	$\frac{3\pi}{2}$	2π
$y=\sin x$	0	1	0	-1	0
$y=1+\sin x$	1	2	1	0	1

描点作图(图5-23)。

(二)正弦函数的性质

1. 定义域:正弦函数的定义域为实数集$\mathbf{R}$。

2. 值域:$[-1,1]$。函数$y=\sin x$在$x=2k\pi+\frac{\pi}{2}(k\in\mathbf{Z})$时有最大值$y_{\max}=1$;在$x=2k\pi-\frac{\pi}{2}(k\in\mathbf{Z})$时有最小值$y_{\min}=-1$。

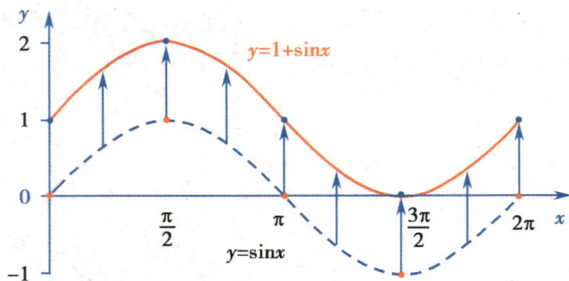

图 5-23

3. 奇偶性:由诱导公式 $\sin(-x)=-\sin x$ 可知,正弦函数 $y=\sin x$,$x\in\mathbf{R}$,是奇函数。反映在图像上,正弦曲线关于原点对称。

4. 周期性:是周期为 2π 的周期函数。

5. 单调性:由图 5-21 可以看出,当 x 由 $-\dfrac{\pi}{2}$ 增大到 $\dfrac{\pi}{2}$ 时,曲线逐渐上升,$y=\sin x$ 的值由 -1 增大到 1;当 x 由 $\dfrac{\pi}{2}$ 增大到 $\dfrac{3\pi}{2}$ 时,曲线逐渐下降,$y=\sin x$ 的值由 1 减小到 -1。由此我们可以说函数 $y=\sin x$ 在闭区间 $\left[-\dfrac{\pi}{2},\dfrac{\pi}{2}\right]$ 上是增函数;在闭区间 $\left[\dfrac{\pi}{2},\dfrac{3\pi}{2}\right]$ 上是减函数。

由正弦函数的周期性可知,正弦函数 $y=\sin x$ 在每一个闭区间 $\left[-\dfrac{\pi}{2}+2k\pi,\dfrac{\pi}{2}+2k\pi\right]$($k\in\mathbf{Z}$)上,函数值都是从 -1 增大到 1,是增函数;在每一个闭区间 $\left[\dfrac{\pi}{2}+2k\pi,\dfrac{3\pi}{2}+2k\pi\right]$($k\in\mathbf{Z}$)上,函数值都是从 1 减小到 -1,是减函数。

例2 当 x 取何值时,函数 $y=1+\sin x$ 取得最大值和最小值,并求这个函数的最大值、最小值和周期。

解:当 $x=2k\pi+\dfrac{\pi}{2}$($k\in\mathbf{Z}$)时,$\sin x$ 取得最大值为 1,从而 $y_{\max}=1+1=2$;

当 $x=2k\pi-\dfrac{\pi}{2}$($k\in\mathbf{Z}$)时,$\sin x$ 取得最小值为 -1,从而 $y_{\min}=1-1=0$;

因为函数 $y=1+\sin x$ 与函数 $y=\sin x$ 的周期相同,所以函数 $y=1+\sin x$ 的周期是 2π。

例3 比较 $\sin\left(-\dfrac{\pi}{18}\right)$ 与 $\sin\left(-\dfrac{\pi}{10}\right)$ 的大小。

解:因为 $-\dfrac{\pi}{2}<-\dfrac{\pi}{10}<-\dfrac{\pi}{18}<\dfrac{\pi}{2}$,且正弦函数 $y=\sin x$ 在 $\left[-\dfrac{\pi}{2},\dfrac{\pi}{2}\right]$ 上是增函数,

所以,$\sin\left(-\dfrac{\pi}{18}\right)>\sin\left(-\dfrac{\pi}{10}\right)$。

(三)正弦型函数 $y=A\sin(\omega x+\varphi)$ 的图像和性质

在物理学和工程技术等许多问题中,都要遇到形如 $y=A\sin(\omega x+\varphi)$(其中 A、ω、φ 是常数,且 $A\neq0$,$\omega>0$)的函数,这类函数叫做**正弦型函数**。下面来研究这类函数的性质和简图的作法。

例4 用五点法作 $y=3\sin\left(2x+\dfrac{\pi}{3}\right)$ 的简图。

解:先用五点法作出这个函数在一个周期的闭区间上的图像。

设 $z=2x+\dfrac{\pi}{3}$，从而得到 $y=3\sin z$，周期为 $T=2\pi$。

由 $z=2x+\dfrac{\pi}{3}$ 得到 $x=\dfrac{z}{2}-\dfrac{\pi}{6}$，

根据上述思考过程，列表5-7：

表5-7

z	0	$\dfrac{\pi}{2}$	π	$\dfrac{3\pi}{2}$	2π
x	$-\dfrac{\pi}{6}$	$\dfrac{\pi}{12}$	$\dfrac{\pi}{3}$	$\dfrac{7\pi}{12}$	$\dfrac{5\pi}{6}$
$y=3\sin\left(2x+\dfrac{\pi}{3}\right)$	0	3	0	-3	0

描点作图（如图5-24）。

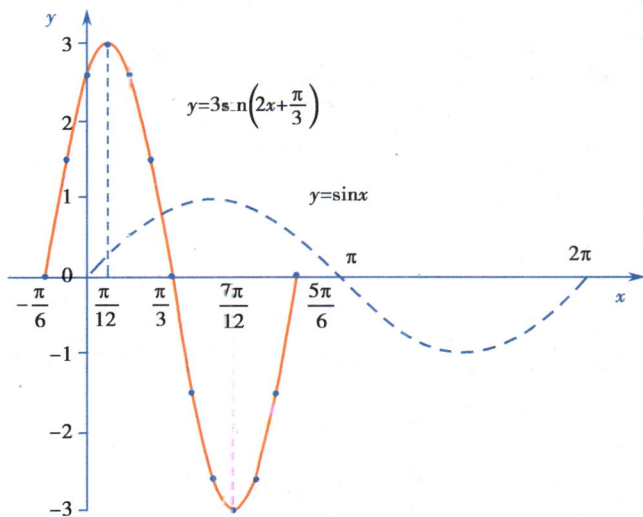

图 5-24

利用函数的周期性，把上面的简图向左、右平移，便可得到 $y=3\sin\left(2x+\dfrac{\pi}{3}\right)$，$x\in\mathbf{R}$ 的图像（略）。

在图5-24中，我们将 $y=3\sin\left(2x+\dfrac{\pi}{3}\right)$ 的图像与 $y=\sin x$ 的图像作比较，不难得出正弦型函数 $y=A\sin(\omega x+\varphi)$ 有如下结论：

1. A 与图像的上下振动幅度有关，称 A 为振幅；

2. ω 与图像的周期有关，可以证明**周期 $T=\dfrac{2\pi}{\omega}$**；

3. $\left(2x+\dfrac{\pi}{3}\right)=2\left(x+\dfrac{\pi}{6}\right)$，图像向左移动了 $\dfrac{\pi}{6}$ 个单位，因此 φ 与图像在坐标系中的起始位置有关，称 φ 为**初相**，$\omega x+\varphi$ 为**相位**。当 $\varphi>0$ 时，图像向左移动 $\left|\dfrac{\varphi}{\omega}\right|$ 个单位；当 $\varphi<0$ 时，图像向右移动 $\left|\dfrac{\varphi}{\omega}\right|$ 个单位。

由上例，可以得到函数 $y=A\sin(\omega x+\varphi)(A>0,\omega>0)$ 的一些**主要性质**：

1. 定义域：实数集 **R**；

2. 值域：$[-A,A]$，最大值是 A，最小值是 $-A$；

3. 周期：$T=\dfrac{2\pi}{\omega}$。

考点链接

$y=A\sin(\omega x+\varphi)$ 的周期、最大、最小值及单调区间是高职升学考试的考点之一。

$y=A\sin(\omega x+\varphi)$ 的周期：$T=\dfrac{2\pi}{\omega}$，单调增区间：$\omega x+\varphi\in\left[-\dfrac{\pi}{2}+2k\pi,\dfrac{\pi}{2}+2k\pi\right]$，单调减区间：$\omega x+\varphi\in\left[\dfrac{\pi}{2}+2k\pi,\dfrac{3\pi}{2}+2k\pi\right]$，最大值是 A，最小值是 $-A$。

例如 1. 若函数 $y=2\sin\left(\omega x+\dfrac{\pi}{3}\right)$ 的最小正周期为 π，则 ω 的值为（　　）。

    A. 1   B. 2   C. $\dfrac{1}{2}$ D. 4

分析 由 $T=\dfrac{2\pi}{\omega}$，得 $\pi=\dfrac{2\pi}{\omega}$，故 $\omega=2$。

【答案：B】

2. 求函数 $y=2\sin\left(\dfrac{1}{2}x-\dfrac{\pi}{3}\right)-1$ 的定义域、值域、最小正周期及单调区间。

分析 函数定义域为 **R**；

值域：因为 $-1\leqslant\sin\left(\dfrac{1}{2}x-\dfrac{\pi}{3}\right)\leqslant1$，所以值域为 $[-3,1]$；

最小正周期：$T=\dfrac{2\pi}{\omega}=\dfrac{2\pi}{\dfrac{1}{2}}=4\pi$。

单调递增区间：由 $2k\pi-\dfrac{\pi}{2}\leqslant\dfrac{1}{2}x-\dfrac{\pi}{3}\leqslant2k\pi+\dfrac{\pi}{2}(k\in\mathbf{Z})$，

得 $4k\pi-\dfrac{\pi}{3}\leqslant x\leqslant4k\pi+\dfrac{5\pi}{3}(k\in\mathbf{Z})$，即 $x\in\left[4k\pi-\dfrac{\pi}{3},4k\pi+\dfrac{5\pi}{3}\right](k\in\mathbf{Z})$，

所以单调递减区间为 $x\in\left[4k\pi+\dfrac{5\pi}{3},4k\pi+\dfrac{11\pi}{3}\right](k\in\mathbf{Z})$。

【答案:$x\in\mathbf{R}$、$[-3,1]$、$T=4\pi$、单调递增区间:$x\in\left[4k\pi-\dfrac{\pi}{3},4k\pi+\dfrac{5\pi}{3}\right]$($k\in\mathbf{Z}$)、

单调递减区间为 $x\in\left[4k\pi+\dfrac{5\pi}{3},4k\pi+\dfrac{11\pi}{3}\right]$($k\in\mathbf{Z}$)】。

二、余弦函数的图像和性质

（一）余弦函数 $y=\cos x$ 的图像

余弦函数的定义域为 $\mathbf{R}$，由诱导公式 $\cos(2k\pi+x)=\cos x$（$k\in\mathbf{Z}$）可知，余弦函数是周期函数，其周期为 2π。

利用描点法作出正弦函数 $y=\cos x$ 在区间 $[0,2\pi]$ 上的图像。在 $0\sim2\pi$ 范围内，选取自变量的一些值，求出对应的函数值，列表 5-8：

表 5-8

x	0	$\dfrac{\pi}{6}$	$\dfrac{\pi}{3}$	$\dfrac{\pi}{2}$	$\dfrac{2\pi}{3}$	$\dfrac{5\pi}{6}$	π	$\dfrac{7\pi}{6}$	$\dfrac{4\pi}{3}$	$\dfrac{3\pi}{2}$	$\dfrac{5\pi}{3}$	$\dfrac{11\pi}{6}$	2π
$y=\sin x$	0	$\dfrac{1}{2}$	$\dfrac{\sqrt{3}}{2}$	1	$\dfrac{\sqrt{3}}{2}$	$\dfrac{1}{2}$	0	$-\dfrac{1}{2}$	$-\dfrac{\sqrt{3}}{2}$	-1	$-\dfrac{\sqrt{3}}{2}$	$-\dfrac{1}{2}$	0

以表中 (x,y) 的每组对应值为点的坐标，在平面直角坐标系中描出对应的点，然后用光滑的曲线依次将各点连接，就得到 $y=\cos x$，$x\in[0,2\pi]$ 的图像（如图 5-25）。

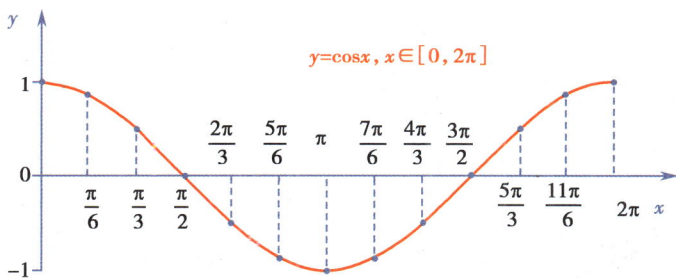

图 5-25

由余弦函数的周期性，将函数 $y=\cos x$，$x\in[0,2\pi]$ 的图像向左或向右平行移动，就得到余弦函数 $y=\cos x$ 在 $\mathbf{R}$ 上的图像。这个图像叫**余弦曲线**（如图 5-26）。

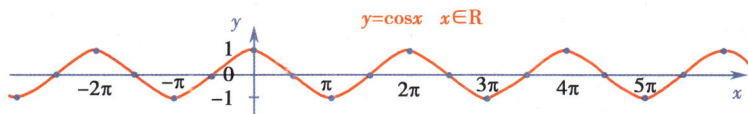

图 5-26

（二）余弦函数 $y=\cos x$ 的主要性质

1. 定义域：实数集 $\mathbf{R}$。
2. 值域：$[-1,1]$，当 $x=2k\pi$（$k\in\mathbf{Z}$）时，$y_{\max}=1$；当 $x=2k\pi+\pi$（$k\in\mathbf{Z}$）时，$y_{\min}=-1$。
3. 周期 $T=2\pi$。
4. 奇偶性：因为 $\cos(-x)=\cos x$，所以函数 $y=\cos x$ 是偶函数，它的图像关于 y 轴对称。

5. 单调性:余弦函数 $y=\cos x$,在每一个 $[(2k-1)\pi,2k\pi](k\in \mathbf{Z})$ 上都从 -1 增大到 1,都是增函数;在每一个 $[2k\pi,(2k+1)\pi](k\in \mathbf{Z})$ 上都从 1 减小到 -1,都是减函数。

由 $A\cos(\omega x+\varphi)=A\sin\left[(\omega x+\varphi)+\dfrac{\pi}{2}\right]$ 可以推知,函数 $y=A\cos(\omega x+\varphi)(A>0,\omega>0)$ 的值域是 $[-A,A]$,最大值是 A,最小值是 $-A$;周期是 $T=\dfrac{2\pi}{\omega}$。

观察图 5-27 中的正弦函数与余弦函数的图像,它们之间存在什么关系?

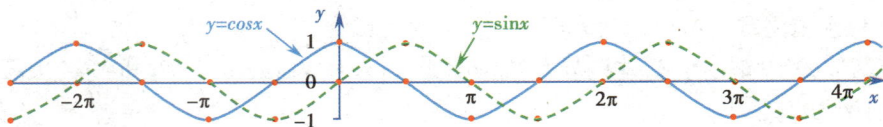

图 5-27

例 5 求下列函数的最大值、最小值和周期。

（1） $y=5\cos\left(x+\dfrac{2\pi}{3}\right)$; （2） $y=-3\cos\left(\dfrac{x}{2}+\dfrac{\pi}{3}\right)$。

解:（1） $y_{\max}=5,y_{\min}=-5,T=2\pi$;

（2） $y_{\max}=3,y_{\min}=-3,T=\dfrac{2\pi}{\dfrac{1}{2}}=4\pi$。

例 6 比较 $\cos\left(-\dfrac{23\pi}{5}\right)$ 与 $\cos\left(-\dfrac{17\pi}{4}\right)$ 的大小。

解:因为 $\cos\left(-\dfrac{23\pi}{5}\right)=\cos\dfrac{23\pi}{5}=\cos\dfrac{3\pi}{5}$,

$\cos\left(-\dfrac{17\pi}{4}\right)=\cos\dfrac{17\pi}{4}=\cos\dfrac{\pi}{4}$,

又 $0<\dfrac{\pi}{4}<\dfrac{3\pi}{5}<\pi$,而余弦函数 $y=\cos x$ 在 $[0,\pi]$ 上是减函数,所以

$$\cos\dfrac{3\pi}{5}<\cos\dfrac{\pi}{4},$$

即 $\cos\left(-\dfrac{23\pi}{5}\right)<\cos\left(-\dfrac{17\pi}{4}\right)$。

考点链接

余弦型函数值的计算和函数周期及最大、最小值的计算是高职升学考试的考点之一。

例如 已知函数 $f(x)=a\cos\left(x+\dfrac{\pi}{6}\right)$ 的图像过点 $\left(\dfrac{\pi}{2},-\dfrac{1}{2}\right)$,求 a 的值。

分析 由题意可知:$-\dfrac{1}{2}=a\cos\left(\dfrac{\pi}{2}+\dfrac{\pi}{6}\right)$,

化简得 $-\dfrac{1}{2}=a\cos\dfrac{2\pi}{3}=-\dfrac{1}{2}a$,即 $a=1$。

【答案:1】

三、正切函数 $y=\tan x$ 的图像和性质

（一）正切函数 $y=\tan x$ 的图像

正切函数 $y=\tan x$ 的定义域是 $\{x \mid x\neq k\pi+\dfrac{\pi}{2}, k\in \mathbf{Z}\}$，由诱导公式 $\tan(\pi+x)=\tan x$ 知，$y=\tan x$ 是周期函数，它的周期是 π。所以，利用描点法先作出 $\left(-\dfrac{\pi}{2},\dfrac{\pi}{2}\right)$ 内的图像。

在 $\left(-\dfrac{\pi}{2},\dfrac{\pi}{2}\right)$ 范围内，选取自变量的一些值，求出对应的函数值，列表 5-9：

表 5-9

x	$-\dfrac{5\pi}{12}$	$-\dfrac{\pi}{3}$	$-\dfrac{\pi}{4}$	$-\dfrac{\pi}{6}$	$-\dfrac{\pi}{12}$	0	$\dfrac{\pi}{12}$	$\dfrac{\pi}{6}$	$\dfrac{\pi}{4}$	$\dfrac{\pi}{3}$	$\dfrac{5\pi}{12}$
$y=\tan x$	-3.7	-1.7	-1	-0.6	-0.3	0	0.3	0.6	1	1.7	3.7

以表中各组值在平面直角坐标系中描点作图，就得到 $\left(-\dfrac{\pi}{2},\dfrac{\pi}{2}\right)$ 内正切函数 $y=\tan x$ 的图像（如图 5-28）。根据正切函数的周期性，把上面的图像向左、右平移，便可得到正切函数 $y=\tan x, x\in\left(k\pi-\dfrac{\pi}{2},k\pi+\dfrac{\pi}{2}\right), k\in\mathbf{Z}$ 的图像。

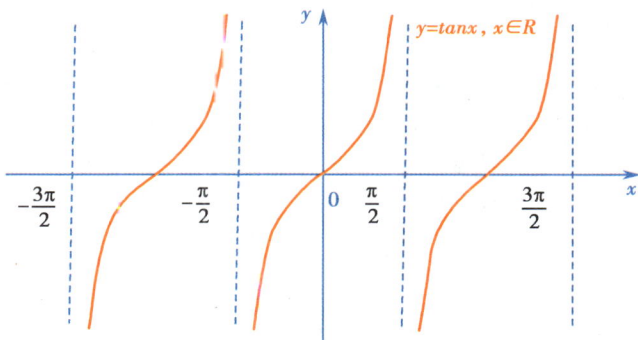

图 5-28

正切函数 $y=\tan x, x\in\left(k\pi-\dfrac{\pi}{2},k\pi+\dfrac{\pi}{2}\right), k\in\mathbf{Z}$ 的图像叫做**正切曲线**。可以看出，正切曲线是由相互平行的直线 $x=k\pi+\dfrac{\pi}{2}(k\in\mathbf{Z})$ 隔开的无穷多支曲线所组成的。

（二）正切函数 $y=\tan x$ 的主要性质

1. 定义域：定义域是 $\{x\mid x\in\mathbf{R}$ 且 $x\neq k\pi+\dfrac{\pi}{2}, k\in\mathbf{Z}\}$；

2. 值域：当 $x<\dfrac{\pi}{2}+k\pi, k\in\mathbf{Z}$ 而无限接近于 $\dfrac{\pi}{2}+k\pi$ 时，$\tan x$ 无限增大，即可比指定的任何正数都大，我们把这种情况记作 $\tan x\to+\infty$（读作 $\tan x$ 趋向于正无穷大）；当 $x>-\dfrac{\pi}{2}+k\pi$，

127

$k \in \mathbf{Z}$ 而无限接近于 $-\dfrac{\pi}{2}+k\pi$ 时,$\tan x$ 无限减小,即取负值且它的绝对值可比指定的任何正数都大,我们把这种情况记作 $\tan x \to -\infty$（读作 $\tan x$ 趋向于负无穷大）。这就是说,$\tan x$ 可以取任意实数值,但没有最大值、最小值。

因此,**函数 $y=\tan x$ 的值域是实数集 R。**

3. 周期性:$y=\tan x$ 是周期函数,周期是 π。

4. 奇偶性:从诱导公式 $\tan(-x)=-\tan x$ 知道,$y=\tan x$ 是奇函数,它的图像关于原点对称。

5. 单调性:函数 $y=\tan x$ 在每一个开区间 $\left(-\dfrac{\pi}{2}+k\pi,\dfrac{\pi}{2}+k\pi\right)$,$k \in \mathbf{Z}$ 内都是增函数。

例 7 求函数 $y=\tan\left(x+\dfrac{\pi}{4}\right)$ 的定义域。

解:设 $z=\left(x+\dfrac{\pi}{4}\right)$,那么函数 $y=\tan z$ 的定义域是 $\left\{z \mid z \in \mathbf{R} \text{ 且 } z \neq k\pi+\dfrac{\pi}{2},k \in \mathbf{Z}\right\}$,

由 $x+\dfrac{\pi}{4} \neq k\pi+\dfrac{\pi}{2}$,

得 $x \neq k\pi+\dfrac{\pi}{2}-\dfrac{\pi}{4}$,所以 $x \neq k\pi+\dfrac{\pi}{4}$,

所以,函数 $y=\tan\left(x+\dfrac{\pi}{4}\right)$ 的定义域是 $\left\{x \mid x \in R \text{ 且 } x \neq k\pi+\dfrac{\pi}{4},k \in Z\right\}$。

知识拓展

已知三角函数的图像,可依据函数的图像推出三角函数的表达式。

例如 图 5-29 为某三角函数图像的一段,试用 $y=A\sin(\omega x+\varphi)$ 型函数表示其解析式。

解:由图像得 $A=3$,

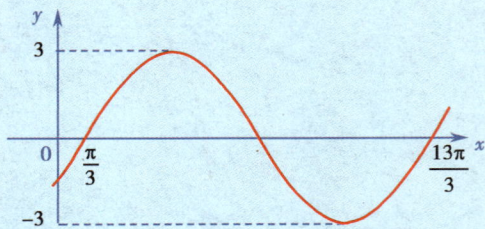

图 5-29

$T=\dfrac{13\pi}{3}-\dfrac{\pi}{3}=4\pi$,所以 $\omega=\dfrac{2\pi}{T}=\dfrac{1}{2}$,又 $A=3$,由图象可知:

所给曲线是由 $y=3\sin\dfrac{x}{2}$ 沿 x 轴向右平移 $\dfrac{\pi}{3}$ 而得到的。

故解析式为 $y=3\sin\dfrac{1}{2}\left(x-\dfrac{\pi}{3}\right)$。

表达式为 $y=3\sin\left(\dfrac{1}{2}x-\dfrac{\pi}{6}\right)$。

习题 5-6A

1. 作出下列函数在 $[0,2\pi]$ 上的简图。

（1）$y=1-\sin x$；　　　　　　　　（2）$y=3\cos x$；

（3）$y = 4\sin\left(3x - \dfrac{\pi}{3}\right)$；　　　　（4）$y = \dfrac{1}{2}\sin\left(\dfrac{1}{2}x + \dfrac{\pi}{4}\right)$。

2. 求下列函数的最大值、最小值和周期：

（1）$y = -2\sin x$；　　　　　　（2）$y = 1 - \dfrac{1}{2}\cos x$；

（3）$y = 3\sin\left(2x - \dfrac{\pi}{3}\right)$；　　　　（4）$y = \dfrac{1}{3}\sin\left(\dfrac{1}{2}x + \dfrac{\pi}{4}\right)$。

3. 比较下列各组函数值的大小：

（1）$\sin 123°$ 与 $\sin 164°30'$；　　　（2）$\cos\dfrac{15\pi}{8}$ 与 $\cos\dfrac{14\pi}{9}$；

（3）$\tan 138°$ 与 $\tan 143°$。

4. 求适合下列条件的 x 值：

（1）$\sin x = \dfrac{\sqrt{2}}{2}$，$x \in [0, 2\pi]$；　　　（2）$\cos x = -\dfrac{1}{2}$，$x \in [-\pi, \pi]$；

（3）$\tan x = \sqrt{3}$，$x \in \left(-\dfrac{\pi}{2}, \dfrac{\pi}{2}\right)$。

习题 5-6B

1. 求下列函数的定义域：

（1）$y = \dfrac{1}{1 + \sin x}$；　　　　　（2）$y = \dfrac{1}{1 - \cos x}$。

2. 观察正弦、余弦、正切曲线，写出满足下列条件的 x 的值或区间：

（1）$\sin x \geqslant 0$；　　　（2）$\cos x > 0$；　　　（3）$\sin x = -1$；

（4）$\tan x > 0$；　　　（5）$\tan x = 1$。

第七节　已知三角函数值求角

案例

利用计算器可以算出任意角的正弦、余弦、正切函数值。

请问：1. 已知 $\sin x = \dfrac{1}{2}$，适合这个等式的角你能找到几个？在哪一个范围内一个值

对应着一个角呢？

2. 已知任意角的正弦、余弦、正切函数值如何计算指定范围的角度呢？

一、已知正弦函数值求角

1. 若用计算器计算，在计算器的标准设置中，已知正弦函数值，只能显示 $\left[-\dfrac{\pi}{2}, \dfrac{\pi}{2}\right]$ 或

$[-90°, 90°]$ 范围内的角，其步骤为：设定模式为角度或弧度 → 按键 $\boxed{\text{SHIFT}}$ → 按键 $\boxed{\sin}$ → 输

入正弦函数值，→ 按键 $\boxed{=}$ 显示 $\left[-\dfrac{\pi}{2}, \dfrac{\pi}{2}\right]$ 或 $[-90°, 90°]$ 范围内的角。

2. 若用 windows7 自带的计算器计算,先选择"度"或"弧度"→输入正弦函数值→按键 $\boxed{\text{Inv}}$ →按键 $\boxed{\sin^{-1}}$,即可得出 $\left[-\dfrac{\pi}{2},\dfrac{\pi}{2}\right]$ 或 $[-90°,90°]$ 范围内的角。

已知正弦函数值,求指定范围内的角的主要步骤:先求出 $\left[-\dfrac{\pi}{2},\dfrac{\pi}{2}\right]$ 或 $[-90°,90°]$ 范围内的角,再利用诱导公式 $\sin(\pi-\alpha)=\sin\alpha$ 或 $\sin(180°-\alpha)=\sin\alpha$ 求出 $\left[\dfrac{\pi}{2},\dfrac{3\pi}{2}\right]$ 或 $[90°,270°]$ 范围内的角,然后利用诱导公式 $\sin(2k\pi+\alpha)=\sin\alpha$ 或 $\sin(360°k+\alpha)=\sin\alpha$ 求出指定范围内的角。

例 1 已知 $\sin x=\dfrac{1}{2}$,且 $x\in[0,2\pi]$,求 x 的值。

解: 因为 $\sin x=\dfrac{1}{2}>0$,所以 x 是属于第一或第二象限的角。

由 $\sin\dfrac{\pi}{6}=\dfrac{1}{2}$ 知,符合条件的第一象限角是 $\dfrac{\pi}{6}$;

又由 $\sin\left(\pi-\dfrac{\pi}{6}\right)=\sin\dfrac{\pi}{6}=\dfrac{1}{2}$ 知,符合条件的第二象限角是 $\pi-\dfrac{\pi}{6}$,即 $\dfrac{5\pi}{6}$ 。

因此,所求的角 x 是 $\dfrac{\pi}{6}$ 或 $\dfrac{5\pi}{6}$ 。

例 2 已知 $\sin x=0.3$,利用计算器求出 $[0°,360°]$ 范围内的角 x (精确到 $0.01°$)。

解: 选择"度",利用计算器得到 $[-90°,90°]$ 的角为 $17.46°$,利用诱导公式 $\sin(180°-\alpha)=\sin\alpha$,得到所求 $[90°,270°]$ 的角为 $180°-23.58°=162.54°$,

所以在 $[0°,360°]$ 范围内, $\sin x=0.3$ 的角为 $17.46°$ 和 $162.54°$ 。

二、已知余弦函数值求角

若用计算器计算,在计算器的标准设置中,已知余弦函数值,只能显示 $[0,\pi]$ 或 $[0°,180°]$ 范围内的角,其步骤为:设定模式为角度或弧度→按键 $\boxed{\text{SHIFT}}$ →按键 $\boxed{\cos}$ →输入余弦函数值,→按键 $\boxed{=}$ 显示 $[0,\pi]$ 或 $[0°,180°]$ 范围内的角。

若用 windows7 自带的计算器计算,先选择"度"或"弧度"→输入余弦函数值→按键 $\boxed{\text{Inv}}$ →按键 $\boxed{\cos^{-1}}$,即可得出 $[0,\pi]$ 或 $[0°,180°]$ 范围内的角。

已知余弦函数值,求指定范围内的角的主要步骤:先求出 $[0,\pi]$ 或 $[0°,180°]$ 范围内的角,再利用诱导公式 $\cos(-\alpha)=\cos\alpha$ 求出 $[-\pi,0]$ 或 $[-180°,0°]$ 范围内的角,然后利用诱导公式 $\cos(2k\pi+\alpha)=\cos\alpha$ 或 $\cos(360°k+\alpha)=\cos\alpha$ 求出指定范围内的角。

例 3 已知 $\cos x=-\dfrac{\sqrt{2}}{2}$,且 $x\in[0,2\pi]$,求 x 的值。

解: 由于 $\cos x=-\dfrac{\sqrt{2}}{2}<0$,所以 x 是第二或第三象限的角,

由 $\cos\left(\pi-\dfrac{\pi}{4}\right)=-\cos\dfrac{\pi}{4}=-\dfrac{\sqrt{2}}{2}$ 知,符合条件的第二象限角是 $\pi-\dfrac{\pi}{4}=\dfrac{3\pi}{4}$;

又由 $\cos\left(\pi - \dfrac{\pi}{4}\right) = -\cos\dfrac{\pi}{4} = -\dfrac{\sqrt{2}}{2}$ 知，符合条件的第三象限角是 $\pi + \dfrac{\pi}{4} = \dfrac{5\pi}{4}$。

于是所求的角 x 是 $\dfrac{3\pi}{4}$ 或 $\dfrac{5\pi}{4}$。

三、已知正切函数值求角

若用计算器计算，在计算器的标准设置中，已知正切函数值，只能显示 $\left(-\dfrac{\pi}{2}, \dfrac{\pi}{2}\right)$ 或 $(-90°, 90°)$ 范围内的角，其步骤为：设定模式为角度或弧度 → 按键 $\boxed{\text{SHIFT}}$ → 按键 $\boxed{\tan}$ → 输入正切函数值，→ 按键 $\boxed{=}$ 显示 $\left(-\dfrac{\pi}{2}, \dfrac{\pi}{2}\right)$ 或 $(-90°, 90°)$ 范围内的角。

若用 windows7 自带的计算器计算，先选择"度"或"弧度" → 输入正切函数值 → 按键 $\boxed{\text{Inv}}$ → 按键 $\boxed{\tan^{-1}}$，即可得出 $\left(-\dfrac{\pi}{2}, \dfrac{\pi}{2}\right)$ 或 $(-90°, 90°)$ 范围内的角。

已知正切函数值，求指定范围内的角的主要步骤：先求出 $\left(-\dfrac{\pi}{2}, \dfrac{\pi}{2}\right)$ 或 $(-90°, 90°)$ 范围内的角，再利用诱导公式 $\tan(\pi + \alpha) = \tan\alpha$ 求出 $\left(\dfrac{\pi}{2}, \dfrac{3\pi}{2}\right)$ 或 $(90°, 270°)$ 范围内的角，然后利用诱导公式 $\tan(2k\pi + \alpha) = \tan\alpha$ 或 $\tan(360°k + \alpha) = \tan\alpha$ 求出指定范围内的角。

例 4 已知 $\tan x = \dfrac{\sqrt{3}}{3}$，且 $x \in \left(-\dfrac{\pi}{2}, \dfrac{\pi}{2}\right)$，求 x 的值。

解：由于正切函数在区间 $\left(-\dfrac{\pi}{2}, \dfrac{\pi}{2}\right)$ 上是增函数，所以正切值等于 $\dfrac{\sqrt{3}}{3}$ 的角 x 有且只有一个。

由 $\tan\dfrac{\pi}{3} = \dfrac{\sqrt{3}}{3}$，可得 $x = \dfrac{\pi}{3}$。

习题 5-7A：

1. 已知 $\sin x = 0.35$，求 $[0, 2\pi]$ 范围内的角 x（精确到 0.0001）。

2. 已知 $\cos x = -0.35$，求 $[0°, 360°]$ 范围内的角 x（精确到 0.01）。

3. 已知 $\tan x = 2.2$，求 $[0°, 360°]$ 范围内的角 x（精确到 0.01）。

习题 5-7B：

1. 已知 $\sin x = 0.35$，求 $[2\pi, 4\pi]$ 范围内的角 x（精确到 0.0001）。

2. 已知 $\cos x = -0.35$，求 $[-360°, 360°]$ 范围内的角 x（精确到 0.01）。

3. 已知 $\tan x = 2.2$，求 $[-360°, 360°]$ 范围内的角 x（精确到 0.01）。

本章小结

一、本章公式：

1. 弧度制与角度制转换：$1°=\dfrac{\pi}{180}rad$，$1rad=\left(\dfrac{180}{\pi}\right)°$；弧长：$l=|\alpha|R$，扇形面积：$S=\dfrac{1}{2}rl$。

2. 同角三角函数的关系：$\sin^2\alpha+\cos^2\alpha=1$，

$\tan\alpha=\dfrac{\sin\alpha}{\cos\alpha}\left(\alpha\neq k\pi+\dfrac{\pi}{2},k\in\mathbf{Z}\right)$。

3. 诱导公式：

$$
\begin{array}{ll}
\sin(\alpha+2k\pi)=\sin\alpha & \sin(-\alpha)=-\sin\alpha \\
\cos(\alpha+2k\pi)=\cos\alpha & \cos(-\alpha)=\cos\alpha \\
\tan(\alpha+2k\pi)=\tan\alpha & \tan(-\alpha)=-\tan\alpha
\end{array}
$$

$$
\begin{array}{ll}
\sin(\pi+\alpha)=-\sin\alpha & \sin(\pi-\alpha)=\sin\alpha \\
\cos(\pi+\alpha)=-\cos\alpha & \cos(\pi-\alpha)=-\cos\alpha \\
\tan(\pi+\alpha)=\tan\alpha & \tan(\pi-\alpha)=-\tan\alpha
\end{array}
$$

二、正弦型函数与余弦型函数、正切函数的性质：

函数	$y=A\sin(\omega x+\varphi)$ $(A>0,\omega>0)$	$y=A\cos(\omega x+\varphi)$ $(A>0,\omega>0)$	$y=\tan x$
定义域	$x\in\mathbf{R}$	$x\in\mathbf{R}$	$\left\{x\mid x\neq k\pi+\dfrac{\pi}{2},k\in\mathbf{Z}\right\}$
值域	$y\in[-A,A]$	$y\in[-A,A]$	$y\in\mathbf{R}$
增区间	$\left[-\dfrac{\pi}{2}+2k\pi,\dfrac{\pi}{2}+2k\pi\right]$ $(k\in\mathbf{Z})$	$[(2k-1)\pi,2k\pi]$ $(k\in\mathbf{Z})$	$\left(-\dfrac{\pi}{2}+2k\pi,\dfrac{\pi}{2}+2k\pi\right)$ $(k\in\mathbf{Z})$
减区间	$\left[\dfrac{\pi}{2}+2k\pi,\dfrac{3\pi}{2}+2k\pi\right]$ $(k\in\mathbf{Z})$	$[2k\pi,(2k+1)\pi]$ $(k\in\mathbf{Z})$	
周期	$T=\dfrac{2\pi}{\omega}$	$T=\dfrac{2\pi}{\omega}$	π

（肖芬芬）

目标测试

A 组：

1. 填空题：

（1）1320°的终边在第_____象限，它等于_____弧度。

（2）若角 α 终边上有一点的纵坐标是横坐标的 2 倍，则 $\sin\alpha =$ _____，$\tan\alpha =$ _____。

（3）$\sin197° \cdot \cos197°$ 的值的符号是_____。

（4）若 $\cos\alpha = -\dfrac{3}{5}$，且 $\alpha \in \left(\dfrac{\pi}{2}, \pi\right)$，则 $\sin\alpha =$ _____，$\tan\alpha =$ _____。

（5）$y = \sin2x$ 的定义域是_____，值域是_____。

（6）$\cos\dfrac{\pi}{2} - 3\sin0 + 2\tan\dfrac{3\pi}{4} =$ _____。

（7）函数 $y = 2\sin\left(4x - \dfrac{\pi}{3}\right)$ 的最大值是_____，最小值是_____，周期是_____。

（8）比较大小：$\sin505°$ _____ $\sin140°$。

（9）若角 α 的终边过点 $P(\sqrt{3}a, a)$，其中 $a > 0$，则 $\sin\alpha =$ _____。

（10）$\sin\pi + \cos\pi - \tan\pi =$ _____。

2. 选择题：

（1）下列命题中正确的是（　　）。

　　A. 小于 90° 的角是锐角　　　　　　　B. 第二象限的角是钝角

　　C. 终边相同的角一定相等　　　　　　D. 相等的角终边一定相同

（2）在 $(0, 2\pi)$ 内与角 $-\dfrac{5\pi}{4}$ 终边相同的角是（　　）。

　　A. $\dfrac{5\pi}{4}$　　　　　　B. $\dfrac{3\pi}{4}$　　　　　　C. $-\dfrac{3\pi}{4}$　　　　　　D. $\dfrac{\pi}{4}$

（3）$\sin\left(-\dfrac{7\pi}{3}\right)$ 的值是（　　）。

　　A. $\dfrac{1}{2}$　　　　　　B. $-\dfrac{1}{2}$　　　　　　C. $\dfrac{\sqrt{3}}{2}$　　　　　　D. $-\dfrac{\sqrt{3}}{2}$

（4）若 $\sin\alpha \cdot \tan\alpha > 0$，则角 α 是（　　）。

　　A. 第一或第四象限　　　　　　　　　　B. 第二象限

　　C. 第三象限　　　　　　　　　　　　　D. 第四象限

（5）$\sin0 + \cos\dfrac{\pi}{2} - \tan\pi$ 的值是（　　）。

　　A. 2　　　　　　　B. 0　　　　　　　C. 1　　　　　　　D. 3

（6）若 $\cos\theta = 0$，则 $\sin2\theta$ 的值是（　　）。

　　A. 0　　　　　　　B. -1　　　　　　C. 1　　　　　　　D. ±1

（7）$\cos\left(-\dfrac{31\pi}{4}\right)=$（　　　）。

    A. $\dfrac{\sqrt{3}}{2}$ B. $-\dfrac{\sqrt{3}}{2}$ C. $\dfrac{\sqrt{2}}{2}$ D. $-\dfrac{\sqrt{2}}{2}$

（8）下列周期中，最小正周期为 2π 的是（　　　）。

    A. $y=\sin\dfrac{x}{2}$ B. $y=\dfrac{1}{2}\cos x$ C. $y=\cos^2 x$ D. $y=\sin x\cos x$

（9）若 $\sin\alpha=\dfrac{\sqrt{3}}{2}$，$\alpha\in\left(\dfrac{\pi}{2},\pi\right)$，则 $\sin 2\alpha$ 等于（　　　）。

    A. $-\dfrac{\sqrt{3}}{4}$ B. $\dfrac{\sqrt{3}}{4}$ C. $\dfrac{\sqrt{3}}{2}$ D. $-\dfrac{\sqrt{3}}{2}$

（10）若 $\cos\alpha=\dfrac{\sqrt{3}}{2}$，$\alpha\in\left(0,\dfrac{\pi}{2}\right)$，则 $\tan 2\alpha$ 等于（　　　）。

    A. $-\sqrt{3}$ B. $-\dfrac{\sqrt{3}}{2}$ C. $\dfrac{\sqrt{3}}{2}$ D. $\sqrt{3}$

（11）终边在 y 轴的正半轴的角的集合是（　　　）。

    A. $\left\{x\,\middle|\,x=\dfrac{\pi}{2}+2k\pi,k\in\mathbf{Z}\right\}$

    B. $\left\{x\,\middle|\,x=\dfrac{\pi}{2}+k\pi,k\in\mathbf{Z}\right\}$

    C. $\left\{x\,\middle|\,x=-\dfrac{\pi}{2}+2k\pi,k\in\mathbf{Z}\right\}$

    D. $\left\{x\,\middle|\,x=-\dfrac{\pi}{2}+k\pi,k\in\mathbf{Z}\right\}$

3. 判断题：

（1）$1°=1rad$（　　　）。

（2）锐角必为第一象限的角（　　　）。

（3）负角的终边一定在第四象限（　　　）。

（4）$\cos(-1560°)=\dfrac{1}{2}$（　　　）。

（5）若 α 是三角形的一个内角，则 $\cos\alpha<0$（　　　）。

（6）$\cos 0°=0$（　　　）。

（7）函数 $y=\cos x(x\in\mathbf{R})$ 是周期为 2π 的偶函数。（　　　）。

4. 在半径等于 12cm 的轮子的边缘上有一点，求这点绕着圆心旋转 2500° 时所经过的距离。

5. 已知角 α 的终边经过点 $p(\sqrt{3},-1)$，求角 α 的正弦、余弦与正切三角函数值。

6. 锐角 ΔABC 中，已知 $\sin A=\dfrac{4}{5}$，求 $\tan A$ 的值。

7. 计算：

（1）$\cos\beta\cdot\tan(\pi+\beta)\cdot\sin(\pi-\beta)$；

（2）已知 $\tan\alpha=2$ 且 α 是第三象限角，求 $\sin\alpha$、$\cos\alpha$ 的值。

8. 证明：$2\cos\left(-\dfrac{\pi}{3}\right)\cos(\alpha-\pi)\cos(3\pi+\alpha)-\sin(-\alpha)\sin(\pi-\alpha)=1$。

B 组：

1. 填空：

（1）$-\dfrac{\pi}{9}$ 的终边在第_____象限，它等于_____度。

（2）半径为 1 的圆中，一弧所对的弦长也为 1，则该弧长是_____。

（3）$75°=$_____弧度。

（4）若角 α 是第三象限的角，则 $\tan\alpha-\sin\alpha$ 值的符号是_____。

（5）已知 $\tan\alpha=\dfrac{1}{2}$，则 $\tan(5\pi-\alpha)=$_____。

（6）函数 $y=\sin\left(3x-\dfrac{\pi}{6}\right)$ 的周期是_____，最大值是_____，最小值是_____。

（7）设 α 为第二象限的角，指出角 $\dfrac{\alpha}{2}$ 是第_____象限的角。

2. 选择题：

（1）若 α 为第二象限的角，则 $\dfrac{\alpha}{2}$ 必为（　　）。

    A. 第一象限的角 　　　　　　　B. 第二象限的角
    C. 第一或第二象限的角　　　　D. 第一或三象限的角

（2）若角 α 的终边落在直线 $y=x$ 上，则 $\sin\alpha$、$\cos\alpha$、$\tan\alpha$ 的值分别是（　　）。

    A. $\dfrac{\sqrt{2}}{2},\dfrac{\sqrt{2}}{2},1$ 　　　　　B. $-\dfrac{\sqrt{2}}{2},-\dfrac{\sqrt{2}}{2},1$

    C. $\pm\dfrac{\sqrt{2}}{2},\pm\dfrac{\sqrt{2}}{2},\pm1$ 　　D. $\pm\dfrac{\sqrt{2}}{2},\pm\dfrac{\sqrt{2}}{2},1$

（3）已知 $\tan\alpha=\sqrt{2}$，则 $\dfrac{\cos\alpha+\sin\alpha}{\cos\alpha-\sin\alpha}$ 的值是（　　）。

    A. $-3-2\sqrt{2}$ 　　　　　　B. $-3+2\sqrt{2}$
    C. $3-2\sqrt{2}$ 　　　　　　　D. $3+2\sqrt{2}$

（4）下列哪个区间内 $y=\sin x,y=\cos x,y=\tan x$ 都是增函数（　　）。

    A. $\left(0,\dfrac{\pi}{2}\right)$ 　　B. $\left(\dfrac{\pi}{2},\pi\right)$ 　　C. $\left(\pi,\dfrac{3\pi}{2}\right)$ 　　D. $\left(-\dfrac{\pi}{2},0\right)$

3. 判断题：

（1）$\sin(-\alpha+\pi)=-\sin\alpha$（　　）。

（2）$\sin^2\dfrac{\alpha}{2}+\cos^2\dfrac{\alpha}{2}=\dfrac{1}{2}$（　　）。

（3）函数 $y=\sin x+\cos x$ 的最大值是 2（　　）。

（4）函数 $y=\cos x$ 的图像与函数 $y=\sin\left(x+\dfrac{\pi}{2}\right)$ 的图像相同（　　）。

4. 化简：$\dfrac{\sin(2\pi-\alpha)\tan(\pi+\alpha)}{\cos(\pi-\alpha)\tan(3\pi-\alpha)}$。

5. 已知 $\tan\alpha=3$，求 $\dfrac{4\sin\alpha-2\cos\alpha}{5\cos\alpha+3\sin\alpha}$ 的值。

6. 证明：$\dfrac{1-2\sin x\cos x}{\cos^2 x-\sin^2 x}=\dfrac{1-\tan x}{1+\tan x}$。

7. 求函数 $f(x)=3\sin\left(2x-\dfrac{\pi}{3}\right)$ 的最小正周期和单调区间。

阅读与欣赏

三角学的发展

　　德国数学家皮蒂斯楚斯（1561—1613）在 1595 年出版一本著作《三角学：解三角学的简明处理》创造了这个新词，Trigonometry，三角学。它是由希腊文"三角形"和"测量"两个词构成的，古希腊文里没有这个字，原因是当时三角学还没有形成一门独立的科学，而是依附于天文学。可以说，三角学是紧密地同天文学相联系而迈出自己发展史的第一步的。

　　古代三角学的萌芽是源于古希腊最早的数学家泰勒斯（公元前 624—公元前 547 或 546 年）的相似理论。并证明了以下几何命题："等腰三角形两底角相等；相似三角形的各对应边成比例；若两三角形两角和一边对应相等，则两三角形全等"这些定理是每一个现代中学生都知道的，他们简单得不能再简单了。但是，就是这些简单的理论，构成了今天极其复杂而又高深理论的根基。公元前 600 年左右泰勒斯利用相似三角形的原理测出金字塔高，成为西方三角测量的肇始。但历史上都认为古希腊的天文学家喜帕恰斯（公元前 190 年—公元前 125 年）是三角学的创始者，他著有三角学 12 卷，为了天文观测的需要，作了一个和现在三角函数表相仿的"弦表"，他成为西方三角学的最早奠基者，这个成就也使他赢得了"三角学之父"的称谓。

　　三角测量在中国也很早出现，公元前一百多年的《周髀算经》就有较详细的说明，例如它的首章记录"周公曰，大哉言数，请问用矩之道。商高曰，平矩以正绳，偃矩以望高，复矩以测深，卧矩以知远。"（商高说的矩就是今天工人用的两边互相垂直的曲尺，商高说的大意是将曲尺置于不同的位置可以测目标物的高度、深度与广度），1 世纪时的《九章算术》中有专门研究测量问题的篇章。

　　如果说三角术仅是天文学的附属的话，那么这种情况在中世纪数学家纳西尔·丁那里发生了一些改变。他的《论完全四边形》是一脱离天文学的系统的三角学专著，使三角学成为一门独立于天文学的纯粹数学分支。此后瑞士数学家和物理学家欧拉在《无穷小分析引论》一书中首次给出了用线段的比来定义三角函数。在欧拉之前，研究三角函数大都在一个确定半径的圆内进行的。在《无穷小分析引论》中提出三角函数是对应的三角函数线与圆的半径的比值，并令圆的半径为 1，这使得对三角函数的研究大为简化。他还在此书的第八章中提出弧度制的思想,他认为,如果把半径作为 1 个单位长度,那么半圆的长就是 π,所对圆心角的正弦是 0,即 sinπ= 0。这一思想将线段与弧的度量单位统一起来,大大简化了某些三角公式及其计算。欧拉不仅用直角坐标来定义三角函数,彻底解决了三角函数在四个象限中的符号问题,同时引进直角坐标系,在代数与几何之间架起了一座桥梁,通过数形结合,为数学的学习与研究提供了重要的思想方法。著名的欧拉公式,把原来人们认为互不相关的三角函数和指数函数联系起来了,为三角学增添了新的活力。因此欧拉对三角学的发展起到了重要的推动作用。

　　三角学源于测量实践,其后经过了漫长时间的孕育和众多中外数学家的不懈努力,才逐渐丰富、演变、发展成为现代的三角学,它以三角函数及其应用为主要研究对象。三角函数是数形结合的桥梁,在解决代数与几何问题中都具有重要的作用,它是研究数学问题的基本工具之一。更为重要的是,它是刻画周期现象的重要数学模型,在现实问题中具有广泛的应用。对于等速圆周运动、温度的变化、生命节律、声波、潮汐等周期现象,我们都可以通过建立三角函数模型来加以研究。

第六章　数　列

1. 理解：等差数列和等比数列的定义、通项公式及前 n 项和公式。
2. 了解：数列的概念和数列的实际应用。

　　在日常生活和生产实践中，数列有着广泛的应用：例如去银行定期存款、买东西时分期付款和人口数量的研究等，都可以用数列的知识解决。
　　本章主要介绍两类特殊的数列：等差数列和等比数列，并利用它们来解决实际生活中的一些简单问题。

第一节　数列的概念

案例

　　某发烧患者住院后，护理人员必须将患者的体温记录在体温记录单上，以供医生诊断病情。下面是某患者住院期间某 12 个小时内每隔两小时的体温（℃）记录：

$$38.2, 38.7, 39, 38.8, 39.4, 38.6, 38.2。$$

　　这份体温记录的数值可以看成一个数列。
　　请问：数列是如何定义的呢？

　　在日常生活和工作实践中，我们常常会遇到按照一定的次序排列的一列数：

　　（1）一批圆木把它堆放成图 6-1 形状，共堆放了 7 层，自上而下各层的圆木根数排列成一列数：

$$4,5,6,7,8,9,10。$$

图 6-1

　　（2）产科护理人员为一位产妇做了 10 次产前检查，每次所量的体重记录如下（单位：kg）：

$$50,50.5,51,52.5,54,56,58.5,60,62,65。$$

　　（3）$\sqrt{2}$ 精确到 $1,0.1,0.01,0.001,\cdots$ 的不足近似值排列成一列数：

$$1,1.4,1.41,1.414,\cdots$$

（4）−1 的 1 次幂, 2 次幂, 3 次幂, 4 次幂, … 排列成一列数：

$$-1, 1, -1, 1, -1, 1, \cdots$$

（5）无穷多个 2 排列成一列数：

$$2, 2, 2, 2, 2, \cdots$$

我们把按照一定次序排列的一列数叫做**数列**。数列中的每一个数都叫做这个**数列**的项, 各项按照它所在的位置依次叫做这个数列的**第 1 项（或首项）**, 第 2 项, 第 3 项, ……, 第 n 项, ……。其中第 n 项也叫**数列的通项**, n 叫做第 n 项的**项数**。

上述例子中的每一列数都是数列, 其中数列（1）中, "4" 是这个数列的第 1 项（或首项）, "9" 是这个数列中的第 6 项。

数列的每一项与这一项的项数都有一定的对应关系。例如上面的数列（1）, 它的每一项与这一项的项数有下面的对应关系：

项	4	5	6	7	8	9	10
	↓	↓	↓	↓	↓	↓	↓
项数	1	2	3	4	5	6	7

又如数列（5）, 它的每一项与这一项的项数有下面的对应关系：

项	2	2	2	2	2	…2…
	↓	↓	↓	↓	↓	↓
项数	1	2	3	4	5	…n…

从上面可以看出, 数列从第一项开始, 按顺序与正整数对应。因此, 数列是定义在正整数集 $\mathbf{N}_+$（或它的有限子集 $\{1, 2, 3, \cdots, n\}$）上的函数, 当自变量从 1 开始依次取正整数时, 对应的一系列函数值就组成了数列的各个项。

我们通常用带下标的字母表示数列的项, 于是数列的一般形式可以写成

$$a_1, a_2, a_3, a_4, \cdots, a_n, \cdots$$

其中 a_n 是数列的第 n 项, 有时可以把上面的数列简记为 $\{a_n\}$。

例如, 数列

$$1, \frac{1}{2}, \frac{1}{3}, \frac{1}{4}, \cdots, \frac{1}{n}, \cdots$$

可记作 $\left\{\dfrac{1}{n}\right\}$, 数列（4）可记作 $\{(-1)^n\}$。

如果数列 $\{a_n\}$ 的第 n 项 a_n 与项数 n 之间的关系可以用一个解析式来表示, 那么这个解析式就叫做这个数列的**通项公式**。

例如, 数列（1）的通项公式是 $a_n = n + 3$（$n \leqslant 7, n \in \mathbf{N}_+$）; 数列（4）的通项公式是 $a_n = (-1)^n$; 数列（5）的通项公式是 $a_n = 2$。

注意 1. 并不是所有数列都能写出其通项公式, 如上述数列（2）。

2. 数列的通项公式, 在形式上不一定是唯一的。例如数列（4）的通项公式既可以写成 $a_n = (-1)^n$, 也可以写成 $a_n = \cos n\pi$, 虽然形式不同, 但是都表示同一个数列。

如果已知一个数列的通项公式, 那么只要依次用 $1, 2, 3, \cdots$, 去替代公式中的 n, 就可求出数列中的各项。

项数有限的数列叫做**有穷数列**, 项数无限的数列叫做**无穷数列**。例如, 上面的数列（1）、（2）是有穷数列, 数列（3）、（4）、（5）是无穷数列。

例1 根据通项公式,写出下面数列 $\{a_n\}$ 的前 5 项:

(1) $a_n = \dfrac{n}{n+1}$;　　　　　　(2) $a_n = (-1)^{n-1} n^2$。

解:(1) 在通项公式中将 n 依次取 $1,2,3,4,5$,即可得到数列的前 5 项为

$$a_1 = \frac{1}{2}, \quad a_2 = \frac{2}{3}, \quad a_3 = \frac{3}{4}, \quad a_4 = \frac{4}{5}, \quad a_5 = \frac{5}{6}。$$

(2) 在通项公式中将 n 依次取 $n=1,2,3,4,5$,即可得到数列的前 5 项为

$$a_1 = 1, \quad a_2 = -4, \quad a_3 = 9, \quad a_4 = -16, \quad a_5 = 25。$$

例2 写出下列各数列的一个通项公式,使它的前 4 项分别是下列各数:

(1) $1,3,5,7$;

(2) $-\dfrac{1}{1\times 2}, \dfrac{1}{2\times 3}, -\dfrac{1}{3\times 4}, \dfrac{1}{4\times 5}$;

(3) $2+\dfrac{1}{2}, 4-\dfrac{1}{3}, 6+\dfrac{1}{4}, 8-\dfrac{1}{5}$。

解:(1) 这个数列的前 4 项都是项数的 2 倍减去 1,所以它的一个通项公式是

$$a_n = 2n-1。$$

(2) 这个数列的前 4 项的绝对值都等于项数与项数加 1 的积的倒数,且奇数项为负,偶数项为正,所以它的一个通项公式是

$$a_n = (-1)^n \cdot \frac{1}{n(n+1)}。$$

(3) 这个数列的前 4 项都是两个数的和,前一个数是项数的 2 倍,后一个数是项数加上 1 再取倒数,且奇数项为正,偶数项为负,所以它的一个通项公式是

$$a_n = 2n + (-1)^{n+1} \cdot \frac{1}{n+1}。$$

考点链接

已知数列前几项求数列的通项公式是高职升学考试的考点之一。

例如 数列 $1, -\dfrac{1}{2}, \dfrac{1}{3}, -\dfrac{1}{4}, \dfrac{1}{5} \cdots$ 的通项 $a_n = ($ 　　 $)$

A. $\dfrac{1}{n}$ 　　 B. $-\dfrac{1}{n}$ 　　 C. $\dfrac{(-1)^{n+1}}{n}$ 　　 D. $\dfrac{(-1)^n}{n}$

分析 根据数列前几项求数列通项公式应掌握几种技巧:

1. 符号规律,若各项符号为正负相间时,则必有 $(-1)^n$ 或 $(-1)^{n+1}$ 因式;

2. 乘方规律,即每一项都与同一个数的乘方有密切关系;

3. 分式中分子分母的特征;

4. 拆项后的特征,找规律时,要看给出的项的分子分母有什么变化规律,可以适当变形,使它们的结构变得一致,再用含 n 的式子表示出来。

本题中偶数项是负的,所以有 $(-1)^{n+1}$,分子都是 1,分母是正整数列。

【答案:C】

已知数列的第 1 项(或前几项),且任一项 a_n 与它的前一项 a_{n-1}(或前几项)间的关系可以用一个公式表示,这个公式就叫做这个数列的递推公式,利用递推公式,也可以写出数列的每一项。

例如 已知数列的第一项是 1,第二项是 2,以后各项由公式 $a_{n+1}=a_n-a_{n-1}(n\geq2)$ 给出,写出这个数列的前 5 项。

解:$a_1=1,a_2=2,a_3=a_2-a_1=1,a_4=a_3-a_2=-1,a_5=a_4-a_3=-2$。

习题 6-1A

1. 根据下列数列的通项公式,写出它的前 5 项。

(1) $a_n=10n-3$;

(2) $a_n=(-1)^n\cdot3$;

(3) $a_n=(-1)^{n+1}\cdot\dfrac{1}{n+1}$;

(4) $a_n=n(n+1)$;

(5) $a_n=n^2$;

(6) $a_n=-2^n+5$。

2. 写出下列各数列的一个通项公式,使它的前 4 项分别是下列各数。

(1) $15,25,35,45$;

(2) $\sqrt[3]{1},-\sqrt[3]{2},\sqrt[3]{3},-\sqrt[3]{4}$;

(3) $\dfrac{2^2-1}{1},\dfrac{3^2-1}{2},\dfrac{4^2-1}{3},\dfrac{5^2-1}{4}$;

(4) $-\dfrac{1}{2},\dfrac{1}{4},-\dfrac{1}{8},\dfrac{1}{16}$;

(5) $-\sqrt{1},\sqrt{2},-\sqrt{3},\sqrt{4}$;

(6) $\dfrac{1}{3},\dfrac{2}{5},\dfrac{3}{7},\dfrac{4}{9}$。

习题 6-1B

1. 写出下列各数列的前五项。

(1) $a_1=3,a_{n+1}=a_n+4$;

(2) $a_1=1,a_{n+1}=a_n+\dfrac{1}{a_n}$。

2. 已知数列 $3,9,19,33,\cdots,2n^2+1,\cdots$

(1) 这个数列的第几项是 129?

(2) 289 和 369 是不是这个数列的项? 如果是,是第几项?

3. 已知数列的通项公式 $a_n=n^2-n-20$,

(1) 写出这个数列的前三项和第十项;

(2) 当 $a_n=0$ 时,求 n 的值;

(3) 求满足不等式 $a_n>0$ 的 n 值。

第二节 等 差 数 列

体育场一角的看台座位共有 10 排,其中第一排有 15 个座位,每一排的座位数依次是
$15,17,19,21,23,25,27,29,31,33$。

我们可以发现这个数列中每一个后项的数比前项的数多 2，这实际上就构成了一个等差数列。

请问：1. 上述每排座位数构成的数列有什么特点？

2. 不用求和的简单加法，你能算出一共有多少个座位吗？

一、等差数列的概念

观察下面数列：

$$(1)\quad 4,5,6,7,8,9,10。$$
$$(2)\quad 9,6,3,0,-3,\cdots$$

我们可以发现，

对于数列(1)，从第 2 项起，每一项与它的前一项的差都等于 1；

对于数列(2)，从第 2 项起，每一项与它的前一项的差都等于 -3。

因此，上述两个数列有这样共同的特点：从第 2 项起，每一项与它的前一项的差都等于同一个常数。

一般地，如果一个数列从第二项起，每一项与它的前一项的差都等于同一个常数，这个数列就叫做**等差数列**，这个常数就叫做等差数列的**公差**，公差通常用字母 d 来表示。

例如，数列 $1,3,5,7,\cdots$ 就是等差数列，它的公差 $d=2$。数列 $6,6,6,6,\cdots$ 也是等差数列，它的公差 $d=0$，公差 $d=0$ 的数列叫做**常数列**。

二、等差数列的通项公式和等差中项

如果一个数列

$$a_1,a_2,a_3,a_4,\cdots,a_n,\cdots$$

是等差数列，它的公差是 d，那么根据定义可得

$$a_2=a_1+d,$$
$$a_3=a_2+d=(a_1+d)+d=a_1+2d,$$
$$a_4=a_3+d=(a_1+2d)+d=a_1+3d,$$
$$\cdots\cdots$$

由此可得等差数列的通项公式是

$$\boxed{a_n=a_1+(n-1)d}$$

这个公式给出了 a_1,a_n,n,d 四个量之间的关系。如果已知其中三个量，就可求出另外一个量。

例 1　求等差数列 $17,12,7,2\cdots$ 的通项公式及第 20 项。

解：因为 $a_1=17,d=12-17=-5$，

所以这个等差数列的通项公式是 $a_n=17+(n-1)\cdot(-5)$，即

$$a_n=22-5n。$$

当 $n=20$ 时，$a_{20}=22-5\times20=-78$。

例 2　等差数列 $-5,-9,-13,\cdots$ 的第几项是 -401？

解：因为 $a_1=-5,d=-9-(-5)=-4,a_n=-401$，

所以由等差数列的通项公式 $a_n = a_1 + (n-1) \cdot d$，

可得 $-401 = -5 + (n-1) \cdot (-4)$，

解得 $n = 100$，

即这个数列的第 100 项是 -401。

例 3 在等差数列 $\{a_n\}$ 中，已知 $a_5 = 6, a_8 = 18$，求它的第 14 项。

解：因为 $a_5 = 6, a_8 = 18$，根据等差数列的通项公式，得

$$\begin{cases} a_1 + (5-1)d = 6 \\ a_1 + (8-1)d = 18 \end{cases}$$

整理，得

$$\begin{cases} a_1 + 4d = 6 \\ a_1 + 7d = 18 \end{cases}$$

解此方程组，得 $\begin{cases} a_1 = -10, \\ d = 4。 \end{cases}$

由等差数列通项公式，得

$$a_{14} = -10 + (14-1) \times 4 = 42。$$

例 4 梯子最高一级宽 33cm，最低一级宽为 82cm，中间还有 6 级，各级的宽度成等差数列，计算中间各级的宽度。

解：设梯子自上而下各级宽度所成的等差数列为 $\{a_n\}$，

依题意，可知：$a_1 = 33, a_n = 82, n = 8$，由等差数列通项公式得

$$a_8 = a_1 + (8-1)d，$$
$$82 = 33 + 7d，$$
$$d = 7。$$

解得 $a_2 = 33 + 7 = 40; a_3 = 40 + 7 = 47; a_4 = 47 + 7 = 54;$

$a_5 = 54 + 7 = 61; a_6 = 61 + 7 = 68; a_7 = 68 + 7 = 75。$

所以，梯子中间各级的宽度从上到下依次是 40cm，47cm，54cm，61cm，68cm，75cm。

知识拓展

在等差数列 $\{a_n\}$ 中，若已知 $m, n, p, k \in \mathbf{N}_+$ 且 $m + n = p + k$，

则 $a_m + a_n = a_p + a_k$。

此结论的证明可直接由通项公式得出，在做题中可以起到事半功倍的作用。

例 5 已知一个直角三角形的周长是 24，它的三边长度成等差数列，求该直角三角形的三边长度。

解：设三边长度分别为 $a-d, a, a+d$，

因为周长是 24，所以

$$(a-d) + a + (a+d) = 24，$$

解得 $a = 8$。

由勾股定理可得

$$(8-d)^2 + 8^2 = (8+d)^2，$$

解得 $d^2=4,d=\pm2$。

$d=2$ 时,三边长为 $6,8,10$;$d=-2$ 时,三边长为 $10,8,6$。

所以,这个三角形的三边长分别是 $6,8,10$。

一般地,已知三个数成等差数列且已知三数之和时,可将这三个数设为 $a-d,a,a+d$。这样运算时更简单。

观察等差数列 $6,8,10$,可以发现 $8=\dfrac{6+10}{2}$,我们把 8 叫做 6 和 10 的等差中项。

一般地,如果在数 a 与 b 中间插入一个数 A,使 a,A,b 成等差数列,那么数 A 叫做 a 与 b 的**等差中项**。

如果 A 是 a 与 b 的等差中项,那么 $A-a=b-A$,所以

$$A=\dfrac{a+b}{2}$$

不难发现,在一个等差数列中,从第 2 项起,每一项(有穷数列的末项除外)都是它的前一项与后一项的等差中项。

如在数列 $1,3,5,7,9,11,13,\cdots$ 中,5 是 3 和 7 的等差中项,9 是 7 和 11 的等差中项。

三、等差数列的前 n 项和

已知等差数列

$$a_1,a_2,a_3,a_4,\cdots,a_n,\cdots$$

公差为 d,它的前 n 项和记为 S_n,即

$$S_n=a_1+a_2+a_3+\cdots+a_n$$

下面我们来研究如何求出一个等差数列的前 n 项的和。

先看一个具体例子,求数列 $\{n\}$ 的前 99 项的和(即求自然数 $1\sim99$ 的和)。

$$S_{99}=1+2+3+\cdots+97+98+99, \tag{1}$$

把上式右边各项的次序反过来,S_{99} 又可写成

$$S_{99}=99+98+97+\cdots+3+2+1。 \tag{2}$$

把(1)、(2)两式右侧上下对应项相加,我们发现其和都等于 100,所以把(1)、(2)的两边分别相加,得

$$2S_{99}=100\times99,$$

$$S_{99}=4950。$$

即自然数 $1\sim99$ 的和是 4950。

一般地,等差数列 $\{a_n\}$ 的前 n 项和 $S_n=a_1+a_2+a_3+\cdots+a_n$,根据 $\{a_n\}$ 的通项公式,

$$S_n=a_1+(a_1+d)+(a_1+2d)+\cdots+[a_1+(n-1)d], \tag{3}$$

再把各项次序反过来,S_n 又可写成

$$S_n=a_n+(a_n-d)+(a_n-2d)+\cdots+[a_n-(n-1)d]。 \tag{4}$$

把(3)(4)两边分别相加,得

$$2S_n=\underbrace{(a_1+a_n)+(a_1+a_n)+(a_1+a_n)\cdots+(a_1+a_n)}_{n\text{个}}=n(a_1+a_n)。$$

由此得到等差数列的前 n 项和公式

$$S_n = \frac{n(a_1 + a_n)}{2}$$

因为在等差数列中，$a_n = a_1 + (n-1)d$，所以上面的公式又可以写成：

$$S_n = na_1 + \frac{n(n-1)d}{2}$$

在这两个公式中，分别体现了四个量之间的关系，只要知道其中任意三个量，就可求出第四个量。

例 6 （1）已知等差数列的第 1 项是 -4，第 12 项是 14，求它的前 12 项之和。

（2）求等差数列 13,15,17,19,… 的前 10 项之和。

解：（1）因为已知 $a_1 = -4$，$a_{12} = 14$，$n = 12$，

所以 $S_{12} = \dfrac{12 \times [(-4) + 14]}{2} = \dfrac{12 \times 10}{2} = 60$。

（2）因为已知 $a_1 = 13$，$d = 15 - 13 = 2$，$n = 10$，

所以 $S_{10} = 10 \times 13 + \dfrac{10 \times (10-1)}{2} \times 2 = 220$。

例 7 如图 6-2 所示，一个堆放铅笔的 V 型架的最下面一层放一支铅笔，往上每一层都比它下面一层多放一支，最上面一层放 120 支，这个 V 形架上共放着多少支铅笔？

解：由题意可知，这个 V 形架上共放着 120 层铅笔，且自下而上各层的铅笔数组成等差数列，记为 $\{a_n\}$，

其中 $a_1 = 1$，$d = 1$，$a_{120} = 120$，

根据等差数列前 n 项和的公式，得

$$S_{120} = \frac{120 \times (1 + 120)}{2} = 7260,$$

所以，V 形架上共放着 7260 支铅笔。

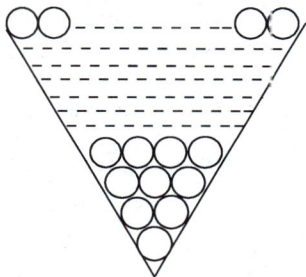

图 6-2

例 8 在小于 100 的正整数的集合中，有多少个数是 7 的倍数？并求它们的和。

解：在小于 100 的正整数的集合中，是 7 的倍数的有

$$7 \times 1, 7 \times 2, 7 \times 3, \cdots, 7 \times 14$$

或记作 $7, 14, 21, \cdots, 98$。

这是一个等差数列，其中 $a_1 = 7$，$n = 14$，$a_{14} = 98$。

因此，$S_{14} = \dfrac{14 \times (7 + 98)}{2} = 735$，

即在小于 100 的正整数的集合中，有 14 个数是 7 的倍数，它们的和是 735。

考点链接

等差数列相邻三项的关系、等差数列通项公式和等差数列前 n 项和公式是高职升学考试的考点之一。

例如　1. $a+c=2b$ 是 a,b,c 成等差数列的(　　)。

A. 充分不必要条件　　　　　B. 必要不充分条件

C. 充要条件　　　　　　　　D. 既不充分也不必要条件

分析　三个数 a,b,c 成等差数列,根据等差数列定义有 $b-a=c-b$,化简得 $a+c=2b$。等差数列任意相邻三项也满足这个要求。

【答案:C】

2. 在等差数列 $\{a_n\}$ 中,公差 $d=1$,且 $a_2+a_4=8$,

(1) 求等差数列 $\{a_n\}$ 的通项公式,(2) 求数列 $\{a_n\}$ 的前 10 项和。

分析　等差数列的通项公式:$a_n=a_1+(n-1)d$ 和等差数列的前 n 项和公式:$S_n=\dfrac{n(a_1+a_n)}{2}=na_1+\dfrac{n(n-1)d}{2}$ 是考试重点内容。将已知代入公式,可得出答案。

【答案:(1) $a_n=n+1$ (2) 65】

习题 6-2A

1. (1) 求等差数列 $3,7,11,\cdots\cdots$ 的第 4 项与第 10 项;

(2) 100 是等差数列 $2,9,16,\cdots\cdots$ 的第几项?

2. 在等差数列 $\{a_n\}$ 中

(1) $d=-\dfrac{1}{3}$,$a_7=8$,求 a_1;　　　　(2) $a_1=12$,$a_6=27$,求 d;

(3) 已知 $a_5=10$,$a_{12}=31$,求 a_1 与 d;　　(4) 已知 $a_3=9$,$a_9=3$,求 a_1 与 a_{12}。

3. 求下列各组数的等差中项

(1) 21 与 13;　　　　　　　　(2) $\dfrac{\sqrt{3}-\sqrt{7}}{5}$ 与 $\dfrac{\sqrt{3}+\sqrt{7}}{5}$;

(3) -10 与 14;　　　　　　　(4) $\dfrac{\sqrt{7}-\sqrt{2}}{2}$ 与 $\dfrac{\sqrt{7}+\sqrt{2}}{2}$。

4. 已知等差数列 $\{a_n\}$ 中

(1) $a_1=5$,$a_n=95$,$n=10$,求 S_n;

(2) $a_1=100$,$d=-2$,$n=50$,求 S_n;

(3) $d=3$,$a_n=60$,$n=15$,求 S_n。

5. 求正整数数列中前 500 个偶数的和。

6. 已知等差数列 $\{a_n\}$ 中:

(1) $a_1=10$,$a_n=-37$,$S_n=-54$,求 d 和 n;

(2) $d=\dfrac{1}{3}$,$n=37$,$S_n=629$,求 a_1 和 a_n;

(3) $a_6=5$,$a_3+a_8=5$,求 S_9;

(4) $a_1=7$,$n=30$,$S_n=1080$,求 d 和 a_n。

7. 已知三个数成等差数列,它们的和等于 15,它们的平方和等于 83,求这三个数。

8. 求解方程:
$$(x+1)+(x+4)+(x+7)+\cdots\cdots+(x+28)=155。$$

习题 6-2B

1. 选择题：

（1）在等差数列 $\{a_n\}$ 中，若 $a_3+a_{17}=10$，则 S_{19} 等于（   ）。

    A. 65   B. 75   C. 85   D. 95

（2）在等差数列 $\{a_n\}$ 中，若 $a_3=5$，$a_5=9$，则 S_6 等于（   ）。

    A. 38   B. 36   C. 48   D. 46

（3）等差数列 $\{a_n\}$ 中，$a_3+a_9=30$，则 $a_5+a_7=$（   ）。

    A. 30   B. 60   C. 90   D. 120

（4）$\{a_n\}$ 是等差数列，$a_6=6$，$a_{13}=24$，则 a_{14} 等于（   ）。

    A. 12   B. 30   C. 40   D. 42

2. 填空题：

（1）等差数列 $\{a_n\}$ 中，若 $a_1=1$，$a_7=67$，则 $a_4=$ _____；

（2）设 $\{a_n\}$ 为等差数列，其公差 $d=3$，前 4 项和 $S_4=22$，则 $a_4=$ _____；

（3）已知 $\{a_n\}$ 为等差数列，且 $a_1+a_3=8$，$a_2+a_4=12$，则 $a_n=$ _____。

3. 在等差数列 $\{a_n\}$ 中，$a_2+a_4+a_6+a_8=20$，求 $a_1+a_3+a_5+a_7+a_9$ 等于多少？

4. 等差数列 $\{a_n\}$ 的公差 $d(d\neq 0)$ 是方程 $x^2+3x=0$ 的根，前 6 项的和 $S_6=a_6+10$，求 S_{10}。

5. 在等差数列 $\{a_n\}$ 中，已知 $a_4=9$，$a_6+a_7=28$。

（1）求数列 $\{a_n\}$ 的通项公式；

（2）求数列 $\{a_n\}$ 的前 n 项和 S_n；

（3）若 $b_n=\dfrac{1}{a_n^2-1}(n\in\mathbf{N}_+)$，数列 $\{b_n\}$ 的前 n 项和 T_n，证明 $T_n<\dfrac{1}{4}$。

6. 等差数列 $\{a_n\}$ 的前 n 项和 S_n，若 $a_5=12$，$S_2=38$，求：

（1）数列 $\{a_n\}$ 的通项公式；   （2）数列 $\{a_n\}$ 中所有正数项的和。

第三节 等 比 数 列

案例

    去银行定期存款，若本金为 10 000 元，年利率 3%，存一年，到期后未取出银行自动转存。则每年到存款日期时的本金加利息为：

    $10\,000(1+3\%)$，$10\,000(1+3\%)^2$，$10\,000(1+3\%)^3$，……（单位:元）

    这实际上就构成了一个等比数列。

    请问: 1. 你能归纳出等比数列的定义吗？

             2. 若五年后取出，共能得多少钱？

一、等比数列的概念

观察下面数列：

（1）$3,9,27,81,\cdots$

（2）$1,-\dfrac{1}{2},\dfrac{1}{4},-\dfrac{1}{8},\dfrac{1}{16}\cdots$

(3) $5,5,5,5,5,\cdots$

在数列(1)中,从第 2 项起,每一项与它的前一项的比都等于 3;在数列(2)中,从第 2 项起,每一项与它的前一项的比为 $-\dfrac{1}{2}$;在数列(3)中,从第 2 项起,每一项与它的前一项的比为 1。这些数列具有这样的共同特点:从第二项起,每一项与前一项的比都等于同一常数。

一般地,如果数列 $\{a_n\}$ 满足从第 2 项起,每一项与它的前一项的比都等于同一个不为 0 的常数 q,则数列 $\{a_n\}$ 叫做**等比数列**,常数 q 叫做**等比数列的公比**。

根据定义,上述数列(1)、(2)、(3)都是等比数列,其中数列(1)的公比是 3;数列(2)的公比是 $-\dfrac{1}{2}$;数列(3)的公比是 1。

注:不为零的常数列既是等差数列又是等比数列。

二、等比数列的通项公式及等比中项

若等比数列 $\{a_n\}$ 的首项是 a_1,公比是 q,则由定义有:

$$\frac{a_2}{a_1}=q,\quad \frac{a_3}{a_2}=q,\quad \frac{a_4}{a_3}=q,\quad \cdots,\quad \frac{a_n}{a_{n-1}}=q,\quad \cdots$$

所以

$$a_2=a_1q,$$
$$a_3=a_2q=a_1q^2,$$
$$a_4=a_3q=a_1q^3,$$
$$\cdots$$
$$a_n=a_{n-1}q=a_1q^{n-1}。$$

由上面的分析得出等比数列的**通项公式**

$$\boxed{a_n=a_1q^{n-1}}$$

公式给出了等比数列的首项 a_1、公比 q、项数 n 以及第 n 项 a_n 这四个量之间的关系,如果已知其中的三个量,就可以求出另外一个量。

例如,在细胞分裂过程中,细胞个数依次为:$1,2,4,\cdots$,它们构成一个等比数列,其中首项是 1,公比是 2,那么细胞个数的通项公式就是

$$a_n=a_1q^{n-1}=1\times2^{n-1}=2^{n-1}。$$

一般地,如果三个数 a,G,b 组成等比数列,那么数 G 叫做 a 与 b 的**等比中项**。

如果 G 是 a 与 b 的等比中项,那么 $\dfrac{G}{a}=\dfrac{b}{G}$,即

$$\boxed{G^2=ab}\quad 或 \quad \boxed{G=\pm\sqrt{ab}}$$

注:1. 只有当 a,b 同号时 a 与 b 才有等比中项,a,b 的等比中项是一对相反数。

　　2. 任何一个等比数列从第 2 项起,每一项(有穷等比数列的末项除外)都是它的前一项与后一项的等比中项。

例1　求等比数列 $\sqrt{2},1,\dfrac{\sqrt{2}}{2},\cdots$ 的第 6 项。

解：因为 $a_1=\sqrt{2}$，$q=\dfrac{\sqrt{2}}{2}$.

所以由等比数列通项公式 $a_n=a_1q^{n-1}$，可得

$$a_6=a_1q^5=\sqrt{2}\times\left(\dfrac{\sqrt{2}}{2}\right)^5=\sqrt{2}\times(2^{-\frac{1}{2}})^5=2^{\frac{1}{2}-\frac{5}{2}}=2^{-2}=\dfrac{1}{4}。$$

例 2 已知等比数列 $\{a_r\}$ 中，$a_1=3$，$q=2$，那么 192 是数列的第几项?

解：因为 $a_1=3$，$q=2$，$a_n=192$，

所以由等比数列的通项公式 $a_n=a_1q^{n-1}$，可得

$$192=3\times2^{n-1},$$
$$64=2^{n-1},$$
$$2^6=2^{n-1},$$
$$n=7。$$

即 192 是数列的第 7 项。

例 3 已知等比数列的第 5 项是 15，第 7 项是 $\dfrac{135}{4}$，求：a_1，a_2。

解：设等比数列的首项为 a_1，公比为 q，

根据等比数列的通项公式 $a_n=a_1q^{n-1}$ 及题意，得方程组：

$$\begin{cases} a_5=a_1\cdot q^4=15, & (1)\\ a_7=a_1\cdot q^6=\dfrac{135}{4}。 & (2) \end{cases}$$

用（2）式除以（1）式得

$$q^2=\dfrac{\dfrac{135}{4}}{15}=\dfrac{135}{4}\times\dfrac{1}{15}=\dfrac{9}{4},$$

$$q=\pm\dfrac{3}{2},\text{代入（1）式得}$$

$$a_1=\dfrac{15}{q^4}=\dfrac{15}{\dfrac{81}{16}}=15\times\dfrac{16}{81}=\dfrac{80}{27},$$

所以 $a_2=a_1\cdot q=\dfrac{80}{27}\times\left(\pm\dfrac{3}{2}\right)=\pm\dfrac{40}{9}$，

即所求数列的 $a_1=\dfrac{80}{27}$，$a_2=\dfrac{40}{9}$ 或 $a_1=\dfrac{80}{27}$，$a_2=-\dfrac{40}{9}$。

例 4 求下列两个数的等比中项。

（1）4 和 8；   （2）$\sqrt{7}+\sqrt{3}$ 和 $\sqrt{7}-\sqrt{3}$。

解：（1）$G=\pm\sqrt{4\times8}=\pm\sqrt{32}=\pm4\sqrt{2}$；

（2）$G=\pm\sqrt{(\sqrt{7}+\sqrt{3})(\sqrt{7}-\sqrt{3})}=\pm\sqrt{7-3}=\pm2$。

例 5 已知三个数成等比数列，它们的乘积为 64，它们的和为 14，求这三个数。

解：设这三个数为 $\dfrac{a}{q}$，a，aq，

根据题意,得方程组:

$$\begin{cases} \dfrac{a}{q} \cdot a \cdot aq = 64, & (1) \\[3mm] \dfrac{a}{q} + a + aq = 14。 & (2) \end{cases}$$

由(1)式解得 $a^3 = 64, a^3 = 64$,

$$a = 4。$$

代入(2)式 $\dfrac{4}{q} + 4 + 4q = 14$,整理得

$$2q^2 - 5q + 2 = 0,$$
$$(q-2)(2q-1) = 0,$$
$$q_1 = 2 \ \text{或} \ q_2 = \dfrac{1}{2}。$$

所以,当 $a = 4, q = 2$ 时,三个数依次为 $2, 4, 8$;

当 $a = 4, q = \dfrac{1}{2}$ 时,三个数依次为 $8, 4, 2$。

已知三个数成等比数列且已知三数之积时,可将这三个数表示为 $\dfrac{a}{q}, a, aq$,这样运算起来更容易。

三、等比数列前 n 项和公式

设等比数列 $\{a_n\}$ 中的各项为

$$a_1, a_2, a_3, a_4, \cdots, a_n, \cdots$$

前 n 项和

$$S_n = a_1 + a_2 + \cdots + a_n。$$

若 $q = 1$,则 $S_n = na_1$。

若 $q \neq 1$,将等比数列的通项公式代入上式

$$S_n = a_1 + a_1 q + a_1 q^2 + \cdots + a_1 q^{n-1}。 \tag{1}$$

将(1)式两边同时乘以 q,

$$qS_n = a_1 q + a_1 q^2 + a_1 q^3 + \cdots + a_1 q^n。 \tag{2}$$

(1)式减去(2)式,得

$$S_n - qS_n = a_1 - a_1 q^n,$$
$$(1-q)S_n = a_1(1-q^n),$$

等比数列前 n 项和公式

$$\boxed{S_n = \dfrac{a_1(1-q^n)}{1-q} \quad (q \neq 1)}$$

又由于 $a_n = a_1 q^{n-1}$,代入上式

$$S_n = \dfrac{a_1(1-q^n)}{1-q} = \dfrac{a_1 - a_1 q^n}{1-q} = \dfrac{a_1 - a_1 q^{n-1} \cdot q}{1-q} = \dfrac{a_1 - a_n q}{1-q},$$

得到等比数列前 n 项和的另外一个公式

$$\bar{S}_n = \frac{a_1 - a_n q}{1-q} (q \neq 1)$$

知识拓展

推导等比数列前 n 项和公式的方法叫做"乘公比错位相减"。即在前 n 项和

$$S_n = a_1 + a_1 q + a_1 q^2 - \cdots + a_1 q^{n-1}$$ 的两边同时乘上公比 q，

得到 $qS_n = a_1 q + a_1 q^2 + a_1 q^3 + \cdots + a_1 q^n$，两式相减时右边错开一位，消掉相同的项，从而得到等比数列的前 n 项和公式。

若某数列的通项公式是等差数列和等比数列乘积（或等差数列除以等比数列）构造而成，可以用该方法求数列的前 n 项和。

例如 已知数列通项公式为 $a_r = \dfrac{2n-1}{2^{n-1}}$，求该数列的前 n 项和。

解：$S_n = \dfrac{1}{2^0} + \dfrac{3}{2^1} + \dfrac{5}{2^2} + \cdots + \dfrac{2n-3}{2^{n-2}} + \dfrac{2n-1}{2^{n-1}}$，

乘公比：$\dfrac{1}{2}S_n = \dfrac{1}{2^1} + \dfrac{3}{2^2} + \dfrac{5}{2^3} + \cdots + \dfrac{2n-3}{2^{n-1}} + \dfrac{2n-1}{2^n}$，

错位相减：$\dfrac{1}{2}S_n = 1 + \dfrac{2}{2^1} + \dfrac{2}{2^2} + \dfrac{2}{2^3} + \cdots + \dfrac{2}{2^{n-1}} - \dfrac{2n-1}{2^n}$

$$= 1 + 2 \times \left(\dfrac{1}{2^1} + \dfrac{1}{2^2} + \dfrac{1}{2^3} + \cdots + \dfrac{1}{2^{n-1}} \right) - \dfrac{2n-1}{2^n}$$

$$= 3 - \dfrac{2n+3}{2^n}。$$

所以 $S_n = 6 - \dfrac{2n+3}{2^{n-1}}$。

例6 求等比数列 $1, \dfrac{1}{2}, \dfrac{1}{4}, \dfrac{1}{8}, \dfrac{1}{16}, \cdots$ 的前 6 项和。

解法一：依题意 $a_1 = 1, q = \dfrac{1}{2}, n = 6$，

由等比数列前 n 项和公式 $S_n = \dfrac{a_1(1-q^n)}{1-q}$，可得

$$S_6 = \frac{1 - \left(\dfrac{1}{2}\right)^6}{1 - \dfrac{1}{2}} = \frac{1 - \dfrac{1}{64}}{\dfrac{1}{2}} = \frac{\dfrac{63}{64}}{\dfrac{1}{2}} = \frac{63}{32}。$$

解法二：依题意 $a_1 = 1, q = \dfrac{1}{2}, n = 6$，

由通项公式可得

$$a_6 = a_1 q^5 = \left(\dfrac{1}{2} \right)^5 = \dfrac{1}{32}。$$

由等比数列前 n 项和公式 $S_n = \dfrac{a_1 - a_n q}{1-q}$，可得

$$S_6 = \frac{a_1 - a_6 q}{1-q} = \frac{1 - \dfrac{1}{32} \times \dfrac{1}{2}}{1 - \dfrac{1}{2}} = \frac{63}{32}。$$

例 7　在等比数列中，已知 $a_1 = 3$，$S_3 = 39$，求 q，a_3。

解：由 $S_n = \dfrac{a_1(1-q^n)}{1-q}$，得 $S_3 = \dfrac{3 \times (1-q^3)}{1-q} = 39$，

由于 $q \neq 1$ 解得

$$3(1+q+q^2) = 39,$$
$$q^2 + q - 12 = 0,$$
$$(q+4)(q-3) = 0,$$
$$q_1 = -4, \quad q_2 = 3。$$

所以，当 $q_1 = -4$ 时，$a_3 = a_1 \cdot q^2 = 3 \times (-4)^2 = 48$；

当 $q_2 = 3$ 时，$a_3 = a_1 \cdot q^2 = 3 \times 3^2 = 27$。

例 8　求等比数列 $1, 2, 4, 8, \cdots$ 从第 5 项到第 10 项的和。

解法一：依题意 $a_1 = 1$，$q = 2$，

得 $a_5 = a_1 \cdot q^4 = 16$。

求从第 5 项到第 10 项的和，可以看作是求 $a_1 = 16$，$q = 2$ 的等比数列的前 6 项的和。

由 $S_n = \dfrac{a_1(1-q^n)}{1-q}$，可得

$$S_6 = \frac{16 \times (1-2^6)}{1-2} = \frac{16 \times (1-64)}{-1} = 1008。$$

解法二：由 $a_1 = 1$，$q = 2$，$S_n = \dfrac{a_1(1-q^n)}{1-q}$ 可得

$$S_4 = \frac{1 \times (1-2^4)}{1-2} = 15, \quad S_{10} = \frac{1 \times (1-2^{10})}{1-2} = 1023,$$

解得 $S_{10} - S_4 = 1023 - 15 = 1008$。

所以，数列从第 5 项到第 10 项的和为 1008。

考点链接

　　等比中项、等比数列中项数和相同的两项的乘积关系、等比数列通项公式和等比数列前 n 项和公式是高职升学考试的考点之一。

　　例如　1. $\dfrac{\sqrt{14}-\sqrt{6}}{2}$ 和 $\dfrac{\sqrt{14}+\sqrt{6}}{2}$ 的等比中项是_____。

　　分析　同号的两项才有等比中项，且有两个。

【答案：$\pm\sqrt{2}$】

2. 已知等比数列 $\{a_n\}$，满足 $a_n>0(n\in\mathbf{N}_+)$ 且 $a_5\cdot a_7=9$，则 $a_6=$_____。

分析　等比数列中，若 $m,n,p,k\in\mathbf{N}_+$，且 $m+n=p+k$，则 $a_m\cdot a_n=a_p\cdot a_k$（可推广）。当 $m+n=2p$ 时，$a_m\cdot a_n=a_p^2$。

【答案:3】

3. 已知等比数列 $\{a_n\}$ 中，$a_3=16$，公比 $q=\dfrac{1}{2}$。

（1）求数列 $\{a_n\}$ 的通项公式；

（2）若数列 $\{a_n\}$ 前 n 项和 $S_n=124$，求项数 n。

分析　等比数列的通项公式 $a_n=a_1q^{n-1}$ 和等比数列前 n 项和公式

$$S_n=\frac{a_1(1-q^n)}{1-q}(q\neq1)=\frac{a_1-a_nq}{1-q}(q\neq1)$$ 是考试重点内容。

【答案:（1）$a_n=2^{7-n}$（2）5】

习题 6-3A

1. 填空题：

（1）等比数列 $3,-9,27,\cdots$ 的第 5 项是_____；

（2）等比数列 $0.6,1.2,2.4,\cdots$ 的第 6 项是_____；

（3）等比数列 $1,\sqrt{2},2,\cdots$ 中 $a_9=$_____，$a_n=$_____；

（4）-4 与 -9 的等比中项是_____；

（5）$\dfrac{\sqrt{2}+\sqrt{3}}{2}$ 与 $\dfrac{\sqrt{3}-\sqrt{2}}{2}$ 的等比中项是_____；

（6）等比数列 $1,\dfrac{1}{2},\dfrac{1}{4},\cdots$ 的前 5 项和是_____。

2. 等比数列的首项可以为 0 吗？等比数列中的任意一项可以为 0 吗？公比可以为 0 吗？为什么？

3. 在等比数列 $\{a_n\}$ 中，

（1）$a_1=3,q=-\dfrac{1}{2}$，求 a_7；

（2）$a_1=\dfrac{5}{3},q=3,S_n=135$，求 n；

（3）$a_1=1,q=-2$，求 S_7。

4. 在等比数列 $\{a_n\}$ 中，

（1）$a_1=\dfrac{9}{8},a_n=\dfrac{1}{3},S_n=\dfrac{65}{24}$，求 q 和 n；

（2）$a_1=-\dfrac{3}{2},a_4=96$，求 q 和 S_4；

（3）$q=3,n=6,a_n=972$，求 a_1 和 S_6；

（4）$a_1=2,q=-4,S_n=26$，求 n 和 a_n。

5. 已知三个数成等比数列，和为 13，积为 27，求这三个数。

6. 已知三个正数成等差数列,和为 15,这三个数分别加上 1,3,9 后成等比数列,求这三个正数。

7. 求数列 $2\frac{1}{2},5,9\frac{1}{2},18,\cdots,2^n+\frac{n}{2},\cdots$ 的前 n 项和。

习题 6-3B

1. 选择题:

(1) 在等比数列 $\{a_n\}$ 中,$a_2=1,a_4=3$,则 a_6 等于(   )。

    A. -5 B. 5   C. -9 D. 9

(2) 等比数列 $\{a_n\}$ 的前 n 项和 S_n,$\frac{S_2}{S_1}=\frac{1}{2}$,则公比 q 等于(   )。

    A. $\frac{1}{2}$ B. $-\frac{1}{2}$ C. 2   D. -2

(3) 下面的数列中,为等比数列的是(   )。

    A. $2,8,64$ B. $\lg4,\lg8,\lg16$

    C. $3,-3\sqrt{3},9$ D. $\cos30°,\cos60°,\cos90°$

(4) 在等比数列 $\{a_n\}$ 中,$a_2=10,a_3=20$,则 S_5 等于(   )。

    A. 155   B. 150   C. 160   D. 165

(5) 在各项为正数等比数列 $\{a_n\}$ 中,若 $a_1\cdot a_4=\frac{1}{3}$,则 $\log_3 a_2+\log_3 a_3$ 等于(   )。

    A. -1 B. 1   C. -3 D. 3

2. 填空题:

(1) 若等比数列 $\{a_n\}$ 满足 $a_1=4,a_2=20$,则 $\{a_n\}$ 的前 n 项和 $S_n=$ _____;

(2) 已知等比数列 $\{a_n\}$ 的前 n 项和 $S_n=3\times2^n+k$,则 $k=$ _____;

(3) 若等比数列 $\{a_n\}$ 的各项均为正数,且 $a_9=a_{10}+a_{11}$,则该数列的公比为 _____。

3. 等比数列 $\{a_n\}$ 的各项都是正数,$a_1=2$,前 3 项和为 14。设 $b_n=\log_2 a_n$,求数列 $\{b_n\}$ 的前 10 项和。

4. 如果 $a<3<c,a+c=6$,且 $a^2,3^2,c^2$ 成等比数列,求 a 和 c 的值。

5. 在等比数列 $\{a_n\}$ 中,$a_2=4,a_3=8$。求

(1) 该数列的通项公式;   (2) 该数列的前 10 项和。

6. 已知数列 $\{a_n\}$ 的首项 $a_1=1,a_n=2a_{n-1}+n^2-4n+2(n=2,3\cdots\cdots)$,数列 $\{b_n\}$ 的通项为 $b_n=a_n+n^2(n\in\mathbf{N}_+)$,

(1) 证明:数列 $\{b_n\}$ 是等比数列;

(2) 求数列 $\{b_n\}$ 的前 n 项和 S_n。

7. 已知数列 $\{a_n\}$ 的前 n 项和为 S_n,且满足 $a_1=1$ 和 $S_n=2a_n-1$(其中 $n\in\mathbf{N}_+$)

(1) 求数列 $\{a_n\}$ 的前四项;   (2) 求数列 $\{a_n\}$ 的通项公式。

第四节　数列的应用

案例

小明在体育活动时不小心扭伤,医生开药并要求每天早晚8时各服用1片。此药片每片重120毫克,肾脏每12小时从体内滤出该种药的50%,若此种药在体内的残留量过多,将产生副作用。

请问:1. 小明上午8时第一次服药后到第二天8时一直忘记服药,那么第二天8时体内该药的残留量是多少?

　　　2. 小明上午8时第一次服药后按时服药,那么第三次服药时体内该药的残留量又是多少?

若小明忘记服药,药在体内的残留量可构成等比数列;若按时服药,计算药在体内的残留量时要注意到每次的药都会产生残留的。

我们已经学习了一般数列的概念、等差数列和等比数列。下面列举一些数列知识综合应用以及等差数列、等比数列的实际应用问题。

例1　已知成等差数列的三个正数的和等于15,而这三个数分别加上1,3,9成等比数列,求这三个数。

解:设所求的三个数为$a-d,a,a+d$,

根据题意

$$\begin{cases} (a-d)+a+(a+d)=15, & (1)\\ (a+3)^2=(a-d+1)(a+d+9), & (2)\end{cases}$$

由(1)式可得

$$3a=15,\quad a=5。$$

将$a=5$代入(2)式

$$64=(6-d)(14+d),$$

即$d^2+8d-20=0$,

得$d_1=2,d_2=-10$。

因为所求的三个数都是正数,$d_2=-10$不合题意。

所以,当$a=5,d_1=2$时,三个数依次为3,5,7。

知识拓展

本节的例1是一道等差数列和等比数列交汇的题目,对于运算和推理有一定的要求。而数列与解析几何、数列与不等式的交汇也是经常出现的内容。

例如　1. 一个三角形的三个内角成等差数列,对应的三边成等比数列,问三内角所成等差数列的公差为多少?

分析　因为A,B,C成等差数列,a,b,c成等比数列,则$B=\dfrac{\pi}{3},b^2=ac$

所以 $\cos B = \dfrac{a^2+c^2-b^2}{2ac} = \dfrac{1}{2}$，化简可得：$a=b$，

又因为 a,b,c 成等比数列，所以 $a=b=c$，所以 $A=B=C$。

即三内角所成等差数列的公差为 0。

【答案：0】

2. 根据市场调查，预测某种家用商品从年初开始的 n 个月内累积的需求量 S_n（万件）近似满足 $S_n = \dfrac{n}{90}(21n-n^2-5)$ $(n=1,2,3,\cdots,12)$，那么此种商品需求量超过 1.5 万件的月份是（　　　）

　　　A. 5 月、6 月　　　　　B. 6 月、7 月　　　　　C. 7 月、8 月　　　　　D. 8 月、9 月

分析　每个月的需求：$a_n = S_n - S_{n-1} = \dfrac{1}{30}(-n^2+15n-9) = \dfrac{1}{30}\left[-\left(n-\dfrac{15}{2}\right)^2 + \dfrac{189}{4}\right]$

显然当 $n=7$ 和 8 时，有最大值 $\dfrac{47}{30} > 1.5$。

【答案：C】

例 2　求数列 $2\dfrac{1}{3}, 4\dfrac{1}{9}, 6\dfrac{1}{27}, 8\dfrac{1}{81}, \cdots$ 的前 10 项的和。

分析　这个数列既不是等差数列，也不是等比数列，但是每一项都可以拆成整数与分数两个部分：其中整数部分 $2,4,6,8,\cdots$ 是等差数列；分数部分 $\dfrac{1}{3}, \dfrac{1}{9}, \dfrac{1}{27}, \cdots$ 是等比数列，即

$$a_1 = 2 + \dfrac{1}{3^1}, \quad a_2 = 2\times 2 + \dfrac{1}{3^2}, \quad a_3 = 2\times 3 + \dfrac{1}{3^3}, \quad a_4 = 2\times 4 + \dfrac{1}{3^4}, \quad \cdots$$

该数列的通项是 $a_n = 2n + \dfrac{1}{3^n}$。

所以，求和时可使用拆项的方法，将每项拆为两部分，然后再分别求和。

解：
$$S_{10} = \left(2 + \dfrac{1}{3}\right) + \left(4 + \dfrac{1}{9}\right) + \left(6 + \dfrac{1}{27}\right) + \cdots + \left(20 + \dfrac{1}{3^{10}}\right)$$

$$= (2+4+6+8+\cdots+20) + \left(\dfrac{1}{3} + \dfrac{1}{9} + \dfrac{1}{27} + \cdots + \dfrac{1}{3^{10}}\right)$$

$$= \dfrac{10\times(2+20)}{2} + \dfrac{\dfrac{1}{3}\times\left(1-\dfrac{1}{3^{10}}\right)}{1-\dfrac{1}{3}}$$

$$= 110 + \dfrac{1}{2}\times\left(1-\dfrac{1}{3^{10}}\right)$$

$$\approx 110 + 0.5 = 110.5。$$

例 3　已知数列的前 n 项和为 $S_n = n^2 - n$，求：a_4。

解：因为 $S_n = n^2 - n$，即 $S_4 = 4^2 - 4 = 12$，$S_3 = 3^2 - 3 = 6$，

所以 $a_4 = S_4 - S_3 = 12 - 6 = 6$。

例 4　某工厂今年的利润为 1000 万元,计划在今后 5 年内每年比上年的利润增加 10%,若该计划得以实现,问从今年起的 5 年内,这个工厂的总利润是多少?(精确到 0.01 万元)

解:今年的利润是 1000 万元。

一年后的利润是 $1000+1000\times10\%=1000(1+10\%)$ 万元。

二年后的利润是
$$1000(1+10\%)+1000(1+10\%)\times10\%=1000(1+10\%)^2 \text{ 万元。}$$

…

四年后的利润是 $1000(1+10\%)^4$ 万元。

所以从今年起的 5 年内的利润依次是:

1000,　$1000(1+10\%)$,　$1000(1+10\%)^2$,　$1000(1+10\%)^3$,　$1000(1+10\%)^4$。

它们构成一个等比数列,$a_1=1000,q=1+10\%=1.1,n=5$,

所以 $S_5=\dfrac{1000(1-1.1^5)}{1-1.1}\approx6105.1$ 万元。

答:若计划得以实现,从今年起的 5 年内总利润约为 6105.1 万元。

教育储蓄是国家为了大力发展教育事业而推出的储蓄品种,它采用的是零存整取的存款方法和定期存款的存款利息,而且实行免缴利息税的优惠政策。

例 5　王红的家长为她办理了一年期的教育储蓄,每月固定存入 100 元,年利率为 2.25%,问:一年后共可取出多少钱?

解:因为一年后取出的钱为本金与利息的和,

$$\text{本金}=\text{月固定存入金额}\times\text{存款年数存期}\times12,$$
$$\text{利息}=\text{月存入金额}\times\text{存期的和}\times\text{月利率},$$

所以,本金 $=100\times1\times12=1200$ 元。

存期的和:第一个月存入固定金额的实际存期为 12 个月,第二个月存入固定金额的实际存期为 11 个月,第三个月存入固定金额的实际存期为 10 个月……依次类推,到第十二个月存入固定金额的实际存期为 1 个月,所以一年中每次存入固定金额的存期依次为

$$12,11,10,9,8,7,6,5,4,3,2,1(\text{个月})。$$

一年的存期和为
$$S_n=\frac{n(a_1+a_n)}{2}=\frac{12(12+1)}{2}=78(\text{个月})。$$

因为月利率=年利率÷12,

利息 $=100\times78\times2.25\%\div12=14.625$,

本息和=本金+利息 $=1200+14.625=1214.625$ 元。

答:一年后共取出 1214.625 元。

例 6　分期付款买某款手机,价格为 5000 元,购买当天付 500 元,以后每月的同一天都付 450 元以及欠款的利息,月利率为 1%,问:分期付款的第六个月交付多少钱?全部货款付清后,买这款手机共花了多少钱?

解:欠款 4500 元,每月还 450 元,共还款 10 个月

第一个月还款 $a_1=450+4500\times1\%=495$,

第二个月还款 $a_2=450+(4500-450)\times1\%=490.5$,

第三个月还款 $a_3 = 450 + (4500 - 900) \times 1\% = 486$，

……

则 $a_n = 450 + [4500 - (n-1) \ 450] \times 1\%$。

所以 $a_6 = 450 + [4500 - (5 \times 450)] \times 1\% = 472.5$。

分期付款依次为：495，490.5，486，…为一个等差数列。

其中首项为 495，公差为 -4.5，

分期共付贷款为

$$S_{10} = \frac{n(a_1 + a_n)}{2} = \frac{10 \times [495 + 450 + (4500 - 9 \times 450) \times 1\%]}{2} = 4745.5(元)$$

全部货款合计为 500 + 4745.5 = 5245.5 元，

答：分期付款的第六个月应该交付 472.5 元；全部付清后实际付款 5245.5 元。

考点链接

求等比数列的公比是高职升学考试的考点之一。

例如 设 a_n 是公比为 q 的等比数列，且 $a_2，a_4，a_3$ 成等差数列，则 $q =$ _____。

分析 求等比数列公比时注意考虑等比数列公比会有两个解的情况。

由题意可得 $a_4 - a_2 = a_3 - a_4$，

即 $a_1 q^3 - a_1 q = a_1 q^2 - a_1 q^3$，

化简得 $q^2 - 1 = q - q^2$，$2q^2 - q - 1 = 0$，解得 $q = -\frac{1}{2}$ 或 $q = 1$。

【答案：$-\frac{1}{2}$ 或 1】

习题 6-4A

1. 三个正数成等差数列，其和为 15，若分别加上 1，4，19 后所得到的三个数成等比数列，求这三个数。

2. 求数列 $1\frac{1}{2}，2\frac{1}{4}，3\frac{1}{8}，4\frac{1}{16}，\cdots$ 前 8 项和。

3. 某林场今年造林 100 亩，计划以后每一年比上一年多造林 30 亩，从今年起的 5 年内共造林多少亩？

4. 某地区计划从今年起改造危房 1000 平方米，以后每一年要比前一年多改造 20%，从今年起的 4 年内共改造危房多少平方米？

5. 某人年初向银行贷款 10 万元用于买房。

（1）如果向建设银行贷款，年利率为 5%，且这笔款分 10 次等额归还（不计复利），从借款后第二年年初开始还款，每年一次，每年还款金额是多少？

（2）如果向工商银行贷款，年利率为 4%，要按复利计算（即本年的利息计入次年的本金并生息），仍分 10 次等额归还，每年还款金额是多少？（结果保留整数）

6. 随着国家"药品零差价"政策的实行，某种药品在半年内三次降价，单价由原来的 54 元降到 16 元，问这种药品平均每次降价的百分率是多少？

7. 古时候，某个国家的一位大臣发明了国际象棋，国王非常喜欢并问他想得到什么奖赏,大臣说:"请您在这张棋盘的第一个小格内赏给我一粒麦子,在第二个小格内给两粒,在第三个小格内给四粒,照这样下去,每一小格内都比前一小格内的麦粒数加一倍,直到把每一小格都摆上麦粒为止.并把这样摆满棋盘上六十四格的麦粒赏给您的仆人。"国王认为这位大臣的要求不算多,就爽快地答应了。这位大臣所要求的麦粒数究竟是多少呢?假定千粒麦子的质量为40克,这位大臣所要的麦粒总质量是多少?目前世界年产小麦约8亿吨,这个要求可能满足吗?($2^{64} \approx 1.8 \times 10^{19}$)

习题 6-4B

1. 有 4 个数,前 3 个数成等差数列,公差为 10,后 3 个数成等比数列,公比为 3,求这四个数。

2. 已知数列 $\{a_n\}$ 是公比为 q($q>0$)的等比数列,其中 $a_4 = 1$,且 a_2,a_3,a_3-2 成等差数列。求:

（1）求数列 $\{a_n\}$ 的通项公式;

（2）记数列 $\{a_n\}$ 的前 n 项和为 S_n。求证:$S_n < 16$($n \in \mathbf{N}_+$)。

3. 某学校合唱团参加演出,需要把 120 名演员排成 5 排,并且从第二排起,每排比前一排多 3 人,求第一排应安排多少名演员。

本章小结

　　本章主要说明了数列的概念,等差数列和等比数列的定义,通项公式,中项公式以及前 n 项和公式。

　　数列实际上是定义在正整数集上的一类特殊函数 $a_n = f(n)$,当自变量 n 依次取 1,2,3···时对应的一些函数值就构成了数列。数列中两个比较特殊的数列是等差数列和等比数列,要掌握他们的通项公式和前 n 项和公式并能熟练应用,在具体练习中还应该注意一些本章中考点链接提到的技巧和注意事项。

　　在实际生活和经济活动中,很多问题都与数列密切相关。如分期付款、个人投资理财以及人口问题、资源问题等都可运用所学数列知识进行分析,从而予以解决。与此同时,数列在艺术创作上也有突出的作用!数学家华罗庚曾经说过:宇宙之大,粒子之微,火箭之速,化工之巧,地球之变,日用之繁,无处不用数学。这是对数学与生活关系的精彩描述。

（尹崇阳）

目标测试

A 组

1. 选择题:

（1）一个数列的通项公式 $a_n = n(n-2)$,则 63 是数列的第(　　)项。

　　A. 6　　　　　B. 7　　　　　C. 8　　　　　D. 9

（2）等差数列 -6,-1,4,9,······中的第 20 项为(　　)。

　　A. 89　　　　B. -101　　　C. 101　　　　D. -89

（3）在等比数列中,已知:$a_1 \cdot a_8 = 6$,则 $a_3 \cdot a_6 = ($　　$)$。

A. 18   B. 28   C. 6   D. 12

（4）已知 $3,x,y,z,48$ 这五个数成等比数列,则 y 为(　　)。

A. ±12 B. 12   C. 48   D. ±48

（5）数列 $\{a_n\}$ 的前 n 项和为 $S_n=\dfrac{n+1}{n+2}$,则 a_9+a_{10} 的值为(　　)。

A. $\dfrac{11}{60}$ B. $\dfrac{7}{60}$ C. $\dfrac{1}{60}$ D. $\dfrac{1}{30}$

（6）在等比数列 $\{a_n\}$ 中,已知 $a_3\cdot a_4=5$,则 $a_1\cdot a_2\cdot a_5\cdot a_6=$(　　)。

A. -10 B. 10   C. -25 D. 25

2. 填空题:

（1）数列 $\dfrac{1}{2\times1},\dfrac{1}{2\times2},\dfrac{1}{2\times3},\cdots$ 的通项公式是_____;

（2）已知一个数列的通项公式 $a_n=(-1)^n\cdot\dfrac{1}{2n}$,则 $a_5=$_____;

（3）求等差数列 $-6,2,10,\cdots$ 的第 20 项 $a_{20}=$_____;

（4）$\sqrt{2}+\sqrt{3}$ 与 $\sqrt{2}-\sqrt{3}$ 的等差中项为_____;

（5）在等差数列中,$a_2=\dfrac{1}{2}$,$a_5=3\dfrac{1}{2}$,公差 $d=$_____;

（6）已知等差数列,$a_1=20$,$a_n=54$,$S_n=999$,则 $n=$_____;

（7）等比数列 $\dfrac{1}{3},\dfrac{1}{6},\dfrac{1}{12},\cdots$ 第 2 项到第 6 项的和为_____;

（8）若 $xy=4$,则 x,y 的等比中项为_____;

（9）若一个数列的前 n 项和为 $S_n=3n^2-5n$,则 $a_5=$_____;

（10）已知 $a-b,b,-54,162,c$ 成等比数列,则 $a=$_____,$b=$_____,$c=$_____。

3. -401 是不是等差数列 $-5,-9,-13,\cdots$ 的项? 如果是,是第几项?

4. 某剧场第一排的座位个数是 36,以后每一排比前一排多 2 个座位,剧场共 30 排座位,求:整个剧场的座位数。

5. 已知等差数列 $a_5+a_{16}=20$,求 S_{20}。

6. 求 $1+2+2^2+2^3+\cdots+2^n$ 的和。

7. 已知三个数成等比数列,这三个数的乘积为 64,它们的和为 14,求这三个数。

8. 某种细菌每隔 20 分钟分裂一次(一个分裂为 2 个),问经过 $3\dfrac{1}{3}$ 小时,一个细菌可繁殖多少个?

9. 若有 4 个数,前三个数成等差数列,公差为 1,后三个数成等比数列,公比为 $\dfrac{4}{3}$,求这四个数。

10. 三角形的三条边成等差数列,周长为 36,两短边的积为 108,求证:这个三角形是直角三角形。

B 组

1. 选择题：

（1）如果 $a^2+a,3,-2a$ 成等差数列，则 a 为（　　）。

  A. 2   B. 3   C. -2 D. 3 或 -2

（2）在等差数列中，如果 $a_2+a_3+a_{10}+a_{11}=48$，则 a_6+a_7 为（　　）。

  A. 12   B. 16   C. 20   D. 24

（3）在 81 和 1 之间插入 3 个正数，使它们成等比数列，这三个数是（　　）。

  A. $3,9,27$ B. $27,3,9$ C. $27,9,3$ D. $3,27,9$

（4）如果 a,b,c 成等比数列，则函数 $f(x)=ax^2+bx+c$ 的图像与 x 轴交点个数为（　　）。

  A. 0   B. 1 个   C. 2 个   D. 不确定

（5）已知 a_1,a_2,a_3,a_4 成等差数列，且 a_1,a_4 是方程 $2x^2-5x+2=0$ 的两个根，则 $a_2+a_3=$（　　）。

  A. -1 B. 1   C. $-\dfrac{5}{2}$ D. $\dfrac{5}{2}$

2. 填空题：

（1）数列 $0.9,0.09,0.009,\cdots$ 的通项公式为_____。

（2）已知在等差数列 $\{a_n\}$ 中，$a_2=3$，$a_6-a_4=8$，则 $a_1=$_____。

（3）已知 3 和 x 的等比中项是 -2，则 $x=$_____。

（4）等比数列 $\dfrac{2}{3},\dfrac{2}{9},\dfrac{2}{27},\cdots$ 第 2 项到第 6 项的和是_____。

（5）在等比数列中，已知 $a_1\cdot a_{16}=9$，则 $a_7\cdot a_8\cdot a_9\cdot a_{10}=$_____。

（6）已知数列 $\{a_n\}$ 中，$a_1=2$，$a_{n+1}=a_n-3$，则 $a_n=$_____，$S_n=$_____。

（7）已知数列 $\{a_n\}$ 中，$a_1=3$，$a_{n+1}=-\dfrac{1}{2}a_n$，则 $a_n=$_____，$S_n=$_____。

（8）已知数列 $\{a_n\}$ 中，$a_n=4n-3$，则 $S_n=$_____。

3. 等差数列第二项与第四项的和为 16，第一项与第五项的积为 28，求第三项。

4. 某高山的气温从山脚起每升高 100 米降低 0.7 度，已知山顶的温度是 14.1 度，山脚的温度是 26 度，求此山相对于山脚的高度是多少？

5. 有四个数，前三个数成等差数列，后三个数成等比数列，其中第一个数与第四个数的和为 16，第二个数与第三个数的和为 12，求这四个数。

6. 已知两个数 x_1,x_2 满足下列条件，求 $\dfrac{1}{x_1^2}+\dfrac{1}{x_2^2}$ 的值。

（1）它们的和是等差数列 $1,3,5\cdots$ 的第 20 项；

（2）它们的积是等比数列 $2,-6,18\cdots$ 的前四项和。

7. 设 a,b,c,d 成等比数列，求证：
$$(b-c)^2+(c-a)^2+(d-b)^2=(a-d)^2.$$

8. 若三个正数 a,b,c 成等比数列，求证：$\lg a,\lg b,\lg c$ 成等差数列。

阅读与欣赏

著名的斐波那契数列

斐波那契是中世纪最杰出的数学家之一,他在算术、代数和几何等方面多有贡献。

他出生于意大利比萨的列奥纳多家族(1175—1250),是一位意大利海关设在南部非洲布吉亚官员的儿子。由于他父亲的工作,使他得以游历了埃及、希腊、阿拉伯的等许多数学科学发达的地区。而在这些地区,斐波那契吸收了先进数学知识的精髓,著有《算盘书》等脍炙人口的数学经典名著。在书中有一个有趣的兔子问题:

一对小兔子,经过一个月就可以长大成为大兔子,大兔子每月可以生一对小兔子,而小兔子一个月后长大又可以生一对小兔子,

设 D 代表一对大兔子,X 代表一对小兔子,

用图表示由一对小兔子(假设没有死亡)繁殖兔子的过程:

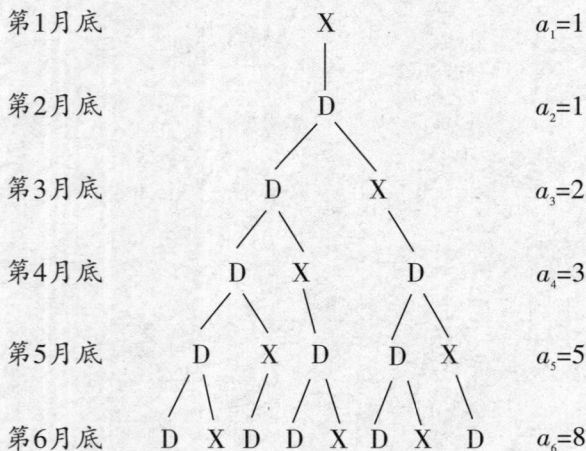

第1月底	X	$a_1=1$
第2月底	D	$a_2=1$
第3月底	D X	$a_3=2$
第4月底	D X D	$a_4=3$
第5月底	D X D D X	$a_5=5$
第6月底	D X D D X D X D	$a_6=8$

······

与之相对应的兔子对数的序列为:

$$1,1,2,3,5,8,13,21,\cdots$$

这就是著名的斐波那契数列,其中从第 3 项开始,每一项为它前两项的和,它的通项公式为:

$$a_n=\frac{1}{\sqrt{5}}\left(\frac{1+\sqrt{5}}{2}\right)^{n+1}-\frac{1}{\sqrt{5}}\left(\frac{1-\sqrt{5}}{2}\right)^{n+1}$$

该数列还有很多奇妙的属性,比如:随着数列项数的增加,前一项与后一项之比越来越逼近黄金分割 0.6180339887……。

由一对兔子繁殖问题而衍生出来的斐波那契数列是数学中的一个热门问题,很多问题都与之有关。

许多自然现象为我们提供了斐波那契数列中的数。仔细观察向日葵花瓣,它依两个相反的螺旋形排列,朝一个螺旋方向生长的花瓣数同朝相反的螺旋方向生长的花瓣数,几乎总等于斐波那契数列中两个相邻的数。一些花的花瓣数还构成斐波那契数列中的一串数字:茉莉花(3 个花瓣),毛茛属植物(5 个花瓣),翠雀属植物(8 个花瓣),万

寿菊属植物(13 个花瓣),紫宛属植物(21 个花瓣),雏菊属植物(34、55 或 89 个花瓣)。

如此的原因很简单:这样的布局能使植物的生长疏密得当、最充分地利用阳光和空气,所以很多植物都在亿万年的进化过程中演变成了如今的模样。

斐波那契数列从动物的繁殖到植物的生长以及现在的优选法等方面都得到了广泛的应用。

第七章 平面向量

学习目标

1. 理解：平面向量的加、减、数乘运算。
2. 了解：平面向量的概念、平面向量的坐标表示、平面向量的内积。

在现实生活中，我们会遇到很多量。其中一些量在取定单位后只用一个实数就可以表示出来，如面积、长度、质量等，我们称它们为数量。还有一些量，既有大小又有方向，这种量就是本章所要研究的向量，如力、速度、加速度等。向量是数学中的重要概念之一。向量和数量一样也能进行运算，而且用向量的有关知识还能有效地解决数学、物理等学科中的很多问题。本章，我们将学习平面向量的概念及线性运算、平面向量的坐标表示和平面向量的内积。

第一节 平面向量的概念及线性运算

案例

如图 7-1，小强早上从 A 点（家）出发先向东走 3km 去 B 点（邮局）寄了封快递，又向北走 3km 到了 C 点（学校）。

请问：1. 此时，小强在距 A 点的什么位置？

2. 小强所走的距离与位移一样吗？

3. 小强实际的位移与他由 A 地直接去 C 地的效果一样吗？

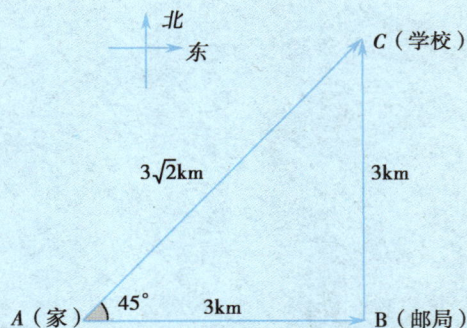

图 7-1

一、位移与平面向量

物理学研究物体在平面上的位置和运动规律时，一般用点表示它在平面上的位置。

如图 7-1 所示，小强从点 A（家）运动到点 C（学校），这时点 C（学校）相对于点 A（家）的位置是"北偏东45°，$3\sqrt{2}$km"。

如果我们不考虑小强运动的路线，只考虑他运动的终点相对于起点的"方向"和"直线距离"，我们就说小强在平面上作了一次位移。位移的"方向"就是点 C 相对于点 A 的位置关系。位移的距离就是点 C 到点 A 的"直线距离"。也就是说位移只表示位置的变化，即起点、终点的位置关系，而与小强实际运动的路线无关。小强从点 A(家)到点 C(学校)实际运动的距离为 6km。

我们把具有大小和方向的量称为**向量**。这就是说，向量只有**大小**和**方向**两个要素。

通常我们用箭头表示方向。如果从点 A 移到点 B，用线段 AB 的长度表示位移的距离，在点 B 处画上箭头表示位移的方向，这时我们说线段 AB 具有从 A 到 B 的方向。具有方向的线段叫做**有向线段**。点 A 叫做有向线段的始点，点 B 叫做有向线段的终点，该有向线段记作 $\overrightarrow{AB}$，$\overrightarrow{AB}$ 的长度记作 $|\overrightarrow{AB}|$。

用有向线段 $\overrightarrow{AB}$ 来表示向量时，我们称为向量 $\overrightarrow{AB}$。印刷体常用黑体小写字母 $\boldsymbol{a},\boldsymbol{b},\boldsymbol{c},\cdots$ 表示向量，手写体用带箭头的小写字母 $\vec{a},\vec{b},\vec{c},\cdots$ 表示向量。

有向线段的长度表示向量的大小，称为**向量 $\overrightarrow{AB}$ 的长度**(或模)，记作 $|\overrightarrow{AB}|$。有向线段的方向表示向量的方向。

向量的模是表示向量长度的一个概念，不能与向量混淆。向量的模可以比较大小，而向量不能比较大小，所以不能用">"或"<"来连接两个向量。

长度等于零的向量叫做**零向量**，记作 $\boldsymbol{0}$。零向量的方向不确定。

长度等于 1 个单位长度的向量叫做**单位向量**。

长度相等且方向相同的向量叫做**相等向量**。如图 7-2，在平行四边形 $ABCD$ 中，$\overrightarrow{AB}$、$\overrightarrow{DC}$ 都表示同一向量 $\boldsymbol{a}$，即 $\overrightarrow{AB}=\overrightarrow{DC}=\boldsymbol{a}$。

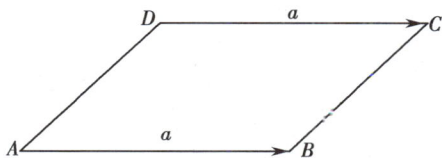

图 7-2

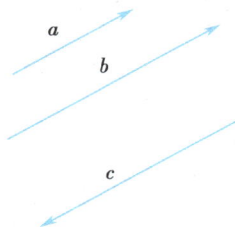

图 7-3

方向相同或相反的非零向量叫做**平行向量**。如图 7-3 中的 $\boldsymbol{a},\boldsymbol{b},\boldsymbol{c}$ 就是一组平行向量，记作 $\boldsymbol{a}/\!/\boldsymbol{b}/\!/\boldsymbol{c}$。

任作一条与 $\boldsymbol{a}$ 所在直线平行的直线 l，在 l 上任取一点 O，则可在 l 上分别作出 $\overrightarrow{OA}=\boldsymbol{a}$，$\overrightarrow{OB}=\boldsymbol{b}$，$\overrightarrow{OC}=\boldsymbol{c}$。这就是说，任一组平行向量都可移到同一直线上，因此，平行向量也叫**共线向量**。

规定：零向量 $\boldsymbol{0}$ 与任意向量平行。

例1 设 O 是正六边形 $ABCDEF$ 的中心，如图 7-4，分别写出图中与向量 $\overrightarrow{OA}$，$\overrightarrow{OB}$，$\overrightarrow{OC}$ 共线的向量，并指出与 $\overrightarrow{OA}$，$\overrightarrow{OE}$，$\overrightarrow{OC}$ 相等的向量。

解：与 $\overrightarrow{OA}$ 共线的向量：$\overrightarrow{AO}$，$\overrightarrow{CB}$，$\overrightarrow{BC}$，$\overrightarrow{DO}$，$\overrightarrow{OD}$，$\overrightarrow{EF}$，$\overrightarrow{FE}$；

与 $\overrightarrow{OB}$ 共线的向量：$\overrightarrow{BO}$，$\overrightarrow{CD}$，$\overrightarrow{DC}$，$\overrightarrow{EO}$，$\overrightarrow{OE}$，$\overrightarrow{AF}$，$\overrightarrow{FA}$；

与 $\overrightarrow{OC}$ 共线的向量：$\overrightarrow{CO}$，$\overrightarrow{AB}$，$\overrightarrow{BA}$，$\overrightarrow{ED}$，$\overrightarrow{DE}$，$\overrightarrow{FO}$，$\overrightarrow{OF}$；

其中相等的向量：$\overrightarrow{OA}=\overrightarrow{CB}=\overrightarrow{DO}=\overrightarrow{EF}$，$\overrightarrow{OB}=\overrightarrow{DC}=\overrightarrow{EO}=\overrightarrow{FA}$，$\overrightarrow{OC}=\overrightarrow{AB}=\overrightarrow{ED}=\overrightarrow{FO}$。

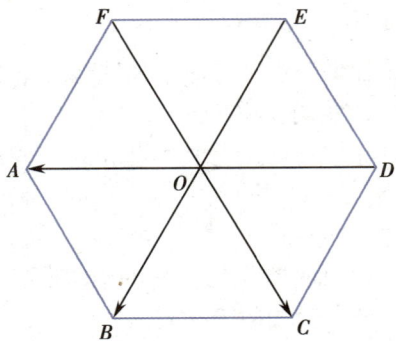

图 7-4

二、向量的线性运算

（一）向量的加法

在案例中，小强连续做了两次位移 $\overrightarrow{AB}$ 和 $\overrightarrow{BC}$ 后，由 A 地到达 C 地。其效果与由 A 地向东北方向行进 $3\sqrt{2}$ km 后到达 C 地（即 $\overrightarrow{AC}$）是一样的。因此，我们把向量 $\overrightarrow{AC}$ 叫做向量 $\overrightarrow{AB}$ 和 $\overrightarrow{BC}$ 的和，即 $\overrightarrow{AB}+\overrightarrow{BC}=\overrightarrow{AC}$。

求两个向量和的运算，叫做**向量的加法**。由小强的位移求和，我们可以引出向量的加法法则。

如图 7-5（1），已知非零向量 a，b，在平面上任取一点 A，作 $\overrightarrow{AB}=a$，$\overrightarrow{BC}=b$，再做向量 $\overrightarrow{AC}$，则向量 $\overrightarrow{AC}$ 叫做 a 与 b 的和，记作 $a+b$，即 $a+b=\overrightarrow{AB}+\overrightarrow{BC}=\overrightarrow{AC}$。

上述求两个向量和的作图法则，叫做向量加法的**三角形法则**。

图 7-5（2）（3）表示求两个平行向量和的特殊情况。

对于零向量与任一向量 a，有 $a+0=0+a=a$。

例2 如图 7-6（1），已知向量 a、b，求作向量 $a+b$。

解：如图 7-6（2）所示，在平面上任取点 O，作 $\overrightarrow{OA}=a$，$\overrightarrow{AB}=b$，

则 $\overrightarrow{OB}=a+b$。

向量加法运算像整数、分数的加法运算那样具有交换律和结合律，因此得到

$$a+b=b+a，\quad (a+b)+c=a+(b+c)。$$

通过图 7-7 中的平行四边形 ABCD 很容易验证加法的交换律：

$\overrightarrow{AC}=\overrightarrow{AB}+\overrightarrow{BC}=a+b$ 且 $\overrightarrow{AC}=\overrightarrow{AD}+\overrightarrow{DC}=b+a$，即 $a+b=b+a$。

通过图 7-8 中的四边形 ABCD 可以验证结合律：

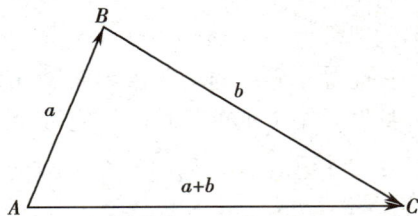

（1）

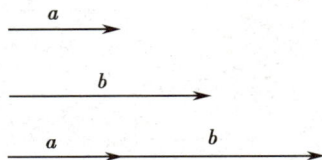

（2）

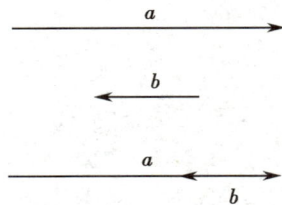

（3）

图 7-5

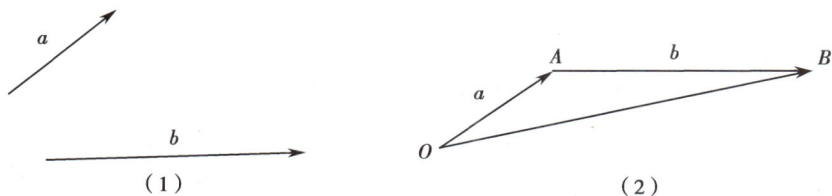

图 7-6

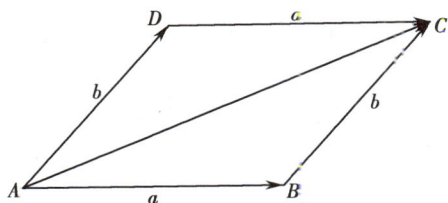

图 7-7

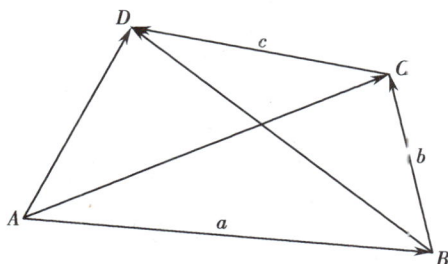

图 7-8

$$(\boldsymbol{a}+\boldsymbol{b})+\boldsymbol{c}=(\overrightarrow{AB}+\overrightarrow{BC})+\overrightarrow{CD}=\overrightarrow{AC}+\overrightarrow{CD}=\overrightarrow{AD}$$

且 $\boldsymbol{a}+(\boldsymbol{b}+\boldsymbol{c})=\overrightarrow{AB}+(\overrightarrow{BC}+\overrightarrow{CD})=\overrightarrow{AB}+\overrightarrow{BD}=\overrightarrow{AD}$

即 $(\boldsymbol{a}+\boldsymbol{b})+\boldsymbol{c}=\boldsymbol{a}+(\boldsymbol{b}+\boldsymbol{c})$。

由图 7-7 可知,以同一点 A 为始点的两个已知向量为邻边作平行四边形 $ABCD$,则以点 A 为始点的对角线 $\overrightarrow{AC}$ 就是 $\boldsymbol{a}$ 与 $\boldsymbol{b}$ 的和,我们把这种求两个向量和的作图法则叫做**向量加法的平行四边形法则**。

例 3 一辆汽车先向南开 5km,接着向西开 5km,求此车的位移向量。

解:如图 7-9 所示,作 $\overrightarrow{OA}=\boldsymbol{a}$(向南 5km),$\overrightarrow{AB}=\boldsymbol{b}$(向西 5km),

则 $\overrightarrow{OB}=\overrightarrow{OA}+\overrightarrow{AB}=\boldsymbol{a}+\boldsymbol{b}$,$|\overrightarrow{OB}|=\sqrt{5^2+5^2}=5\sqrt{2}$(km)。

又因 $\overrightarrow{OA}$ 与 $\overrightarrow{OB}$ 的夹角是 45°,

所以此车的位移向量是"向西南走了 $5\sqrt{2}$ km"。

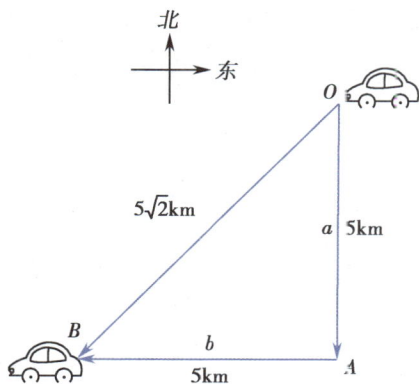

图 7-9

(二)向量的减法

与向量 $\boldsymbol{a}$ 长度相等且方向相反的向量,叫做 $\boldsymbol{a}$ 的**相反向量**,记作 $-\boldsymbol{a}$。

规定:零向量的相反向量仍是零向量。

任一向量与它的相反向量的和是零向量,即 $\boldsymbol{a}+(-\boldsymbol{a})=(-\boldsymbol{a})+\boldsymbol{a}=0$。

向量 $\boldsymbol{a}$ 加上 $\boldsymbol{b}$ 的相反向量,叫做 $\boldsymbol{a}$ 与 $\boldsymbol{b}$ 的差,记作 $\boldsymbol{a}-\boldsymbol{b}$,即 $\boldsymbol{a}-\boldsymbol{b}=\boldsymbol{a}+(-\boldsymbol{b})$。求两个向量差的运算,叫做**向量的减法**。

由向量的加法法则可得向量的减法法则:

已知向量 $\boldsymbol{a}$、$\boldsymbol{b}$,在平面上任取点 O,作 $\overrightarrow{OA}=\boldsymbol{a}$,$\overrightarrow{OB}=\boldsymbol{b}$,

则 $\overrightarrow{BO}=-\boldsymbol{b}$（如图 7-10），

所以 $\boldsymbol{a}-\boldsymbol{b}=\boldsymbol{a}+(-\boldsymbol{b})=\overrightarrow{OA}+\overrightarrow{BO}=\overrightarrow{BO}+\overrightarrow{OA}=\overrightarrow{BA}$，

$$\boldsymbol{a}-\boldsymbol{b}=\overrightarrow{OA}-\overrightarrow{OB}=\overrightarrow{BA}。$$

也就是说，当向量 $\boldsymbol{a}$、$\boldsymbol{b}$ 的始点重合时，$\boldsymbol{a}-\boldsymbol{b}$ 可以表示为从向量 $\boldsymbol{b}$ 的终点到向量 $\boldsymbol{a}$ 的终点的向量。

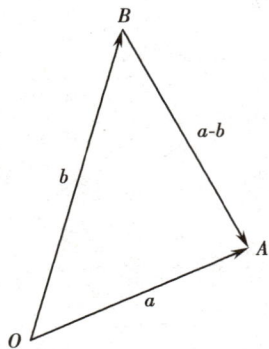

图 7-10

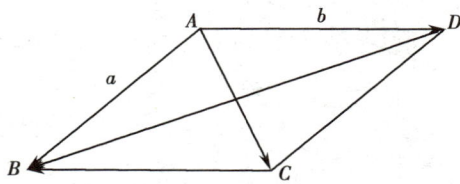

图 7-11

例 4 如图 7-11，已知平行四边形 $ABCD$，$\overrightarrow{AB}=\boldsymbol{a}$，$\overrightarrow{AD}=\boldsymbol{b}$，用 $\boldsymbol{a}$、$\boldsymbol{b}$ 分别表示向量 $\overrightarrow{AC}$，$\overrightarrow{DB}$。

解：连结 AC、DB，由向量加法的平行四边形法则，有

$$\overrightarrow{AC}=\overrightarrow{AB}+\overrightarrow{AD}=\boldsymbol{a}+\boldsymbol{b}。$$

依减法法则得 $\overrightarrow{DB}=\overrightarrow{AB}-\overrightarrow{AD}=\boldsymbol{a}-\boldsymbol{b}$。

例 5 如图 7-12，已知向量 $\boldsymbol{a},\boldsymbol{b},\boldsymbol{c},\boldsymbol{d}$，求 $\boldsymbol{a}-\boldsymbol{b}$，$\boldsymbol{c}-\boldsymbol{d}$。

解：在平面内任取点 O 作 $\overrightarrow{OA}=\boldsymbol{a}$，$\overrightarrow{OB}=\boldsymbol{b}$，作 $\overrightarrow{BA}$，则

$$\boldsymbol{a}-\boldsymbol{b}=\overrightarrow{OA}-\overrightarrow{OB}=\overrightarrow{BA}；$$

作 $\overrightarrow{OC}=\boldsymbol{c}$，$\overrightarrow{OD}=\boldsymbol{d}$，作 $\overrightarrow{DC}$，则

$$\boldsymbol{d}=\overrightarrow{OC}-\overrightarrow{OD}=\overrightarrow{DC}。$$

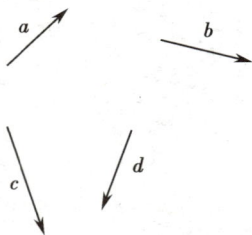 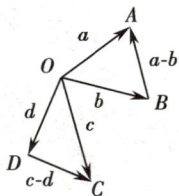

图 7-12

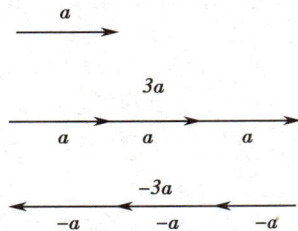

图 7-13

（三）数乘向量

已知非零向量 $\boldsymbol{a}$，如图 7-13 所示，可作出 $\boldsymbol{a}+\boldsymbol{a}+\boldsymbol{a}$ 和 $(-\boldsymbol{a})+(-\boldsymbol{a})+(-\boldsymbol{a})$。我们把 $\boldsymbol{a}+\boldsymbol{a}+\boldsymbol{a}$ 记作 $3\boldsymbol{a}$，显然 $3\boldsymbol{a}$ 的方向与 $\boldsymbol{a}$ 同向，$3\boldsymbol{a}$ 的长度是 $3|\boldsymbol{a}|$。同样，我们把 $(-\boldsymbol{a})+(-\boldsymbol{a})+(-\boldsymbol{a})$ 记作 $-3\boldsymbol{a}$，显然 $-3\boldsymbol{a}$ 的方向与 $\boldsymbol{a}$ 反向，$-3\boldsymbol{a}$ 的长度是 $3|\boldsymbol{a}|$。

一般地，实数 λ 与向量 $\boldsymbol{a}$ 的积是一个向量，叫做**数乘向量**，记作 $\lambda\boldsymbol{a}$，它的长度为：$|\lambda\boldsymbol{a}|=$ $|\lambda||\boldsymbol{a}|$，即 $\lambda\boldsymbol{a}$ 的长度是 $\boldsymbol{a}$ 的长度的 $|\lambda|$ 倍；

$\lambda\boldsymbol{a}$ 的方向（$\boldsymbol{a}\neq\boldsymbol{0}$ 时）为：$\begin{cases}\text{当 }\lambda>0\text{ 时，与 }\boldsymbol{a}\text{ 同向；}\\\text{当 }\lambda<0\text{ 时，与 }\boldsymbol{a}\text{ 反向。}\end{cases}$

当 $\lambda=0$ 或 $\boldsymbol{a}=\boldsymbol{0}$ 时，$0\boldsymbol{a}=\boldsymbol{0}$ 或 $\lambda\boldsymbol{0}=\boldsymbol{0}$，即 $\lambda\boldsymbol{a}$ 为零向量。

$\lambda\boldsymbol{a}$ 中的实数 λ，叫做**向量 $\boldsymbol{a}$ 的系数**。

数乘向量的几何意义就是把向量 $\boldsymbol{a}$ 沿着 $\boldsymbol{a}$ 的方向或 $\boldsymbol{a}$ 的反向放大或缩小。

如果 $\boldsymbol{a}$ 的单位向量记作 $\boldsymbol{a}_0$，根据数乘向量的定义，任何一个向量 $\boldsymbol{a}$ 与它的单位向量 $\boldsymbol{a}_0$ 之间，就是数乘向量的关系，即 $\boldsymbol{a}=|\boldsymbol{a}|\cdot\boldsymbol{a}_0$。

数乘向量的运算满足下列运算律：

设 λ、μ 为实数，则

$$\lambda(\mu\boldsymbol{a})=(\lambda\mu)\boldsymbol{a}$$

$$(\lambda+\mu)\boldsymbol{a}=\lambda\boldsymbol{a}+\mu\boldsymbol{a}$$

$$\lambda(\boldsymbol{a}+\boldsymbol{b})=\lambda\boldsymbol{a}+\lambda\boldsymbol{b}$$

向量的加法、减法与数乘向量的综合运算，通常叫做向量的**线性运算**。

例 6 如图 7-14（1），已知向量 $\boldsymbol{e}_1$、$\boldsymbol{e}_2$，求作向量 $-5\boldsymbol{e}_1+3\boldsymbol{e}_2$。

解：作法（1）如图 7-14（2），任取一点 O，作 $\overrightarrow{OA}=$ $-5\boldsymbol{e}_1$，$\overrightarrow{OB}=3\boldsymbol{e}_2$；

（2）作平行四边形 $OACE$，对角线 $\overrightarrow{OC}$ 就是所求向量。

例 7 计算：（1）$3\times(-2\boldsymbol{a})$；（2）$2(\boldsymbol{a}+\boldsymbol{b})-3(\boldsymbol{a}-\boldsymbol{b})-\boldsymbol{a}$；（3）$(3\boldsymbol{a}+2\boldsymbol{b}+\boldsymbol{c})-(2\boldsymbol{a}-3\boldsymbol{b}-\boldsymbol{c})$。

解：（1）原式 $=3\times(-2)\boldsymbol{a}=-6\boldsymbol{a}$；

（2）原式 $=2\boldsymbol{a}+2\boldsymbol{b}-3\boldsymbol{a}+3\boldsymbol{b}-\boldsymbol{a}=-2\boldsymbol{a}+5\boldsymbol{b}$；

（3）原式 $=3\boldsymbol{a}+2\boldsymbol{b}+\boldsymbol{c}-2\boldsymbol{a}+3\boldsymbol{b}+\boldsymbol{c}=\boldsymbol{a}+5\boldsymbol{b}+2\boldsymbol{c}$。

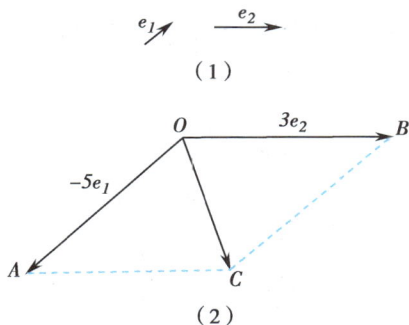

图 7-14

知识拓展

平面向量线性运算问题的常见类型及解题策略：

1. 向量加法或减法的几何意义

向量加法和减法均适合三角形法则。向量加法的三角形法则要素是"首尾相接，指向终点"，向量减法的三角形法则要素是"起点重合，指向被减向量"。

2. 求已知向量的和

一般共起点的向量求和用平行四边形法则，求差用三角形法则；求首尾相连向量的和用三角形法则。

3. 求参数问题

可以通过研究向量间的关系，由向量的运算将向量表示出来，进行比较，进而求参

数的值。

例如　在 △ABC 中(如图 7-15)，已知 D 是 AB 边上的一点，若 $\overrightarrow{AD} = 2\overrightarrow{DB}$，$\overrightarrow{CD} = \dfrac{1}{3}\overrightarrow{CA} + \lambda\overrightarrow{CB}$，求 λ。

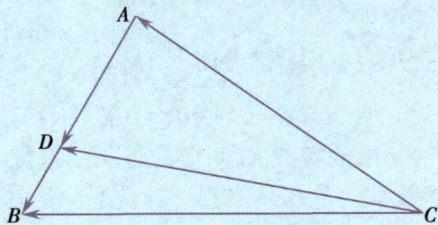

图 7-15

解：由 $\overrightarrow{CD} = \dfrac{1}{3}\overrightarrow{CA} + \lambda\overrightarrow{CB}$ 得 $\lambda\overrightarrow{CB} = \overrightarrow{CD} - \dfrac{1}{3}\overrightarrow{CA}$，

又由平面向量的三角形法则得 $\overrightarrow{CD} = \overrightarrow{AD} + \overrightarrow{CA}$，代入上式，

所以 $\lambda\overrightarrow{CB} = \overrightarrow{AD} + \overrightarrow{CA} - \dfrac{1}{3}\overrightarrow{CA} = \overrightarrow{AD} + \dfrac{2}{3}\overrightarrow{CA}$。

又由已知 $\overrightarrow{AD} = 2\overrightarrow{DB} \Rightarrow \overrightarrow{AD} = \dfrac{2}{3}\overrightarrow{AB}$，

所以 $\lambda\overrightarrow{CB} = \dfrac{2}{3}\overrightarrow{AB} + \dfrac{2}{3}\overrightarrow{CA} = \dfrac{2}{3}(\overrightarrow{AB} + \overrightarrow{CA}) = \dfrac{2}{3}\overrightarrow{BC} = -\dfrac{2}{3}\overrightarrow{CB}$，

解得 $\lambda = -\dfrac{2}{3}$。

三、向量共线的充要条件

前面提到我们把方向相同或相反的向量叫做**平行向量或共线向量**。由平行向量和数乘向量的定义可以推知向量共线的充要条件。

平行向量基本定理　如果 $\boldsymbol{a} = \lambda\boldsymbol{b}$，则 $\boldsymbol{a} /\!/ \boldsymbol{b}$；反之，如果 $\boldsymbol{a} /\!/ \boldsymbol{b}$，且 $\boldsymbol{b} \neq \boldsymbol{0}$，则一定存在唯一一个实数 λ，使 $\boldsymbol{a} = \lambda\boldsymbol{b}$。即

$$\boxed{\boldsymbol{a} /\!/ \boldsymbol{b} \Leftrightarrow \boldsymbol{a} = \lambda\boldsymbol{b}}$$

如图 7-16，向量 $\boldsymbol{a}$ 与向量 $\boldsymbol{b}$ 方向相同，且向量 $\boldsymbol{a}$ 的长度是向量 $\boldsymbol{b}$ 的两倍，即 $\boldsymbol{a} = 2\boldsymbol{b}$，所以 $\boldsymbol{a} /\!/ \boldsymbol{b}$，向量 $\boldsymbol{a}$ 与向量 $\boldsymbol{b}$ 就是平行向量或共线向量；还可由图所知，向量 $\boldsymbol{c}$ 与向量 $\boldsymbol{b}$ 方向相反，它们互为平行向量或共线向量，即 $\boldsymbol{c} /\!/ \boldsymbol{b}$。并且向量 $\boldsymbol{c}$ 的长度是向量 $\boldsymbol{b}$ 的两倍，所以 $\boldsymbol{c} = -2\boldsymbol{b}$；同理，$\boldsymbol{d} /\!/ \boldsymbol{b} \Leftrightarrow \boldsymbol{d} = -\dfrac{1}{2}\boldsymbol{b}$。

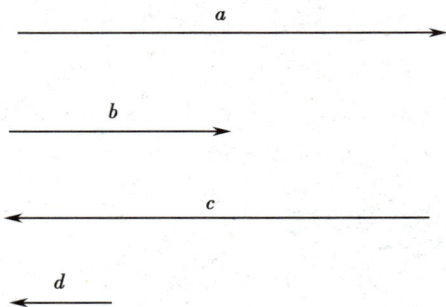

图 7-16

考点链接

判断两个向量是否共线是高职升学考试的考点之一。

例如　判断"若向量 $2\overrightarrow{AB} + 3\overrightarrow{CD} = \boldsymbol{0}$，则 $\overrightarrow{AB} /\!/ \overrightarrow{CD}$"是否正确。

分析 判断两个向量是否平行就是判断两个向量是否共线。共有两种方法,一是代数法,即 $a//b \Leftrightarrow b=\lambda a$($\lambda$ 为实数);二是几何法,即根据图像判断向量 b 与向量 a 是否互相平行或重合。本题用第一种方法。

由 $2\overrightarrow{AB}+3\overrightarrow{CD}=0$ 得:$2\overrightarrow{AB}=-3\overrightarrow{CD}$,即 $\overrightarrow{AB}=-\dfrac{3}{2}\overrightarrow{CD}$,

所以 $\overrightarrow{AB}$ 与 $\overrightarrow{CD}$ 共线,即 $\overrightarrow{AB}//\overrightarrow{CD}$。

【答案:正确】

例 8 已知 $\overrightarrow{AD}=3\overrightarrow{AB}$,$\overrightarrow{DE}=3\overrightarrow{BC}$。试判断 $\overrightarrow{AC}$ 与 $\overrightarrow{AE}$ 是否共线。

解:因为 $\overrightarrow{AE}=\overrightarrow{AD}+\overrightarrow{DE}=3\overrightarrow{AB}+3\overrightarrow{BC}=3(\overrightarrow{AB}+\overrightarrow{BC})=3\overrightarrow{AC}$,

所以,$\overrightarrow{AC}$ 与 $\overrightarrow{AE}$ 共线。

习题 7-1A

1. 如图 7-17,小船由 A 地向西北方向航行 15 海里到达 B 地,如果仅指出"由 A 地航行 15 海里",而不指明"向西北方向"航行,那么小船一定能到达 B 地吗?位移与距离有什么差别?

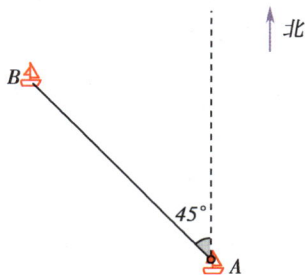
图 7-17

2. 非零向量 $\overrightarrow{AB}$ 的长度怎样表示?非零向量 $\overrightarrow{BA}$ 的长度怎样表示?这两个向量的长度相等吗?这两个向量相等吗?

3.（1）用有向线段表示两个相等的向量。如果有相同的始点,那么它们的终点是否相同?

（2）用有向线段表示两个方向相同但长度不同的向量。如果有相同始点,那么它们的终点是否相同?

4. 指出图 7-18 中各向量的长度。$\overrightarrow{AB}$ 与 $\overrightarrow{EF}$ 相等吗?

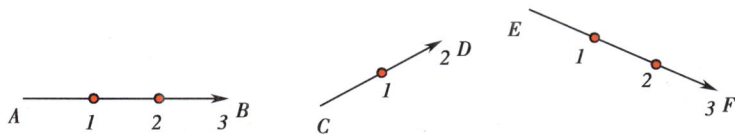
图 7-18

5. 如图 7-19,已知 a、b,用向量加法的三角形法则作出 $a+b$。

6. 如图 7-20,已知 a、b,用向量加法的平行四边形法则作出 $a+b$。

7. 设 a 表示"向东走 10km",b 表示"向西走 5km",c 表示"向北走 10km",d 表示"向南走 5km"。说明下列向量的意义:

（1）$a+a$;（2）$a+b$;（3）$c+d$;（4）$b+c+b$。

8. 如图 7-21,已知 a、b,求作 $a-b$。

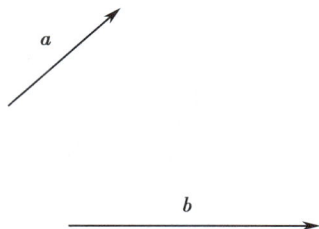
图 7-19

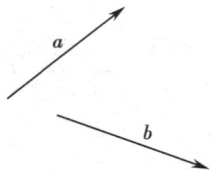

图 7-20

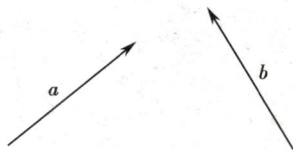

图 7-21

9. 任画一向量 e,求作向量 $a=2e$,$b=-2e$。

10. 计算

（1） $4(3a+2b)+3(2b-3a)$；

（2） $4(a+3b-c)+3(a-b+c)$；

（3） $\dfrac{1}{3}(a+2b)+\dfrac{1}{2}(2a-3b)-\dfrac{1}{4}(a+b)$；

（4） $\dfrac{1}{3}\left[(2a+3b)+5a-\dfrac{1}{2}(4a-6b)\right]$。

习题 7-1B

1. 如图 7-22，D、E、F 分别是 △ABC 各边的中点，写出图中与 $\overrightarrow{DE}$、$\overrightarrow{EF}$、$\overrightarrow{FD}$ 共线的向量，并指出与 $\overrightarrow{DE}$、$\overrightarrow{EF}$、$\overrightarrow{FD}$ 相等的向量。

2. 判断对错并说出理由：

（1） 因为 a、b 都是单位向量，所以 $a=b=1$。

（2） $\mathbf{0}$ 与任何向量都平行。

（3） $\mathbf{0}=0$。

（4） $|\overrightarrow{AB}|=-2$。

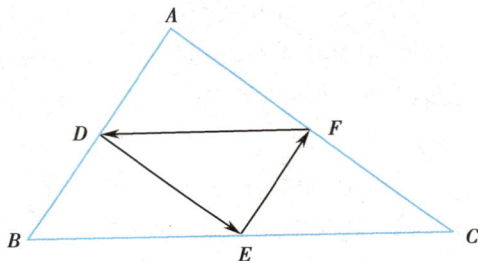

图 7-22

3. 填空题：

$\overrightarrow{AB}-\overrightarrow{AD}=$ _____；　$\overrightarrow{BA}-\overrightarrow{BC}=$ _____；　$\overrightarrow{BC}-\overrightarrow{BA}=$ _____；

$\overrightarrow{CD}-\overrightarrow{CB}=$ _____；　$\overrightarrow{OD}-\overrightarrow{OA}=$ _____；　$\overrightarrow{OA}-\overrightarrow{OB}=$ _____。

4. 把下列各题中的向量 a 表示为实数与向量 b 的积：

（1） $a=3e$，$b=6e$；　　　　　　（2） $a=8e$，$b=-14e$；

（3） $a=-\dfrac{2}{3}e$，$b=\dfrac{1}{3}e$；　　　　（4） $a=-\dfrac{3}{4}e$，$b=-\dfrac{2}{3}e$。

5. 判断下列各题中的向量 a 与 b 是否共线：

（1） $a=-2e$，$b=2e$；　　　　　　（2） $a=-e_1-e_2$，$b=2e_1+2e_2$；

（3） $a=e_1+e_2$，$b=e_1-e_2$；　　　　（4） $a=4e_1-\dfrac{2}{5}e_2$，$b=e_1-\dfrac{1}{10}e_2$。

6. 任画两个不共线向量 e_1、e_2,求作向量 $3e_1+2e_2$,$4e_1-2e_2$,$-2e_1+e_2$。

7. 已知向量 $\overrightarrow{OA}$、$\overrightarrow{OB}$(点 O、A、B 不共线),求作下列向量:

（1） $\overrightarrow{OM}=\dfrac{1}{2}(\overrightarrow{OA}+\overrightarrow{OB})$；　　　　（2） $\overrightarrow{ON}=\dfrac{1}{2}(\overrightarrow{OA}-\overrightarrow{OB})$。

第二节　平面向量的坐标表示及坐标运算

知识回顾

　　初中阶段,我们曾经学习了平面直角坐标系和坐标的概念。在平面上画两互相垂直、原点重合的数轴,组成平面直角坐标系。水平的数轴称为 x 轴或横轴,习惯于取向右为正方向;竖直的数轴称为 y 轴或纵轴,取向上方向为正方向;两坐标轴的交点为平面直角坐标系的原点。平面上的点可以用一个有序数对来表示。这个有序数对就叫做点的坐标。

案例

　　如图 7-23,在直角坐标系内,设与 x 轴、y 轴方向相同的两个单位向量分别为 i 和 j。任作一个向量 a,使其起点与原点重合,其终点坐标为 $A(x,y)$。以 OA 为对角线做一个矩形 $OBAC$,则向量 $\overrightarrow{OB}$、$\overrightarrow{OC}$ 可以分别表示成 xi 与 yj。

　　请问:怎样用 xi 与 yj 来表示 a?

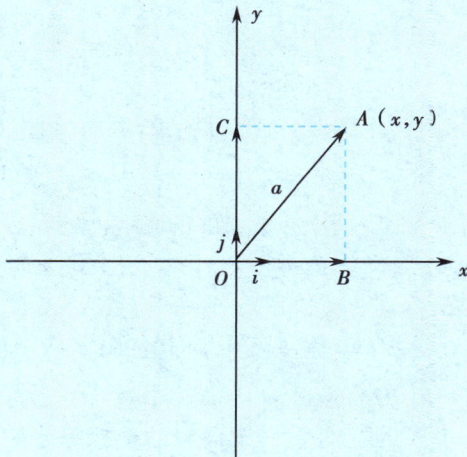

图 7-23

一、平面向量的坐标表示

　　上述案例中,向量 $\overrightarrow{OA}=a$,$\overrightarrow{OB}=xi$,$\overrightarrow{OC}=yj$,根据平行四边形法则,$\overrightarrow{OA}=\overrightarrow{OB}+\overrightarrow{OC}$,即 $a=xi+yj$。我们把 (x,y) 叫做**向量 a 的坐标**,记作 $a=(x,y)$。其中 x 叫做 a 在 x 轴上的坐标,即横坐标;y 叫做 a 在 y 轴上的坐标,即纵坐标。式子 $a=xi+yj$ 叫做**向量的坐标表示**。

　　相等的向量坐标相同,坐标相同的向量是相等的向量。

　　向量的坐标与表示该向量的有向线段的始点和终点的具体位置无关,只与其相对位置有关。

　　例 1　如图 7-24,请用单位向量 i、j 分别表示向量 a,b,c,d,并求出它们的坐标。

　　解:$a=2i+3j=(2,3)$;$b=-2i+3j=(-2,3)$;

　　　　$c=-2i-3j=(-2,-3)$;$d=2i-3j=(2,-3)$。

　　例 2　当 m、n 为何值时,$a=2i+(n-1)j$ 与 $b=(m+n)i+4j$ 相等?

　　解:若两向量相等,则它们的横、纵坐标需分别相等,

即 $\begin{cases} m+n=2, \\ n-1=4, \end{cases}$ 解得 $\begin{cases} m=-3, \\ n=5。 \end{cases}$

二、平面向量的坐标运算

已知 $\boldsymbol{a}=(x_1,y_1)$，$\boldsymbol{b}=(x_2,y_2)$，

则 $\boldsymbol{a}+\boldsymbol{b}=(x_1,y_1)+(x_2,y_2)=x_1\boldsymbol{i}+y_1\boldsymbol{j}+x_2\boldsymbol{i}+y_2\boldsymbol{j}$
$\qquad\qquad =(x_1+x_2)\boldsymbol{i}+(y_1+y_2)\boldsymbol{j}=(x_1+x_2,y_1+y_2)$；

同理，$\boldsymbol{a}-\boldsymbol{b}=(x_1,y_1)-(x_2,y_2)=(x_1-x_2,y_1-y_2)$，
$\qquad\qquad \lambda\boldsymbol{a}=\lambda(x_1,y_1)=(\lambda x_1,\lambda y_1)$。

例3 已知 $\boldsymbol{a}=(2,1)$，$\boldsymbol{b}=(-3,4)$，求 $\boldsymbol{a}+\boldsymbol{b}$，$\boldsymbol{a}-\boldsymbol{b}$，$3\boldsymbol{a}+4\boldsymbol{b}$。

解：$\boldsymbol{a}+\boldsymbol{b}=(2,1)+(-3,4)=(2-3,1+4)$
$\qquad\qquad =(-1,5)$；

$\qquad \boldsymbol{a}-\boldsymbol{b}=(2,1)-(-3,4)=(2+3,1-4)$
$\qquad\qquad =(5,-3)$；

$\qquad 3\boldsymbol{a}+4\boldsymbol{b}=3\cdot(2,1)+4\cdot(-3,4)$
$\qquad\qquad =(6,3)+(-12,16)=(-6,19)$。

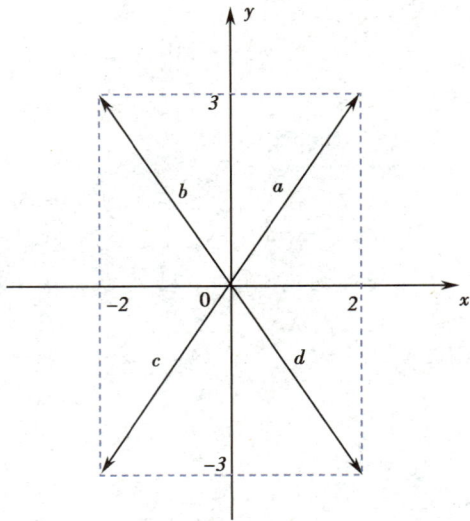

图 7-24

如图 7-25，向量 $\overrightarrow{AB}$ 的起点坐标为 $A(x_1,y_1)$，终点坐标为 $B(x_2,y_2)$，该向量该如何用坐标表示？

连接 OA、OB，由平面向量的减法法则可知
$\overrightarrow{AB}=\overrightarrow{OB}-\overrightarrow{OA}=(x_2,y_2)-(x_1,y_1)=(x_2-x_1,y_2-y_1)$。

即平面上任意一个向量的坐标等于它的终点坐标减去起点的坐标。

例4 已知点 $M_1(2,3)$，$M_2(1,4)$，求向量 $\overrightarrow{M_1M_2}$ 的坐标。

解：$\overrightarrow{M_1M_2}=(x_2,y_2)-(x_1,y_1)=(x_2-x_1,y_2-y_1)$
$\qquad\qquad =(1-2,4-3)=(-1,1)$。

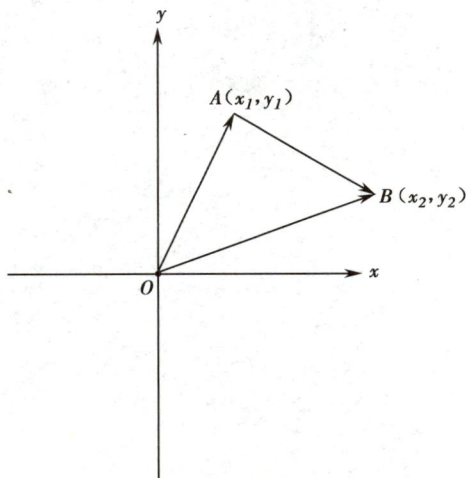

图 7-25

三、向量共线的坐标表示

前面我们已经讨论过非零向量 $\boldsymbol{a}$ 与 $\boldsymbol{b}$ 共线的充要条件是有且只有一个实数 λ，使得 $\boldsymbol{a}=\lambda\boldsymbol{b}$，这个结论如果用坐标表示可以写为：

设 $\boldsymbol{a}=(x_1,y_1)$，$\boldsymbol{b}=(x_2,y_2)$，则 $\boldsymbol{b}$ 与 $\boldsymbol{a}$ 共线的充要条件是有且只有一个实数 λ，使得 $(x_1,y_1)=\lambda(x_2,y_2)$，

即 $\qquad\qquad\qquad \begin{cases} x_1=\lambda x_2, \\ y_1=\lambda y_2, \end{cases}$

化简后可得：$x_1y_2-y_1x_2=0$。

上式就是向量共线的充要条件的坐标表示，即

$$a /\!/ b \Leftrightarrow x_1 y_2 - y_1 x_2 = 0$$

例5 设 $a=(1,-1)$，$b=(-2,2)$，判断向量 a、b 是否共线。

解：由于 $x_1 y_2 - y_1 x_2 = 1 \cdot 2 - (-1) \cdot (-2) = 0$，

故由向量共线的充要条件可知 $a /\!/ b$，

即 a、b 共线。

考点链接

平面向量的坐标运算是高职升学考试的考点之一。

例如 若向量 $\overrightarrow{AB}=(2,4)$，$\overrightarrow{BC}=(4,3)$，则 $\overrightarrow{AC}=(\quad)$。

    A. (6,7)   B. (2,-1)   C. (-2,1)   D. (7,6)

分析 本题考核的是平面向量的加法及其坐标运算。

因为 $\overrightarrow{AC}=\overrightarrow{AB}+\overrightarrow{BC}$，所以 $\overrightarrow{AC}=(2,4)+(4,3)=(6,7)$。

【答案：A】

例6 已知点 $A(2,-1)$，点 $B(0,4)$ 和向量 $a=(-4,y)$，并且向量 $\overrightarrow{AB} /\!/ a$，求 a 的纵坐标 y。

解：由已知条件点 $A(2,-1)$，点 $B(0,4)$ 得

$$\overrightarrow{AB}=(0,4)-(2,-1)=(-2,5)，$$

又因 $\overrightarrow{AB} /\!/ a$，

所以 $(-2) \cdot y - 5 \cdot (-4) = 0$，

解得 $y=10$。

知识拓展

平面向量共线的坐标表示问题的常见类型及解题策略：

（1）利用两向量共线求参数

如果已知两向量共线，求某些参数的取值时，利用"若 $a=(x_1,y_1)$，$b=(x_2,y_2)$，则 $a /\!/ b \Leftrightarrow x_1 y_2 - y_1 x_2 = 0$"解题比较方便。

（2）利用两向量共线的条件，求向量的坐标

一般地，在求与一个已知向量 a 共线的向量时，可设所求向量为 $\lambda a (\lambda \in \mathbf{R})$，然后结合其他条件列出关于 λ 的方程，求出 λ 的值后代入 λa 即可得到所求的向量。

例如 1. 已知平面向量 $a=(1,2)$，$b=(-2,m)$，且 $a /\!/ b$，求 $2a+3b$。

解：因为 $a /\!/ b$，所以 $1 \cdot m - 2 \times (-2) = 0$，解得 $m=-4$。

所以 $b=(-2,-4)$，

$$2a+3b=2 \cdot (1,2)+3 \cdot (-2,-4)=(2,4)+(-6,-12)=(-4,-8)。$$

2. 已知点 $A(4,0)$，$B(4,4)$，$C(2,6)$，如图 7-26，求 AC 与 OB 的交点 P 的坐标。

解：设 P 点坐标为 (x,y)，

由已知 $B(4,4)$ 得 $\overrightarrow{OB}=(4-0,4-0)=(4,4)$，

因为 $\overrightarrow{OB}$ 与 $\overrightarrow{PB}$ 共线，所以可以设 $\overrightarrow{PB}=\lambda\overrightarrow{OB}=\lambda\cdot(4,4)=(4\lambda,4\lambda)$，

又因为 $\overrightarrow{PB}=(4-x,4-y)$，所以 $\begin{cases}4-x=4\lambda,\\4-y=4\lambda,\end{cases}$

解得 $\begin{cases}x=4-4\lambda,\\y=4-4\lambda,\end{cases}$ 所以 P 点坐标为 $(4-4\lambda,4-4\lambda)$。

因此，$\overrightarrow{AP}=(4-4\lambda-4,4-4\lambda-0)=(-4\lambda,4-4\lambda)$，

又因为 $\overrightarrow{AC}=(2-4,6-0)=(-2,6)$，且 $\overrightarrow{AP}$ 与 $\overrightarrow{AC}$ 共线，

所以 $-4\lambda\cdot6-(4-4\lambda)\cdot(-2)=0$，化简后解方程得 $\lambda=\dfrac{1}{4}$，

得到 $\begin{cases}x=4-4\times\dfrac{1}{4}=3,\\y=4-4\times\dfrac{1}{4}=3,\end{cases}$ 即 P 点坐标为 $(3,3)$。

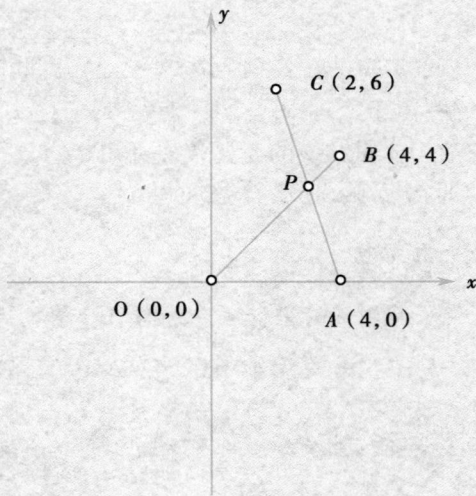

图 7-26

（3）三点共线问题

A、B、C 三点共线等价于 $\overrightarrow{AB}$ 与 $\overrightarrow{AC}$ 共线。

3. 若三点 $A(1,-5)$，$B(m,-2)$，$C(-2,-1)$ 共线，求 m。

解：由已知 $A(1,-5)$，$B(m,-2)$，$C(-2,-1)$ 得

$$\overrightarrow{AB}=(m-1,-2+5)=(m-1,3),$$

$$\overrightarrow{AC}=(-2-1,-1+5)=(-3,4)。$$

因为 $\overrightarrow{AB}$ 与 $\overrightarrow{AC}$ 共线，

所以 $(m-1)\cdot4-3\times(-3)=0$，

解得 $m=-\dfrac{5}{4}$。

习题 7-2A

1. 写出下列向量的坐标表示：

（1）$\boldsymbol{a}=3\boldsymbol{i}-2\boldsymbol{j}$；　　　　　　（2）$\boldsymbol{b}=-3\boldsymbol{j}$；

（3）$\boldsymbol{c}=2\boldsymbol{i}+\sqrt{2}\boldsymbol{j}$；　　　　　　（4）$\boldsymbol{d}=-\boldsymbol{i}$。

2. 已知向量 $\boldsymbol{a},\boldsymbol{b}$ 的坐标，求 $\boldsymbol{a}+\boldsymbol{b},\boldsymbol{a}-\boldsymbol{b}$ 的坐标。

(1) $\boldsymbol{a}=(-2,4),\boldsymbol{b}=(5,2)$;   (2) $\boldsymbol{a}=(4,3),\boldsymbol{b}=(-3,8)$;

(3) $\boldsymbol{a}=(3,2),\boldsymbol{b}=(-2,-3)$;   (4) $\boldsymbol{a}=(2,0),\boldsymbol{b}=(0,4)$。

3. 已知 $\boldsymbol{a}=(3,2),\boldsymbol{b}=(0,-1)$，求 $-2\boldsymbol{a}+4\boldsymbol{b},4\boldsymbol{a}+3\boldsymbol{b}$ 的坐标。

4. 已知 $\boldsymbol{a}=(3,-2),\boldsymbol{b}=(-1,1)$，求 $3\boldsymbol{a}+2\boldsymbol{b}$ 的坐标。

5. m、n 为何值时，$\boldsymbol{a}=(n+1)\boldsymbol{i}+\boldsymbol{j}$ 与 $\boldsymbol{b}=(m+1)\boldsymbol{j}$ 相等？

6. 已知 A、B 两点的坐标，求 $\overrightarrow{OA},\overrightarrow{BO},\overrightarrow{AB},\overrightarrow{BA}$ 的坐标：

(1) $A(3,5),B(6,9)$；   (2) $A(-3,4),B(6,3)$；

(3) $A(0,3),B(0,5)$；   (4) $A(3,0),B(8,0)$。

7. x 为何值时，$\boldsymbol{a}=(2,3)$ 与 $\boldsymbol{b}=(x,-6)$ 共线？

习题 7-2B

1. 已知 $A(3,1),B(2,0)$，求 $\overrightarrow{OA},\overrightarrow{BO},\overrightarrow{AB},\overrightarrow{BA}$ 的坐标。

2. 如图 7-27，已知平行四边形 $ABCD$ 的三个顶点 $A(-2,1),B(-1,3),C(3,4)$，求顶点 D 的坐标。

3. 证明下列各组点共线：

(1) $A(1,2),B(-3,-4),C\left(2,\dfrac{7}{2}\right)$；

(2) $A(9,1),B(1,-3),C\left(8,\dfrac{1}{2}\right)$；

(3) $A(-2,-1),B(-1,3),C(0,7)$。

4. 已知点 $A(-3,1),B(2,5),C(1,2)$，求 $3\overrightarrow{AB}-\overrightarrow{CB}+4\overrightarrow{AC}$。

5. 已知向量 $\overrightarrow{AB}=(1,-4),\overrightarrow{BC}=(3,1)$，求 $|\overrightarrow{AC}|$。

6. 已知向量 $\overrightarrow{AB}=(2,4),\overrightarrow{BC}=(4,3)$，求 $\overrightarrow{AC}$。

7. 已知向量 $\boldsymbol{a}=(2^m,n),\boldsymbol{b}=\left(\dfrac{3}{2},1\right)$，且 $\boldsymbol{a}=2\boldsymbol{b}$，求 m、n 的值。

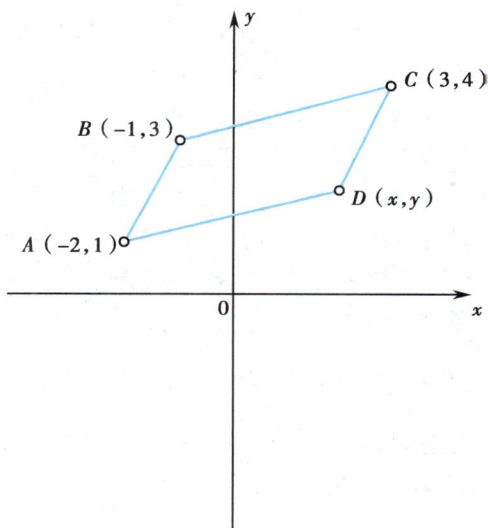

图 7-27

第三节　平面向量的内积

案例

物理课中，我们学过功的概念，即如果一个物体在力 $\boldsymbol{F}$ 的作用下产生位移 $\boldsymbol{s}$，那么这个力 $\boldsymbol{F}$ 所做的功 W 可用下式计算

$$W=|\boldsymbol{F}|\cdot|\boldsymbol{s}|\cos\theta,$$

其中 $\boldsymbol{F}$ 与 $\boldsymbol{s}$ 都可以看作是向量，θ 是 $\boldsymbol{F}$ 与 $\boldsymbol{s}$ 的夹角，如图 7-28。

请问：功 W 是向量还是数量？

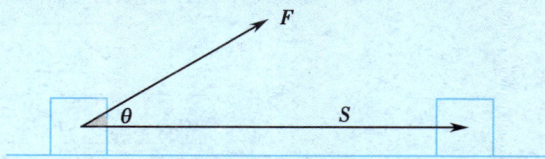

图 7-28

一、向量的内积及运算律

从力所做的功出发,我们引入向量内积的概念。

已知两个非零向量 a 和 b,作 $\overrightarrow{OA}=a$,$\overrightarrow{OB}=b$,则 $\angle AOB=\theta$ $(0°\leqslant\theta\leqslant180°)$ 叫做**向量 a 与 b 的夹角**,记作 $\langle a,b\rangle$,如图 7-29。

显然,当 $\langle a,b\rangle=0°$ 时,a 与 b **同向**;当 $\langle a,b\rangle=180°$ 时,a 与 b **反向**。当 $\langle a,b\rangle=90°$ 时,我们称 a 与 b **垂直**,记作 $a\perp b$。

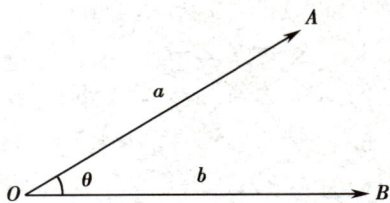

图 7-29

数量 $|a|\cdot|b|\cos\langle a,b\rangle$ 叫做 **a 与 b 的内积(或数量积)**,记作 $a\cdot b$,

即 $a\cdot b=|a|\cdot|b|\cos\langle a,b\rangle$。

规定:$0\cdot a=0$;$a^2=a\cdot a=|a|^2$。

由此可以看出,两个向量的内积是一个数量,这个数量的大小与两个向量的长度及夹角有关。当两个向量的夹角是锐角时,它们的内积大于 0;当两个向量的夹角是钝角时,它们的内积小于 0;当两个向量的夹角是 90° 时,它们的内积等于 0。那么,前面提到的力所做的功(数量),就是力 F(向量)与其作用下物体产生的位移 s(向量)的内积 $F\cdot s$。

例1 已知 $|a|=5$,$|b|=2$,$\langle a,b\rangle=120°$,求 $a\cdot b$。

解:$a\cdot b=|a|\cdot|b|\cos\langle a,b\rangle=5\times2\times\cos120°=10\times\left(-\dfrac{1}{2}\right)=-5$。

根据向量内积的定义,容易得到如下结论:

设 a、b 是两个非零向量,则

$$\boxed{|a|=\sqrt{a\cdot a}}$$

$$\boxed{cos\langle a,b\rangle=\frac{a\cdot b}{|a|\cdot|b|}}$$

$$\boxed{a\perp b\Leftrightarrow a\cdot b=0}$$

例2 已知 $a\cdot b=2$,$|a|=1$,$|b|=4$,求 $\langle a,b\rangle$。

解:$\cos\langle a,b\rangle=\dfrac{a\cdot b}{|a|\cdot|b|}=\dfrac{2}{1\times4}=\dfrac{1}{2}$,

因为 $0°\leqslant\langle a,b\rangle\leqslant180°$,

所以,$\langle a,b\rangle=60°$。

已知向量 a、b、c 和实数 λ,则向量的内积满足下列运算律:

$$\boxed{a\cdot b=b\cdot a}$$

$$\boxed{(\lambda a)\cdot b=\lambda(a\cdot b)=a\cdot(\lambda b)}$$

$$\boxed{(a+b)\cdot c=a\cdot c+a\cdot b}$$

注意:向量的内积不满足结合律。

二、向量内积的坐标表示

已知两个非零向量 $a=(x_1,y_1)$，$b=(x_2,y_2)$，怎样用 a 和 b 的坐标表示 $a \cdot b$ 呢？

设 x 轴、y 轴上的单位向量为 i、j，则 $i \cdot i=1$，$j \cdot j=1$，$i \cdot j=j \cdot i=0$。

下面我们求 $a \cdot b$。

因为 $a=x_1 i+y_1 j$，$b=x_2 i+y_2 j$，

所以，$a \cdot b=(x_1 i+y_1 j) \cdot (x_2 i+y_2 j)=x_1 x_2 i^2+x_1 y_2 i \cdot j+x_2 y_1 j \cdot i+y_1 y_2 j^2=x_1 x_2+y_1 y_2$。

这就是说，两个向量的内积等于它们对应坐标的乘积之和，即

$$a \cdot b=x_1 x_2+y_1 y_2$$

由此可得

$$a \perp b \Leftrightarrow x_1 x_2+y_1 y_2=0$$

例3 设 $a=(2,1)$，$b=(-2,3)$，求 $a \cdot b$。

解：$a \cdot b=2 \cdot (-2)+1 \cdot 3=-1$。

例4 在直角坐标平面内，判断下列每一对向量是否垂直：

(1) $a=(0,2)$，$b=(-1,3)$；

(2) $a=(-1,3)$，$b=(-3,-1)$。

解：(1) 因为 $a \cdot b=0 \cdot (-1)+2 \cdot 3=6 \neq 0$，所以 a 与 b 不垂直。

(2) 因为 $a \cdot b=(-1) \cdot (-3)+3 \cdot (-1)=0$，所以 $a \perp b$。

考点链接

利用向量内积的定义求未知量、利用两向量互相垂直的条件求解未知量、向量内积的直角坐标运算、利用向量解决函数问题等都是高职升学考试的考点。

例如 1. 若 $a \cdot b=-4$，$|a|=\sqrt{2}$，$|b|=2\sqrt{2}$，则 $\langle a \cdot b \rangle$ 等于（   ）。

A. $\dfrac{3\pi}{2}$ B. π C. $\dfrac{\pi}{2}$ D. 0

分析 由平面向量内积的定义式 $a \cdot b=|a| \cdot |b| \cos\langle a,b\rangle$ 得

$$\cos\langle a,b\rangle=\frac{a \cdot b}{|a| \cdot |b|}=\frac{-4}{\sqrt{2} \cdot 2\sqrt{2}}=\frac{-4}{4}=-1。$$

因为 $0° \leqslant \langle a,b \rangle \leqslant 180°$，即 $0 \leqslant \langle a,b \rangle \leqslant \pi$，所以 $\langle a,b \rangle=\pi$。

【答案：B】

2. 已知向量 $a=(2,-3)$，$b=(3,y)$，若 $a \perp b$，求 y。

分析 因为 $a \perp b$，所以 $2 \times 3+(-3) \cdot y=0$，解得 $y=2$。

【答案：$y=2$】

3. 已知向量 $a=(|x+1|,1)$，$b=(1,-2)$，若 $a \cdot b>0$，则 x 的取值范围为（   ）。

A. $(-\infty,+\infty)$ B. $(-\infty,-2)\cup(2,+\infty)$

C. $(-3,1)$ D. $(-\infty,3)\cup(1,+\infty)$

分析 因为两个向量的内积等于它们对应坐标的乘积之和，

即 $a \cdot b=x_1 x_2+y_1 y_2$，

且由已知 $a \cdot b>0$ 得 $x_1x_2+y_1y_2>0$,

即 $|x+1| \cdot 1+1\times(-2)>0$,

得到 $|x+1|>2$（转化为解含绝对值的不等式），

所以 $x+1>2$ 或 $x+1<-2$,

即 $x>1$ 或 $x<-3$,

不等式的解集为 $(-\infty,-3)\cup(1,+\infty)$。

【答案：D】

习题 7-3A

1. 已知 $|a|=3$，$|b|=4$，$\langle a,b\rangle=150°$，求 $a \cdot b$。

2. 已知 $a \cdot b=-6$，$|a|=4$，$|b|=3$，求 $\langle a,b\rangle$。

3. 设 $a=(-3,4)$，$b=(5,2)$，求 $a \cdot b$，$|a|$，$|b|$。

4. 设 $a=(2,3)$，$b=(-2,4)$，$c=(-1,-2)$，求 $a \cdot b$，$(a+b)\cdot(a-b)$，$(a+b)\cdot c$，$(a+b)^2$。

5. 在直角坐标平面内，判断下列每一对向量是否垂直：

(1) $a=(-3,4)$，$b=(2,-1)$；　　　　　　(2) $a=(-3,-4)$，$b=(4,-3)$；

(3) $a=(\sqrt{2},0)$，$b=(0,\sqrt{3})$；　　　　　(4) $a=(x,y)$，$b=(-y,x)$。

习题 7-3B

1. 已知 $a=(-1,2)$，$b=(-2,1)$，证明：$\cos\langle a,b\rangle=\dfrac{4}{5}$。

2. 已知向量 $a=(3,x)$，$b=(4,-3)$，且 $a\perp b$，求 $|a|$。

3. 已知向量 $a=(1,4)$，$b=(-2,3)$，求 $3a \cdot 2b$。

4. 向量 $a=(3,0)$，$b=(-3,4)$，求 $\langle a,a+b\rangle$ 的值。

5. 已知向量 $a=(-2,1)$，$b=(3,-4)$，且 $a \cdot c=-1$，$b \cdot c=9$，求 c 的坐标。

6. 已知 $a+b=(2,-8)$，$a-b=(-8,16)$，求 $\cos\langle a,b\rangle$。

7. 已知向量 $a=(2,-1)$，$b=(-3,2)$，求 $a \cdot b$ 及 $(2a+b)\cdot(a-2b)$ 的值。

📊 本章小结

　　本章的主要内容有：向量的概念，包括向量的模、向量的相等、平行向量与共线向量、相反向量、零向量、单位向量等；向量的线性运算，包括几何形式和坐标形式。

　　本章的重点是：向量的概念、向量的线性运算及其坐标表示、向量内积的概念及运算。

　　本单元的难点是：向量内积的概念、运算。

重要结论及公式

（1）两向量平行或共线的判定：$a//b\Leftrightarrow b=\lambda a$。

或若 $a=(x_1,y_1)$，$b=(x_2,y_2)$，则 $a//b\Leftrightarrow x_1y_2-y_1x_2=0$。

（2）向量的长度：设 $a=(x,y)$，则 $|a|=\sqrt{x^2+y^2}$。

（3）两向量互相垂直的判定：$a\perp b\Leftrightarrow a \cdot b=0$。

> **需要注意的问题**
>
> （1）用有向线段表示向量时，与有向线段的始点的位置无关，同向且等长的有向线段都表示同一向量。
>
> （2）向量的内积是一个数量。当两个向量的夹角是锐角时，它们的内积大于0；当两个向量的夹角是钝角时，它们的内积小于0；当两个向量的夹角是90°时，它们的内积等于0。零向量与任一向量的内积为0。
>
> （3）内积不满足结合律，即$(\boldsymbol{a} \cdot \boldsymbol{b}) \cdot \boldsymbol{c} \neq \boldsymbol{a} \cdot (\boldsymbol{b} \cdot \boldsymbol{c})$。

（李　敏）

目标测试

A 组

一、选择题：

1. 设 O 是正方形 $ABCD$ 的中心，则向量 $\overrightarrow{AO}, \overrightarrow{BO}, \overrightarrow{OC}, \overrightarrow{OD}$ 是（　　　）。

    A. 相等的向量　　　　B. 平行的向量　　　C. 有相同起点的向量　　　D. 模相等的向量

2. 已知平面向量 $\boldsymbol{a} = (1,1), \boldsymbol{b} = (1,-1)$，则向量 $\dfrac{1}{2}\boldsymbol{a} - \dfrac{3}{2}\boldsymbol{b}$ 等于（　　　）。

    A. $(-2,-1)$　　　　B. $(-2,1)$　　　　C. $(-1,0)$　　　　D. $(-1,2)$

3. 已知 $|\boldsymbol{a}| = 8, |\boldsymbol{b}| = 6, \langle \boldsymbol{a}, \boldsymbol{b} \rangle = \dfrac{5\pi}{6}$，则 $\boldsymbol{a} \cdot \boldsymbol{b}$ 等于（　　　）。

    A. -24　　　　B. $24\sqrt{3}$　　　　C. $-24\sqrt{3}$　　　　D. 16

4. 下列各对向量中互相垂直的是（　　　）。

    A. $\boldsymbol{a} = (4,2), \boldsymbol{b} = (-3,5)$　　　　　B. $\boldsymbol{a} = (-3,4), \boldsymbol{b} = (4,3)$

    C. $\boldsymbol{a} = (5,2), \boldsymbol{b} = (-2,-5)$　　　D. $\boldsymbol{a} = (2,-3), \boldsymbol{b} = (3,-2)$

5. $\overrightarrow{AB} - \overrightarrow{AC} - \overrightarrow{BC}$ 等于（　　　）。

    A. $2\overrightarrow{BC}$　　　　　B. $2\overrightarrow{CB}$　　　　C. $\boldsymbol{0}$　　　　D. 0

二、填空题：

1. 单位向量是指＿＿＿＿＿＿＿的向量；零向量是指＿＿＿＿＿＿＿的向量。

2. 既有＿＿＿＿＿＿又有＿＿＿＿＿＿的量称为向量。

3. 求不共线的两向量和的作图法则有＿＿＿＿＿＿法则和＿＿＿＿＿＿法则。

4. 向量 $\boldsymbol{a}$、$\boldsymbol{b}$ 的始点重合，$\boldsymbol{a} - \boldsymbol{b}$ 可以表示为从＿＿＿＿＿＿＿＿＿＿的终点到＿＿＿＿＿＿＿＿＿＿的终点的向量。

5. $\lambda\boldsymbol{a}$ 中的实数 λ 叫做向量 $\boldsymbol{a}$ 的＿＿＿＿＿＿。$\lambda\boldsymbol{a}$ 的几何意义就是把向量 $\boldsymbol{a}$ 沿着 $\boldsymbol{a}$ 的方向或 $\boldsymbol{a}$ 的反向＿＿＿＿＿＿或＿＿＿＿＿＿。

6. 设以原点为起点的向量 $\overrightarrow{OA} = x\boldsymbol{i} + y\boldsymbol{j}$，则向量 $\overrightarrow{OA}$ 的坐标＿＿＿＿＿＿就是点＿＿＿＿＿＿的坐标。

7. 一个向量的坐标等于＿＿＿＿＿＿坐标减去＿＿＿＿＿＿的相应坐标。

8. $\boldsymbol{a}/\!/\boldsymbol{b}\Leftrightarrow$_____，或若 $\boldsymbol{a}=(x_1,y_1),\boldsymbol{b}=(x_2,y_2)$，则 $\boldsymbol{a}/\!/\boldsymbol{b}\Leftrightarrow$_____。

9. 设 $\boldsymbol{a}=(x_1,y_1)$，则 $|\boldsymbol{a}|=$_____。

10. $\boldsymbol{a}\perp\boldsymbol{b}\Leftrightarrow$_____。

三、判断题：

1. $\overrightarrow{AB}+\overrightarrow{BA}=0$。（　　　）

2. $\overrightarrow{AB}-\overrightarrow{AC}=\overrightarrow{BC}$。（　　　）

3. $0\overrightarrow{AB}=0$。（　　　）

4. 如果 $\boldsymbol{a}=(x_1,y_1),\boldsymbol{b}=(x_2,y_2)$ 且 $x_1y_2-y_1x_2=0$，那么 $\boldsymbol{a}$ 与 $\boldsymbol{b}$ 相等。（　　　）

5. 同向且等长的有向线段都表示同一向量。（　　　）

6. 表示相等向量的有向线段必定始点和终点位置都相同。（　　　）

四、简答题：

1. 化简：

(1) $\overrightarrow{AB}+\overrightarrow{BC}+\overrightarrow{CA}$；　　　　　　　(2) $(\overrightarrow{AB}+\overrightarrow{MB})+\overrightarrow{BO}+\overrightarrow{OM}$；

(3) $\overrightarrow{OA}+\overrightarrow{OC}+\overrightarrow{BO}+\overrightarrow{CO}$；　　　　　(4) $\overrightarrow{AB}-\overrightarrow{AC}+\overrightarrow{BD}-\overrightarrow{CD}$；

(5) $\overrightarrow{OA}-\overrightarrow{OD}+\overrightarrow{AD}$；　　　　　　　(6) $\overrightarrow{AB}-\overrightarrow{AD}-\overrightarrow{DC}$。

2. 已知向量 $\boldsymbol{a}$ 的长度为 2，方向为正东方向；向量 $\boldsymbol{b}$ 的长度为 3，方向为北偏东45°。以 O 为始点，分别作出有向线段表示向量 $2\boldsymbol{a}+\boldsymbol{b}$，$-\boldsymbol{a}-\boldsymbol{b}$。

3. 设 $\boldsymbol{a}=(2,-3),\boldsymbol{b}=(-4,0),\boldsymbol{c}=(-5,6)$，求 $\boldsymbol{a}+\boldsymbol{b}-\boldsymbol{c}$，$-2\boldsymbol{a}+3\boldsymbol{b}-5\boldsymbol{c}$。

4. 已知 A、B 两点的坐标，求 $\overrightarrow{AB}$、$\overrightarrow{BA}$ 的坐标。

(1) $A(2,-5),B(-1,6)$；　　　　　　　(2) $A(-6,4),B(6,3)$；

(3) $A(0,-5),B(-5,0)$；　　　　　　　(4) $A(-3,0),B(5,0)$。

5. 已知 $\boldsymbol{a}=(2,-4),\boldsymbol{b}=(1,2),\boldsymbol{c}=(1,-2),\boldsymbol{d}=(-2,-4)$，指出其中共线的向量。

6. $|\boldsymbol{a}|=6,|\boldsymbol{b}|=4,\langle\boldsymbol{a},\boldsymbol{b}\rangle=135°$，求 $\boldsymbol{a}\cdot\boldsymbol{b}$。

7. 已知点 $A(2,-5),B(-1,6),C(0,7)$，求 $\overrightarrow{AB}\cdot\overrightarrow{AC}$。

8. 求下列向量的夹角：

(1) $\boldsymbol{a}=(-1,2),\boldsymbol{b}=(-3,1)$；　　　　　　(2) $\boldsymbol{a}=(-1,2),\boldsymbol{b}=(4,2)$。

B 组

一、选择题：

1. 下列命题中不正确的是（　　　）。

　　A. 若 $|\boldsymbol{a}|=|\boldsymbol{b}|$，则 $\boldsymbol{a}=\boldsymbol{b}$；

　　B. 若 $\boldsymbol{a}=\boldsymbol{b},\boldsymbol{b}=c$，则 $\boldsymbol{a}=c$；

　　C. 若 $\boldsymbol{a}/\!/\boldsymbol{b},\boldsymbol{b}/\!/c$，则 $\boldsymbol{a}/\!/c$；

　　D. 若 $\boldsymbol{a}/\!/\boldsymbol{b}$，则 $\boldsymbol{a}$ 与 $\boldsymbol{b}$ 的方向相同或相反。

2. 设 D、E、F 分别为 $\triangle ABC$ 的三边 BC,CA,AB 的中点，则 $\overrightarrow{EB}+\overrightarrow{FC}$ 等于（　　　）。

　　A. $\overrightarrow{BC}$　　　　　B. $\dfrac{1}{2}\overrightarrow{AD}$　　　　　C. $\overrightarrow{AD}$　　　　　D. $\dfrac{1}{2}\overrightarrow{BC}$

3. 已知点 $A(-1,5)$ 和向量 $\boldsymbol{a}=(2,3)$，若 $\overrightarrow{AB}=3\boldsymbol{a}$，则点 B 的坐标为（　　　）。

A. $(7,4)$ B. $(7,14)$ C. $(5,4)$ D. $(5,14)$

4. 已知向量 $\boldsymbol{a}=(1,\sqrt{3})$，$\boldsymbol{b}=(3,m)$，若向量 $\boldsymbol{a},\boldsymbol{b}$ 的夹角为 $\dfrac{\pi}{6}$，则实数 m 等于(   )。

A. $2\sqrt{3}$ B. $\sqrt{3}$ C. 0 D. $-\sqrt{3}$

5. 已知向量 $\boldsymbol{a}=(2,3)$，$\boldsymbol{b}=(-1,2)$，若 $(m\boldsymbol{a}+n\boldsymbol{b})/\!/\boldsymbol{a}-2\boldsymbol{b}$，则 $\dfrac{m}{n}$ 等于(   )。

A. -2 B. 2 C. $-\dfrac{1}{2}$ D. $\dfrac{1}{2}$

二、填空题：

1. 已知向量 $\boldsymbol{a}=(-5,3)$，$\boldsymbol{b}=(10,-6)$，则 $\boldsymbol{a}$ 与 $\boldsymbol{b}$ 的位置关系为＿＿＿＿＿。

2. 已知向量 $\boldsymbol{a}=(1,1)$，$\boldsymbol{b}=(1,-3)$，则 $\dfrac{1}{2}\boldsymbol{a}-\dfrac{3}{2}\boldsymbol{b}=$＿＿＿＿＿。

3. 已知点 $A(1,2)$，$B(-3,-2)$，且 $\overrightarrow{AM}=\dfrac{2}{3}\overrightarrow{AB}$，那么点 M 的坐标是＿＿＿＿＿。

4. 已知向量 $\boldsymbol{a}=(x,1)$，$\boldsymbol{b}=(-3,y)$，且 $\boldsymbol{a}+\boldsymbol{b}=(1,3)$，则 $x=$＿＿＿＿＿，$y=$＿＿＿＿＿。

5. 已知向量 $\boldsymbol{a}=(2,1)$，$\boldsymbol{b}=(1,-2)$，则 $\boldsymbol{a}$ 与 $\boldsymbol{b}$ 的夹角为＿＿＿＿＿。

6. 在 $Rt\triangle ABC$ 中，$\overrightarrow{AB}=(m,1)$，$\overrightarrow{AC}=(2,3)$，则 $m=$＿＿＿＿＿。

7. 已知 $\boldsymbol{a}=(n,1)$，$\boldsymbol{b}=(4,n)$，$\boldsymbol{a}$ 与 $\boldsymbol{b}$ 共线且同向，则 $n=$＿＿＿＿＿。

8. $\triangle ABC$ 中，$\overrightarrow{BC}=\boldsymbol{a}$，$\overrightarrow{CA}=\boldsymbol{b}$，则 $\overrightarrow{AB}=$＿＿＿＿＿，$\overrightarrow{BA}=$＿＿＿＿＿。

三、判断题：

1. 若 $|\boldsymbol{a}|=|\boldsymbol{b}|$，则 $\boldsymbol{a}=\boldsymbol{b}$。（   ）

2. 若 $\boldsymbol{a}=\boldsymbol{b}$ 且 $\boldsymbol{b}=\boldsymbol{c}$，则 $\boldsymbol{a}=\boldsymbol{c}$。（   ）

3. 若 $\boldsymbol{a}/\!/\boldsymbol{b}$，$\boldsymbol{b}/\!/\boldsymbol{c}$，则 $\boldsymbol{a}/\!/\boldsymbol{c}$。（   ）

4. 若 $\boldsymbol{a}/\!/\boldsymbol{b}$，则 $\boldsymbol{a}$ 与 $\boldsymbol{b}$ 的方向相同或相反。（   ）

5. 平面上任意三点 A、B、C，一定有 $\overrightarrow{AB}+\overrightarrow{BC}=\overrightarrow{AC}$。（   ）

6. 若 $\boldsymbol{a}=\boldsymbol{b}$，则 $|\boldsymbol{a}|=|\boldsymbol{b}|$。（   ）

7. 若 $|\boldsymbol{a}|=1$，$|\boldsymbol{b}|=2$，则 $\boldsymbol{a}<\boldsymbol{b}$。（   ）

8. $2|\boldsymbol{a}|=|2\boldsymbol{a}|$。（   ）

9. $\overrightarrow{AB}+\overrightarrow{BA}=\boldsymbol{0}$。（   ）

10. 若 $\boldsymbol{a}\cdot\boldsymbol{b}=0$，则 $\boldsymbol{a}$ 与 $\boldsymbol{b}$ 互相垂直。（   ）

四、解答题：

1. 已知 $\boldsymbol{a}=(1,-1)$，$\boldsymbol{b}=(0,p)$，当 p 为何值时，

（1）$p\boldsymbol{a}+\boldsymbol{b}$ 与 $\boldsymbol{a}-2\boldsymbol{b}$ 垂直；

（2）$p\boldsymbol{a}+\boldsymbol{b}$ 与 $\boldsymbol{a}-2\boldsymbol{b}$ 平行。

2. 已知 $\overrightarrow{OA}=(q,5)$，$\overrightarrow{OB}=(2,3)$，$\overrightarrow{OC}=(-q,2)$ 若 A、B、C 三点共线，求 q 的值。

3. 已知向量 $\boldsymbol{a}=(\cos\theta,\sin\theta)$，$\boldsymbol{b}=(0,3)$，若 $\boldsymbol{a}\cdot\boldsymbol{b}$ 取最大值，求 $\boldsymbol{a}$。

4. 已知向量 $\boldsymbol{a}=(2\sin\theta,2\cos\theta)$，求 $|\boldsymbol{a}|$。

5. 已知向量 $\boldsymbol{a}=(|x+1|,1)$，$\boldsymbol{b}=(1,-2)$，若 $\boldsymbol{a}\cdot\boldsymbol{b}>0$，求 x 的取值范围。

6. 设向量 $\boldsymbol{a}=(\cos x,-\sin x)$，$\boldsymbol{b}=(2\sin x,2\sin x)$，且函数 $f(x)=\boldsymbol{a}\cdot\boldsymbol{b}+m$ 的最大值是 $\sqrt{2}$，

(1) 求实数 m 的值；

(2) 若 $x = \left(0, \dfrac{\pi}{2}\right)$，且 $f(x) = 1$，求 x 的值。

7. 如图 7-30 所示，甲、乙两船同时从港口 O 处出发，甲船以 25 海里/小时的速度向东行驶，乙船以 15 海里/小时的速度沿着北偏西30°的方向行驶，2 小时后，甲船到达 A 处，乙船到达 B 处。

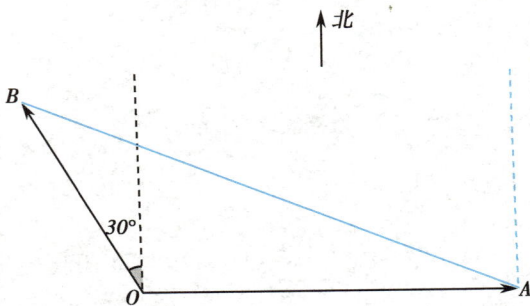

图 7-30

(1) 甲、乙两船间的距离 AB 是多少海里？

(2) 此时乙船位于甲船北偏西多少度的方向上？

阅读与欣赏

爱因斯坦和汽车导航仪

　　我们的日常生活因为各种各样的技术而获得了以前不可想象的便利性。汽车导航仪就是一个具有代表性的例子。这种可以将人和汽车准确地引导到一个从未去过的场所的装置，是借助了多种科学力量制造出来的。

　　人类从太古时代就希望能够知道自己所在的位置。通过观测天空中闪烁的星星和月亮以及高精度的钟表，发展出了"知道自己在地球上的什么地方的技术"——天文学。

　　现代的汽车导航仪是全球定位系统（global positioning system，GPS）的一个代表性的应用。汽车导航仪是将人造卫星和原子钟结合起来、借助电子计算机的力量实现导航的一种设备。

　　汽车导航仪在计算什么？

　　汽车导航仪为什么要装配能过每秒数亿次高速计算"0"和"1"这两个数的电子计算机呢？汽车上搭载的导航仪配备了天线，这是用来接收人造卫星传送来的电波的。

　　这里利用了几何学的知识。人造卫星把它上面搭载的原子钟的信息，以电波的形式，向四面八方发送出来。人造卫星发出的电波信号被地上的汽车导航仪的天线接收了以后，就可以知道从接收点到人造卫星的距离。

　　如果这时候能够收到另外一颗人造卫星的电波的话，就可以知道与这两颗人造卫星的距离。这时候由从人造卫星发出的两个球面电波的交汇，就可以大致定位出汽车导航仪所在的位置。

在此基础上,如果还可以收到另外一颗人造卫星的电波信号的话,通过 3 个球面电波的交汇,可以进一步定位汽车导航仪的所在地点。这时,对于刚才的两个卫星的球面电波相交后的圆周,加上第三颗卫星所发射的球面电波重合进来,我们可以定位出两地的位置。如果再加上一颗人造卫星的电波信号,就可以准确定位出地面上的任何一点的位置了。

支撑着汽车导航仪的相对论。

由从人造卫星发送的电波所形成的球面,可以用以下方程式来描述:

$(x-a)^2+(y-b)^2+(z-c)^2=r^2$。点 (a,b,c) 是球的中心,r 是球的半径,坐标 (x,y,z) 表示汽车导航仪的位置。

4 颗人造卫星各自都有对应的方程式,也就是联立方程式。电子计算机通过解联立方程式从而得到汽车的位置。不仅如此,汽车导航仪还具备道路检索的功能。另外,汽车导航仪上还使用计算机图形学来使地图立体化。可以说,在汽车导航仪上,灵活地运用了数学和计算机的功能。

对汽车导航仪来说最重要的关键点就是"精度"。实际上,保证在实际应用中达到可以承受的精度(汽车导航仪的误差必须在 10 米以内)的是相对论。相对论是关于时空和引力的理论,主要由爱因斯坦创立,依其研究对象的不同可分为狭义相对论和广义相对论。相对论和量子力学的提出给物理学带来了革命性的变化,它们共同奠定了近代物理学的基础。也就是说,或许可以认为今天我们在约会时顺利驾车出行,是因为"爱因斯坦在默默守护着你"的原因吧。

人类从古代起所怀抱的梦想,由于多种科学技术和数学的支持而得以实现了。

第八章　直线和圆的方程

1. 掌握：平面两点间距离公式、中点坐标公式；直线方程的点斜式、斜截式、一般式以及几种形式的互相转化；并且会求两条直线的交点；圆的标准方程和圆的一般方程。
2. 理解：直线的倾斜角和斜率的概念；两条直线平行和垂直的条件；直线和圆的位置关系。
3. 了解：点到直线的距离公式；直线方程与圆的方程的实际应用。

　　直线和圆都是最常见的、基本的几何图形，在实际生活和生产实践中有广泛的应用。本章学习的是直线的方程、两条直线的位置关系、圆的方程以及直线和圆的位置关系，这些都是平面解析几何的重要基础知识。直线的方程、圆的方程是最基本的曲线方程。直线的方程是研究两条直线位置关系的基础，同时也是讨论圆的方程及其他曲线方程的基础。学习直线和圆的方程，要结合具体图形，用代数的方法研究几何图形的性质，探索确定几何图形方程的要素。

　　本章主要利用数形结合的思想，激发学习数学的兴趣，培养学生提出问题、分析问题和解决问题的能力，以及数学的实践能力。

第一节　两点间的距离与线段的中点坐标

案例

　　有一工程队要在 A、B 两城之间铺设一条海底通讯光缆，首先要知道两城之间的距离，才能准备材料。他们通过 GPS 全球定位系统将两城的位置在平面直角坐标系中表示出来：$A(10,22)$，$B(-5,2)$。

　　请问：你能帮他们求出 A、B 两城之间的距离吗？

一、两点间的距离公式

我们在生活中经常遇到这样的问题，已知两点的坐标，如何求两点间的距离。

在向量一章中学习了向量的坐标表示，在平面直角坐标系中，设点 $A(x_1, y_1)$、$B(x_2, y_2)$，则向量 $\overrightarrow{AB}$ 的坐标表示为

$$\overrightarrow{AB}=(x_2-x_1,y_2-y_1)。$$

我们可以用向量 $\overrightarrow{AB}$ 的模表示 A、B 两点的距离，记作：$|AB|$。所以可得

$$|AB|=|\overrightarrow{AB}|=\sqrt{\overrightarrow{AB}\cdot\overrightarrow{AB}}=\sqrt{(x_2-x_1)^2+(y_2-y_1)^2}。$$

因此两点 $P_1(x_1,y_1)$、$P_2(x_2,y_2)$ 距离公式为

$$\boxed{|P_1P_2|=\sqrt{(x_2-x_1)^2+(y_2-y_1)^2}}$$

例1 求 $A(-2,3)$、$B(1,7)$ 两点间的距离。

解：根据两点间距离公式得 A、B 两点间的距离为

$$|AB|=\sqrt{[1-(-2)]^2+(7-3)^2}=\sqrt{25}=5。$$

由两点间距离公式我们可以求出上面案例中的 A、B 两城之间的距离为

$$|AB|=\sqrt{[10-(-5)]^2+(22-2)^2}=\sqrt{625}=25。$$

二、线段中点坐标公式

知识回顾

我们在初中平面几何中学过线段中点定义，若线段 AC 中点为 B，则满足 $|AB|=|BC|=\dfrac{1}{2}|AC|$。

设线段 AB 的端点 $A(x_1,y_1)$ 和 $B(x_2,y_2)$，线段的中点为 $P(x_0,y_0)$，如图 8-1 所示：
则向量 $\overrightarrow{AP}$ 和向量 $\overrightarrow{BP}$ 可以表示为

$$\overrightarrow{AP}=(x_0-x_1,y_0-y_1),$$
$$\overrightarrow{PB}=(x_2-x_0,y_2-y_0)。$$

由于点 P 为线段 AB 的中点，则 $\overrightarrow{AP}=\overrightarrow{PB}$，根据向量相等定义可以得到

$$\begin{cases}x_0-x_1=x_2-x_0\\y_0-y_1=y_2-y_0\end{cases}$$

解方程组得 $x_0=\dfrac{x_1+x_2}{2},y_0=\dfrac{y_1+y_2}{2}$。

因此设 $P_1(x_1,y_1)$、$P_2(x_2,y_2)$ 为平面内任意两点，可以得到线段 P_1P_2 的中点 $P_0(x_0,y_0)$ 坐标公式为

$$\boxed{x_0=\dfrac{x_1+x_2}{2},\quad y_0=\dfrac{y_1+y_2}{2}}$$

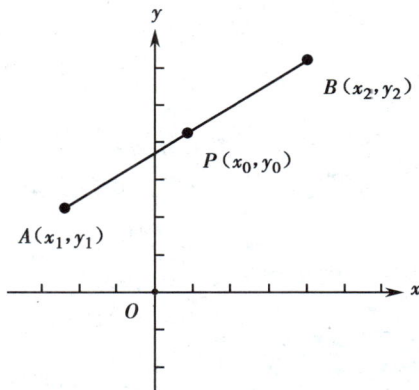

图 8-1

187

知识拓展

设点 P 为线段 AB 上的任意点，坐标为 $P(x,y)$，使得 $|AP| = \lambda |BP|$，则点 P 分线段 AB 成定比 λ，称点 P 是线段 AB 的定比分点。所以定比分点坐标公式为

$$x = \frac{x_1 + \lambda x_2}{1 + \lambda}, \quad y = \frac{y_1 + \lambda y_2}{1 + \lambda}。$$

例如 已知线段 AB 的端点坐标 $A(1,5)$、$B(2,3)$，点 P 分线段 AB 的定比 $\lambda = -2$，根据公式可以求出点 P 的坐标，即

$$x = \frac{1 + (-2) \times 2}{1 - 2} = 3, \quad y = \frac{5 + (-2) \times 3}{1 - 2} = 1。$$

所以点 P 坐标为 $(3,1)$。

当 $\lambda = 1$ 时，$|AP| = |BP|$，定比分点公式就变成中点坐标公式。

例2 已知点 $M(-2,3)$、$N(4,13)$，求线段 MN 的中点坐标。

解：设线段 MN 的中点为 $P(x_0, y_0)$，根据中点坐标公式得

$$x_0 = \frac{-2+4}{2} = 1,$$

$$y_0 = \frac{3+13}{2} = 8。$$

所以所求线段 MN 的中点坐标为 $P(1,8)$。

例3 已知 $\triangle ABC$ 的三个顶点分别为 $A(2,-2)$、$B(-2,1)$、$C(0,3)$，求 BC 边上的中线 AD 的长。

解：设 BC 的中点 D 的坐标为 (x_0, y_0)，则由中点坐标公式得

$$x_0 = \frac{-2+0}{2} = -1, \quad y_0 = \frac{1+3}{2} = 2,$$

所以中点 D 的坐标为 $(-1,2)$；

再根据两点间距离公式得到中线 AD 的长：

$$|AD| = \sqrt{(-1-2)^2 + [2-(-2)]^2} = \sqrt{25} = 5,$$

即 BC 边上的中线 AD 的长为 5。

考点链接

两点间距离公式和中点坐标公式是高职升学考试的考点之一。

例如 已知点 $M(-1,6)$，$N(3,2)$，线段 MN 中点坐标为（   ）。

分析 根据中点坐标公式 $x_0 = \frac{x_1+x_2}{2} = \frac{-1+3}{2} = 1$，$y_0 = \frac{y_1+y_2}{2} = \frac{6+2}{2} = 4$ 求解。

【答案：$(1,4)$】

习题 8-1A

1. 求下列两点间距离。

(1) $A(-2,0)$，$B(2,0)$；　　　　　　(2) $A(0,3)$，$B(0,-7)$；

（3）$A(-2,3)$，$B(2,4)$； （4）$A(5,9)$，$B(8,6)$。

2. 已知下列两点，求中点坐标。

（1）$A(5,10)$，$B(-3,0)$； （2）$A(-3,-1)$，$B(5,7)$。

3. 已知△ABC 的三个顶点分别为 $A(2,2)$、$B(-4,6)$、$C(-3,-2)$，求 AB 边上的中线 CD 的长。

习题 8-1B

1. 已知点 $P_1(-4,-5)$，线段 P_1P_2 的中点 P 的坐标为 $(1,-2)$，求线段的端点 P_2 的坐标。

2. 已知点 $A(-1,-1)$，$B(b,5)$，且 $|AB|=10$，求 b 的值。

3. 已知点 $A(1,2)$ 与点 B 关于点 $P(0,-3)$ 对称，求点 B 的坐标。

第二节　直线的方程

案例

全球最刺激的滑梯是巴哈马天堂岛水上乐园的滑水梯，人们可以以每小时 35 英里的速度从玛雅神庙顶端垂直下落，进入 60 英尺长的水下玻璃隧道。直线下滑的速度和滑梯的坡度有关，坡度陡滑的快，坡度缓滑的慢。

请问：如何用滑水梯所在的直线与水平地面的角度表示滑行的速度？

一、直线方程的概念

（一）直线的定义

初中我们曾研究过一次函数的图像是一条直线。如图 8-2 所示，函数 $y=2x-1$ 的图像是直线，建立了平面直角坐标系以后，直线与方程就密不可分地联系起来。

由图中可以看出满足函数式 $y=2x-1$ 的每一对 (x,y) 的值都是直线 l 上点的坐标，如数对 $(0,-1)$ 满足函数式，在直线 l 上就有一点 A，它的坐标是 $(0,-1)$；而直线 l 上的每一点的坐标都满足函数式，如直线 l 上点 B 的坐标是 $(1,1)$，数对 $(1,1)$ 就满足函数式。由于函数 $y=2x-1$ 也可以看成含有 x,y 的二元一次方程 $2x-y-1=0$，所以，满足函数 $y=2x-1$ 的每一对 (x,y) 的值，就是方程 $2x-y-1=0$ 的一组解，因此说，以方程 $2x-y-1=0$ 的解为坐标的点都在直线 l 上；而直线 l 上的每一点的坐标都是方程 $2x-y-1=0$ 的一组解。这时，我们把方程 $2x-y-1=0$ 叫做直线 l 的方程，把直线 l 叫做这个方程的直线。

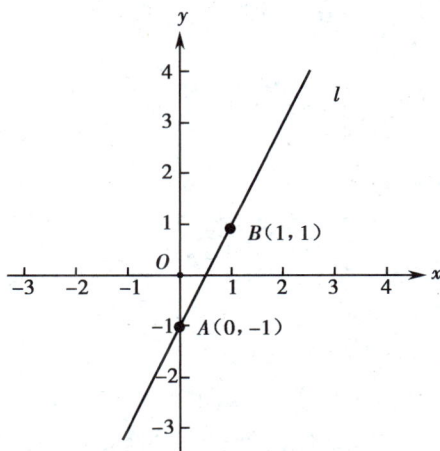

图 8-2

以一个方程的解为坐标的点都是某条直线上的点；反过来，这条直线上点的坐标都是这个方程的解，这时，这个方程就叫做这条**直线的方程**，这条直线叫做这个**方程的直线**。

我们在研究直线时,就是利用直线与方程的这种关系,建立直线的方程,并通过方程来研究直线的有关问题。

(二)直线的倾斜角与斜率

1. 直线的倾斜角

直线 l 向上的方向与 x 轴正方向所成的最小正角叫**直线 l 的倾斜角**,用 α 表示,如图 8-3 所示。

特别地,当直线 l 与 x 轴平行或重合时,我们规定它的倾斜角为零度。因此,任何一条直线的倾斜角范围是 $0° \leqslant \alpha < 180°$,它反映了直线的倾斜程度。

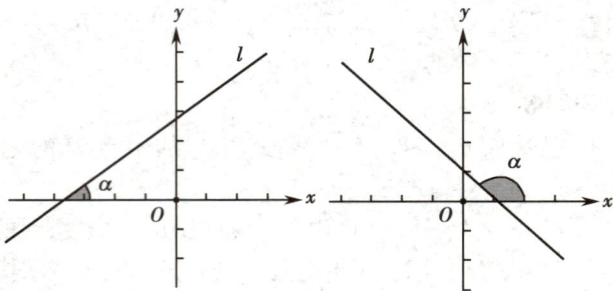

图 8-3

知识回顾

在初中学过三角函数的定义,已知锐角 α,我们把正弦 $\sin\alpha = \dfrac{\alpha\text{的对边}}{\alpha\text{的斜边}}$,余弦 $\cos\alpha = \dfrac{\alpha\text{的邻边}}{\alpha\text{的斜边}}$,正切 $\tan\alpha = \dfrac{\alpha\text{的对边}}{\alpha\text{的邻边}}$,分别叫做角 α 的正弦函数、余弦函数、正切函数。

---

2. 直线的斜率

定义:倾斜角不是90°的直线,它的倾斜角的正切值叫做这条**直线的斜率**,通常用 k 表示,即

$$k = \tan\alpha$$

根据直线倾斜角的范围,直线的斜率可分为以下四种情形:

(1) 当 $\alpha = 0°$ 时(即直线与 x 轴平行或重合),斜率 $k = 0$。此时,直线平行于 x 轴或与 x 轴重合;

(2) 当 α 为锐角(即 $0° < \alpha < 90°$)时,斜率 $k > 0$;

(3) 当 $\alpha = 90°$(直线与 y 轴平行或重合)时,斜率 k 不存在。此时,直线平行于 y 轴或与 y 轴重合;

(4) 当 α 为钝角(即 $90° < \alpha < 180°$)时,斜率 $k < 0$。

可见,斜率可表示倾斜角不等于90°的直线对于 x 轴的倾斜程度。

直角坐标系中,如果已知两点 $P_1(x_1, y_1)$、$P_2(x_2, y_2)$,那么直线 P_1P_2 是确定的,当直线的倾斜角不是90°时,这条直线的斜率也是确定的,我们可以用直线上任意两点坐标来表示直线 P_1P_2 的斜率。如图 8-4 所示。

已知直线 l 的倾斜角是 α,直线 l 经过两点

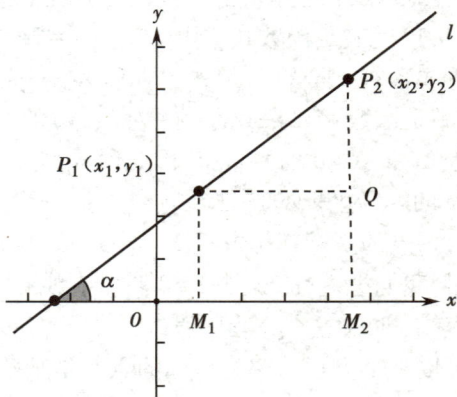

图 8-4

$P_1(x_1,y_1)$，$P_2(x_2,y_2)$，从 P_1、P_2 分别向 x 轴作垂线 P_1M_1、P_2M_2，再作 $P_1Q \perp P_2M_2$，垂足分别为 M_1、M_2、Q，则 $\alpha = \angle P_2P_1Q$，因此

$$\tan \alpha = \tan \angle P_2P_1Q = \frac{QP_2}{P_1Q} = \frac{y_2-y_1}{x_2-x_1},$$

所以，我们得到经过 $P_1(x_1,y_1)$，$P_2(x_2,y_2)$ 两点的**直线的斜率公式**

$$\boxed{k = \frac{y_2-y_1}{x_2-x_1} \quad (x_1 \neq x_2)}$$

注意，当 $x_1=x_2$ 时，倾斜角 $\alpha=90°$，斜率 k 不存在。

例1 已知直线过 $A(2,4)$ 和 $B(3,5)$ 两点，求直线的斜率 k 和倾斜角 α。

解：根据斜率公式 $k = \frac{y_2-y_1}{x_2-x_1} = \frac{5-4}{3-2} = 1$，得出直线的斜率为 $k=1$；

因为 $k=\tan\alpha$，$0°\leq\alpha<180°$，并且由特殊角三角函数值 $\tan 45°=1$，

所以直线的倾斜角 $\alpha=45°$。

例2 证明 $A(3,4)$，$B(1,0)$，$C(5,8)$ 三点在同一直线上。

证明：根据斜率公式，可得

$$k_{AB} = \frac{0-4}{1-3} = 2, \quad k_{AC} = \frac{8-4}{5-3} = 2,$$

由于 $k_{AB}=k_{AC}$，且 AB 与 AC 有公共点 A，

所以 A，B，C 三点在同一直线上。

二、直线方程的几种形式

一条直线在平面直角坐标内的位置，可以由不同的条件来确定。下面我们来研究怎样根据给定的条件，求出直线的方程。

（一）点斜式方程

已知直线 l 的斜率为 k，并且经过点 $P_0(x_0,y_0)$ 如图 8-5，求直线 l 的方程。

设点 $P(x,y)$ 是直线 l 上不同于点 $P_0(x_0,$ $y_0)$ 的任意一点，已知直线 l 的斜率为 k，根据过两点的直线的斜率公式，得

$$k = \frac{y-y_0}{x-x_0},$$

可化为 $\boxed{y-y_0=k(x-x_0)}$

这个方程是斜率为 k，且过点 $P_0(x_0,y_0)$ 的直线 l 的方程。

由于这个方程由直线上一点和直线的斜率确定的，所以叫做**直线的点斜式方程**。

当直线 l 的倾斜角为 $0°$ 时，斜率 $k=\tan 0°=0$，此时的直线方程为 $y=y_1$；特别是当 $y_1=0$ 时，得到重合于 x 轴的直线方程 $y=0$。

当直线 l 的倾斜角为 $90°$ 时，斜率 $k=\tan 90°$ 不存在，此时的直线方程不能用点斜式表

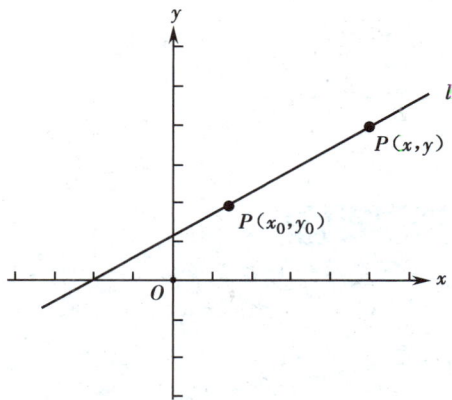

图 8-5

示,但因为 l 上的每一点的横坐标都等于 x_1,所以直线方程为 $x=x_1$;特别是当 $x_1=0$ 时,得到重合与 y 轴的直线方程 $x=0$。

例3 求经过点 $P(2,3)$,且倾斜角 α 为 $60°$ 的直线方程。

解: 根据直线的斜率公式,直线 l 的斜率 $k=\tan 60°=\sqrt{3}$,

又因为直线 l 经过点 $P(2,3)$,代入点斜式方程,可得

$$y-3=\sqrt{3}(x-2),$$

即所求的直线方程是 $\sqrt{3}x-y+3-2\sqrt{3}=0$。

（二）斜截式方程

一条直线与 x 轴交点的横坐标,叫做这条直线在 x 轴上的截距;直线与 y 轴交点的纵坐标,叫做这条直线在 y 轴上的截距。

如图 8-6 所示,如果直线 l 与 x 轴相交于点 $(a,0)$,那么交点的横坐标 a 叫做直线 l 在 x 轴上的截距;如果直线 l 与 y 轴相交于点 $(0,b)$,那么交点的纵坐标 b 叫做直线 l 在 y 轴上的截距。

已知直线 l 的斜率为 k,在 y 轴上的截距为 b,求直线 l 的方程。

因为直线 l 在 y 轴上的截距是 b,所以直线 l 经过点 $(0,b)$,又知它的斜率为 k,代入点斜式,可得

$$y-b=k(x-0),$$

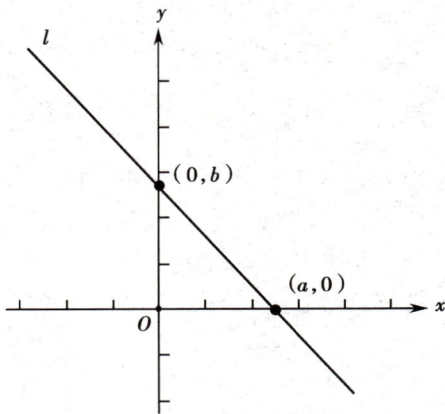

图 8-6

可化为

$$y=kx+b$$

这个方程是由直线 l 的斜率 k 和它在 y 轴上的截距 b 确定的,所以叫做**直线的斜截式方程**。

例4 求与 y 轴相交于点 $(0,-2)$,且倾斜角为 $\dfrac{\pi}{6}$ 的直线方程。

解: 已知直线在 y 轴上的截距 $b=-2$,斜率 $k=\tan\dfrac{\pi}{6}=\dfrac{\sqrt{3}}{3}$,代入斜截式方程,得

$$y=\frac{\sqrt{3}}{3}x-2, \quad 即\sqrt{3}x-3y-6=0。$$

知识拓展

1. 直线的两点式方程

已知直线 l 经过两点 $P_1(x_1,y_1)$、$P_2(x_2,y_2)$,且 $x_1\neq x_2$,求直线 l 的方程。

因为直线 l 经过两点 $P_1(x_1,y_1)$、$P_2(x_2,y_2)$,并且 $x_1\neq x_2$,所以直线的斜率为 $k=\dfrac{y_2-y_1}{x_2-x_1}$,

代入点斜式方程,可得 $y-y_1=\dfrac{y_2-y_1}{x_2-x_1}(x-x_1)$,当 $y_2\neq y_1$ 时,上式可化为 $\boxed{\dfrac{y-y_1}{y_2-y_1}=\dfrac{x-x_1}{x_2-x_1}}$。

> 这个方程是由直线上两点确定的,因此叫直线的两点式方程。
>
> 2. 直线的截距式方程
>
> 已知直线 l 在 x 轴和 y 轴的截距分别为 a 和 $b(a\neq0,b\neq0)$,求直线 l 的方程。
>
> 因为直线 l 经过点 $(a,0)$ 和点 $(0,b)$,把这两点坐标带入上面的两点式方程,可得
>
> $$\frac{y-0}{b-0}=\frac{x-a}{0-a}, \text{可转化为} \boxed{\frac{x}{a}+\frac{y}{b}=1}。$$
>
> 这个方程是由直线在 x 轴和 y 轴上的截距确定的,因此叫直线的截距式方程。
>
> 根据不同条件求直线方程最后都要化为直线的一般式方程。

(三)一般式方程

上面我们学习了直线方程的点斜式和斜截式,它们都是二元一次方程。在直角坐标平面内,任何一条直线的方程都可以用关于 x,y 的二元一次方程 $Ax+By+C=0$(A、B 不同时为零)来表示;反之,任何关于 x,y 的二元一次方程都表示一条直线。

我们把方程 $\boxed{Ax+By+C=0}$(A、B 不同时为零)叫做**直线的一般式方程**。

我们知道,方程 $Ax+By+C=0$ 是关于 x,y 的一般式二元一次方程,其中 A,B,C 是任意实数,其中 A、B 不同时为零,B 有两种情况:

1. 若 $B\neq0$,则将方程 $Ax+By+C=0$ 化为斜截式,即:$y=-\dfrac{A}{B}x-\dfrac{C}{B}$,所以直线 $Ax+By+C=0$ 的斜率 $k=-\dfrac{A}{B}(B\neq0)$,在 y 轴截距是 $-\dfrac{C}{B}$。

2. 若 $B=0,A\neq0$,方程 $Ax+By+C=0$ 化为 $x=-\dfrac{C}{A}$,所以表示一条与 y 轴平行($C\neq0$)或重合($C=0$)的直线。

求直线方程时,无论用哪种形式,如无特殊要求,最后结果通常用一般形式表示。

例 5 求直线 $l:3x-2y+6=0$ 的斜率和在 y 轴的截距。

解: 将直线方程化为斜截式,移项得

$$2y=3x+6,$$

两边除以 2 得斜截式 $y=\dfrac{3}{2}x+3$,

所以直线 l 的斜率为 $\dfrac{3}{2}$,在 y 轴的截距为 3。

例 6 求经过点 $(-4,1)$ 且斜率等于 $\dfrac{1}{2}$ 的直线一般式方程,并求出直线在 x 轴和 y 轴上的截距。

解: 由直线方程的点斜式,可得

$$y-1=\frac{1}{2}(x+4),$$

化成一般式 $x-2y+6=0$。

将常数项 6 移到等式右边,再把方程两边同时除以−6,

可得到截距式方程$\frac{x}{-6}+\frac{y}{3}=1$,

所以直线在 x 轴上的截距是−6,在 y 轴上的截距是 3。

如图 8-7 所示,注意特殊的几种直线方程,

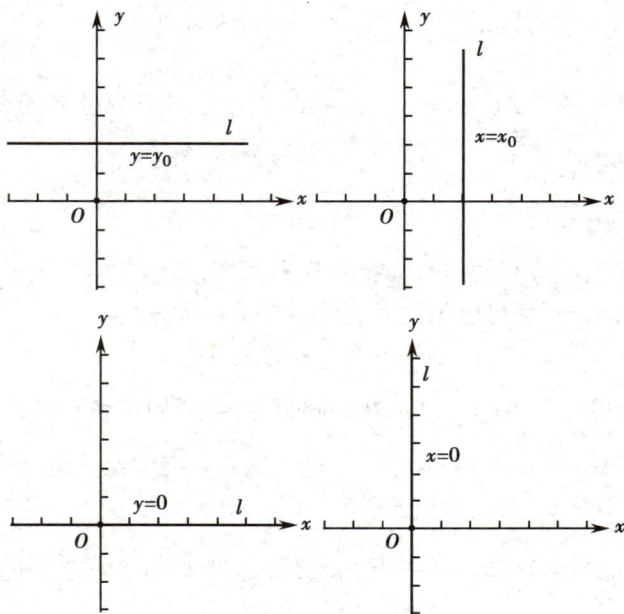

图 8-7

1. 平行于 x 轴的直线方程 $y=y_0$;
2. 平行于 y 轴的直线方程 $x=x_0$;
3. 与 x 轴重合的方程 $y=0$;
4. 与 y 轴重合的方程 $x=0$。

考点链接

已知直线方程求斜率、倾斜角和截距以及根据所给的条件求直线方程是高职升学考试的考点之一。

例如 1. 直线 $x+y-1=0$ 的倾斜角是_____。

分析 把直线方程一般式化为斜截式 $y=-x+1$,则直线斜率为 $k=-1$;再根据 $k=\tan\alpha=-1$,由特殊角三角函数值就可以得出直线的倾斜角。

【答案:135°】

2. 已知点 $A(1,3)$ 和点 $B(3,-1)$,则线段的垂直平分线方程是_____。

分析 先根据中点坐标公式求出线段 AB 的中点坐标,$x=\frac{1+3}{2}=2,y=\frac{3-1}{2}=1$,所以中点坐标为 $(2,1)$;再求出直线 AB 的斜率 $k_{AB}=\frac{-1-3}{3-1}=-2$;由垂直直线斜率互为负倒数

得所求直线斜率为 $k=\dfrac{1}{2}$；最后由点斜式求出直线方程，$y-1=\dfrac{1}{2}(x-2)$，整理成直线方程的一般式。

【答案：$2x+y-5=0$】

习题 8-2A

1. 判断下列各点是否在直线 $2x+y+1=0$ 上。

（1）$(0,0)$；　　　（2）$(0,-1)$；　　　（3）$(1,3)$；　　　（4）$(-3,5)$。

2. 画出下列直线。

（1）$x=y$；　　　（2）$x=2$；　　　（3）$y=-1$；　　　（4）$x+2y=1$。

3. 求过点 A 和 B 的直线的斜率并判断它的倾斜角是锐角还是钝角。

（1）$A(-1,3),B(2,4)$；　　　　　　　　（2）$A(2,0),B(0,5)$。

4. 求满足下列条件的直线方程：

（1）已知直线的倾斜角为 $45°$ 且过点 $M(-2,0)$。

（2）过点 $B(1,-1)$，斜率为 $\sqrt{3}$。

（3）过点 $P(2,3)$，平行于 y 轴。

（4）过点 $A(-2,1)$，平行于 x 轴。

（5）斜率为 -2，在 y 轴上的截距为 3。

（6）过原点和点 $M(-4,5)$。

5. 求下列直线的斜率和 y 轴截距。

（1）$x+y-3=0$；　　（2）$2x+2y-1=0$；　　（3）$3x-2y=0$；　　（4）$y-4=0$。

习题 8-2B

1. 过两点 $(-b,3)$ 和 $(5,-b)$ 的直线的斜率等于 1，求 b 的值。

2. 直线过 $A(-3,-2)$ 和 $B(7,3)$，求直线的斜率及直线的方程。

3. 直线过原点且倾斜角为 $135°$，求直线方程。

4. 已知直线方程为 $3x+2y+5=0$，求直线的斜率和其在 x 轴和 y 轴上的截距。

5. 过点 $M(5,2)$ 且在 x 轴上的截距和在 y 轴上的截距相等，求直线的方程。

第三节　两条直线的位置关系

知识回顾

在初中我们研究了平面内两条直线的位置关系，有以下几种：

（1）平行：在同一平面内，不相交的两条直线叫平行线。

（2）重合：两条直线有两个或两个以上的公共点，叫两直线重合。

（3）相交：$\begin{cases} 垂直：在同一平面内两条直线的夹角是90°叫两条直线垂直。 \\ 斜交：在同一平面内两条直线的夹角不是90°叫两条直线斜交。 \end{cases}$

上海中心大厦是上海市的一座超高层地标式摩天大楼,其设计高度超过附近的上海环球金融中心。上海中心大厦项目面积 433 954 平方米,建筑主体为 118 层,总高为 632 米,结构高度为 580 米,2016 年 3 月 12 日,上海中心大厦建筑总体正式全部完工。此大楼在世界上都能排第一,建筑师在设计大楼时花费了很多精力。

请问:建筑设计中直线和直线位置关系有几种?

一、两条直线平行

前面我们学习了直线方程,现在我们研究如果两条直线平行,那么它们的斜率之间有什么关系。

如图 8-8,设直线 l_1 和 l_2 有如下的斜截式方程

$$l_1:y=k_1x+b_1,$$
$$l_2:y=k_2x+b_2。$$

由图形可以看出,直线 l_1 和 l_2 都不平行于 y 轴,它们的斜率分别为 k_1 和 k_2,倾斜角分别为 α_1 和 α_2。

如果 $l_1 \parallel l_2$,则有 $\alpha_1=\alpha_2$,那么 $\tan \alpha_1=\tan \alpha_2$,即 $k_1=k_2$;反之,如果两条直线的斜率 $k_1=k_2$,那么 $\tan \alpha_1=\tan \alpha_2$,由于 $0°\leqslant \alpha_1<180°,0°\leqslant \alpha_2<180°$,所以 $\alpha_1=\alpha_2$,即 $l_1 \parallel l_2$。

综上所述可知:两条直线有斜率且不重合时,如果它们平行,则斜率相等;反之,如果它们的斜率相等,则它们平行。也就是说,有斜率且不重合的两条直线,它们的**斜率相等**,是它们**平行的充要条件**。可用下式表示

$$l_1 \parallel l_2 \Leftrightarrow k_1=k_2$$

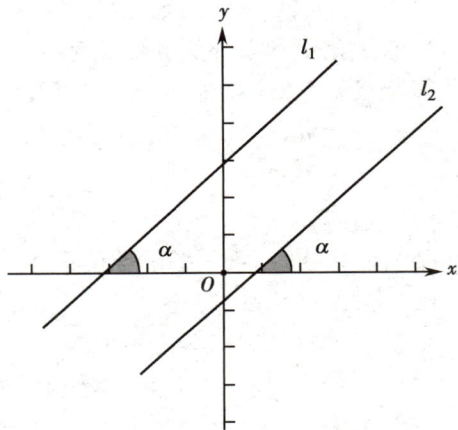

图 8-8

注意:当 k_1 和 k_2 都不存在时,$l_1 \parallel l_2$;当 $k_1=k_2$ 且 $b_1=b_2$ 时,l_1 和 l_2 重合。

当直线 l_1 和 l_2 斜率都存在时,可以利用两条直线的斜率和在 y 轴的截距,来判断两条直线的位置关系。

两个方程的系数关系	$k_1 \neq k_2$	$k_1=k_2$	
		$b_1 \neq b_2$	$b_1=b_2$
两条直线的位置关系	相交	平行	重合

例1 判断下列各组直线的位置关系:

(1) $l_1:x+2y=1;l_2:2x-4y=0;$

(2) $l_1:2x-3y+6=0;l_2:4x-6y+5=0;$

（3）$l_1:x+2y-3=0;l_2:-2x-4y+6=0$。

分析 将直线方程分别化成斜截式方程,通过比较斜率 k 和在 y 轴的截距 b,判断两条直线的位置关系。

解:（1）由 $x+2y=1$,得 $y=-\dfrac{1}{2}x+\dfrac{1}{2}$,

故 l_1 的斜率 $k_1=-\dfrac{1}{2}$,截距 $b_1=\dfrac{1}{2}$。

由 $2x-4y=0$,得 $y=\dfrac{1}{2}x$。

故 l_2 的斜率 $k_2=\dfrac{1}{2}$,截距 $b_2=0$。

因为 $k_1\neq k_2$,所以直线 l_1 和 l_2 相交。

（2）由 $2x-3y+6=0$,得 $y=\dfrac{2}{3}x+2$,

故 l_1 的斜率 $k_1=\dfrac{2}{3}$,截距 $b_1=2$。

由 $4x-6y+5=0$,得 $y=\dfrac{2}{3}x-\dfrac{5}{6}$,

故 l_2 的斜率 $k_2=\dfrac{2}{3}$,截距 $b_2=-\dfrac{5}{6}$。

因为 $k_1=k_2$,且 $b_1\neq b_2$,所以直线 $l_1\,/\!/\,l_2$。

（3）由 $x+2y-3=0$,得 $y=-\dfrac{1}{2}x+\dfrac{3}{2}$,

故 l_1 的斜率 $k_1=-\dfrac{1}{2}$,截距 $b_1=\dfrac{3}{2}$。

由 $-2x-4y+6=0$,得 $y=-\dfrac{1}{2}x+\dfrac{3}{2}$,

故 l_1 的斜率 $k_2=-\dfrac{1}{2}$,截距 $b_2=\dfrac{3}{2}$。

因为 $k_1=k_2$,且 $b_1=b_2$,所以直线 l_1 和 l_2 重合。

例2 已知点 $A(-3,5)$ 和直线 $l:y=\dfrac{4}{3}x+\dfrac{7}{3}$,求过点 A 且与直线 l 平行的直线方程。

解:因为所求直线与直线 l 平行,故所求直线的斜率 $k=\dfrac{4}{3}$。

由点斜式得到所求直线的方程:

$$y-5=\dfrac{4}{3}(x+3),$$

即 $4x-3y+27=0$。

二、两条直线垂直

平面内两条直线相交,如果它们所成的角是 $90°$,则两条直线垂直,如图8-9。那么它们的斜率之间有什么关系呢?

设两条直线 l_1 和 l_2 方程是
$$l_1:y=k_1x+b_1,$$
$$l_2:y=k_2x+b_2。$$

它们的斜率分别为 k_1 和 k_2,倾斜角分别为 α_1 和 α_2,

从图中可以看出,两条直线垂直 $l_1\perp l_2$,显然 $\alpha_1\neq\alpha_2$,那么它们的倾斜角满足 $\alpha_2=90°+\alpha_1$,等式两边取正切从而得到 $\tan\alpha_2=\tan(90°+\alpha_1)=-\dfrac{1}{\tan\alpha_1}$,因为 $k_1=\tan\alpha_1$,$k_2=\tan\alpha_2$,所以得出 $k_2=-\dfrac{1}{k_1}$ 或 $k_2\cdot k_1=-1$。

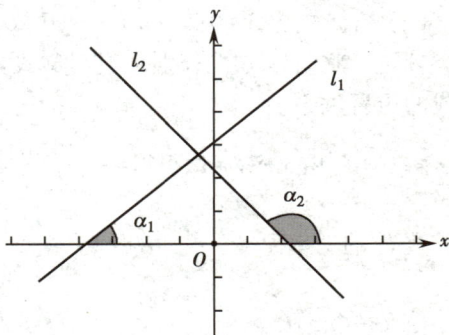

反之,如果 $k_2=-\dfrac{1}{k_1}$(不妨设 $\alpha_2>\alpha_1$),即 $\tan\alpha_2=-\dfrac{1}{\tan\alpha_1}=\tan(90°+\alpha_1)$。

那么,由倾斜角的取值范围知,$\alpha_2=90°+\alpha_1$,即 $l_1\perp l_2$。

综上所述可知:两条直线都有斜率时,如果它们互相垂直,则它们的斜率互为负倒数;反之,如果它们的斜率互为负倒数,则它们互相垂直。也就是说,有斜率的两条直线,它们的**斜率互为负倒数是它们互相垂直的充要条件**,即

$$\boxed{l_1\perp l_2\Leftrightarrow k_1\cdot k_2=-1}$$

注意:斜率不存在的直线与斜率为 0 的直线垂直。

例3 判断直线 $3y=2x$ 与直线 $3x+2y+1=0$ 是否垂直。

解:设直线 $3y=2x$ 的斜率为 k_1,则 $k_1=\dfrac{2}{3}$。

设直线 $3x+2y+1=0$ 的斜率为 k_2,由 $3x+2y+1=0$ 得
$$y=-\dfrac{3}{2}x-\dfrac{1}{2},故 k_2=-\dfrac{3}{2}。$$

由于 $k_2\cdot k_1=-1$,所以直线 $3y=2x$ 和直线 $3x+2y+1=0$ 垂直。

例4 已知点 $P(-2,1)$ 和直线 $l:2x+y-3=0$,求过点 P 垂直于直线 l 的直线方程。

解:设直线 $l:2x+y-3=0$ 的斜率为 k_1,则 $k_1=-2$,

设所求直线斜率为 k,则 $k\cdot k_1=-1$,

即 $-2k=-1$,得 $k=\dfrac{1}{2}$,

由直线方程的点斜式得
$$y-1=\dfrac{1}{2}(x+2)$$

所以所求直线方程为 $x-2y+4=0$。

例5 求证以 $A(-5,1)$、$B(-2,-3)$、$C(6,3)$ 为顶点的三角形是直角三角形。

证明:设直线 AB 的斜率为 k_1,直线 BC 的斜率为 k_2,

由斜率公式可得
$$k_1=\dfrac{-3-1}{-2-(-5)}=-\dfrac{4}{3},$$

$$k_2 = \frac{3-(-3)}{-2-(-5)} = \frac{3}{4},$$

因为 $k_1 \cdot k_2 = \left(-\frac{4}{3}\right) \times \frac{3}{4} = -1$,

所以 $AB \perp BC$。

因此 $\triangle ABC$ 是直角三角形。

三、两条直线的交点

平面内两条直线既不平行也不重合,则这两条直线一定相交,如图 8-10。如何求得两条直线的交点呢?

设两条直线方程为 $l_1 : A_1x + B_1y + C_1 = 0$,
$l_2 : A_2x + B_2y + C_2 = 0$。

如果两条直线相交,交点坐标一定是这两个方程的唯一公共解;反之,如果两个方程只有一个公共解,则以这个解为坐标的点一定是这两条直线的交点。因此,要求两条直线的交点就是解由两条直线的方程组成的方程组:

$$\begin{cases} A_1x + B_1y + C_1 = 0, \\ A_2x + B_2y + C_2 = 0。\end{cases}$$

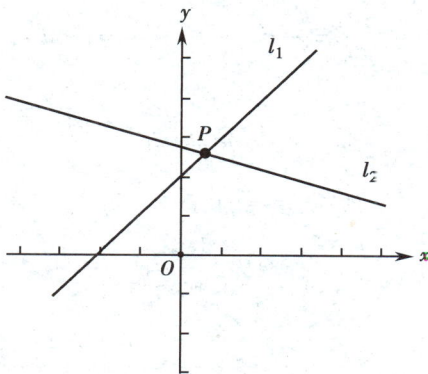

图 8-10

根据前面学习的知识讨论两直线位置关系:

(1)当 $\dfrac{A_1}{A_2} \ne \dfrac{B_1}{B_2}$ 时,l_1 与 l_2 相交于一点,这时方程组有唯一解;

(2)当 $\dfrac{A_1}{A_2} = \dfrac{B_1}{B_2} \ne \dfrac{C_1}{C_2}$ 时,l_1 与 l_2 平行,没有交点,这时方程组无解;

(3)当 $\dfrac{A_1}{A_2} = \dfrac{B_1}{B_2} = \dfrac{C_1}{C_2}$ 时,l_1 与 l_2 重合,这时方程组有无穷多个解。

例 6 求两条直线 $l_1 : 2x + y - 8 = 0$ 和 $l_2 : x - 2y + 1 = 0$ 的交点坐标,并做出图像。

解:解方程组 $\begin{cases} 2x + y - 8 = 0, \\ x - 2y + 1 = 0, \end{cases}$ 可得 $\begin{cases} x = 3, \\ y = 2。\end{cases}$

故两条直线的交点坐标为 $(3, 2)$,做出图像,如图 8-11。

例 7 求过原点并且过直线 $y = x - 2$ 和直线 $x + 2y + 1 = 0$ 交点的直线方程。

解:解方程组 $\begin{cases} x - y - 2 = 0, \\ x + 2y + 1 = 0, \end{cases}$ 得 $\begin{cases} x = 1, \\ y = -1。\end{cases}$

即 l_1 和 l_2 的交点是 $(1, -1)$,

设过原点的直线方程为 $y = kx$,

把点 $(1, -1)$ 的坐标带入方程得 $k = -1$,

因此所求方程为 $y = -x$。

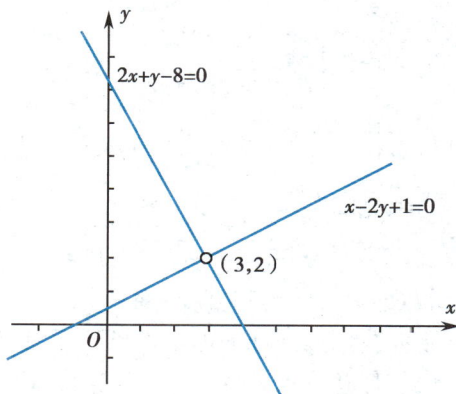

图 8-11

知识拓展

已知两直线 $l_1:x+my+6=0,l_2:(m-2)x+3y+2m=0$，当 m 为何值时，l_1 与 l_2 关系是 (1)相交;(2)平行;(3)重合?

分析 依据两直线位置关系判断方法便可解题。

解: 将两条直线的方程组成方程组 $\begin{cases}x+my+6=0,\\(m-2)x+3y+2m=0,\end{cases}$

可以求出 $\dfrac{A_1}{A_2}=\dfrac{1}{m-2},\dfrac{B_1}{B_2}=\dfrac{m}{3},\dfrac{C_1}{C_2}=\dfrac{6}{2m}$;

当 $\dfrac{A_1}{A_2}=\dfrac{B_1}{B_2}$ 时，$\dfrac{1}{m-2}=\dfrac{m}{3}$，解得 $m=-1$ 或 $m=3$;

当 $\dfrac{A_1}{A_2}=\dfrac{C_1}{C_2}$ 时，$\dfrac{1}{m-2}=\dfrac{6}{2m}$，解得 $m=3$。

(1) 当 $m\neq-1$ 且 $m\neq3$ 时，$\dfrac{A_1}{A_2}\neq\dfrac{B_1}{B_2}$，方程组有唯一解，$l_1$ 与 l_2 相交;

(2) 当 $m=-1$ 时，$\dfrac{A_1}{A_2}=\dfrac{B_1}{B_2}\neq\dfrac{C_1}{C_2}$，方程组无解，$l_1$ 与 l_2 平行。

(3) 当 $m=3$ 时，$\dfrac{A_1}{A_2}=\dfrac{B_1}{B_2}=\dfrac{C_1}{C_2}$，方程有无数多解，$l_1$ 与 l_2 重合。

四、点到直线的距离

我们知道平面上一点 P 到一条直线 l 的距离,就是点 P 到直线 l 的垂线段的长,如图 8-12。那么,如何求点 $P(0,-3)$ 到直线 $l:x+y-1=0$ 的距离 d 呢?

过点 P 作直线 l 的垂线 m,垂足为 Q,因为直线 l 的斜率为 -1,所以直线 m 的斜率为 1,又因为 m 过点 $P(0,-3)$,所以由点斜式得直线 m 的方程为 $y+3=x$。

解方程组 $\begin{cases}x+y-1=0,\\y+3=x,\end{cases}$

可得 $\begin{cases}x=2,\\y=-1,\end{cases}$ 所以点 Q 坐标为 $(2,-1)$。

由两点间距离公式得

$$|PQ|=\sqrt{(2-0)^2+(-1+3)^2}=2\sqrt{2},$$

$|PQ|$ 就是点 P 到直线 l 的距离。

下面我们用同样的方法推导任意点 P 到直线 l 的距离公式。

已知任意一点 $P(x_0,y_0)$,直线 $l:Ax+By+C=0(A\neq0$ 且 $B\neq0)$,点 P 到直线 l 的距离为 d,如图 8-13。

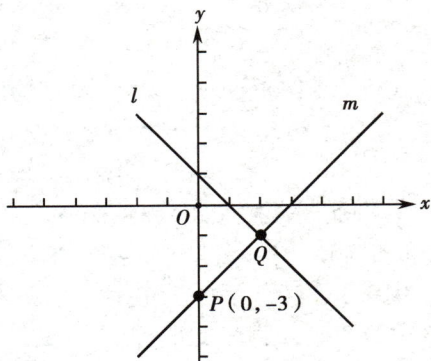

图 8-12

作 $PQ \perp l$ 垂足为 Q,因为直线 l 的斜率为 $-\dfrac{A}{B}$,所以直线 PQ 的斜率为 $\dfrac{B}{A}$,又因为点 $P(x_0,$ $y_0)$在直线 PQ 上,根据点斜式方程得出直线 PQ 方程为:

$$y - y_0 = \frac{B}{A}(x - x_0),$$

即 $Bx - Ay + (Ay_0 - Bx_0) = 0$;

解方程组:$\begin{cases} Ax + By + C = 0, \\ Bx - Ay + (Ay_0 - Bx_0) = 0, \end{cases}$

得点 Q 坐标 $\begin{cases} x = \dfrac{B^2 - ABy_0 - AC}{A^2 + B^2}, \\ y = \dfrac{-ABx_0 + A^2 y_0 - BC}{A^2 + B^2}, \end{cases}$

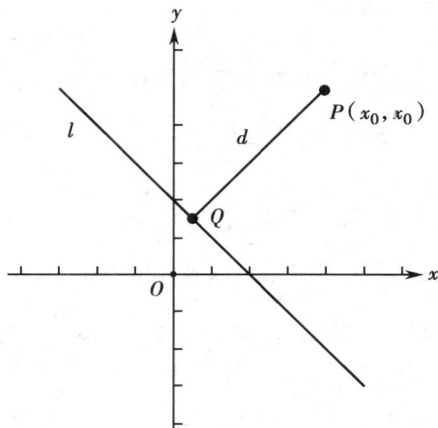

图 8-13

根据两点间距离公式得

$$|PQ|^2 = (x - x_0)^2 + (y - y_0)^2 = \frac{(Ax_0 + By_0 + C)^2}{A^2 + B^2},$$

即 $$|PQ| = \frac{|Ax_0 + By_0 + C|}{\sqrt{A^2 + B^2}}。$$

所以点 $P(x_0, y_0)$到直线 $l : Ax + By + C = 0$ 的距离公式为

$$d = \frac{|Ax_0 + By_0 + C|}{\sqrt{A^2 + B^2}}$$

注意:$A = 0$ 或 $B = 0$ 公式仍成立。

例 8 求点 $P(1, 2)$到直线 $4x - 3y + 8 = 0$ 的距离。

解: 由点到直线的距离公式得

$$d = \frac{|4 \times 1 - 3 \times 2 + 8|}{\sqrt{4^2 + (-3)^2}} = \frac{6}{5}。$$

例 9 求两条平行线 $l_1 : 2x - y + 4 = 0$ 和 $l_2 : 4x - 2y + 1 = 0$ 的距离。

解: 在 l_1 上取一点 $P_1(0, 4)$,则 P_1 到 l_2 的距离就是 l_1 和 l_2 的距离,

因此 $d = \dfrac{|4 \times 0 - 2 \times 4 + 1|}{\sqrt{4^2 + (-2)^2}} = \dfrac{7}{10}\sqrt{5}。$

考点链接

　　根据两直线平行和垂直的条件判断两条直线的位置关系,求直线方程,求所给字母的值,由点到直线距离公式求两条平行线之间的距离,这些都是高职升学考试的考点。

　　例如　1. 直线 $2x + y + n = 0$ 与直线 $x + 2y + n = 0$ 的位置关系是(　　　　)

　　　　　A. 平行　　　　　B. 垂直　　　　　C. 相交但不垂直　　　　　D. 不能确定

分析 由所给的两条直线方程可以得出$\frac{A_1}{A_2}=\frac{2}{1}$，$\frac{B_1}{B_2}=\frac{1}{2}$，$\frac{C_1}{C_2}=\frac{m}{n}$，因此$\frac{A_1}{A_2}\neq\frac{B_1}{B_2}$，则两条直线相交，并且两条直线的斜率不为互倒数，所以两条直线相交但不垂直。

【答案：C】

2. 过点$P(1,-2)$且垂直于直线$x+2y-1=0$的直线方程是_____。

分析 先求出直线$x+2y-1=0$的斜率$k=-\frac{1}{2}$，因此所求直线的斜率为2，再根据点斜式方程就可以得出所求的直线方程。

【答案：$2x-y-4=0$】

3. 已知直线$ax-2y-3=0$与直线$x+4y+1=0$互相垂直，则实数a的值是（　　　　）

A. 8   B. -8

C. $\frac{1}{2}$ D. $-\frac{1}{2}$

分析 由两条直线垂直的充要条件即斜率互为负倒数，就可以求出实数a的值。

【答案：A】

4. 设l是过点$(0,-\sqrt{2})$及过点$(1,\sqrt{2})$的直线，则点$\left(\frac{1}{2},2\right)$到$l$的距离是_____。

分析 先求出直线l的斜率$k=2\sqrt{2}$，再由点斜式得出直线l的方程为：$2\sqrt{2}x-y-\sqrt{2}=0$，然后根据点到直线的距离公式求出点到直线l的距离。

【答案：$\frac{2}{3}$】

习题 8-3A

1. 判断两条直线位置关系：

（1）$l_1:2x-4y+3=0$；$l_2:x-2y-5=0$。

（2）$l_1:3x+3y-4=0$；$l_2:y=x$。

（3）$l_1:5x-3y=6$；$l_2:3x-5y=8$。

（4）$l_1:x+y=3$；$l_2:2x+2y=6$。

2. 判断下列各组直线是否互相垂直：

（1）$l_1:x+y-2=0$；$l_2:x-y+2=0$。

（2）$l_1:6x+2y-4=0$；$l_2:2x-6y+8=0$。

（3）$l_1:2x+y-3=0$；$l_2:2x-y-1=0$。

（4）$l_1:y=x$；$l_2:2x+2y-5=0$。

3. 求下列各组直线的交点：

（1）$l_1:2x+3y=13$；$l_2:x-2y=3$。

（2）$l_1:x=2$；$l_2:3x+2y-12=0$。

4. 求下列点到直线的距离：

（1）$P(0,0)$，$3x+4y-1=0$；   （2）$P(-2,1)$，$2x-3y=0$；

（3）$P(4,2)$，$8x-6y+1=0$；   （4）$P(2,-3)$，$y=-x+\frac{1}{2}$。

习题 8-3B

1. 根据下列条件求直线方程：

（1）经过点 $A(-2,3)$，且平行于直线 $4x-3y+5=0$；

（2）经过点 $B(0,-4)$，且平行于直线 $x+2y-6=0$；

（3）经过点 $A(-1,4)$，且与直线 $2x-3y+5=0$ 垂直；

（4）经过点 $B(-2,2)$，且与直线 $x+2y-6=0$ 垂直。

2. 求下列两条平行线距离：

（1）$x-2y+8=0,x-2y+1=0$；

（2）$3x+4y-8=0,3x+4y+12=0$。

3. 已知 $\triangle ABC$ 三个顶点 $A(4,0),B(6,7),C(0,3)$，求 BC 边上的高 AD 的长。

第四节　圆

案例

　　一艘轮船在沿直线返回港口的途中，接到气象台的台风预报：台风中心位于轮船正西 70km 处，受影响的范围是半径长 30km 的圆形区域．已知港口位于台风正北 40km 处，如果这艘轮船不改变航线，那么它是否会受到台风的影响？

　　请问：1. 台风所成的圆周的半径和影响的范围什么关系？

　　　　　2. 轮船航线和台风所形成的圆周有什么关系？

　　台风影响的范围接近圆形，圆是生活中处处可见的一种曲线。日常生活中常见江河的桥梁也是圆拱形，它是圆弧的一部分，可以根据圆的知识研究设计建造桥的跨度，拱高和支柱。我们可以在直角坐标系中用圆的方程来研究平面几何中的圆的知识，从而解决实际问题。

一、圆的方程

知识回顾

　　平面几何中，我们学过圆的定义，即平面内到一个定点距离等于定长的点的集合叫作圆，其中定点叫圆心，定长叫圆的半径。

（一）圆的标准方程

下面我们根据圆的定义，来求圆心是 $C(a,b)$，半径是 r 的圆的方程。

如图 8-14，在直角坐标系中，设圆心坐标为 $C(a,b)$，半径为 r，点 $M(x,y)$ 为圆上的任意一点。

根据圆的定义得 $|MC|=r$，

由两点间距离公式得 $\sqrt{(x-a)^2+(y-b)^2}=r$，

两边平方得 $\boxed{(x-a)^2+(y-b)^2=r^2}$。

这个方程就是圆心为 $C(a,b)$，半径为 r 的圆的方程，我们称它为圆的标准方程。

注意：（1）圆心坐标为原点 $O(0,0)$ 时，圆的方程为：$x^2+y^2=r^2$；

（2）圆心在 x 轴上，即坐标为 $C(a,0)$，圆的方程 $(x-a)^2+y^2=r^2$；

（3）圆心在 y 轴上，即坐标为 $C(0,b)$，圆的方程为 $x^2+(y-b)^2=r^2$。

圆心和半径分别确定了圆的位置和大小，从而确定了圆。所以，只要 a,b,r 三个量确定了，且 $r>0$，圆的方程就确定了。也就是说要确定圆的方程，必须具备三个独立条件。根据所给条件确定 a,b,r，从而得出圆的标准方程。

例1 求以点 $C(3,4)$ 为圆心，5 为半径的圆的标准方程。

解：由 $a=3,b=4,r=5$，
则根据圆的标准方程得

$$(x-3)^2+(y-4)^2=25。$$

例2 已知圆的方程 $(x+1)^2+(y-2)^2=9$，求圆心坐标和半径。

解：由方程 $(x+1)^2+(y-2)^2=9$，
可化为 $[x-(-1)]^2+(y-2)^2=3^2$，
故圆心坐标为 $(-1,2)$，半径 $r=3$。

例3 求以 $C(5,2)$ 为圆心，并且和直线 $3x-4y+8=0$ 相切的圆的标准方程。

分析 已知圆心是 $C(5,2)$，只需求出半径，就能写出圆的方程。

解：因为圆 C 与直线 $3x-4y+8=0$ 相切，
所以半径 r 等于圆心 $C(5,2)$ 到这条直线的距离。
根据点到直线的距离公式，得

$$r=\frac{|3\times5-4\times2+8|}{\sqrt{3^2+(-4)^2}}=3，$$

因此，所求圆的标准方程是

$$(x-5)^2+(y-2)^2=9。$$

（二）圆的一般方程

将圆的标准方程 $(x-a)^2+(y-b)^2=r^2$ 展开，整理得

$$x^2+y^2-2ax-2by+a^2+b^2-r^2=0。$$

设 $D=-2a,E=-2b,F=a^2+b^2-r^2$ 则任何一个圆的方程都可以化为

$$\boxed{x^2+y^2+Dx+Ey+F=0}$$

由题设得 $a=-\dfrac{D}{2},b=-\dfrac{E}{2},r^2=\dfrac{1}{4}(D^2+E^2-4F)$，

因为 $r>0$，所以 $D^2+E^2-4F>0$，

当 $D^2+E^2-4F>0$ 时，称为 $x^2+y^2+Dx+Ey+F=0$ 圆的一般方程。

此时，圆心坐标为 $\left(-\dfrac{D}{2},-\dfrac{E}{2}\right)$，半径为 $\dfrac{1}{2}\sqrt{D^2+E^2-4F}$；

当 $D^2+E^2-4F=0$ 时，方程 $x^2+y^2+Dx+Ey+F=0$ 为一个点 $\left(-\dfrac{D}{2},-\dfrac{E}{2}\right)$；

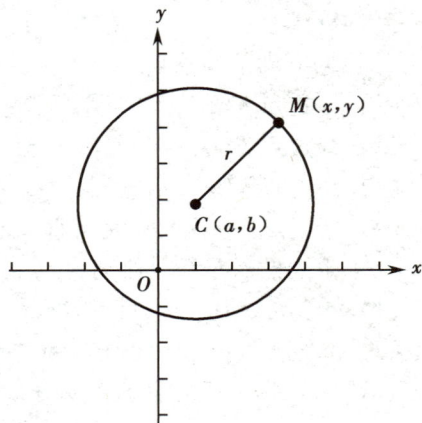

图 8-14

当 $D^2+E^2-4F<0$ 时,方程 $x^2+y^2+Dx+Ey+F=0$ 无实解,不表示任何图形。

圆的一般方程 $x^2+y^2+Dx+Ey+F=0$ 有如下特点:

(1) x^2 和 y^2 的系数相同,都等于 1;

(2) 不含 xy 项;

(3) 化为标准式 $\left(x+\dfrac{D}{2}\right)^2+\left(y+\dfrac{E}{2}\right)^2=\dfrac{D^2+E^2-4F}{4}$,

圆心坐标 $\left(-\dfrac{D}{2},-\dfrac{E}{2}\right)$,半径 $r=\dfrac{1}{2}\sqrt{D^2+E^2-4F}$。

例 4 判断方程 $x^2+y^2-10x+8y+32=0$ 是否为圆的方程,若是求圆心坐标和半径。

解法一:配方法

$$x^2+y^2-10x+8y+32=0,$$
$$x^2-10x+5^2-5^2+y^2+8y+4^2-4^2+32=0,$$
$$(x-5)^2+(y+4)^2=9,$$

圆心坐标为 $(5,-4)$,半径 $r=3$。

解法二:由圆的一般式知 $D=-10$,$E=8$,$F=32$,

$$D^2+E^2-4F=100+64-4\times32=36>0,$$
$$-\frac{D}{2}=5,\quad -\frac{E}{2}=-4,\quad \frac{\sqrt{D^2+E^2-4F}}{2}=3,$$

圆心坐标为 $(5,-4)$,半径 $r=3$。

(三)确定圆的条件

圆的标准方程 $(x-a)^2+(y-b)^2=r^2$;

圆的一般方程 $x^2+y^2+Dx+Ey+F=0$。

观察这两个方程,可以发现它们分别含有三个字母 a,b,r 或 D,E,F。确定了三个字母,圆的方程就定了。求圆的方程关键就是确定三个字母 a,b,r 或 D,E,F 的值。根据所给的条件,可以用待定系数法求解。

例 5 根据下列条件分别求圆的方程:

(1) 已知圆心坐标为 $(5,1)$,并且经过点 $(8,-3)$;

(2) 已知圆上两点 $A(-1,2)$,$B(3,4)$,以线段 AB 为直径;

(3) 求以直线 $l_1:2x-3y+7=0$,$l_2:3x+y+5=0$ 的交点为圆心,半径为 4 的圆的方程。

解:(1) 由点 $(5,1)$ 与点 $(8,-3)$ 的距离就是圆的半径,

$$r=\sqrt{(8-5)^2+(-3-1)^2}=5,$$

则圆的方程为 $(x-5)^2+(y-1)^2=25$。

(2) 圆心坐标 $C(x_0,y_0)$ 是线段 AB 的中点,

$$x_0=\frac{-1+3}{2}=1 \qquad y_0=\frac{2+4}{2}=3,$$

即 $C(1,3)$,

半径是线段 $|BC|=\sqrt{(3-1)^2+(4-3)^2}=\sqrt{5}$,

则圆的方程为 $(x-1)^2+(y-3)^2=5$。

(3) 先求圆心坐标,解下面方程组:

$$\begin{cases} 2x-3y+7=0, \\ 3x+y+5=0, \end{cases} \quad 得 \begin{cases} x=-2, \\ y=1, \end{cases}$$

故圆心坐标为 $(-2,1)$，半径为 4，代入圆的标准方程得

$$(x+2)^2+(y-1)^2=16,$$

即所求圆的方程，化为一般形式为

$$x^2+y^2+4x-2y-11=0。$$

例 6 求经过三点 $A(0,0),B(1,1),C(2,4)$ 的圆的方程。

解：设圆的一般方程为 $x^2+y^2+Dx+Ey+F=0$，将 $A(0,0),B(1,1),C(2,4)$ 三点代入方程得：

$$\begin{cases} 0^2+0^2+D\times0+E\times0+F=0, \\ x^2+y^2+D\times1+E\times1+F=0, \\ 2^2+4^2+D\times2+E\times4+F=0, \end{cases}$$

即

$$\begin{cases} F=0, \\ D+E+F+2=0, \\ 2D+4E+F+20=0, \end{cases}$$

解得 $D=6,E=-8,F=0$，

所求方程为 $x^2+y^2+6x-8y=0$。

二、直线与圆的位置关系

知识回顾

我们曾学过点与圆的位置关系：
(1) 点 P 在圆内 $\Leftrightarrow d<r$；
(2) 点 P 在圆上 $\Leftrightarrow d=r$；
(3) 点 P 在圆外 $\Leftrightarrow d>r$。

我们可以用点和圆的位置关系来研究直线和圆的位置关系。在现实中随处可见直线和圆的位置关系的例子，通过观察可以知道，平面内直线和圆的位置关系如图 8-15。

由直线与圆的公共点个数，得出直线和圆的三种关系：

(1) 相离：直线与圆没有公共点；

(2) 相切：直线与圆仅一个公共点；

(3) 相交：直线与圆有两个公共点。

直线与圆的位置关系，可以由圆心到直线的距离 d 和半径 r 的关系来判断。

如果圆的半径为 r，并且圆心 $O(a,b)$ 到直线 $Ax+By+C=0$ 的距离为 d，设圆的方程为 $(x-a)^2+(y-b)^2=r^2$，圆心 $O(a,b)$ 到直线 $Ax+By+C=0$ 距离为

$$d=\frac{|Aa+Bb+C|}{\sqrt{A^2+B^2}}。$$

比较 d 与 r 的大小，就能判断直线与圆的位置关系。

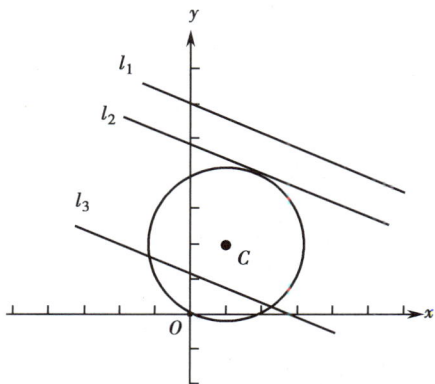

图 8-15

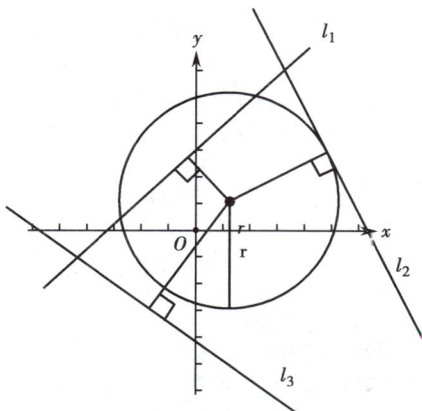

图 8-16

由图 8-16 可以得出

（1） 直线与圆相交$\Leftrightarrow d<r$；

（2） 直线与圆相切$\Leftrightarrow d=r$；

（3） 直线与圆相离$\Leftrightarrow d>r$。

例 7 判断下列直线与圆的位置关系：

（1） 直线 $3x+4y+2=0$，圆 $(x-1)^2+(y-1)^2=9$；

（2） 直线 $x+y+3=0$，圆 $x^2+y^2-10y+24=0$；

（3） 直线 $3x+4y-20=0$，圆 $(x+1)^2+(y-2)^2=9$。

解：（1） 由方程 $(x-1)^2+(y-1)^2=9$ 知，圆心坐标为 $(1,1)$，圆的半径 $r=3$，圆心到直线 $3x+4y+2=0$ 的距离为

$$d=\frac{|3\times1+4\times1+2|}{\sqrt{3^2+4^2}}=\frac{9}{5},$$

由于 $d<r$，则直线与圆相交。

（2） 由方程 $x^2+y^2-10y+24=0$ 化为圆的标准方程，得

$$x^2+(y-5)^2=1,$$

因此圆心坐标 $(0,5)$，圆的半径 $r=1$，圆心到直线 $x+y+3=0$ 的距离为

$$d=\frac{|1\times0+1\times5+3|}{\sqrt{1^2+1^2}}=4\sqrt{2},$$

由于 $d>r$，则直线与圆相离。

（3） 由圆的方程 $(x+1)^2+(y-2)^2=9$，可知圆心坐标 $C(-1,2)$，$r=3$，

圆心 $C(-1,2)$ 到直线 $3x+4y-20=0$ 的距离为

$$d=\frac{|3\times(-1)+4\times2-20|}{\sqrt{3^2+4^2}}=\frac{15}{5}=3,$$

圆的半径为 3，因此直线与圆相切。

例 8 过点 $P(-2,0)$ 做圆 $x^2+y^2=1$ 的切线，求切线方程。

解：设所求切线的斜率为 k，则切线方程为

$$y=k(x+2)，即 kx-y+2k=0；$$

圆 $x^2+y^2=1$ 的圆心为 $C(0,0)$，半径 $r=1$

因为圆心到切线的距离等于半径,

所以 $d=\dfrac{|2k|}{\sqrt{k^2+1}}=1$,解得 $k=\pm\dfrac{\sqrt{3}}{3}$。

故所求切线方程为 $y=\pm\dfrac{\sqrt{3}}{3}(x+2)$,

即 $\sqrt{3}x-3y+2\sqrt{3}=0$ 或 $\sqrt{3}x+3y+2\sqrt{3}=0$。

知识拓展

圆和圆的位置关系:相离,外切,相交,内切,内含五种。

可以由圆心距与两圆半径的长度来判断:

圆心距用 d 来表示,两圆的半径分别用 r、R 来表示。当 $d>R+r$ 时,相离;当 $d=R+r$ 时,外切;当 $R-r<d<R+r$ 时,相交;当 $d=R-r$ 时,内切;当 $0<d<R-r$ 时,内含。

也可以用公共点的个数来确定:两圆有两个公共点时相交,一个公共点时,相切,没有公共点时相离或内含。

考点链接

根据所给的条件求圆的方程;根据所给圆的方程求圆心坐标和半径;根据直线和圆的位置关系求值是本节高职升学考试的考点之一。

例如 1. 求过点 $A(1,-1)$ 和 $B(3,1)$,且圆心在 y 轴上的圆的方程。

分析 因为圆上的所有点到圆心的距离都相等,都等于半径,可以求出圆心坐标和半径,从而求出圆的方程。

解:设圆心坐标为 $O(0,c)$,由 $|OA|=|OB|$,则 $1+(1+c)^2=9+(1-c)^2$,

解得 $c=2$,圆的半径为 $\sqrt{1+(1+2)^2}=\sqrt{10}$,

代入圆的标准方程,所以圆的方程为:$x^2+(y-2)^2=10$。

2. 设圆 $x^2+y^2+ax+by-6=0$ 的圆心是 $(3,4)$,则该圆的半径 $r=($　　$)$。

　　A. 3.5　　　　B. 5　　　　C. $\sqrt{6}$　　　　D. $\sqrt{31}$

分析 把圆的一般方程化成标准方程,就得到圆的半径。

【答案:D】

3. 直线 $3x+y+a=0$ 过圆 $x^2+y^2+2x-4y=0$ 的圆心,求 a 的值,并写出直线方程。

分析 由圆的一般方程化为标准方程,可求出圆心坐标,直线 $3x+y+a=0$ 过圆心,所以圆心坐标满足直线方程,就可求出 a 的值。

解:圆方程 $x^2+y^2+2x-4y=0$ 化为 $(x+1)^2+(y-2)^2=5$,则圆心坐标为 $(-1,2)$,代入方程 $3x+y+a=0$ 得 $a=1$;所以直线方程为 $3x+y+1=0$。

【答案:$3x+y+1=0$】

三、直线方程和圆的方程应用举例

直线方程和圆的方程在日常生活和工作中有广泛的应用,下面介绍两个简单的应用实例。

例 9 一条光线从 $M(5,3)$ 点射出,遇 x 轴后反射,反射光经过点 $N(2,6)$,如图 8-17 求反射光线所在的方程。

解: 点 $M(5,3)$ 关于 x 轴的对称点是 $P(5,-3)$,反射光线所在的方程过点 N 点 P。设反射光线所在的方程为 $y=kx+b$,则

$$\begin{cases} 6=2k+b, \\ -3=5k+b, \end{cases} \text{解得 } k=-3, b=12,$$

所以反射光线所在的直线方程是 $y=-3x+12$。

例 10 如图 8-18 是圆拱桥的一孔示意图,圆拱跨度为 16m,拱高 4m,在建造时每隔 4m 需要一个支柱支撑,求过点 E 的柱子长度(精确到 0.1m)。

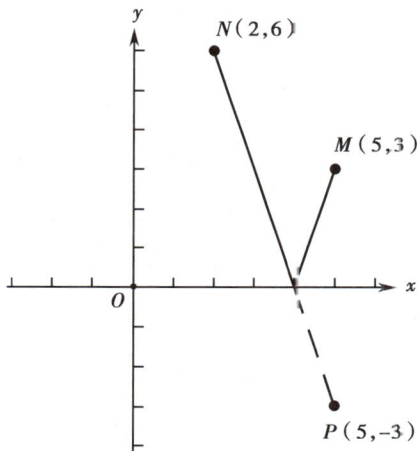

图 8-17

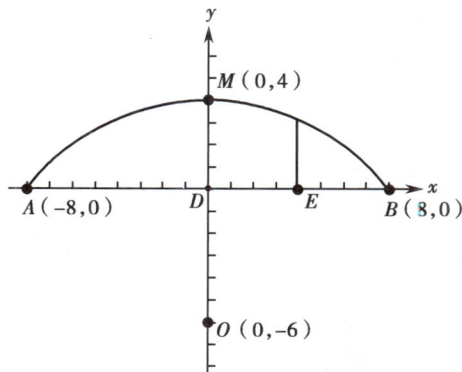

图 8-18

解: 以点 D 为坐标原点,过 AB 的直线为 x 轴,建立直角坐标系。则点 E 坐标为 $(4,0)$,圆心在 y 轴上,设圆的半径为 r,则

$$8^2+(r-4)^2=r^2, \quad \text{解得 } r=10,$$

所以圆心坐标为 $(0,-6)$,圆的方程为

$$x^2+(y+6)^2=100;$$

将 $x=4$ 代入圆的方程得 $y=-6+\sqrt{84}\approx 3.2$。

答:过点 E 的柱子长度约 3.2m。

习题 8-4A

1. 根据下列条件,求圆的标准方程。

(1) 圆心 $C(-1,3)$,半径是 2;

(2) 圆心 $C(0,-3)$,半径是 5。

2. 根据圆的标准方程,求圆心坐标和半径。

(1) $(x+1)^2+y^2=16$；

(2) $(x-2)^2+(y+3)^2=100$。

3. 根据圆的方程，求圆心坐标和半径。

(1) $x^2+y^2+8x-6y=0$；

(2) $x^2+y^2-4y-2=0$。

4. 判断下列直线与圆的位置关系：

(1) 直线 $x+y=1$，圆 $x^2+y^2=25$；

(2) 直线 $4x-3y=20$，圆 $x^2+y^2=16$；

(3) 直线 $5x+12y-8=0$，圆 $(x-1)^2+(y+3)^2=5$。

5. 求以点 $C(2,-1)$ 为圆心，与直线 $12x+5y+7=0$ 相切的圆的方程。

6. 光线从点 $M(2,2)$ 射出，经过 x 轴反射后过点 $N(-8,3)$，求反射点 p 的坐标。

7. 某圆拱桥的圆拱跨度为 20m，拱高 4m，在建造时每隔 4m 需要建一个支柱支撑，求第二个支柱的长度（精确到 0.01m）。

习题 8-4B

1. 求适合下列条件的圆的方程：

(1) 圆心坐标 $C(2,-3)$，并与直线 $2x-3y+13=0$ 相切；

(2) 经过点 $P(-2,5)$，圆心坐标 $C(3,-7)$。

2. 求经过两条直线 $x-2y+2=0$ 与 $2x-y-2=0$ 的交点，圆心为点 $C(1,-1)$ 的圆的方程。

3. 求经过三点 $O(0,0)$、$M(1,0)$、$N(0,2)$ 的圆的方程。

4. 过点 $P(1,-1)$ 做圆 $x^2+y^2-2x-2y+1=0$ 的切线，求切线方程。

5. 若圆 $(x-1)^2+(y+1)^2=2$ 与直线 $x+y-k=0$ 相切，求 k 的值。

6. 我国古代名桥赵州桥的圆拱跨度 37.4m，拱高 7.2m，求这座拱桥的圆的方程。

本章小结

一、直线方程

1. 两点 $P_1(x_1,y_1)$ $P_2(x_2,y_2)$ 间的距离公式：$|P_1P_2|=\sqrt{(x_2-x_1)^2+(y_2-y_1)^2}$；

2. 两点坐标 $P_1(x_1,y_1)$、$P_2(x_2,y_2)$，线段 P_1P_2 的中点 $P_0(x_0,y_0)$ 坐标公式：$x_0=\dfrac{x_1+x_2}{2}$，$y_0=\dfrac{y_1+y_2}{2}$；

3. 求直线的斜率：$k=\tan\alpha$ 或 $k=\dfrac{y_2-y_1}{x_2-x_1}(x_1\neq x_2)$；

4. 直线方程的点斜式：$y-y_0=k(x-x_0)$；

5. 直线方程的斜截式：$y=kx+b$；

6. 直线方程的一般式：$Ax+By+C=0$。

二、两条直线的位置关系

1. 两条直线平行的充要条件：$k_1=k_2\Leftrightarrow l_1 // l_2$；

2. 两条直线垂直的充要条件：$l_1\perp l_2\Leftrightarrow k_1\cdot k_2=-1(k_1、k_2$ 存在$)$；

3. 两条直线的交点和夹角,直线夹角公式:$\tan\theta=\left|\dfrac{k_1-k_2}{1+k_1k_2}\right|$($l_1$ 不垂直于 l_2);

4. 点到直线的距离公式:$d=\dfrac{Ax_0+By_0+C}{\sqrt{A^2+B^2}}$。

三、圆

1. 圆的标准方程:$(x-a)^2+(y-b)^2=r^2$;

2. 圆的一般方程:$x^2+y^2+Dx+Ey+F=0(D^2+E^2-4F>0)$;

3. 直线和圆的位置关系:直线与圆相交$\Leftrightarrow d<r$;

直线与圆相切$\Leftrightarrow d=r$;

直线与圆相离$\Leftrightarrow d>r$。

(杭 丽)

目标测试

A 组

一、选择题:

1. 直线 $2x+y=-1$ 与直线 $x+2y=1$ 的位置关系是(　　)。
    A. 相交但不垂直 　　　　　B. 垂直
    C. 平行 　　　　　　　　　D. 重合

2. 直线 $x+y+1=0$ 与直线 $ax+2y-3=0$ 互相平行,则 a 等于(　　)。
    A. 1 　　　　　　　　　　B. -1
    C. 2 　　　　　　　　　　D. -2

3. 圆 $x^2+y^2-2x-5=0$ 的圆心坐标为(　　)。
    A. $(1,1)$ 　　　　　　　B. $(1,-1)$
    C. $(0,1)$ 　　　　　　　D. $(1,0)$

4. 圆 $x^2+y^2-10y=0$ 的圆心到直线 $3x+4y-5=0$ 的距离等于(　　)。
    A. $\dfrac{2}{5}$ 　　　　　　　　B. 3
    C. $\dfrac{5}{7}$ 　　　　　　　　D. 15

二、填空题:

1. 直线 $x-2y+6=0$ 斜率_____,是在 y 轴的截距是_____;
2. 过点$(2,0)$,且垂直二直线 $x+2y-1=0$ 的直线方程_____;
3. 过点$(2,1)$,且平行二直线 $x=-5$ 的直线方程_____;
4. 直线过点$(-3,2)$和$(7,12)$,则直线的斜率为_____;
5. 圆心为$(-1,0)$,半径为$\sqrt{2}$的圆的方程为_____。

三、计算题:

1. 求过点 $A(-3,5)$ 与直线 $4x-3y+7=0$ 平行的直线方程。

2. 求过点 $P(-4,3)$ 与直线 $2x-3y+6=0$ 垂直的直线方程。

3. 求点 $(1,0)$ 到直线 $-4x+3y-1=0$ 的距离。

4. 已知两点 $A(2,3)$，$B(4,9)$，求以线段 AB 为直径的圆的方程。

B 组

一、选择题：

1. 半径为 3，且与轴相切于原点的圆的方程为（   ）。
    A. $(x-3)^2+y^2=9$
    B. $(x+3)^2+y^2=9$
    C. $x^2+(y+3)^2=9$
    D. $(x-3)^2+y^2=9$ 或 $(x+3)^2+y^2=9$

2. 直线 $2x-y-5=0$ 与圆 $x^2+y^2-4x+2y+2=0$ 的位置关系是（   ）。
    A. 相离
    B. 相切
    C. 相交且直线不过圆心
    D. 相交且直线过圆心

3. 以点 $A(-5,1)$，$B(1,3)$ 为端点的线段垂直平分线的方程为（   ）。
    A. $3x-y+8=0$ B. $2x-y-6=0$
    C. $3x+y+4=0$ D. $12x+y+2=0$

4. 过点 $P(-2,1)$，且与直线 $x+2y+6=0$ 平行的直线方程（   ）。
    A. $2x-y+5=0$ B. $2x-y+3=0$
    C. $x+2y=0$ D. $x-2y+4=0$

二、填空题：

1. 平行线 $3x+4y-10=0$ 和 $6x+8y-7=0$ 的距离是_____；

2. 圆的方程为 $x^2+y^2-4x-8y-5=0$ 的圆心坐标为_____，半径为_____；

3. 点 $A(a,2)$ 到直线 $3x-4y-2=0$ 的距离为 4，a 等于_____；

4. 直线 $x+2y+1=0$ 与直线 $y=x-2$ 交点坐标为_____。

三、计算题：

1. 求过两直线 $x-y-1=0$ 和 $3x-y-5=0$ 的交点，且与直线 $x-y=0$ 垂直的直线方程。

2. 求过两直线 $3x+2y+1=0$ 和 $2x+3y+4=0$ 的交点，且与直线 $6x-2y+5=0$ 平行的直线方程。

3. 设点 $A(-2,3)$ 到直线 $l:3x-4y+m=0$ 的距离为 4，求 m 的值。

4. 求以 $C(5,2)$ 为圆心，且和直线 $3x-4y+8=0$ 相切的圆的标准方程。

5. 求经过三点 $A(0,0)$，$B(1,1)$，$C(4,2)$ 的圆的方程。

阅读与欣赏

解析几何的创立和基本思想

十六世纪末，由于生产技术和科学技术的发展，天文、力学、航海等方面都对几何学提出了新的需要。例如，德国天文学家开普勒发现行星是绕着太阳沿着椭圆轨道运行的，太阳处在这个椭圆的一个焦点上；意大利科学家伽利略发现投掷物体是沿着抛物线运动的。这些发现都涉及圆锥曲线，要研究这些比较复杂的曲线，原先的一套方法显然已经不适应了，这就导致了解析几何的出现。

解析几何是由笛卡尔、费尔马等数学家创立并发展，借助笛卡尔坐标系用代数方法研究几何对象之间的关系和性质的一门几何学分支，亦称坐标几何。

1637年，法国的哲学家和数学家笛卡尔发表了他的著作《方法论》，这本书的后面有三篇附录，一篇叫《折光学》，一篇叫《流星学》，一篇叫《几何学》。当时的这个"几何学"实际上指的是数学，就像我国古代"算术"和"数学"是一个意思一样。

笛卡尔的《几何学》共分三卷，第一卷讨论尺规作图；第二卷是曲线的性质；第三卷是立体和"超立体"的作图，但他实际是代数问题，探讨方程的根的性质。后世的数学家和数学史学家都把笛卡尔的《几何学》作为解析几何的起点。

从笛卡尔的《几何学》中可以看出，笛卡尔的中心思想是建立起一种"普遍"的数学，把算术、代数、几何统一起来。他设想，把任何数学问题化为一个代数问题，再把代数问题归结为去解一个方程式。

为了实现上述的设想，笛卡尔从天文和地理的经纬度出发，指出平面上的点和实数对(x,y)的对应关系。x,y的不同数值可以确定平面上许多不同的点，这样就可以用代数的方法研究曲线的性质。这就是解析几何的基本思想。

具体地说，平面解析几何的基本思想有两个要点：第一，在平面建立坐标系，一点的坐标与一组有序的实数对相对应；第二，在平面上建立了坐标系后，平面上的一条曲线就可由带两个变量的一个代数方程来表示了。从这里可以看到，运用坐标法不仅可以把几何问题通过代数的方法解决，而且还把变量、函数以及数和形等重要概念密切联系了起来。

解析几何的产生并不是偶然的。在笛卡尔写《几何学》以前，就有许多学者研究过用两条相交直线作为一种坐标系；也有人在研究天文、地理的时候，提出了一点位置可由两个"坐标"（经度和纬度）来确定。这些都对解析几何的创立产生了很大的影响。

在数学史上，一般认为和笛卡尔同时代的法国业余数学家费马也是解析几何的创立者之一，应该分享这门学科创建的荣誉。

费马是一个业余从事数学研究的学者，对数论、解析几何、概率论三个方面都有重要贡献。他性情谦和，好静成癖，对自己所写的"书"无意发表。但从他的通信中知道，他早在笛卡尔发表《几何学》以前，就写了关于解析几何的小文，就已经有了解析几何的思想。直到1679年，费马死后，他的思想和著述才从他给友人的通信中公开发表。

总的说来，解析几何运用坐标法可以解决两类基本问题：一类是满足给定条件点的轨迹，通过坐标系建立它的方程；另一类是通过方程的讨论，研究方程所表示的曲线性质。

笛卡尔的《几何学》，作为一本解析几何的书来看，是不完整的，但重要的是引入了新的思想，为开辟数学新园地做出了贡献。

解析几何的创立,引入了一系列新的数学概念,特别是将变量引入数学,使数学进入了一个新的发展时期,这就是变量数学的时期。解析几何在数学发展中起了推动作用。恩格斯对此曾经作过评价"数学中的转折点是笛卡尔的变数,有了变数,运动进入了数学;有了变数,辩证法进入了数学;有了变数,微分和积分也就立刻成为必要的了。

第九章　立体几何

学习目标

1. 理解：直线与直线、直线与平面、平面与平面所成的角以及垂直的判定与性质。
2. 了解：平面的基本性质；直线与直线、直线与平面、平面与平面所成的角；柱、锥、球及其简单组合体的结构特征及面积、体积的计算。

2014 年 8 月 17 日第二届青少年奥林匹克运动会在南京开幕，来自中国河南塔沟武校的 120 名少年在空中摆出了巨大的圆锥等立体几何造型，用这种壮观的场面向人们展示了他们的"中国梦"……

立体空间中有各种各样的空间几何体，它们是由点、直线、平面这三个基本要素构成的。本章主要研究空间点、直线、平面的位置关系以及由它们组成的简单几何体。

第一节　平面的基本性质

案例

生活中，平静的湖面、海面、光滑的墙壁、桌面都给我们平面的形象(图 9-1)，在立体几何中，我们经常要用到平面的基本性质。

图 9-1

请问：1. 怎么用数学语言来表示平面呢？

　　　2. 怎么确定一个平面呢？

一、平面及其表示

生活中的平面形象都是有限的,都是平面的局部。几何中的平面是从这些事物中抽象出来的。但是,几何中的平面是无限延伸的。

我们用平行四边形来表示水平放置的平面,如图 9-2。用平行四边形表示平面时,通常把平行四边形的锐角画成 45°,且长边边长是短边边长的 2 倍。

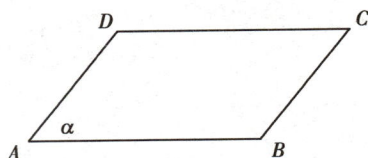

图 9-2

通常在表示平面时,我们把 α、β、γ 等写在代表平面的平行四边形的一个角上,也可以用代表平面的平行四边形的四个顶点字母表示,或者用对角线的顶点字母表示这个平面的名称,如图 9-2 平面可表示为:平面 α,平面 ABCD,平面 AC 或者平面 BD。

空间图形中点、线、面的关系可以用符号表示如下:

1. 点 A 在直线 l 上,记作 $A \in l$;
2. 点 A 在平面 α 内,记作 $A \in \alpha$;
3. 直线 l 在平面 α 内,记作 $l \subseteq \alpha$;
4. 直线 l 与平面 α 相交于一点 N,记作 $l \cap \alpha = N$;
5. 平面 α 与平面 β 相交于直线 l,记作 $\alpha \cap \beta = l$。

二、平面的基本性质

教室中的灯管,固定两点在天花板上,这样整根灯管都紧紧的贴在天花板上。

由这类类似的事实可以归纳以下平面的**基本性质**:

基本性质 1 如果一条直线上的两点在一个平面内,那么这条直线在这个平面内。

如图 9-3 可以用符号表示为如果 $A \in \alpha$,$B \in \alpha$,则 $AB \subseteq \alpha$。

基本性质 2 如果两个平面有一个公共点,那么它们一定还有其他的公共点,并且所有公共点的集合是通过这个公共点的一条公共直线。

如图 9-4 可以用符号表示为如果 $P \in \alpha$,$P \in \beta$,则 $\alpha \cap \beta = l$ 且 $P \in l$。

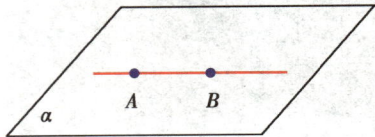

图 9-3

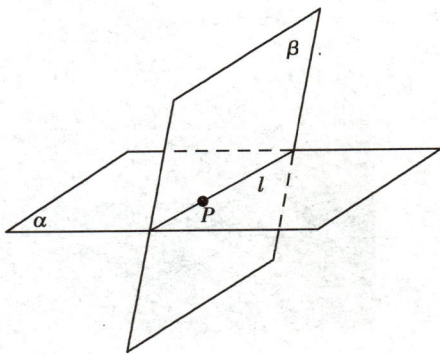

图 9-4

例如观察教室中相邻的两面墙,它们的公共部分是通过墙角的公共直线。

基本性质 3 过不在同一直线上的三个点,有且只有一个平面(图 9-5)。

观察教室的门,门的一侧有两片荷叶,另一侧有门锁,当我们把门锁锁好后,门就固定在一个位置,这是基本性质 3 的应用。还有相机的三脚架,三条腿的板凳等都是基本性质 3 的应用。

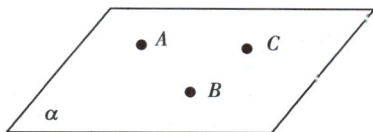

图 9-5

根据平面基本性质 3,可以得出下面的三个推论:

(1)过直线和直线外一点有且只有一个平面(如图 9-6(1))。

(2)过两条相交直线有且只有一个平面(如图 9-6(2))。

(3)过两条平行直线有且只有一个平面(如图 9-6(3))。

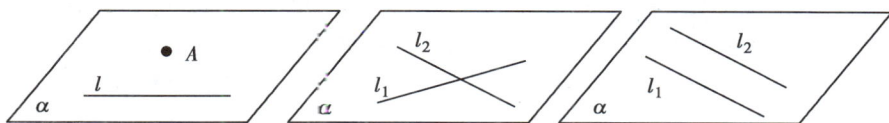

(1)　　　　　(2)　　　　　(3)

图 9-6

如图 9-7,在护理工作中,输液器的固定,以及三角巾的包扎方法都是上述结论的应用。

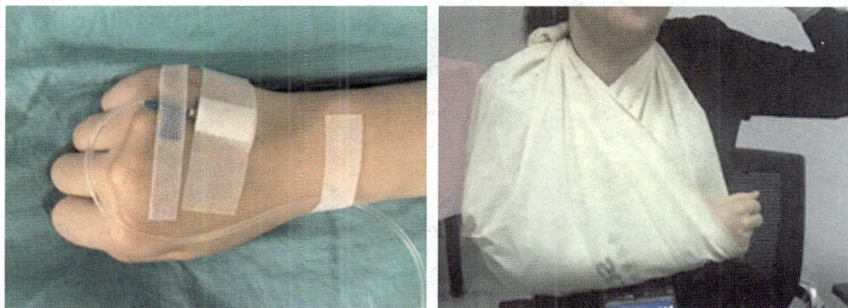

图 9-7

例 1 两两相交且交点不在同一点的三条直线,在同一个平面内(共面)。

已知:如图 9-8 所示,AB、BC、CA 为三条直线,$AB \cap BC = B$,$AC \cap BC = C$,$AB \cap AC = A$,求证:直线 AB、BC、CA 在同一平面 α 内。

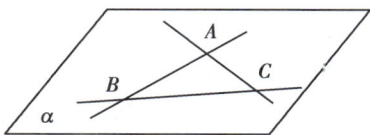

图 9-8

证明:因为 $AB \cap AC = A$,所以直线 AB 和 CA 确定一个平面 α,又 $B \in AB, C \in AC$,从而 $B \in \alpha, C \in \alpha$,则直线 BC 在平面 α 内,故直线 AB、BC、CA 在同一平面内。

考点链接

利用空间平面的基本知识解决问题是高职升学考试的考点之一。

例如 三个平面最多把空间分成几部分。

分析 三个平面在空间的位置状态不同会把空间分为 4、6、7 或者 8 部分。

【答案:8】

知识拓展

空间几何体可以用中心投影法和平行投影法两种来表现。

我们把光由一点向外散射形成投影的方法叫做中心投影法。人眼看到的景象都是中心投影,如图照片中所有事物都向一点集中,是人眼睛看到的实际效果。

我们把一束平行光照射下来形成投影的方法叫做平行投影法。平行投影法得到的投影大小与物体和投影面之间的距离无关,投影与物体大小一致。

空间几何体在中心投影法与平行投影法下有不同的表现形式(如图9-10)。立体几何中我们用平行投影法来表现空间几何体,图9-10中平行投影下的正方体,表示上面与下面、前面与后面,左面与右面的图形全等。

图 9-9

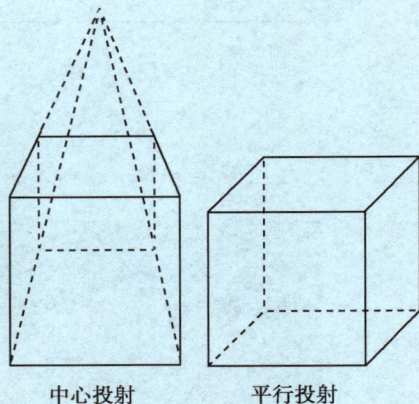

中心投射　　　平行投射

图 9-10

习题 9-1A

1. 下面的说法正确吗? 为什么?

(1) 线段 AB 在平面 α 内,直线 AB 不全在平面 α 内。

(2) 平面 α 与平面 β 相交,只有一个交点。

(3) 任意三点可以确定一个平面。

(4) 一个平面长 10cm,宽 5cm。

2. 用符号表示下列语句,并画出相应图形。

(1) 点 A 在平面 α 内,点 B 在平面 α 外;

(2) 直线 a 在平面 α 内,并且经过平面 α 内一点 P;

(3) 直线 a 既在平面 α 内,又在平面 β 内。

习题 9-1B

1. 过不共面四点可以构成多少个平面?

2. 三角形、平行四边形、梯形是平面图形吗? 为什么?

第二节 直线与直线、直线与平面、平面与平面平行的判定与性质

一、直线与直线的平行

案例

如图 9-11 观察城市立交桥的图片,不同层公路与公路所在的直线既不平行又不相交。

请问:这种直线与直线的位置关系是哪种位置关系呢?

图 9-11

(一)直线与直线的位置关系

在图 9-12 的长方体中,棱 AA_1 与棱 BB_1 所在的直线在同一平面内,叫做**共面直线**。如果两条直线共面,那么它们平行或者相交。棱 AA_1 与棱 CD 所在的直线,既不平行也不相交,它们不在同一平面内,这种不同在任何一个平面内的两条直线叫做**异面直线**。

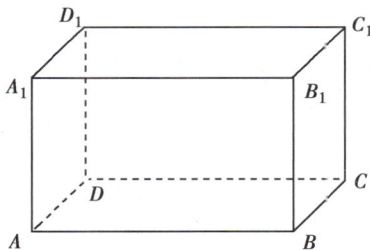

空间两条直线有且只有三种**位置关系**:

$$\begin{cases} \text{共面直线} \begin{cases} \text{相交直线:在同一平面内,有且只有一个公共点;} \\ \text{平行直线:在同一平面内,没有公共点;} \end{cases} \\ \text{异面直线:不在同一平面内,没有公共点。} \end{cases}$$

画异面直线时,我们可以利用平面做衬托,画出它们不共面的特点,如图 9-13。

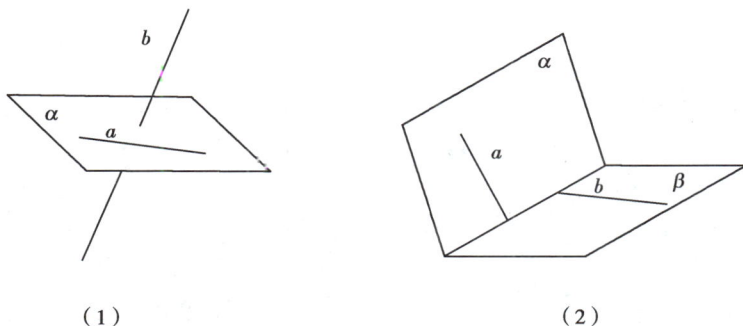

图 9-12

(1)   (2)

图 9-13

（二）直线与直线平行的判定与性质

知识回顾

　　在平面几何中,我们学过定理:在同一平面内,平行于同一直线的两条直线互相平行。

　　请问:在空间中,这个结论是否成立呢?

　　如图 9-14 正方体中,正方体 $ABCD$-$A_1B_1C_1D_1$ 中,$AB /\!/ A_1B_1$,$AB /\!/ CD$,则 A_1B_1 与 CD 平行吗?

　　平行直线的性质 平行于同一条直线的两条直线互相平行。

　　这个性质表明,平行于空间一条已知直线的所有直线都互相平行。它给出了判断空间两条直线平行的依据。

　　顺次连接空间中不共面的四个点所构成的图形,叫做**空间四边形**。

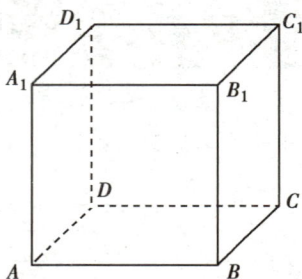

图 9-14

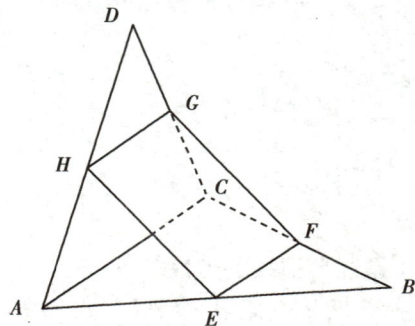

图 9-15

　　例 1 如图 9-15,空间平行四边形 $ABCD$ 中,E,F,G,H 分别是 AB,BC,CD,DA 的中点,试说明四边形 $EFGH$ 是一个平行四边形。

　　解:连结 AC。因为 E、F 分别为 AB,BC 的中点,所以 EF 为 $\triangle ABC$ 的中位线。于是 $EF /\!/ AC$ 且 $EF = \dfrac{1}{2}AC$,同理可得 $HG /\!/ AC$ 且 $HG = \dfrac{1}{2}AC$,因此 $EF /\!/ HG$ 且 $EF = HG$。

　　所以四边形 $EFGH$ 是平行四边形。

二、直线与平面的平行

案例

　　观察图 9-16 长方体,

　　请问:1. 棱 AA_1 所在的直线与平面 A_1ADD_1 是什么关系?

　　2. 棱 AA_1 所在的直线与平面 B_1BCC_1 是什么关系?

　　3. 棱 AA_1 所在的直线与平面 $ABCD$ 是什么关系?

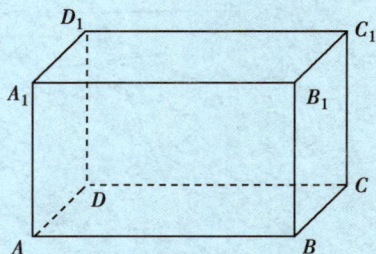

图 9-16

（一）直线与平面的位置关系

由案例可得到空间直线与平面有三种位置关系（图9-17）：

$$\begin{cases} \text{直线在平面内：直线与平面有无数个公共点。} \\ \text{直线在平面外：} \begin{cases} \text{直线与平面相交：直线与平面有且只有一个公共点。} \\ \text{直线与平面平行：直线与平面没有公共点。} \end{cases} \end{cases}$$

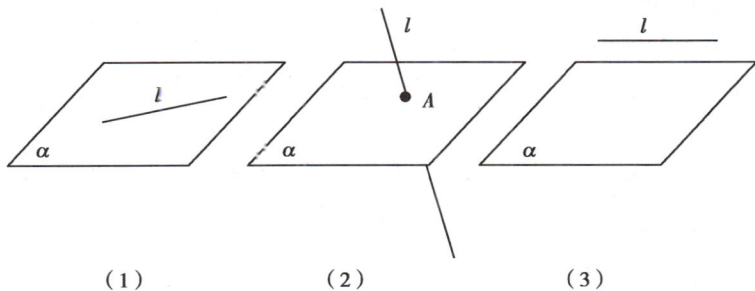

（1）　　　　　（2）　　　　　（3）

图9-17

如图9-17（2）所示，直线 l 与平面 α 相交于 A，记作 $l \cap \alpha = A$；如图9-17（3）所示，直线 l 与平面 α 平行，记作 $l \parallel \alpha$。

直线与平面的三种位置关系中，直线与平面平行是一种很重要的关系，它在实际生活中应用广泛。

（二）直线与平面平行的判定与性质

除了应用直线和平面没有公共点的定义判定平行，我们还可以怎样判定直线与平面平行呢？

观察教室中转动的门，门的两边互相平行，同时，转动的一边，与固定不动的一边所在的平面没有交点，给人线面平行的印象。

直线与平面平行的判定定理（如图9-18）

如果平面外的一条直线与平面内的一条直线平行，那么这条直线与这个平面平行。

判定定理告诉我们，判定直线与平面平行这样的空间问题，可以转化为直线与直线间平行的问题来解决。

图9-18

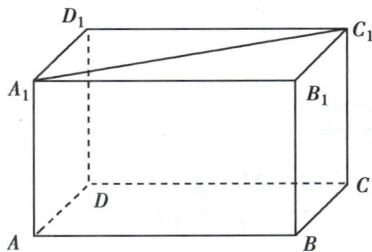

图9-19

例2　如图9-19中，长方体 $ABCD\text{-}A_1B_1C_1D_1$ 中，A_1C_1 与平面 $ABCD$ 是否平行？为什么？

解：在长方体 $ABCD\text{-}A_1B_1C_1D_1$ 中，

$AA_1 = CC_1$ 且 $AA_1 \parallel CC_1$，

由此可得，四边形 ACC_1A_1 是平行四边形，

221

那么 $AC/\!/A_1C_1$，

又 $AC \subseteq$ 平面 $ABCD$，

故 $A_1C_1/\!/$ 平面 $ABCD$。

如图 9-20 所示，由直线与平面平行的定义，如果直线 m 平行于平面 α，那么直线 m 与平面 α 无公共点，即直线 m 与平面 α 内任意直线无公共点，所以，过直线 m 的平面 β，若与平面 α 相交与直线 l，则直线 m 就平行于这条交线 l。

直线与平面平行的性质定理

如果一条直线与一个平面平行，并且经过这条直线的一个平面和这个平面相交，那么这条直线与交线平行。

如图 9-20 所示，直线 l 为平面 α 与平面 β 的交线，直线 m 在平面 β 内且 $m/\!/\alpha$，则 $m/\!/l$。

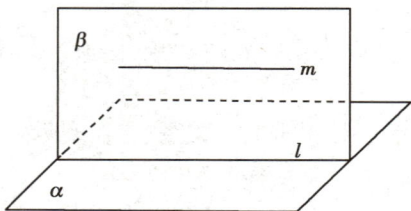

图 9-20

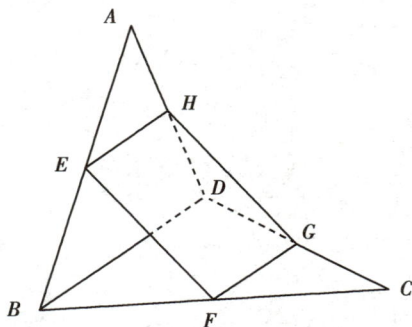

图 9-21

例 3 如图 9-21 平行四边形 $EFGH$ 的四个顶点分别在空间四边形 $ABCD$ 的各边上，求证：$BD/\!/$ 平面 $EFGH$。

证明：在平行四边形 $EFGH$ 中，$FG/\!/EH$；

因为 $FG \subseteq$ 平面 CBD，所以 $EH/\!/$ 平面 CBD；

又因为 $EH \subseteq$ 平面 ABD，平面 $ABD \cap$ 平面 $CBD = BD$；

所以 $EH/\!/BD$；

所以 $BD/\!/$ 平面 $EFGH$。

三、平面与平面的平行

案例

观察教室里的黑板所在的墙面与地面，它们有无数个公共点，并且这些公共点都在同一条直线上；而天花板和地面无论怎样延伸，所在的两个平面没有公共点。

请问：1. 空间平面与平面的位置关系有哪些呢？

2. 如何判定平面与平面是否平行呢？

（一）平面与平面的位置关系

如图 9-22，如果平面 α 和平面 β 没有公共点，则称这**两个平面互相平行**，记作 $\alpha/\!/\beta$。

空间两个不重合的平面的位置关系有两种：

（1）两平面平行——没有公共点；

（2）两平面相交——有一条公共直线。

（二）平面与平面平行的判定与性质

使用水准器来校正一个平面是否与地面平行时，把水准器在平面上交叉放置两次。如果水准器内的水泡两次都在中央，就表示平面与地面平行。这里使用的方法是我们常用的判定平面与平面平行的方法。

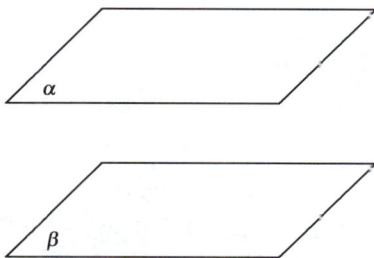

图 9-22

平面与平面平行的判定定理

如果一个平面内有两条相交直线都平行于另一个平面，那么这两个平面平行。

$a \cap b = A, a \subseteq \alpha, b \subseteq \alpha, a \parallel \beta, b \parallel \beta$ 那么 $\alpha \parallel \beta$（图 9-23）。

平面与平面平行的性质定理

如果两个平行平面分别和第三个平面相交，则它们的交线平行。

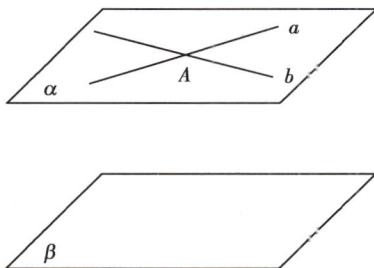

图 9-23

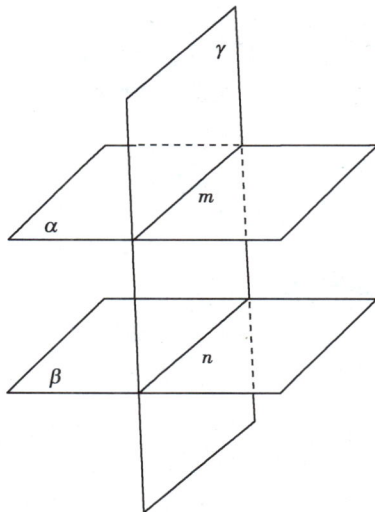

图 9-24

如图 9-24 所示，如果平面 $\alpha \parallel \beta$，α、β 与平面 γ 分别相交于直线 m 和 n，那么 $m \parallel n$。

例4 如图 9-25 所示，$\alpha \parallel \beta$，AB 和 CD 是夹在 α，β 之间的相交线段，它们的交点为 E，若 $BD = 18\text{cm}$，$AC = 12\text{cm}$，$CD = 36\text{cm}$，求 CE、DE 的长。

解：由于 AB 和 CD 相交，故 AB 和 CD 能确定一个平面，与 α、β 分别相交于 BD 和 AC，由于 $\alpha \parallel \beta$，故 $BD \parallel AC$，从而 $\triangle AEC \backsim \triangle BED$，于是有 $\dfrac{DB}{AC} = \dfrac{DE}{CE}$，

$$\frac{DB+AC}{AC} = \frac{DE+CE}{CE},$$

即 $\dfrac{18+12}{12} = \dfrac{36}{CE}$，从而 $CE = 14.4\,(\text{cm})$，$DE = 36 - CE = 21.6\,(\text{cm})$。

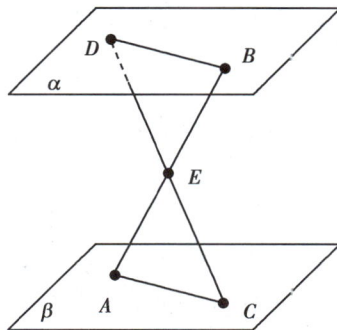

图 9-25

考点链接

本节在高职升学考试中的考点有以下几点：

1. 无论在空间内，还是在平面内，平行都具有传递性。

2. 在空间平行关系中，由线与线的平行判定线与面的平行，由线与面的平行判定面与面的平行；而由面与面的平行可以得到线与面平行的性质，线与面的平行可以得到线与线平行的性质。

例如 1. 平行于同一条直线的两条直线一定( )。

        A. 垂直   B. 平行   C. 异面   D. 平行或异面

分析 根据平行的传递性，平行于同一条直线的两条直线一定平行。

【答案：B】

2. 已知空间四边形 $ABCD$ 中，E、F、G、H 分别是 AB、BC、CD、DA 的中点，给出下列四个命题，真命题的个数是( )个。

    ① AC 与 BD 是相交直线   ② AB∥CD

    ③ 四边形 $EFGH$ 是平行四边形   ④ EH∥平面 BCD

分析 在空间四边形 $ABCD$ 中，命题①②不成立；由本节正文例 1 可得到命题③④是真命题。

【答案：②】

知识拓展

例如 已知平面外的两条平行直线中的一条平行于这个平面，求证：另一条直线也平行于这个平面。

如图 9-26，已知直线 m，n 和平面 α，且 m∥n，m∥α，直线 m，n 都在平面 α 外。求证：n∥α。

证明：过 m 作平面 β，使它与平面 α 相交于直线 l。

因为 m∥α，$\alpha \cap \beta = l$，所以 m∥l；

因为 m∥n，所以 n∥l；

又因为 $l \subseteq \alpha$，所以 n∥α。

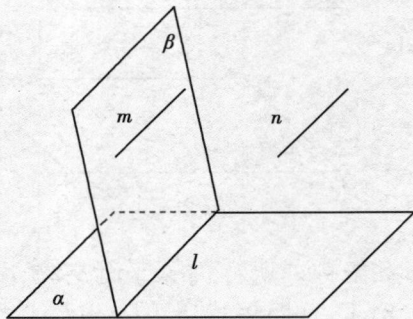

图 9-26

习题 9-2A

1. 判断下列各结论是否正确：

(1) 平行于同一条直线的两条直线互相平行。( )

(2) 过已知平面外一点，有且只有一条直线与已知平面平行。( )

(3) 两个平面互相平行，则在其中一个平面内的任意直线都平行于另一个平面。( )

(4) 如果一个平面内的两条直线平行于另一个平面，那么这两个平面平行。( )

2. 如图 9-27，在长方体 $ABCD-A_1B_1C_1D_1$ 中，

(1) 与 AB 平行的平面是_____；

（2）与 BB_1 平行的平面是_____;

（3）与 BC 平行的平面是_____。

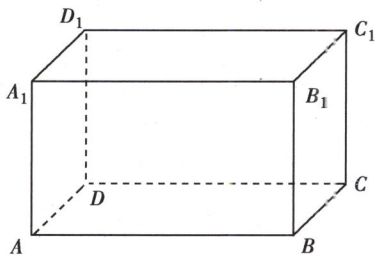

图 9-27

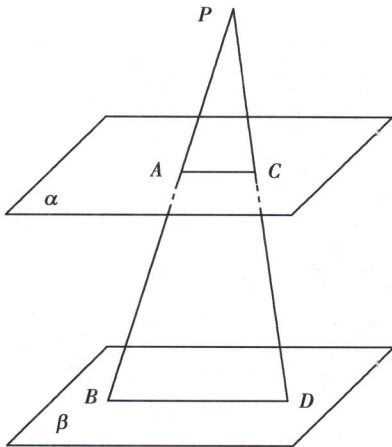

图 9-28

3. 如图 9-28,已知 $\alpha /\!/ \beta$,直线 PAB、PCD 分别与 α、β 交于 A、B 和 C、D。

（1）求证：$AC /\!/ BD$;

（2）若 $PA=4$,$AB=5$,$PC=3$ 求 PD 的长。

习题 9-2B

1. 如图 9-29,已知 P 是平行四边形 $ABCD$ 所在平面外一点,E 是 PA 中点,求证：$PC /\!/$ 平面 BDE。

2. 空间四边形 $ABCD$ 中,E、F、G、H 分别是各边中点,并且 $AC=BD$,判断四边形 $EFGH$ 是否为菱形。

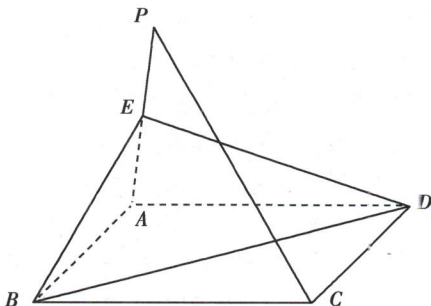

图 9-29

第三节 直线与直线、直线与平面、平面与平面的垂直关系及所成的角

一、直线与直线垂直关系及所成的角

知识回顾

在平面内的两条直线相交形成 4 个角,我们把其中不大于 90° 的角称为两条直线相交的夹角。夹角刻画了一条直线相对于另一条直线倾斜的程度。

在空间中,我们用"异面直线所成的角"这个概念来刻画倾斜程度的问题。

如图 9-30,已知两条异面直线 a、b,经过空间任意一点 O 作直线 $a'/\!/ a$,$b'/\!/ b$,那么 a' 和 b' 相交所成的锐角（或直角）叫做**异面直线 a 与 b 所成的角**（或夹角）。

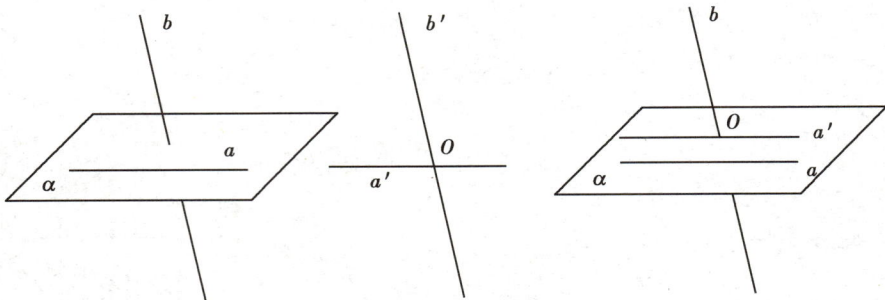

图 9-30

为了简便,点 O 常取在两条异面直线中的一条上。例如取在直线 b 上,然后经过点 O 作直线 $a' /\!/ a$,a' 和 b 所成的锐角(或直角)就是异面直线 a 与 b 所成的角。

如果两条异面直线 a 与 b 所成的是直角,就称**这两条异面直线互相垂直**,记作 $a \perp b$。

空间直线与直线的垂直关系包括两种情况,一种是相交垂直,交点为垂足;另一种是异面垂直,没有垂足。

例1 如图 9-31 所示的正方体中,

(1)哪些棱所在的直线与直线 A_1B 是异面直线?

(2)求 AB 和 DD_1 所成的角?

(3)求 A_1B 和 CD 所成的角?

解:(1)正方体的棱 CC_1,DD_1,B_1C_1,D_1C_1,DC,B_1C_1,AD 所在直线与直线 A_1B 均成异面直线。

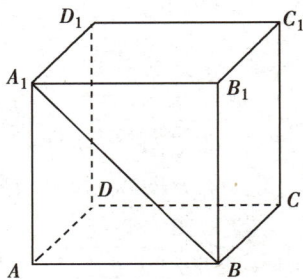

图 9-31

(2)因为 AB 和 DD_1 是异面直线,而 $DD_1 /\!/ AA_1$,又 $AA_1 \perp AB$,所以异面直线 AB 与 DD_1 互相垂直,即 AB 和 DD_1 所成的角为直角。

(3)因 A_1B 和 CD 是异面直线,又 $AB /\!/ DC$,故 $\angle A_1BA$ 是异面直线 A_1B 和 CD 所成的角,已知 $\angle ABA_1 = 45°$,所以 A_1B 和 CD 所成的角 $45°$。

二、直线与平面垂直关系及所成的角

案例

生活中旗杆和地面的关系,标枪运动中标枪与地面关系,都给我们了直线与平面相交的形象。

请问:1. 怎么刻画线面相交这种位置状态呢?

2. 怎么判断线面垂直的位置关系呢?

(一)直线与平面的垂直关系

空间直线与平面相交,分为垂直和斜交。

如果直线 l 和平面 α 内的任何一条直线都垂直,则称这条**直线和这个平面互相垂直**,记作 $l \perp \alpha$。直线 l 是平面 α 的垂线,平面 α 是直线 l 的垂面,垂线和垂面的交点叫做**垂足**。

图 9-32 所示,直线 l 与平面 α 垂直,交点为 A,记作 $l \perp \alpha$,点 A 是垂足。画直线与平面垂直时,通常把直线画成与表示平面的平行四边形的一边垂直。

把教材打开竖直放在桌面上，书棱所在的直线垂直于桌面。

由这些事实我们得到判定**直线与平面垂直的判定定理**。

如果一条直线和一个平面内的两条相交直线都垂直，那么这条直线垂直于该平面。

直线与平面垂直的性质定理

如果两条直线垂直于同一平面，则这两条直线互相平行。

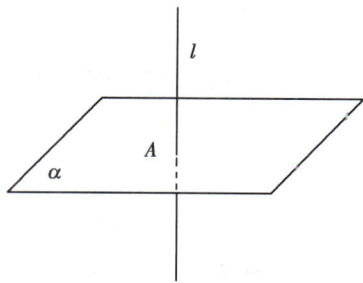

图 9-32

（二）直线与平面所成的角

如图 9-33 中，直线 PA 与平面 α 相交但不垂直，则称直线 PA 与平面 α **斜交**，交点 A 称为**斜足**。直线 PA 叫做平面 α 的斜线，线段 PA 叫做平面 α 的斜线段。过斜线上斜足以外的一点 P 向平面引垂线 PO，过垂足 O 与斜足 A 的直线叫做斜线在这个平面上的射影。平面的一条斜线和它在平面上的射影所成的锐角，叫做**这条斜线和这个平面所成的角**。$\angle PAO$ 是斜线 PA 与平面 α 所成的角。

如果一条直线和一个平面垂直，就称它们所成的角是直角；如果一条直线在平面内或与该平面平行，就称它们所成的角是零角。显然，直线与平面所成的角的取值范围是 $\left[0, \frac{\pi}{2}\right]$。

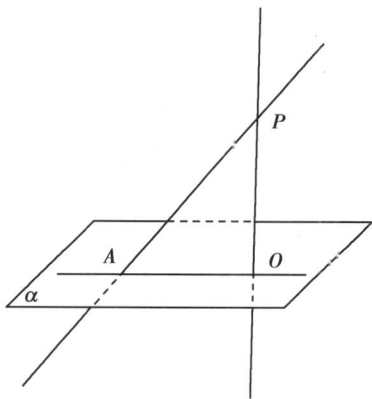

图 9-33

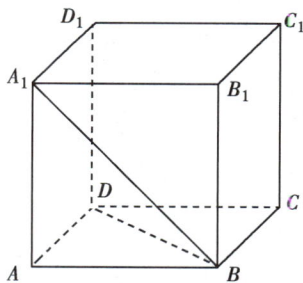

图 9-34

例2 如图 9-34 中，正方体 $ABCD$-$A_1B_1C_1D_1$ 中，

（1）判断直线 AA_1 与平面 $ABCD$ 是否垂直，为什么？

（2）求直线 A_1B 与平面 $ABCD$ 所成的角？

（3）判断直线 BD 与平面 A_1ACC_1 是否垂直，为什么？

解：（1）在正方体 $ABCD$-$A_1B_1C_1D_1$ 中，$AA_1 \perp AB$，$AA_1 \perp AD$。

因为 $AB \subseteq$ 平面 $ABCD$，$AD \subseteq$ 平面 $ABCD$，$AB \cap AD = A$，

所以 $AA_1 \perp$ 平面 $ABCD$。

（2）由（1）得 $\angle A_1BA$ 是直线 A_1B 与平面 $ABCD$ 所成的角，等于 45°。

（3）因为 $AA_1 \perp$ 平面 $ABCD$，所以 $AA_1 \perp BD$。

在正方形 $ABCD$ 中，对角线 $AC \perp BD$，

所以 BD 垂直于直线 AC 与 AA_1 确定的平面 $ABCD$。

三、平面与平面的垂直关系及所成的角

案例

在修筑大坝时,为了大坝牢固,要考虑大坝面与水平面的角度;在建造房屋时,也要考虑屋顶面与地面的角度。

图 9-35

请问:如何刻画平面与平面所成的角呢?

为了解决这些实际问题,研究两个平面所成的角,我们引入二面角的概念。

(一)平面与平面所成的角

一个平面内的一条直线把这个平面分成两部分,每一部分叫做**半平面**。由一条直线引出的两个半平面所成的图形叫做**二面角**。这条直线叫做**二面角的棱**,构成二面角的两个半平面叫做**二面角的面**。

图 9-36 所示,就是以 AB 为棱,α,β 为半平面的二面角,记为二面角 $\alpha\text{-}AB\text{-}\beta$。

过二面角的棱上任一点,分别在二面角的两个半平面内作垂直于棱的两条射线,这两条射线所成的角叫做**二面角的平面角**。

二面角的大小用它的平面角来度量,二面角的平面角是多少度,就说这个二面角是多少度。二面角的平面角的取值范围是 $[0,\pi]$。

当二面角的平面角是 90°角时,这个二面角称为直二面角。

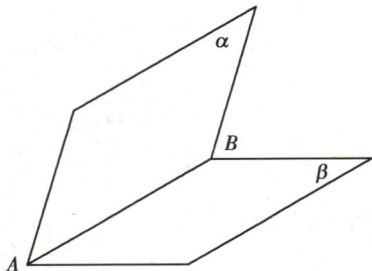

图 9-36

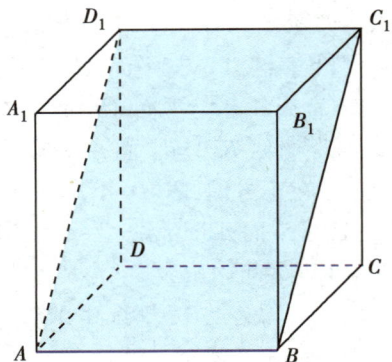

图 9-37

例 3 如图 9-37 正方体 $ABCD$-$A_1B_1C_1D_1$ 中,

（1）求平面 ABC_1D_1 与平面 $ABCD$ 所形成的二面角的大小？

（2）求平面 ABC_1D_1 与平面 BCC_1B_1 所形成的二面角的大小？

解:（1）在正方体 $ABCD$-$A_1B_1C_1D_1$ 中,$AB\perp$ 平面 BCC_1B_1,所以 $AB\perp BC_1$。

又 $AB\perp BC$,所以 $\angle C_1BC$ 是平面 ABC_1D_1 与平面 $ABCD$ 所形成的二面角,为 $45°$。

（2）因为 $AB\perp BC_1$,又 $AB\perp BC$,所以 $\angle ABC$ 是平面 ABC_1D_1 与平面 BCC_1B_1 所形成的二面角,为 $90°$。

（二）平面与平面垂直的判定与性质

一般地,两个平面相交,如果它们所成的二面角是直二面角,就说这两个平面互相垂直。例如教室黑板所在的平面和天花板所在的平面就是面面垂直的关系。

画两个平面互相垂直时,一般把竖直平面的竖边画成与水平平面的横边垂直。如图 9-38 所示,平面 α 和 β 垂直,记作 $\alpha\perp\beta$。

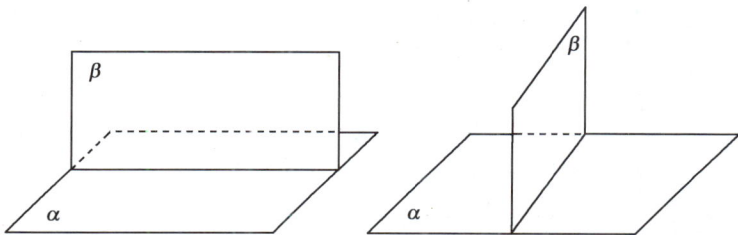

图 9-38

两个平面垂直的判定定理

如果一个平面经过另一个平面的一条垂线,那么这两个平面互相垂直。

判定定理说明,可以由直线与平面的垂直,判定平面与平面垂直的位置关系。

建筑工人在砌墙时,常用一端系有铅坠的线来检查所砌的墙面是否和地面垂直。若下垂的线紧贴墙面,便知所砌的墙面和地面垂直,即依据两个平面垂直的判定定理。

例 4 如图 9-39 所示,P 是直角三角形 ABC 所在平面外一点,$\angle C=90°$,$PA\perp$ 平面 ABC。

求证:$\triangle PBC$ 所在的平面垂直于 $\triangle PAC$ 所在平面。

证明:因为 $PA\perp$ 平面 ABC,所以 $PC\perp BC$;

又因为 $\angle ACB=90°$,所以 $AC\perp BC$;

所以 $BC\perp$ 平面 PAC。

又因为平面 PBC 经过平面 PAC 的垂线 BC,

所以 $\triangle PBC$ 所在平面垂直于 $\triangle PAC$ 所在平面。

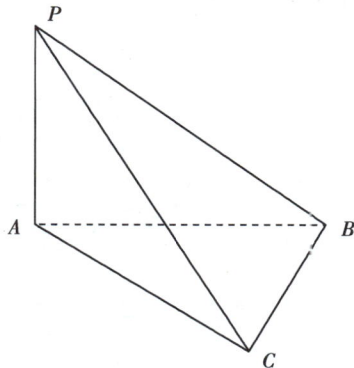

图 9-39

两个平面垂直的性质定理

如果两个平面互相垂直,则在一个平面内垂直于它们交线的直线必垂直于另一个平面。

我们由直线与平面垂直判定平面与平面的垂直,平面与平面垂直可以得到直线与平面的垂直。这种直线与平面的位置关系同平面与平面的位置关系的互相转化,是解决空间图形问题的重要思想方法。

例 5 如图 9-40 所示,在两个相互垂直的平面 α 和 β 的交线上,有两个已知点 A 和 B,

AC 和 BD 分别是这两个平面内垂直于 AB 的线段,已知 $AC = 6\text{cm}$,$AB = 8\text{cm}$,$BD = 24\text{cm}$,求 CD 的长。

解:因为 $\alpha \perp \beta$,$\alpha \cap \beta = AB$,$AC \subseteq \alpha$,$AC \perp AB$,所以 $AC \perp$ 平面 β。连接 AD,则 $AC \perp AD$。

所以 $\triangle ACD$ 是直角三角形。

在 $Rt\triangle ABD$ 中,
$$AD^2 = AB^2 + BD^2 = 6^2 + 8^2 = 10^2 (\text{cm})。$$

在 $Rt\triangle ACD$ 中,
$$CD = \sqrt{AC^2 + AD^2} = \sqrt{10^2 + 24^2} = 26 (\text{cm})。$$

答:CD 的长 26cm。

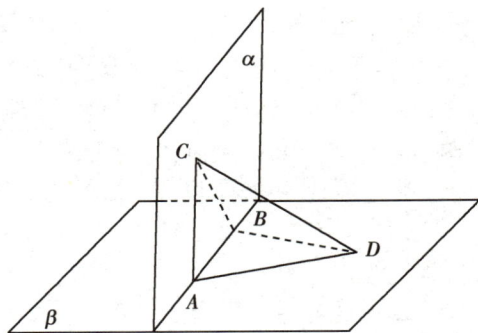

图 9-40

考点链接

本节在高职升学考试中的考点有以下几点:

1. 以直线与直线、直线与平面垂直的判定及性质求解直线与平面所成的角。

2. 以直线与平面、平面与平面垂直的判定及性质求解二面角的平面角。

3. 直线与直线、直线与平面、平面与平面垂直问题的互相转化。

例如 1. 如图 9-41 正方形 $ABCD$,$PA \perp$ 平面 $ABCD$。求证:直线 $BD \perp$ 直线 PC。

分析 利用线面垂直的性质来解决直线垂直的问题。

证明:因为 $PA \perp$ 平面 $ABCD$,所以 $PA \perp BD$,

在正方形中对角线互相垂直,即 $AC \perp BD$,

则 $BD \perp$ 平面 PAC,所以 $BD \perp PC$。

2. 如图 9-42,$AB \perp$ 平面 BCD,$BD \perp CD$。求证:平面 $ACD \perp$ 平面 ABD。

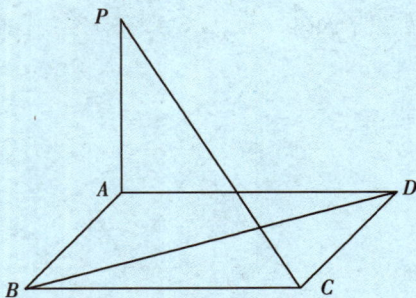

图 9-41

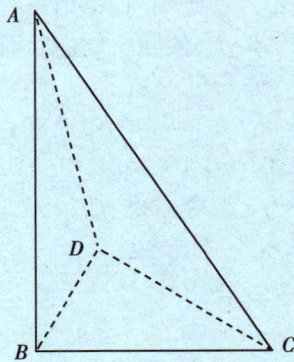

图 9-42

分析 运用直线与平面、平面与平面垂直问题的互相转化解决问题。

证明:因为 $AB \perp$ 平面 BCD,$BD \subseteq$ 平面 BCD,所以 $AB \perp CD$。

又因为 $BD \perp CD$,直线 AB 与直线 BD 确定平面 ABD,

所以 $CD \perp$ 平面 ABD。

又 $CD \subseteq$ 平面 ACD,所以平面 $ACD \perp$ 平面 ABD。

知识拓展

在解决线线垂直、线面垂直的问题时,可以利用三垂线定理:

平面内的一条直线,如果与穿过这个平面的一条斜线在这个平面上的射影垂直,那么它也和这条斜线垂直。

例如 考点链接中的例 1 可以利用三垂线定理解决:由 $PA \perp$ 平面 $ABCD$ 可得,AC 是斜线 PC 在平面 $ABCD$ 内的射影,在正方形中对角线互相垂直,即 $AC \perp BD$,则 BD 垂直于斜线 PC。

习题 9-3A

1. 判断下列结论是否正确:

(1) 分别在两个平面内的两条直线是异面直线。（   ）

(2) 若空间两条直线没有交点,那么它们一定平行。（   ）

(3) 平行于同一平面的两条直线平行。（   ）

(4) 如果一条直线垂直于平面内的无数条直线,则这条直线和这个平面垂直。（   ）

(5) 两条直线互相垂直,则它们一定相交。（   ）

(6) 一条直线和三角形的两边同时垂直,则这条直线和三角形的第三边的位置关系是垂直。（   ）

2. 如图 9-43 长方体中,$AB = 3$,$BC = 4$,$BB_1 = 5$,求对角线 DB_1 与平面 $ABCD$ 所成的角。

3. 如图 9-44 正方体中,求平面 ABB_1A_1 与平面 $ABCD$ 所成的二面角的大小。

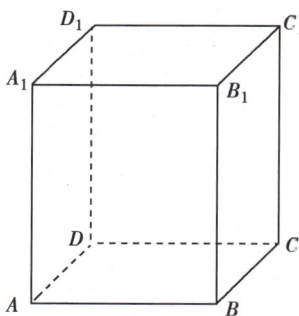

图 9-43

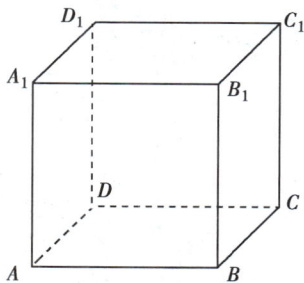

图 9-44

4. 在 45° 二面角的一个面内有一个点,它到另一个面的距离是 10cm,求它到棱的距离。

5. 由距离平面 α 为 4cm 的一点 P 向平面引斜线 PA,斜足为 A,使斜线与平面成 30° 角,求斜线段 PA 在平面 α 内的射影长。

习题 9-3B

1. 如图 9-45,P 是正 $\triangle ABC$ 所在平面外一点,且 $PB = PC$,D 是 BC 的中点,试判断 BC 与平面 PAD 的位置关系。

2. 如图 9-46,四边形 $ABCD$ 是矩形,PA 与平面 $ABCD$ 垂直,$AB = 8$cm,$BC = 6$cm,$PA = 15$cm,求(1)$\triangle PBC$ 的面积;(2)PC 与平面 $ABCD$ 所成的角的正切值。

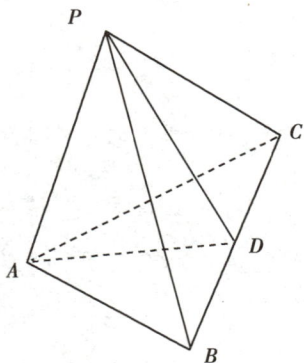

图 9-45

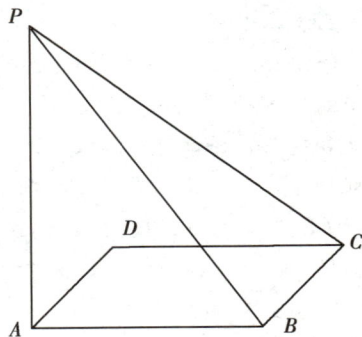

图 9-46

第四节 柱、锥、球及简单组合体

案例

如图 9-47 观察生活中形状各异的建筑，

图 9-47

请问：1. 它们都是什么形状的呢？

2. 不同的形状有什么特点呢？

本节我们学习空间几何体中的多面体和旋转体。

一、多面体

由若干个平面多边形组成的几何体叫做**多面体**。其中构成多面体的各个多边形称为多面体的**面**；两个相邻的面的交线称为多面体的**棱**，棱和棱的交点称为多面体的**顶点**。不在同一平面内的两个顶点的连线称为多面体的**对角线**。

一个多面体至少有四个面,多面体依照面数分别称为四面体、五面体、六面体……,例如我们经常所见到的砖块,跳箱,钻石等都是多面体。

(一)棱柱

1. 棱柱的基本概念及性质

有两个面互相平行,其余每相邻的两个面的交线都互相平行的多面体叫做**棱柱**,平行的两个面叫做**底面**,其余的面叫做**侧面**。两个相邻的侧面的交线叫做**侧棱**,两个底面之间的距离叫做棱柱的**高**。

底面是三角形、四边形、五边形……的棱柱分别叫做三棱柱、四棱柱、五棱柱……,我们用表示底面各顶点的字母表示棱柱,如图 9-48 依次表示为三棱柱 $ABC-A_1B_1C_1$,四棱柱 $ABCD-A_1B_1C_1D_1$,五棱柱 $ABCDE-A_1B_1C_1D_1E_1$。

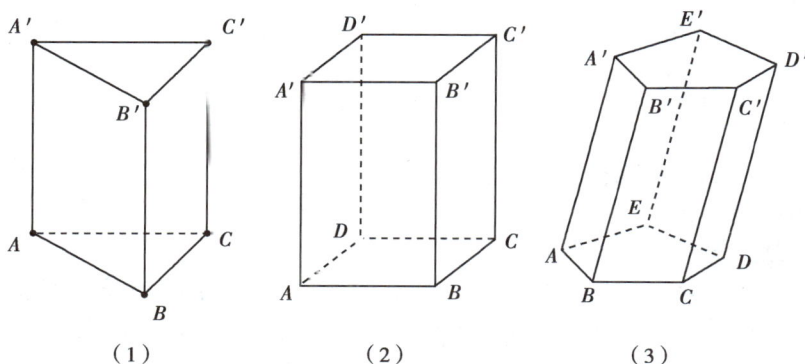

（1）　　　　（2）　　　　（3）

图 9-48

侧棱和底面垂直的棱柱称为**直棱柱**,侧棱和底面斜交的棱柱叫做**斜棱柱**,底面是正多边形的直棱柱称为**正棱柱**。如图 9-48(1)、(2)是直棱柱,(3)是斜棱柱。

正棱柱的性质:

(1) 各条侧棱都相等,侧棱与高相等;

(2) 两底面是全等的正多边形;

(3) 各个侧面都是全等的矩形。

正棱柱所有侧面的面积之和,叫做**正棱柱的侧面积**。正棱柱的侧面积与两个底面面积之和,叫做**正棱柱的全面积**(表面积)。

2. 正棱柱的面积和体积计算公式

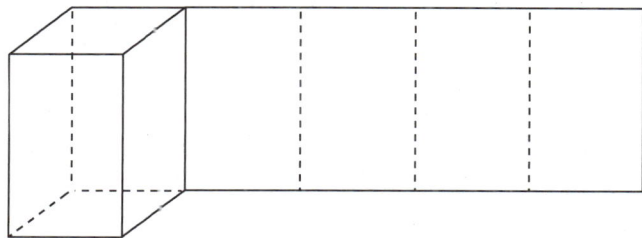

图 9-49

观察图 9-49 正棱柱的侧面展开图,得到正棱柱的侧面积、全面积和体积的计算公式如下:

$$S_{侧}=ch$$

$$S_{全}=ch+2S_{底}$$

$$V=S_{底}\cdot h$$

其中,$S_{侧}$ 为**侧面积**,$S_{全}$ 为**全面积**,$S_{底}$ 为**底面积**,V 为**体积**,c 为正棱柱的**底面周长**,h 为正棱柱的**高**。

例1 已知一个正四棱柱的底面边长为 3cm,高为 5cm,求这个正四棱柱的侧面积和体积。

解:正四棱柱的侧面积为

$$S_{侧}=ch=3\times4\times5=60(\mathrm{cm}^2)。$$

正四棱柱的体积为

$$V=S_{底}\cdot h=3\times3\times5=45(\mathrm{cm}^3)。$$

答:这个四棱柱的侧面积是 $60\mathrm{cm}^2$,体积是 $45\mathrm{cm}^3$。

（二）棱锥

1. 棱锥的基本概念及性质

有一个面是多边形,其它各面是有一个公共顶点的三角形的多面体叫做**棱锥**。多边形叫做**底面**,有公共顶点的三角形面叫做**侧面**。两个相邻侧面的交线叫做**侧棱**。各侧面的公共顶点叫做**顶点**。从顶点到底面的距离叫做棱锥的**高**,侧面三角形的高叫做**斜高**。

底面是三角形、四边形、五边形……的棱锥分别叫做三棱锥、四棱锥、五棱锥……,我们用表示底面各顶点的字母表示棱锥,如图 9-50(1)三棱锥 $P-ABC$ 如图 9-50(2)四棱锥 $P-ABCD$。

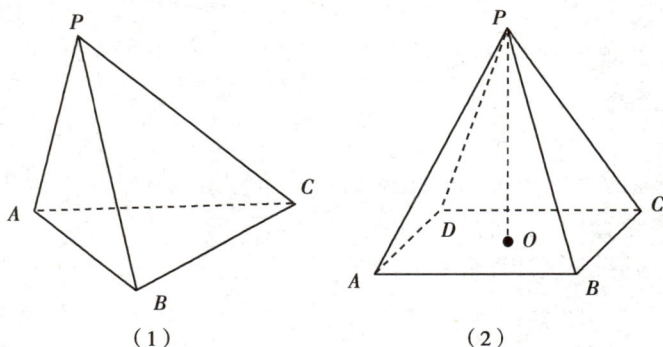

（1）　　　　　（2）

图 9-50

如果一个棱锥的底面是正多边形,并且顶点在底面上的射影是底面的中心,这样的棱锥称为**正棱锥**。如图 9-50(2)是正四棱锥。

正棱锥的性质:

（1）各条侧棱都相等,各侧棱与底面所成的角都相等;

（2）各侧面是全等的等腰三角形;

（3）各个斜高都相等，平行于底面的截面与底面为相似多边形；

（4）顶点与底面中心的连线是正棱锥的高。

2. 正棱锥的面积和体积计算公式

观察图 9-51 正棱锥的侧面展开图，得到正棱锥的侧面积、全面积和体积的计算公式是：

$$S_{侧} = \frac{1}{2}ch'$$

$$S_{全} = S_{侧} + S_{底}$$

$$V = \frac{1}{3}S_{底}h$$

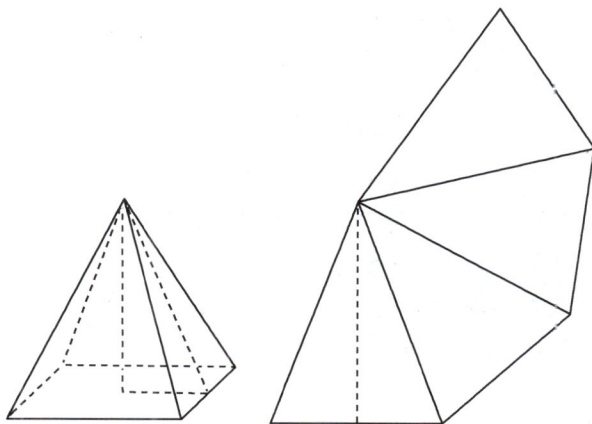

图 9-51

其中，$S_{侧}$ 为**侧面积**，$S_{全}$ 为**全面积**，$S_{底}$ 为**底面积**，V 为**体积**，c 为正棱锥的**底面周长**，h 为正棱锥的**高**，h' 为正棱锥的**斜高**。

例 2 如图 9-52 已知正四棱锥 $P-ABCD$ 的斜高为 13cm，高为 12cm，求此正四棱锥的侧面积和体积。

解：作 $PO \perp$ 平面 $ABCD$ 并交平面于点 O，再作斜高 PE 交于 BC 点 E 连接 OE，在 $Rt\triangle POE$ 中

$$OE = \sqrt{PE^2 - PO^2} = \sqrt{13^2 - 12^2} = 5(\text{cm})$$

从而底面正方形的边长为 10cm

故

$$S_{侧} = \frac{1}{2} \times 4 \times 10 \times 13 = 260(\text{cm}^2)$$

$$V = \frac{1}{3}S_{底} \cdot PO = \frac{1}{3} \times 10^2 \times 12 = 400(\text{cm}^3)$$

答：这个正四棱锥的侧面积是 260cm²，体积是 400cm³。

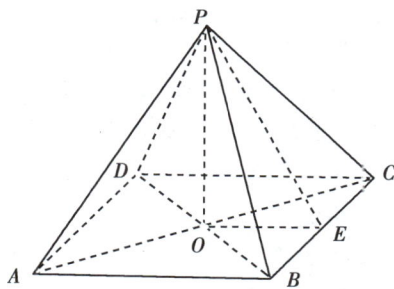

图 9-52

二、旋转体

一个平面图形绕着与它在同一平面内的一条定直线旋转一周所形成的几何体称为**旋转体**，这条定直线称为旋转体的**轴**。

（一）圆柱

1. 圆柱的基本概念及性质

如图 9-53 中，一个矩形绕着它的一边旋转一周所得到的几何体叫做**圆柱**，被绕着旋转的一边叫做圆柱的**轴**，其对边称为**母线**，由母线旋转所成的曲面叫做圆柱的**侧面**；由垂直于轴的两边旋转所成的面叫做圆柱的**底面**；两底面间的距离叫做圆柱的**高**。

2. 圆柱的面积及体积计算公式

圆柱的侧面积、全面积和体积公式是：

$$S_{\text{侧}} = 2\pi r h$$

$$S_{\text{全}} = 2\pi r (h+r)$$

$$V_{\text{圆柱}} = \pi r^2 h$$

其中，$S_{\text{侧}}$ 为**侧面积**，$S_{\text{全}}$ 为**全面积**，$V_{\text{圆柱}}$ 为**体积**，r 为圆柱的**底面半径**，h 为圆柱的**高**。

例 3　一个圆柱的高是 h，它的侧面展开是一个正方形，求它的体积。

解：设圆柱的底面半径为 r，则底面圆周长 $c = 2\pi r$，

根据题意 $2\pi r = h$，得 $r = \dfrac{h}{2\pi}$，

所求圆柱的体积

$$V = \pi r^2 h = \pi \cdot \left(\frac{h}{2\pi}\right)^2 \cdot h = \frac{h^3}{4\pi}。$$

答：这个圆柱的体积是 $\dfrac{h^3}{4\pi}$。

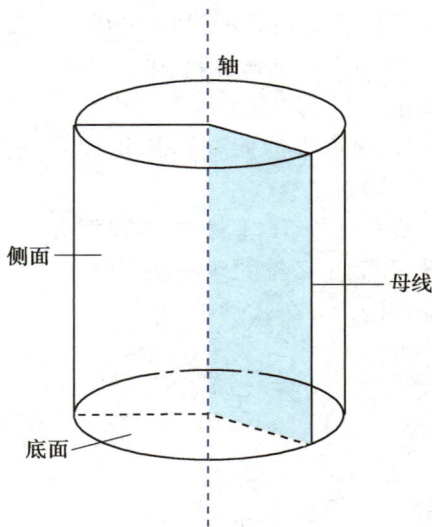

图 9-53

（二）圆锥

1. 圆锥的基本概念及性质

如图 9-54 中，一个直角三角形，绕着它的一条直角边旋转一周而得到的几何体称为**圆锥**，被绕着旋转的一边称为**轴**；斜边称为**母线**，由母线旋转所成的曲面称为**侧面**；由直角三角形的另一直角边旋转所成的面称为**底面**，从顶点到底面的距离称为**高**。

圆锥的性质：

（1）底面为圆，平行于底面的截面是圆面；

（2）轴截面是等腰三角形，且都全等；

（3）母线与轴所成的角相等，所有的母线长相等；

（4）轴过底面中心，且垂直于底面，轴长等于高。

2. 圆锥的面积和体积计算公式

观察图 9-55 圆锥的侧面展开图，得到圆锥的侧面积，全面积和体积的计算公式：

$$S_{\text{侧}} = \pi r l$$

$$S_{\text{全}} = \pi r (l+r)$$

$$V_{\text{圆锥}} = \frac{1}{3}\pi r^2 h$$

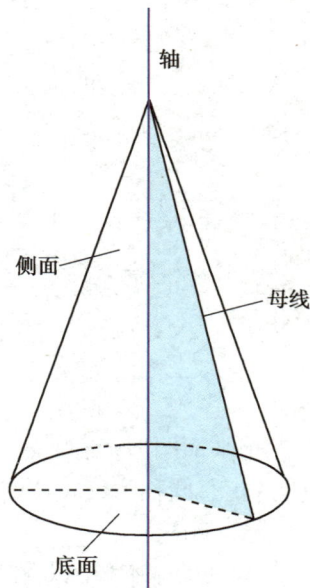

图 9-54

其中，$S_侧$ 为**侧面积**，$S_全$ 为**全面积**，$V_{圆锥}$ 为**体积**，r 为圆锥的**底面半径**，l 为圆锥的**母线长**，h 为圆锥的**高**。

例4 已知圆锥的底面半径等于 1cm，母线与底面半径夹角为 $60°$，求圆锥的体积。

解：如图 9-48 中，$l=2cm$，$h=\sqrt{l^2-r^2}=\sqrt{3}$（cm），

故圆锥的体积为 $V_{圆锥}=\dfrac{1}{3}\pi r^2h=\dfrac{1}{3}\times\pi\times1\times\sqrt{3}=\dfrac{\sqrt{3}\pi}{3}$（cm^3）。

答：这个圆锥的体积是 $\dfrac{\sqrt{3}\pi}{3}$cm^3。

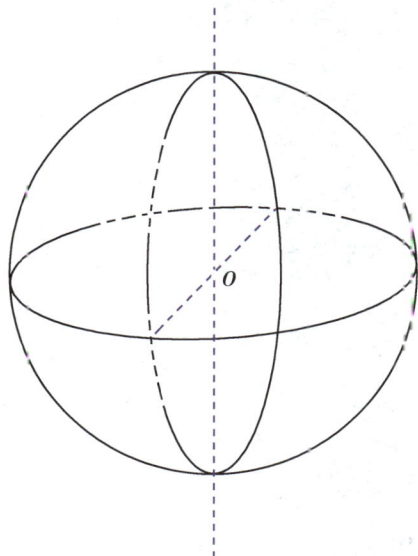

图 9-55

（三）球

1. 球的基本概念及性质

如图 9-56，一个半圆绕着它的直径旋转一周所得的曲面称为**球面**，由球面所围成的几何体称为**球**。

半圆的圆心称为**球心**，连接球心和球面上一点的线段称为**球的半径**，连接球面上两点且过球心的线段称为**球的直径**。

球的性质：

（1）球的截面是圆，过球心的截面称为球的大圆；

（2）同一球的半径都相等，直径也相等；

（3）如图 9-57，球心到球截面的距离 d 等于球半径 R 的平方减去球截面半径 r 的平方所得差的算术平方根；

即

$$d=\sqrt{R^2-r^2}$$

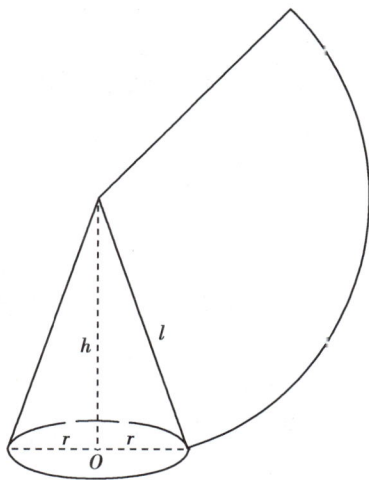

图 9-56

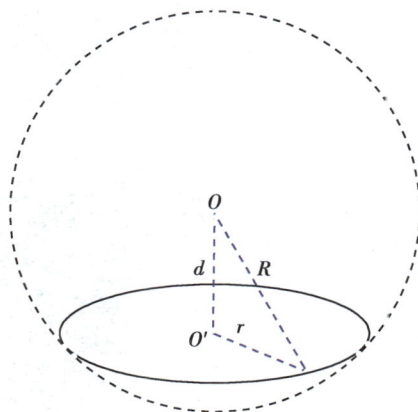

图 9-57

237

（4）球的切面（和球只有一个公共点的平面）垂直于过切点的球的直径 d。

2. 球的面积及体积计算公式

如图 9-57，球的表面积和体积计算公式是：

$$S = 4\pi R^2$$

$$V_{球} = \frac{4}{3}\pi R^3$$

S 为球的**表面积**，$V_{球}$ 为球的**体积**，R 为球的**半径**。

例 5 用一个平面去截一个球截得小圆的半径为 4cm，截面与球心的距离为 3cm，求球的表面积和体积。

解：图 9-57 中，截面圆半径 $r = 4$cm，截面到球心的距离 $d = 3$cm，

由球的性质（3）有

$$R = \sqrt{r^2 + d^2} = \sqrt{4^2 + 3^2} = 5(\text{cm})$$

所以 $S_{球} = 4\pi R^2 = 100\pi(\text{cm}^2)$，$V_{球} = \frac{4}{3}\pi R^3 = \frac{500\pi}{3}(\text{cm}^3)$

答：这个球的表面积是 $100\pi(\text{cm}^2)$，体积是 $\frac{500\pi}{3}(\text{cm}^3)$。

三、简单组合体

在现实世界中，大量的几何体是由柱、锥、球等简单几何体组合成的，我们称为简单组合体。如图 9-58 各组合体，它们有的是由简单几何体拼接而成，有的是由简单几何体截去或挖去一部分而成的。

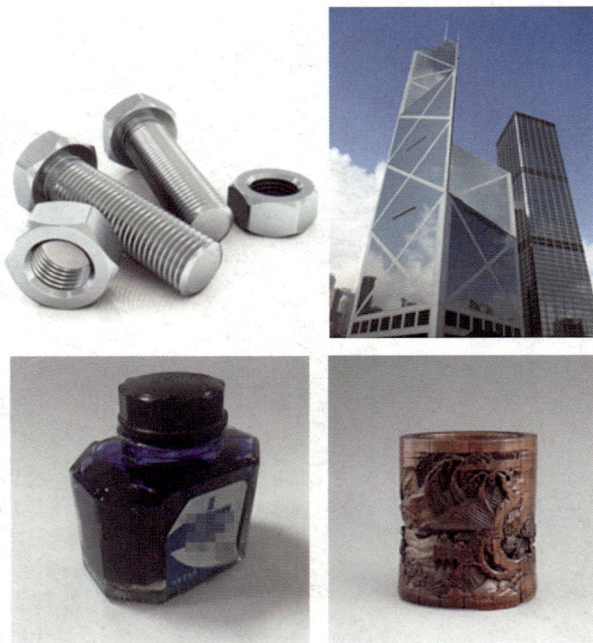

图 9-58

正棱柱、正棱锥、圆柱、圆锥、球的表面积和体积的计算是高职升学考试的考点之一。

例如 1. 正六棱柱的底面边长1,侧棱长也是1,则它的体积是_____。

分析 正六棱柱的体积＝底面积×高,底面正六边形的面积是6个边长为1的正三角形的面积和,高等于侧棱长1,计算公式如下:

$$V = 6 \times \frac{1}{2} \times 1 \times \frac{\sqrt{3}}{2} \times 1 = \frac{3\sqrt{3}}{2}$$

【答案: $\frac{3\sqrt{3}}{2}$】

2. 若一个圆锥侧面展开图是面积为 8π 的半圆面,则该圆锥的体积为_____。

分析 半圆面所在圆的半径为圆锥的母线长,则 $\frac{\pi l^2}{2} = 8\pi$,解得母线 $l = 4$。利用圆锥侧面积的计算公式 $S_{侧} = \pi r l = 8\pi$,得到底面半径 $r = 2$。利用勾股定理得到圆锥高 $h = 2\sqrt{3}$。该圆锥的体积 $V_{圆锥} = \frac{1}{3}\pi r^2 h = \frac{8\sqrt{3}}{3}\pi$。

【答案: $\frac{8\sqrt{3}}{3}\pi$】

南北朝伟大科学家祖暅之提出了计算体积原理——祖暅原理:缘幂势既同,则积不容异。这个原理的意义是:夹在两平行平面之间的两个几何体,被平行于这两个平面的任何一个平面所截,如果截得的面积总相等,那么这两个几何体的体积相等。祖暅这个原理的提出比意大利数学家卡瓦列(1598—1647)早一千多年。

利用这个原理,只要能找到满足同底等高的一般柱体、锥体的体积,就可以求出不规则几何体的体积,如图9-59中两垛数量一样的硬币,它们的体积是相同的。

图9-59

习题 9-4A

1. 判断下列命题是否正确:

(1) 长方体是正棱柱。( )

(2) 圆锥的轴截面都是正三角形。( )

(3) 球的截面的半径就是球的半径。( )

(4) 正棱锥的侧面是全等的三角形。( )

2. 在正四棱锥中,底面面积是 100cm^2,斜高是 13cm,求它的全面积和体积。

3. 正四棱柱的高为 14cm,底面边长为 16cm,求它的表面积。

4. 圆锥的高是 10cm, 母线和底面成30°, 求母线的长及底面半径。

5. 一个球的半径为 2cm, 求这个球的表面积和体积。

习题 9-4B

1. 一个圆柱的高是 h, 侧面展开图是一个正方形, 求证它的侧面积等于两底面面积和的 2π 倍。

2. 一个正方体的八个顶点都在球面上, 如果这个球的体积是 $8cm^3$, 求正方体的棱长。

3. 如图 9-60 所示, 已知棱长为 1 的正方体 $ABCD-A_1B_1C_1D_1$ (1)求三棱锥 C_1-BCD 的体积; (2)求证: 平面 $C_1BD \perp$ 平面 A_1B_1CD。

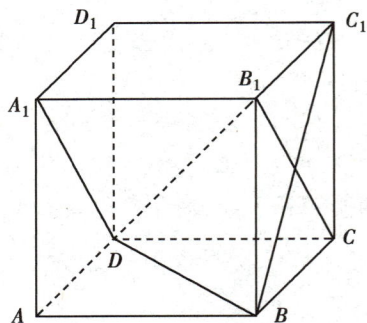

图 9-60

本章小结

知识点小结:

构成空间几何图形的基本要素是点、线、面。

首先, 本章学习了平面的三个基本性质及其三个推论, 它们帮助我们解决共线、共面的判定问题。

其次, 本章学习了直线与直线、直线与平面、平面与平面的位置关系, 我们利用直线与直线所成的角、直线与平面所成的角、平面与平面所成的角来区分位置状态, 其中平行与垂直是两种特殊的位置关系。

空间平行关系的转化

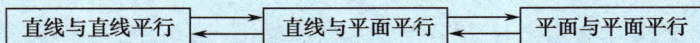

直线与直线平行 ⇄ 直线与平面平行 ⇄ 平面与平面平行

空间垂直关系的转化

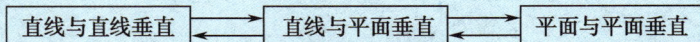

直线与直线垂直 → 直线与平面垂直 → 平面与平面垂直

解决空间角问题的主要思想是把空间角转化为平面角。异面直线所成的角通过平移两条异面直线来构造; 构造直线与平面所成的角时, 过斜线上某个特殊点做平面的垂线段, 斜线与其射影的夹角即为所求; 平面与平面所成的角通过过棱上一点在两个半平面内引垂线构造, 两条垂线的夹角即为所求。

最后, 本章学习了空间几何体以及简单组合体。在多面体中介绍了棱柱、棱锥; 旋转体中介绍了圆柱、圆锥和球。

(蔡钶金)

目标测试

A组

1. 选择题:

(1) A、B、C、D 四点不共面,则经过 A、B、C 三点的平面(　　)。

    A. 有无数个　　　　　　　　B. 一个没有

    C. 只有一个　　　　　　　　D. 有三个

(2) 平行于同一平面的两条直线的位置关系是(　　)。

    A. 平行　　　　　　　　　　B. 相交

    C. 异面　　　　　　　　　　D. 以上都可以

(3) 一条直线若同时平行于两个相交平面,那么这条直线与这两个平面的交线的位置关系是(　　)。

    A. 平行　　　　　　　　　　B. 相交

    C. 异面　　　　　　　　　　D. 无法确定

(4) 下列说法中不正确的是(　　)。

    A. 平行于同一条直线的两条直线互相平行

    B. 垂直于同一条直线的两个平面平行

    C. 垂直于同一平面的两条直线平行

    D. 垂直于同一条直线的两条直线互相垂直

(5) 空间四边形的各边相等,顺次链接各边中点所得四边形是(　　)。

    A. 平行四边形　　　　　　　B. 矩形

    C. 菱形　　　　　　　　　　D. 正方形

(6) 在正方体 $ABCD-A_1B_1C_1D_1$ 中,二面角 D_1-AB-D 的大小是(　　)。

    A. 30°　　　　　　　　　　B. 60°

    C. 45°　　　　　　　　　　D. 90°

2. 填空题:

(1) 空间中,两条没有公共点的直线的位置关系是_____。

(2) 已知空间四个点 A、B、C、D,直线 AB、CD 是异面直线,则直线 AC、BD 是_____直线。

(3) 已知 a,b,c 是三条直线,上 $a // b$,a 与 c 的夹角为 θ,那么 b 与 c 夹角为_____。

(4) 棱长为 1 的正四面体的全面积为_____。

(5) 已知 PA 垂直于平行四边形 $ABCD$,若 $PC \perp BD$,则平行四边形 $ABCD$ 一定是_____。

3. 已知正方体 $ABCD-A_1B_1C_1D_1$ 棱长是 a,求证:三角形 ACB_1 为等边三角形。

4. 如图 9-61 菱形 $ABCD$ 在平面 α 上,$PA \perp \alpha$,求证:$PC \perp BD$。

5. 在直角 $\triangle ABC$ 中,$\angle C = 90°$,$AC = 15$,$BC = 20$,$CD \perp$ 平面 ABC,且 $CD = 5$,求 D 到 AB 的距离。

6. 如图 9-62 以等腰直角 $\triangle ABC$ 的底边 BC 上的高 AD 为折痕,使平面 ABD 与平面 ADC 互相垂直,求 $\angle BAC$ 的值。

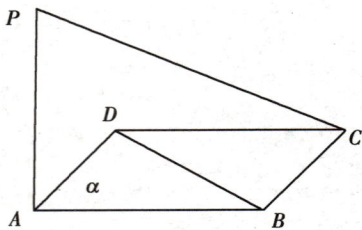
图 9-61

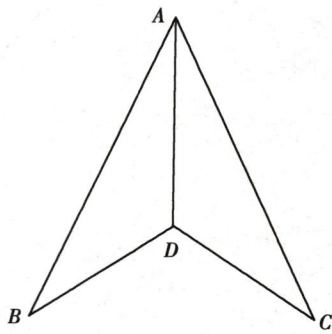
图 9-62

B 组

1. 选择题:

(1) 设直线 $a\,/\!/$ 平面 α,直线 b 在 α 内,则(   )。

  A. $a\,/\!/\,b$ B. a 与 b 相交   C. a 与 b 异面   D. a 与 b 平行或异面

(2) 垂直于平面 α 的两条不重合直线一定(   )。

  A. 平行   B. 垂直   C. 相交   D. 异面

(3) 分别在两个平行平面内的两条直线的位置关系是(   )。

  A. 平行   B. 相交   C. 异面   D. 平行或异面

(4) 垂直于同一个平面的两个平面(   )。

  A. 互相垂直   B. 互相平行   C. 相交   D. 前三种情况都有可能

(5) 在棱长为 1 的正方体 $ABCD$-$A_1B_1C_1D_1$ 中,直线 A_1B_1 到直线 BC_1 的距离为(   )。

  A. $\dfrac{\sqrt{2}}{2}$ B. $\dfrac{1}{2}$ C. 1   D. $\sqrt{2}$

(6) 正方体 $ABCD$-$A_1B_1C_1D_1$ 的棱长为 2,下列结论正确的是(   )。

  A. 直线 AD_1 与平面 $ABCD$ 所成的角为 45°

  B. 直线 AD_1 与 CD_1 的夹角为 60°

  C. 直线 AD_1 与 CD_1 的夹角为 90°

  D. $V_{D_1-ACD}=\dfrac{4}{3}$

2. 填空题:

(1) 已知正方形 $ABCD$ 的边长为 a,$PA\perp$ 平面 $ABCD$,且 $PA=b$,则 $PC=$_____。

(2) 若长方体的长、宽、高分别为 1,2,3,则其对角线长为_____。

(3) 正方体 $ABCD$-$A_1B_1C_1D_1$ 中 AC 与 AC_1 所成角的正弦值为_____。

3. 如图 9-63 所示,四棱锥 $P-ABCD$ 中,侧面 PDC 是边长为 2 的正三角形,且与底面垂直,底面 $ABCD$ 是面积为 $2\sqrt{3}$ 的菱形,$\angle ADC$ 为菱形的锐角。

(1) 求证:$PA\perp CD$;

(2) 求二面角 $P-AB-D$ 的度数。

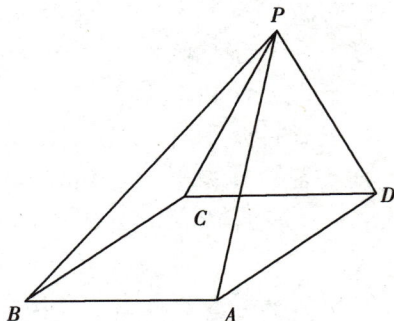
图 9-63

4. 如图 9-64 所示，已知 A、B 是直二面角 $\alpha-l-\beta$ 的棱上两点，线段 $AC \subseteq \alpha$，线段 $BD \subseteq \beta$，且 $AC \perp l$，$BD \perp l$，$AC=AB=6$，$BD=24$，求线段 CD 的长。

5. 如图 9-65 所示，已知正方体 $ABCD-A_1B_1C_1D_1$，证明：直线 AC_1 与直线 A_1D_1 所成角的余弦值为 $\dfrac{\sqrt{3}}{3}$。

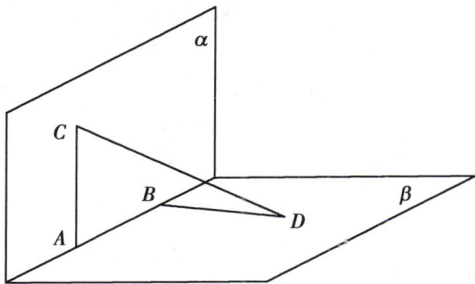

图 9-64

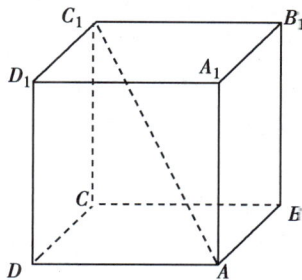

图 9-65

6. 如图 9-66 所示，四棱锥 $S-ABCD$ 中，底面 $ABCD$ 是正方形，$SA \perp$ 平面 $ABCD$，$SA=AB$。(1) 求证：$SB \perp AD$ (2) 求直线 SC 与平面 SAB 夹角的正弦值。

7. 如图 9-67 所示，已知正四棱锥 $S-ABCD$ 中，E、F 分别是侧棱 SA、SC 的中点。求证：(1) $EF /\!/$ 平面 $ABCD$；(2) $EF \perp$ 平面 SBD。

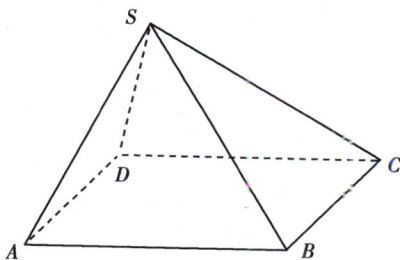

图 9-66

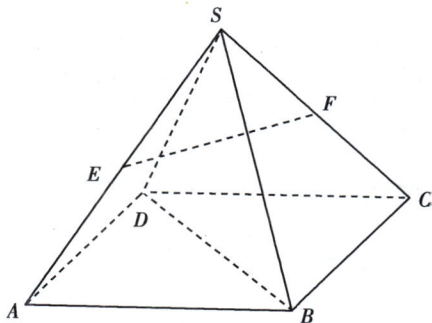

图 9-67

阅读与欣赏

中国古代几何学

古代的中国一直在数学领域保持领先的地位。无论在代数、几何和三角等各个方面都有很多成绩。几何是一门古老的学科，它是在人们的生产和生活等实践活动中逐步形成和发展起来的。"几何"是一个翻译名词，由我国明代科学家徐光启首先使用。但是我国古代劳动人民在长期的生产劳动和社会生活中早已积累了大量的几何知识。据记载，从公元前十五世纪，甲骨文内已有"规"和"矩"两个字，规是用来画圆的，矩是用来画方的。

成书于公元前480年~公元前390年间的《墨经》，把"圆"定义为"圆，一中同长也"。意思是：圆有且只有一个中心，从圆心到圆周上任何一点距离相等。这是最早的几何学理论的雏形，这与《几何原本》的提法基本一致，但比欧几里得要早100多年。

　　《周髀算经》原名《周髀》,是算经的十书之一,约成书于公元前1世纪,是中国最古老的天文学和数学著作,它的主要贡献是介绍了勾股定理及其在测量上的应用以及怎样引用到天文计算。在《周髀算经》上卷二中明确记载了勾股定理的公式:"若求邪至日者,以日下为勾,日高为股,勾股各自乘,并而开方除之,得邪至日"。

　　《九章算术》(公元50年~100年或更早),成书于东汉之初,共有246个问题的解法,历代数学家把它尊为"算经之首"。它的成就主要在两个方面,一是它的计算技术在当时的世界是第一流的,是世界上最早系统叙述了分数运算的著作。二是它结了生产、生活实践中大量的几何知识提出了各种平面图形的面积、立体图形的体积的计算方法,以及勾股定理的应用。

　　《九章算术》方田章主要论述平面图形直线形和圆的面积计算方法。商功章收集的都是一些有关体积计算的问题,其中提到城、垣、堤、沟、堑、渠,因其功用不同因而名称各异,其实质都是正截面为等腰梯形的直棱柱,他们的体积计算方法:"术曰:并上、下广而半之,以高若深乘之,又以袤乘之,即积尺"。这里上、下广指横截面的上、下底$(a$、$b)$高或深(h),袤是指城垣的长(1)。因此城、垣的体积计算术公式$V=\frac{1}{2}(a+b)h$。

　　刘徽(约公元225年—295年)是魏晋时代最伟大的数学家,他的《九章算术注》是为《九章算术》做的注解,是中国最宝贵的数学遗产。

　　该书前九卷全面论证了《九章算术》的公式、解法,发展了出入相补原理、截面积原理、齐同原理和率的概念,在圆面积公式和锥体体积公式的证明中引入了无穷小分割和极限思想,首创了求圆周率的正确方法,指出并纠正了《九章》的某些不正确的或错误的公式,探索出解决球体积的正确途径。

　　堑堵是将长方体沿相对两棱剖开所得的几何体,其体积显然是$V=\frac{1}{2}abh$;沿堑堵的一顶点与相对的棱剖开,一部分是四棱锥,称为阳马,其体积为$V=\frac{1}{3}abh$,另一部分为四面都是直角三角形的三棱锥,叫鳖臑,其体积$V=\frac{1}{6}abh$。刘徽用无穷小分割的方法证明了上述公式。

　　刘徽未能解决球体积公式的证明,但他创造性地给出了他的"牟合方盖"这个著名的几何模型。

　　《缀术》包含了祖冲之(429—500)和儿子祖暅之的数学贡献。在这本书中,祖氏父子继承刘徽的工作,提出祖暅原理,求出了牟合方盖的体积,最终解决了球体积问题。《缀术》在唐代被收入《算经十书》,成为唐代国子监算学课本,当时学习《缀术》需要四年的时间,可见《缀术》内容的深奥。

第十章　概率与统计初步

学习目标

1. 掌握:分类计数原理和分步计数原理。
2. 理解:必然事件,不可能事件,随机事件的意义;事件的频率与概率的意义及二者的区别与联系;概率的简单性质;总体与样本等概念;样本均值、样本方差、样本标准差的意义,能用它们来估计总体。
3. 了解:样本概念和简单随机抽样、系统抽样、分层抽样等三种抽样方法;样本的频率分布,会绘制频率分布表和频率分布直方图,能用它们来估计总体;一元线性回归分析。

　　人们在自然界和社会活动中观察到的现象,一类是确定性现象,例如太阳总是东方升起,常温下温度达到100℃时水会沸腾等;另一类是不确定现象或随机现象,例如买一张奖券可能中奖也可能不中奖,抛掷一枚硬币落在桌面上,可能正面向上,也可能反面向上等。概率与统计是用数字方法研究随机现象规律性的科学。

　　概率就是要研究不确定现象发生的可能性大小。用数学方法研究不确定现象(随机现象)规律性,根据不同的问题要求收集、整理、分析数据,以便从中提取有用信息,对整体加以估计和推断,是统计学的内容。

　　本章是对初中学习的统计内容的巩固和深化。主要学习随机事件的有关概念、概率的定义和计算、常用的几种抽样方法及用样本估计总体等内容。

第一节　计 数 原 理

案例

　　假期就要到了,小明正在筹划着回家的旅行。他可以乘火车,也可以乘汽车。一天中,火车有2班,汽车有3班。

　　请问:你能告诉他有多少种回家的方法吗?

　　一天中乘火车有2种走法,乘汽车有3种走法,每一种走法都可以从学校到达小明家。因此,一天中完成这件事共有

$$2+3=5$$

种不同的走法(如图10-1)。这里应用了数学中的计数原理。

　　计数原理包括分类计数原理和分步计数原理。

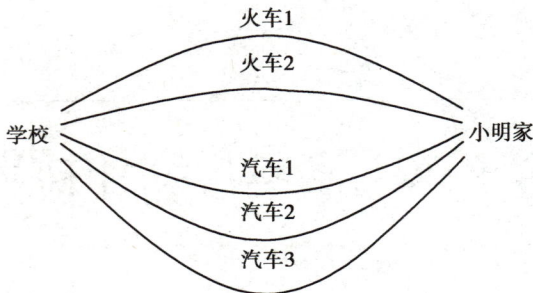

图 10-1

一、分类计数原理

完成一件事有 n 类方式,在第 1 类方式中有 m_1 种不同的方法,在第 2 类方式中有 m_2 种不同的方法……在第 n 类方式中有 m_n 种不同的方法,无论通过哪类方式的哪种方法,都可以独立地完成这件事,那么完成这件事共有

$$N = m_1 + m_2 + \cdots + m_n$$

种不同的方法。分类计数原理又称加法原理。

例 1 一书架分上下两层,上层有各不相同的文学类书 25 本,下层有各不相同的医学类书 18 本。现从中任选一本书,共有多少种不同的选法?

解:选一本书有两类办法:一类是从上层文学类书中选取一本,有 25 种不同的选法;另一类是从下层医学类书中选取一本,有 18 种不同的选法。无论从哪一层上选,都能完成选一本书这项工作,根据分类计数原理,所有的选法种数为

$$N = 25 + 18 = 43(\text{种})。$$

答:共有 43 种不同的选法。

例 2 某班学生分成 A、B、C 三个小组,A 组 10 人,B 组 13 人,C 组 12 人,现从该班选派一人去参加某项技能比赛,问有多少种不同的选法?

解:该班同学分成 A、B、C 三组,从任何一个小组中选出一人去参加比赛都完成这项工作。A 组有 10 种选法,B 组有 13 种选法,C 组有 12 种选法,所以共有

$$N = 10 + 13 + 12 = 35(\text{种})。$$

答:共有 35 种不同的选法。

二、分步计数原理

我们来看下面的问题:

某同学由学校回家,中间必须经过 A 城市。已知由学校到 A 城市有 2 条路可走,再由 A 城市到家有 3 条路可走,那么,该同学由学校经 A 城市到家共有多少种不同的走法?

从学校不能直接到家,必须经过 A 城市,从学校到 A 城市有 2 种不同的走法,分别表示为 a_1,a_2,从 A 城市到家有 3 种不同的走法,分别表示为 b_1,b_2,b_3,所以从学校经 A 城市到家的全部走法有

$$a_1 b_1, \quad a_1 b_2, \quad a_1 b_3, \quad a_2 b_1, \quad a_2 b_2, \quad a_2 b_3$$

共计 6 种。也就是从学校到 A 城市的 2 种走法与从 A 城市到家的 3 种走法的乘积,即

$$2 \times 3 = 6$$

种不同的走法如图 10-2。

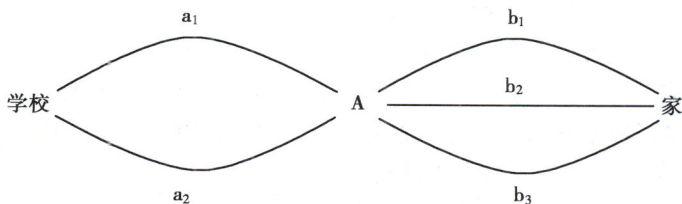

图 10-2

一般地,有如下原理:

完成一件事,需要分成 n 个步骤,做第 1 个步骤有 m_1 种不同的方法,做第 2 个步骤有 m_2 种不同的方法……做第 n 个步骤有 m_n 种不同的方法。只有所有步骤都完成后,这件事才能完成。那么完成这件事共有

$$N = m_1 \times m_2 \times \cdots \times m_n$$

种不同的方法。分步**计数原理又称乘法原理**。

例 3 某卫生学校一年级有 6 个班,二年级有 5 个班。现要从两个年级中各选取 1 个班,进行篮球比赛,问有多少种不同的选法?

解:从两个年级中各选取 1 个班,可以分两个步骤完成:第一步从一年级中选取 1 个班,有 6 种不同的选法;第二步从二年级中选取 1 个班,有 5 种不同的选法。根据分步计数原理,得到不同选法的种数是

$$N = 6 \times 5 = 30 \text{(种)}。$$

答:有 30 种不同的选法。

例 4 由数字 1,2,3,4,5 可以组成多少个三位数(各位上的数字可重复)?

解:用 1,2,3,4,5 这五个数字组成三位数,可以分成三个步骤完成:第一步,确定百位上的数字,从上面五个数字中任取一个数字,共有 5 种取法;第二步,确定十位上的数字,由于数字可以重复,所以仍有 5 种取法;第三步,确定个位上的数字,同理,亦有 5 种取法。根据分步计数原理,组成可重复数字的不同的三位数的个数共有

$$N = 5 \times 5 \times 5 = 125 \text{(个)}。$$

答:可以组成 125 个三位数。

考点链接

用计数原理解决简单实际问题是高职升学考试的考点之一。

例如 1. 一副扑克有 54 张牌,从中任取一张,则取出扑克是 3 的倍数的共有多少张。

分析 此题所考知识点为加法原理。一副扑克四种花色,每种花色是 3 的倍数的有 4 张,一副扑克牌是 3 的倍数的有 $N = 4+4+4+4 = 16$(张)。

【答案:16】

2. 六个人,排成一排,则不同的排法有种。

分析 此题所考知识点为乘法原理,6 个人分配到 6 个位置,按次序共有 $N = 6 \times 5 \times 4 \times 3 \times 2 \times 1 = 720$(种)排法。

【答案:720】

习题 10-1A

1. 填空题：

（1）完成一件工作可以用 2 种方法，有 6 人会用第 1 种方法完成，另有 4 人会用第 2 种方法完成，从中任选 1 人来完成这件工作，可有_____种不同的选法。

（2）银行卡的密码通常由六位数字组成（每位数字都可以从 0~9 这十个数字中任意选取）。请问可以设置_____种不同的密码？

（3）某卫校 2016 级护理班的学生分为四个学习小组，其中甲组有 7 人，乙组有 13 人，丙组有 9 人，丁组 8 人，现想选派一人参加市护理专业知识大赛，有_____种不同的选法？

2. 现有红、黄、绿三种颜色的信号弹若干，按不同的顺序向天空连发三枪，一共可发射多少种不同的信号？

3. 某年级 A 班有三好学生 6 名，B 班有三好学生 4 名，C 班有三好学生 3 名，问

（1）由三个班中任选一名三好学生出席表彰大会，有多少种不同的选法？

（2）由三个班中各选一名三好学生出席表彰大会，有多少种不同的选法？

4. 一个口袋内有 4 个小球，另一个口袋内有 5 个小球，他们的颜色各不相同，问

（1）从两个口袋内任取一个小球，有多少种不同的取法？

（2）从两个口袋内各取一个小球，有多少种不同的取法？

习题 10-1B

1. 选择题：

（1）某值日小组共有 5 名同学，若任意安排 3 名同学负责教室内的地面卫生，其余 2 名同学负责教室外的走廊卫生，则不同的安排方法有（　　）种。

    A. 10　　　　　B. 20　　　　　C. 60　　　　　D. 100

（2）某公园有四个门，若某人从一个门进去，从另一个门出来，不同的走法共有（　　）种。

    A. 4　　　　　B. 12　　　　　C. 16　　　　　D. 20

（3）用 1，2，3，4 组成无重复数字的 4 位数，共有（　　）个。

    A. 4　　　　　B. 16　　　　　C. 24　　　　　D. 256

2. 某城市电信局的电话号码由八位数组成，其中前四位数字是统一的，后四位数每位都是 0 至 9 之中的任意一个数字，那么不同的电话号码最多有多少个？

3. 从 0，1，2，3，4 五个数中，取出两个数做假分数，可做出多少个假分数？

第二节　概 率 初 步

案例

为了调查某野生动物保护区内某种野生动物的数量，调查人员某天捕到该种动物 12 只，作了标记后放回。经过一个星期后，又捕到该种动物 10 只，其中，作过标记的有 1 只。

    请问：1. 你能估算这个保护区内约有这种动物多少只吗？

          2. 你采用的估算方法是什么？

一、随机现象与随机事件

（一）必然现象与随机现象

在自然界和人类社会里,我们会遇到两类不同的现象:必然现象和随机现象。

必然现象(又称**确定性现象**)是指在一定条件下,必然发生或必然不发生某种结果的现象。例如,在标准大气压下,水加热到100℃会沸腾;温度在0℃以上时,水不会发生结冰。

随机现象是指在一定条件下,可能发生也可能不发生某种结果的现象。例如,用某种药治疗某种疾病的有效性;当我们走到装有信号灯的十字路口,遇到的信号灯的颜色为红色;化验某患者的肝功结果异常;一次考试某同学的成绩95分等。

（二）随机事件

为了探索和掌握随机现象的规律性,需要对随机现象进行观察。我们把观察随机现象或为了某种目的而进行的实验统称为试验。例如,从一批一次性注射器中任意抽取一个进行抽样检查,考察产品质量是否合格;抛掷一枚质地均匀的硬币,考察正面朝上(以徽花为正面,币值为反面)还是反面朝上;购买彩票看是否中奖,掷骰子游戏……。

进行一次试验,我们会遇到这样或那样的事件发生,在这里可以把它们分成两种不同类型:

（1）一种类型是可以预知结果的试验,这种类型可分为必然事件、不可能事件两种情况。

在一定条件下,必然会发生的事件叫做**必然事件**,通常用字母 U 来表示。例如,"把一个苹果抛向天空,它会落下来";"氢气与氧气燃烧化合,生成水";"一个三角形的内角之和为180°"等事件都是必然事件。

在一定条件下,不可能发生的事件叫做**不可能事件**,通常用字母 V 来表示。例如,"某人练习投篮,决定投篮8次,他投进了10次";"方程 $x^2+1=0$ 有实数解";"酸溶液在石蕊试纸上,呈粉红色"等事件都是不可能事件。

（2）另一种类型是不可预知结果的试验。

对于一个事件,如果它在一次试验中可能发生也可能不发生,那么我们就称这个事件是一个**随机事件**,简称**事件**。通常用字母 A、B、C……表示。

例如,"妇女怀孕,生男孩";"从一副扑克牌中任抽取一张,取到红桃 K";"有吸烟习惯者,患慢性支气管炎"等事件都是随机事件。

随机试验的每一种结果一般都是随机事件,需要注意的是,必然事件和不可能事件本来是一种确定性事件,但是为了今后讨论问题方便,我们把它们当作一种特殊的随机事件。

例1 指出下列事件是必然事件、不可能事件还是随机事件。

（1）北京冬季的一天刮西北风;

（2）没有水分,种子发芽;

（3）用青霉素给患者做皮试,出现过敏反应;

（4）当 $a>0$,$b<0$ 时,$a+b>0$;

（5）从某护士班学生中随机抽取一名学生,考察其身高,该生身高在1.60米上。

解:由题意知,(4)是必然事件,(2)是不可能事件,(1)、(3)、(5)是随机事件。

（三）基本事件和基本事件空间

在一次试验中,一共可能出现 n 个结果,这 n 个结果出现的可能性都是一样的,而且其中任何两个都不可能同时发生,那么每一个结果都叫做一个**基本事件**。一般我们用A_1、A_2、A_3…表示。所有基本事件构成的集合称为**基本事件空间**,基本事件空间常用大写希腊字母"Ω"表示。包含若干个基本事件的事件叫做**复合事件**。

例如,掷一颗骰子,观察掷出的点数,这个试验的基本事件空间为

$$\Omega = \{1, 2, 3, 4, 5, 6\},$$

上述集合中"1""2""3""4""5""6"分别代表骰子掷出点数为1,2,3,4,5,6这六个基本事件。"点数不超过3"这一事件就不是基本事件,因为它是由"1""2""3"这三个基本事件组成的复合事件。

二、频率和概率

随机事件的每一次发生与否带有偶然性,似乎无法预料。但是,通过重复做大量的试验,偶然性也有它规律性的一面。通过这个规律的揭示,就可知道某事件发生的可能性的大小。

例如,某年某地婴儿出生情况,如表10-1所示:

表10-1

月份	1	2	3	4	5	6	7	8	9	10	11	12	全年
出生总人数 n	3590	3498	3891	3942	3994	3750	3841	3744	3691	3575	3368	3598	44 482
出生女婴数 m	1739	1710	1891	1901	1912	1803	1832	1818	1789	1754	1628	1704	21 481
出生女婴频率 $\dfrac{m}{n}$	0.484	0.488	0.486	0.482	0.479	0.481	0.477	0.486	0.485	0.491	0.483	0.474	0.483

从表中可以明显地看出,每月出生的女婴数 m 与出生的婴儿数 n 的比值,即$\dfrac{m}{n}$总是在常数0.483左右摆动,这个0.483反映了偶然性的客观规律,它表明"出生女婴"这一事件发生的可能性大小。

又如,历史上一些科学家做过抛掷硬币的大量的重复试验,如表10-2所示:

表10-2

实验者	抛掷次数(n)	正面向上次数(频数 m)	频率$\left(\dfrac{m}{n}\right)$
德莫干	2048	1061	0.5181
蒲丰	4040	2048	0.5069
皮尔逊	12 000	6019	0.5016
皮尔逊	24 000	12 012	0.5005
费勒	10 000	4979	0.4979
罗曼诺夫斯基	80 640	40 173	0.4982

我们看到,当抛掷硬币的次数很多时,出现正面的频率值是稳定的,接近于常数0.5,并在它附近摆动。

如果把试验的次数记作 n，事件 A 发生的次数记作 m，我们把 $\dfrac{m}{n}$ 这个比值叫做**事件 A 发生的频率**。$\dfrac{m}{n}$ 总是接近于一个常数。

一般地，在大量重复进行同一试验时，事件 A 发生的频率 $\dfrac{m}{n}$ 总是接近于某个常数，并在它附近摆动，我们把这个常数叫做**事件 A 的概率**，记作 $P(A)$。

概率的这种定义叫做概率的统计定义。根据上述定义，求一个事件的概率的基本方法，是通过大量的重复试验，用这个事件发生的频率近似地作为它的概率。

概率从数量上反映了一个事件发生的可能性的大小。在上面的例子中，出生的婴儿是女孩的概率 $P(A) = 0.483$ 就是说，从该地某年出生的一批婴儿中抽取一个，是女孩的可能性是 48.3%；抛掷一枚硬币出现"正面向上"的概率是 0.5，也就是说，出现"正面向上"的可能性是 50%。

由于任何事件 A 发生的次数 m 不会是负数，也不可能大于试验次数 n，所以有

$$0 \leqslant \frac{m}{n} \leqslant 1,$$

所以事件 A 的概率满足

$$0 \leqslant P(A) \leqslant 1。$$

显然，必然事件发生的概率是 1，记作 $P(U) = 1$，不可能事件发生的概率是 0，记作 $P(V) = 0$。

三、古典概型

随机事件的概率，一般可以通过大量重复试验得出其近似值。但对于某些随机事件，也可以不通过重复试验，而通过对一次试验中可能出现的结果的分析来求出其概率。

例 2 抛掷一枚硬币，假设硬币的构造是均匀的，并且抛掷的结果只可能是"正面向上"或"反面向上"。

（1）写出这个试验的基本事件空间；

（2）抛到"正面向上"的可能性有多大？

解：（1）这个试验的基本事件空间

$$\Omega = \{正面向上, 反面向上\}。$$

它有两个基本事件，"正面向上"或"反面向上"。

（2）由于硬币的构造是均匀的，因而，出现"正面向上"或"反面向上"的机会是均等的，又排除了其他可能。所以，我们可以断言，抛掷一枚硬币，掷得"正面向上"和"反面向上"的可能性都是 $\dfrac{1}{2}$。

例 3 一先一后抛掷两枚硬币，观察正反面出现的情况。

（1）写出这个试验的基本事件空间；

（2）两枚"出现正面向上"的可能性有多大？

解：（1）这个试验的基本事件空间

$$\Omega = \{(正, 正), (正, 反), (反, 正), (反, 反)\}。$$

它有 4 个基本事件：

（正,正）表示两枚都正面向上；

（正,反）表示第一枚正面向上,第二枚反面向上；

（反,正）表示第一枚反面向上,第二枚正面向上；

（反,反）表示两枚都反面向上。

（2）因为每一枚硬币"出现正面"与"出现负面"机会都均等,那么这四种结果的出现是等可能的,所以,两枚"出现正面向上"的可能性是 $\frac{1}{4}$。

以上所举例子具有以下两个共同特征：

一是有限性：在一次试验中,可能出现的结果只有有限个,即只有有限个基本事件；

二是等可能性：每个基本事件发生的可能性是均等的。

这类试验称为**古典概型随机试验**。

对于古典概型随机试验,给出概率的古典定义,设古典型随机试验的基本事件总数为 n,随机事件 A 包含的基本事件数为 m,则事件 A 发生的概率为

$$P(A) = \frac{A\text{ 中所含的基本事件个数}}{\text{试验基本事件总数}} = \frac{m}{n}$$

上述古典随机事件的概率数学模型,称为**古典概型**。

例4 一口袋中有 10 个球,其中红色球 6 个,黑色的 4 个,它们除颜色不同,其他方面没有差别。现从这 10 个球中任取 1 个,观察球的颜色,求恰好抽到红球的概率。

解：这个试验的基本事件空间共有 10 个基本事件。由于球的构造是均匀的,因此,出现这 10 种结果机会是均等的。

设恰好抽到红球的事件为 A,事件 A 的概率

$$P(A) = \frac{6}{10} = \frac{3}{5}。$$

答：恰好抽到红球的概率是 $\frac{3}{5}$。

本节案例中,我们可以设保护区内这种动物的数量约为 n,假定每只野生动物被捕捉的可能性是相等的。从保护区内任意捕到一只是该种动物,记作事件 A（带有标记的动物）。由古典概型概率公式得

$$P(A) = \frac{12}{n}, \tag{①}$$

经过一星期后,又捕到该动物 10 只,作过标记的只有 1 只,事件 A 发生的概率 $m=1$ 由概率的统计定义得

$$P(A) \approx \frac{1}{10}, \tag{②}$$

由①、②式得 $\frac{12}{n} \approx \frac{1}{10}$,则 $n \approx 120$（只）。

四、互斥事件和互斥事件的概率

（一）互斥事件

某班有学生 30 人,调查全班学生的血型,其中 O 型的 14 人,A 型的 6 人,B 型的 8 人,

AB 型的 2 人。现在从这 30 人中任意抽一人，我们把"抽到 O 型血者"叫做事件 C，"抽到 A 型血者"叫做事件 D，"抽到 B 型血者"叫做事件 E，"抽到 AB 型血者"叫做事件 F。如果抽到的是 O 型血者，即事件 C 发生，那么事件 D 就不发生；如果抽到的是 A 型血者，即事件 D 发生，那么事件 C 就不发生。也就是说，事件 C 与事件 D 不可能同时发生。这种不可能同时发生的两个事件叫做**互斥事件**(互不相容事件)。同理，事件 C 与 E、C 与 F、D 与 E、D 与 F、E 与 F 也都是互斥事件。

上面事件 C、D、E、F 中，任何两个都是互斥事件，这时我们说事件 C、D、E、F 彼此互斥。一般地，如果事件 A_1，A_2，$\cdots$，A_n 中任何两个事件都是互斥事件，那么就说**事件 A_1，A_2，$\cdots$，A_n 彼此互斥**。

例如，在 100 片药片中，有 5 片已经失效，从中任取 3 片。我们把"取出 3 片药片中至少有 1 片失效"记为事件 A，把"取出 3 片药片全部是有效"记为事件 $\overline{A}$，由于事件 A 与 $\overline{A}$ 不可能同时发生，这是两个互斥事件，而且其中必然有一个要发生。这种必然有一个发生的两个互斥事件叫做**对立事件**。事件 A 的对立事件通常记作 $\overline{A}$。

从集合的角度看，由事件 $\overline{A}$ 所含的结果组成的集合，是全集中由事件 A 所含的结果组成的集合的补集。

（二）互斥事件的概率加法公式

在上面的血型抽查问题中，因为是任意抽出一人，共有 30 种等可能的抽取法，其中抽得 O 型血者、A 型血者、B 型血者、AB 型血者的抽取法分别是 14 种、6 种、8 种、2 种。因此

$$P(C)=\frac{14}{30};\quad P(D)=\frac{6}{30};\quad P(E)=\frac{8}{30};\quad P(F)=\frac{2}{30}。$$

现在我们来研究如何求"任意抽出一人，抽得 O 型血者或 A 型血者"这一事件的概率。我们把"抽得一人是 O 型血者或 A 型血者"看作为一个事件，叫做 C、D 的和事件，记作 $C+D$。因此事件 $C+D$ 发生的可能情况有 14+6 种。所以抽到 O 型血者或 A 型血者的概率为

$$P(C+D)=\frac{14+6}{30}=\frac{14}{30}+\frac{6}{30}。$$

因为 $P(C)=\frac{14}{30}$，$P(D)=\frac{6}{30}$，

所以 $P(C+D)=P(C)+P(D)$。

由此可知，如果事件 C、D 互斥，那么事件 $C+D$ 发生（即 C、D 中至少有一个发生）的概率，等于事件 C、D 分别发生的概率的和。

这个结论习惯上叫做**互斥事件的概率加法公式**。一般地，如果事件 A_1，A_2，$\cdots$，A_n 彼此互斥，那么事件 $A_1+A_2+\cdots+A_n$ 发生（即 A_1，A_2，$\cdots$，A_n 中至少有一个发生）的概率，等于这 n 个事件分别发生的概率的和，即

$$\boxed{P(A_1+A_2+\cdots+A_n)=P(A_1)+P(A_2)+\cdots+P(A_n)}$$

根据对立事件的意义，$A+\overline{A}$ 是一个必然事件，它的概率等于 1。又由于 A 与 $\overline{A}$ 互斥，所以得到

$$P(A)+P(\overline{A})=1$$

这就是说,对立事件的概率的和等于 1。

还可以表示为

$$P(\overline{A})=1-P(A)$$

例 5　一个袋中有红球 4 个,白球 7 个,黑球 6 个,黄球 5 个,从中任取一个,求取出的一个是红球或白球的概率。

解:用 A、B、C、D 分别表示任意取出一个球是红球、白球、黑球、黄球的事件,因为它们彼此互斥,所以取出的一个是红球或白球即是事件 $A+B$。袋中共有球 $4+7+6+5=22$ 个,红球 4 个,白球 7 个,

所以

$$P(A)=\frac{4}{22},P(B)=\frac{7}{22}。$$

根据互斥事件加法公式

$$P(A+B)=P(A)+P(B)=\frac{4}{22}+\frac{7}{22}=\frac{11}{22}=\frac{1}{2}。$$

答:取出的一个球是红球或白球的概率是 $\frac{1}{2}$。

考点链接

古典概率及互斥事件至少有一个发生的概率的计算是高职升学考试的考点之一。

例如　1. 任选一个不大于 20 的正整数,它恰好是 3 的整数倍的概率是(　　　)。

A. $\frac{3}{10}$　　　　　B. $\frac{1}{4}$　　　　　C. $\frac{1}{5}$　　　　　D. $\frac{3}{20}$

分析　本题考的知识点为古典概型概率公式 $P(A)=\frac{m}{n}$,在不大于 20 的 20 个正整数中,3 的整数倍有 6 个,因此,$P(A)=\frac{6}{20}=\frac{3}{10}$。

【答案:A】

2. 甲、乙两人下棋,和棋的概率为 $\frac{1}{2}$,乙获胜的概率为 $\frac{1}{3}$,那么甲获胜的概率是(　　　)。

A. $\frac{5}{6}$　　　　　B. $\frac{1}{6}$　　　　　C. $\frac{2}{3}$　　　　　D. $\frac{1}{3}$

分析　本题考的知识点为互斥事件的概率加法公式和对立事件的概率求解公式。甲获胜、甲乙和棋、乙获胜三事件两两互斥,而甲获胜这一事件的对立事件是其余两事件的和事件,因此,甲获胜的概率 $P=1-\left(\frac{1}{2}+\frac{1}{3}\right)=\frac{1}{6}$。

【答案:B】

例 6　某地区的年降水量在下列范围内的概率,如表 10-3 所示:

表 10-3

年降水量（单位：mm）	$[100,150)$	$[150,200)$	$[200,250)$	$[250,300)$
概率	0.12	0.24	0.17	0.14

（1）求年降水量在$[100,200)$（mm）范围内的概率；

（2）求年降水量在$[150,300)$（mm）范围内的概率。

解：（1）我们把年降水量在$[100,150)$、$[150,200)$、$[200,250)$、$[250,300)$（mm）范围内分别记为事件 A、B、C、D，这 4 个事件是彼此互斥的。根据互斥事件的概率加法公式，年降水量在$[100,200)$（mm）范围内的概率是

$$P(A+B)=P(A)+P(B)=0.12+0.24=0.36。$$

（2）年降水量在$[150,300)$（mm）范围内的概率是

$$P(B+C+D)=P(B)+P(C)+P(D)=0.24+0.17+0.14=0.55。$$

答：年降水量在$[100,200)$（mm）范围内的概率是 0.36。

年降水量在$[150,300)$（mm）范围内的概率是 0.55。

知识拓展

相互独立事件同时发生的概率：

事件 A（或 B）是否发生对事件 B（或 A）发生的概率没有影响，这样的两个事件就叫做**相互独立事件**（也叫互不相关事件）。两个相互独立事件同时发生的概率，等于每个事件发生的概率的积。这个结论习惯上叫做**独立事件的概率乘法公式**

$$P(A \cdot B)=P(A) \cdot P(B)$$

例如 甲、乙两人各进行一次射击，如果两人击中目标的概率分别是 0.8、0.9，计算两人都击中目标的概率。

解：设"甲射击一次击中目标"为事件 A，"乙射击一次击中目标"为事件 B，由于甲（或乙）是否击中目标，对乙（或甲）是否击中目标的概率没有影响，因此 A 与 B 是相互独立事件。又"两人各射击一次击中目标是事件 $A \cdot B$，根据相互独立事件的概率乘法公式，得到

$$P(A \cdot B)=P(A) \cdot P(B)=0.8×0.9=0.72。$$

一般地，如果事件$A_1,A_2,\cdots,A_n$，那么这 n 个事件同时发生的概率等于每个事件发生的概率的积，即

$$P(A_1 \cdot A_2 \cdot \cdots \cdot A_n)=P(A_1) \cdot P(A_2) \cdot \cdots \cdot P(A_n)$$

习题 10-2A

1. 指出下列事件是必然事件、不可能事件还是随机事件。

（1）如果 $a>b$，那么 $a-b>0$；

（2）如果 a,b 都是实数，那么 $a+b \neq b+a$；

（3）某地 7 月 10 日那天，会下雨；

（4）陨石跌落到地球表面，击毁房屋；

（5）医院内科门诊一小时接诊 10 名患者；

（6）某路口一天内发生两次交通事故；

（7）直线 $y=k(x+1)$ 经过点 $(-1,0)$；

（8）某人购买 5 注福利彩票,均未中奖。

2. 某射手在同一条件下进行射击,结果如表 10-4 所示：

表 10-4

射击次数 n	10	25	40	55	70	85	100	200
击中靶心次数 m	8	23	36	49	64	76	91	179
击中靶心频率 $\dfrac{m}{n}$								

（1）计算表中各个击中靶心的频率(精确到 0.01),填入表内；

（2）这个射手射击一次,击中靶心的概率是多少？

3. 甲、乙两队进行足球比赛,考察比赛的结果,记 M = "甲足球队不败"。写出基本事件空间和组成 M 的基本事件。

4. 从一副扑克牌中任取一张,求取得一张是"梅花"的概率是多少？

5. 一个口袋内装有 5 个白球和 3 个黑球,从中任意取出一只球,问：

（1）"取出的球是红球"是什么事件,它的概率是多少？

（2）"取出的球是黑球"是什么事件,它的概率是多少？

（3）"取出的球是白球或是黑球"是什么事件,它的概率是多少？

6. 判断下列每对事件中,哪些是互斥事件？ 如果是互斥事件,再判断它们是不是对立事件。从一堆产品中任取 2 件,其中：

（1）恰有 1 件次品和恰有 2 件次品；

（2）至少有一件次品和全是次品；

（3）不超过 1 件次品和 2 件都是次品；

（4）有次品和全是次品；

（5）有次品和全是正品。

7. 甲、乙两人下棋,甲获胜的概率为 30%,两人下成和棋的概率为 50%,那么甲不输的概率是多少？

8. 口袋内装有一些大小相同的红球、白球和黑球,从中摸出 1 个球,摸出红球的概率是 0.42,摸出白球的概率是 0.28,那么摸出黑球的概率是多少？

习题 10-2B

1. 填空题：

（1）在 1,2,3,4,5,6,7 七个数中任取一个数,则这个数是偶数的概率是_____。

（2）设袋内装有大小相同,颜色分别为红、白、黑的球共 100 个,其中,红色 45 个,从袋内任取 1 个球,若取出白色的概率为 0.23,则取出黑色的概率为_____。

（3）从 3 名女生和 2 名男生中选出两位参加比赛,选出的是一名女生和一名男生的概率是_____。

（4）袋中有 6 只乒乓球,其中 4 只是白球,2 只是黄球,先后从袋中无放回地取出两球,则取到的两球都是白球的概率是_____。

2. 选择题:

（1）甲、乙、丙三位同学计划用假期外出游览,约定每人从泰山、孔府这两处景点中任选一处,则甲、乙两位同学恰好选取同一处景点的概率是（　　）。

A. $\dfrac{2}{9}$　　　　B. $\dfrac{2}{3}$　　　　C. $\dfrac{1}{4}$　　　　D. $\dfrac{1}{2}$

（2）某射手击中目标的概率为 0.6,则两次射击恰有一次击中目标的概率为（　　）。

A. 0.12　　　　B. 0.36　　　　C. 0.64　　　　D. 1

（3）从一副完整的扑克牌任取一张,取到"方块"或"小王"的概率是（　　）。

A. $\dfrac{1}{26}$　　　　B. $\dfrac{15}{26}$　　　　C. $\dfrac{2}{9}$　　　　D. $\dfrac{7}{27}$

3. 有 10 瓶规格相同的生理盐水,其中 8 瓶是合格品,2 瓶是次品,现在要从这 10 瓶生理盐水中任意抽取 3 瓶:

事件 A:取出的 3 瓶中,至少有 1 瓶是合格品;

事件 B:取出的 3 瓶中,每一瓶都是次品;

事件 C:取出的 3 瓶中,有 1 瓶是合格品,2 瓶是次品;

事件 D:取出的 3 瓶中,有 2 瓶是合格品,1 瓶是次品;

事件 E:取出的 3 瓶中,每一瓶都是合格品。

试判断,事件 A、B、C、D、E 中,哪些是必然事件？哪些是不可能事件？哪些是随机事件？

4. 甲、乙两射手在同样条件下击中目标的概率分别为 0.6、0.7,则"至少有一人击中目标的概率 $P=0.6+0.7=1.3$"。这句话对不对？为什么？

5. 从数字 1,2,3,4,5 这五个数中,随机抽取两个不同的数,则这两个数的和为偶数的概率是多少？

6. 在 10 000 张有奖储蓄的奖券中,设有 1 个一等奖,5 个二等奖,10 个三等奖,从中买 1 张奖券,求

（1）分别获得一等奖、二等奖、三等奖的概率;

（2）中奖的概率。

7. 某学习小组有 3 位男同学和 2 位女同学,现通过随机抽签方式确定其中两位同学向全班同学介绍学习情况,求这两位同学中恰好有一位女同学的概率。

8. 三个运动员练习篮球投篮,每个运动员投进的概率都是 $\dfrac{1}{2}$,求

（1）三个人同时投进的概率;

（2）至少有两个人投进的概率。

第三节　总体、样本与抽样方法

案例

某市想对现高中学生的身高情况做一次调查,为了不影响正常教学活动,准备抽取 100 名学生作为调查对象。

请问:你能帮助设计一个抽取方案吗？

当我们考察一个对象的某一数值指标时,如果能得到它们的全部数据,我们就可以直接从数据中分析有关考察对象的各种信息。但实际上这样做往往是不可能或不允许的,一方面有些考察对象的数量太大,无法逐个试验,例如,某研究院为了调查我国成年国民阅读量,不可能把全国每个成年人调查到;另一方面,有些试验具有破坏性,不允许逐个进行测定,例如,要测定一批灯泡的使用寿命就不可能逐个测定。因此,需要抽取全部数据的一部分来估计考察对象全体的情况。

一、总体与样本

我们一般把所考察对象的某一数值指标的全体构成的集合,叫做**总体**。构成总体的每一个元素叫做**个体**。从总体中抽出若干个体所组成的集合叫做**样本**,样本中包含的个体的数目叫做**样本容量**。

上面问题中,现全体高中生的身高是考察对象的总体,其中每个高中生的身高是个体。通过 100 个学生的身高,来推测这批高中生的身高。抽查的样本是 100 个高中生的身高,其样本容量为 100。

例1 某灯泡厂为了研究灯泡的使用寿命,随机抽取 200 个灯泡做试验。请指出其中的总体、个体、样本及样本容量。

答: 该厂所有灯泡的使用寿命是总体,每个灯泡的使用寿命是个体,抽取的 200 个灯泡的使用寿命是样本,样本容量是 200。

二、抽样方法

用样本估计总体时,如何抽取样本,直接关系到对总体估计的准确程度。为了使样本能客观公正地反映总体,抽样时要保证每一个个体都可能被抽到,且每一个个体被抽到的机会是均等的,满足这样条件的抽样是**随机抽样**。

下面我们来介绍三种常用的随机抽样方法。

(一)简单随机抽样

简单随机抽样有两种选取个体的方法,放回和不放回。我们这里研究的是不放回抽样,也就是每次从总体中抽取元素后不再将这个元素放回总体。

我们先来看一个例子。从某医院 10 名专家中,抽取 4 名组成医疗救援小分队,我们采用抽签的方法,将医生按照某种顺序编号,写在小纸片上,将小纸片揉成小团,放到一个纸箱中,充分晃动后,再从中不放回地逐个抽出 4 个小纸团,最后根据抽取纸团的编号确定参加救援小分队人员。

从纸箱中不放回地依次抽取 4 个小纸团,每次抽取时,就纸箱中的每个纸团而言被取到的机会是均等的,所以每个小纸团都有可能性被抽到。也就是说,每次抽取时各个个体有相同的可能性被抽到。

一般地,从元素个数为 N 的总体中不放回地抽取容量 n 的样本,如果每一次抽取时总体中的各个个体有相同的可能性被抽到,这种抽样方法叫做**简单随机抽样**。这样抽取的样本,叫做**简单随机样本**。

最常用的简单随机抽样方法有两种:**抽签法**和**随机数表法**。

1. 抽签法

把总体中的 N 个个体编号,把号码写在号签上,将号签放在一个容器中,搅拌均匀后,每次从中抽取一个号签,连续抽取 n 次,就得到一个容量为 n 的样本。

一般地,用抽签法从容量为 N 的总体中抽取一个容量为 n 的样本的步骤如下:

（1）编号:对总体中 N 个个体进行编号。

（2）制签:将 $1-N$ 个编号写在大小、形状都相同的号签上。

（3）均匀搅拌:将写好的号签放入一个不透明的容器中,搅拌均匀。

（4）抽签:从容器中每次抽取一个号签,连续抽 n 次,并记录其编号。

（5）确定样本:从总体中找出与号签上的号码对应的个体,组成样本。

抽签法的优点是简单易行;缺点是,当总体的容量非常大时,费时、费力又不方便。况且,如果标号的纸片(或小球、竹签)搅拌得不均匀,可能导致抽样的不公平。此时,我们可采用另一种方法。

2. 随机数表法

随机数表由数字 $0,1,2,3,\cdots,9$ 这 10 个数字组成。并且每个数字在表中各个位置上出现的机会都是一样的。通过随机数生成器,例如使用计算器或计算机的应用程序生成随机数的功能,可以生成一张随机数表。通过随机数表,根据实际需要和方便使用的原则,将几个数组合成一组,如 5 个数一组,然后通过随机数表抽取样本。如随机数表

41571,38155,73903,53014,98720,79413,48628,50089,69882,27761,
63640,57931,72328,49195,17699,53666,08912,48395,32616,34905,
20236,29793,09063,99398,00620,79613,29901,92364,38659,64526,
91965,13529,98246,18957,97168,97299,68402,68378,89201,67871,
19048,00895,91770,95934,31491,01114,72529,39980,45750,14155,
51595,89983,82330,96809,41410,93877,92818,84275,45938,48490,
58934,35285,14684,35260,30009,18573,44253,64517,66128,14585,
31126,56349,82215,64687,84771,97114,93908,65570,33972,15539,
75649,86829,28720,57275,78379,70304,10695,15603,25678,60880,
07892,34373,25823,60086,33523,31238,95419,34708,75483,39773。

某医院要从 600 名医护人员中抽取 50 人参加义务植树。

用随机数表法抽取样本的步骤如下:

对 600 人进行编号,可编为 001,002,$\cdots$,600。给出的随机数表中是 5 个数一组,我们使用各个 5 位数组的前 3 位,任选一个小于或等于 600 的数作为起始数字。例如从第 1 行第 1 个数字开始,取出 415 作为样本中的第 1 个个体的代号;继续向右读数,得到 381 作为第 2 个个体的代号;继续向右读,前 3 位数不大于 600 且不与前面取出的数重复,我们就取出,否则就跳过不取,如此下去直到得出在 001~600 之间的 50 个三位数为

415,381,530,486,500,277,$\cdots$,572,106。

上面我们是从左到右读数,也可以用从上到下读数或其他有规则的读数方法。

知识拓展

如何灵活应用随机数表法?

当题中所给个体的编号不一致时,我们不便于直接从随机数表中读取号码,这时需要对号码作适当的调整,调整时可用如下方法,

（1）在位数少的数前添加"0"，凑齐位数，如：1，2，3，…，15 可调整为 01，02，03，…，15；

（2）把原来的号码加上 10 的倍数，如：1，2，3，…，15 每个数加 10 可调整为：11，12，13，…，25；

（3）把个体重新编号，按新编号抽取完以后，再对应找出原来的号码。

当个体的编号位数较多，如个体的编号为四位时，我们只要从随机数表中的某一数字开始，每次连续取四位数即可得到四位的编号。同样，要在随机数表中读取五位数，只要每次连续取五位数即可。

目前，计算器和许多计算机数学软件都能很方便地生成随机数序列，大家可使用它们抽取随机样本。

如 CASIO*fx*-82*ES PLUS* 函数型计算器，利用 ⚫ 键的第二功能产生随机数。操作方法是：首先设置精确度并将计算器设置为小数状态，依次按键 SHIFT → MODE → 2，然后依次按键 SHIFT → RAN# ，以后每按一次 = 键，就能随机得到 0~1 之间的纯小数。

用随机数表法抽取样本的步骤如下：

（1）编号：将总体中的每个个体进行编号。

（2）选定初始值（数）：为保证所选数字的随机性，面对随机数表之前就指出开始数字的纵横位置。

（3）选号：从选定的数字开始按照一定的方向读下去，得到的号码若不在编号中或已被选用，则跳过，直到选满 n 个号码为止。

（4）确定样本：从总体中找出与按步骤（3）选出的号码对应的个体，组成样本。

随机数表法的优点是简单易行，它很好地解决了当总体中的个体数较多时，用抽签法制签难的问题；缺点是当总体中的个体数很多，需要的样本容量也很大时，仍不方便。

例 2　有 50 件产品，标号为 01 至 50，试利用随机数从中随机抽取 10 件进行质量检验。

解：将计算器的精确度设为 0.01。取小数点后面的两位数作为抽取的标号，如果超过 50 就舍去，重复的也舍去。这样，用计算器得到随机数

0.08，0.03，0.75，0.53，0.13，0.10，0.44，0.78，

0.12，0.79，0.38，0.78，0.74，0.97，0.19，0.90，

0.87，0.21，0.53，0.50。

所以抽到的产品的标号是

$$08，03，13，10，44，12，38，19，21，50。$$

（二）系统抽样

在抽样中，当总体元素个数很大时，可将总体分成均衡的若干部分，然后按照预先制定的规则，从每一部分抽取一个个体，得到所需要的样本，这种抽样方法叫做**系统抽样**。

由于抽样的间隔相等，因此系统抽样也被称做**等距抽样**。

从容量为 N 的总体中，用系统抽样抽取容量为 n 的样本，按照下面的步骤进行：

（1）编号：先将总体中的 N 个个体编号。

（2）分段：确定分段间隔 k，对编号进行分段，当 $\dfrac{N}{n}$（n 是样本容量）是整数时，取 $k=\dfrac{N}{n}$。

（3）在第一段用简单随机抽样确定第一个个体的编号 $l(l \leqslant k)$。

（4）按照一定的规则抽取样本，通常是将 l 加上间隔 k 得到第 2 个个体的编号 $l+k$，再加 k 得到第 3 个个体编号 $l+2k$，依次进行下去，直到获取容量为 n 的样本。

例 3 一次报告会共有听众 1200 名，会后要抽取 60 名观众进行座谈，请用系统抽样法写出抽样方案。

解：（1）将 1200 名听众随机编号，号码为 0001,0002,…,1200；

（2）确定分段间隔 $k = \dfrac{1200}{60} = 20$，将总体分成 60 段，每段 20 名听众；

（3）在第一段中，利用抽签法抽取一个号码 l；

（4）从第 l 号起，每隔 20 个号码抽取一个，顺序地抽取到编号分别为下列数字的 60 名听众：

$$l, l-20, l+40, l+60 \cdots l+1180。$$

（三）分层抽样

当总体由差别明显的几部分组成时，为了更好地反映总体的情况，将总体中各个个体按某种特征分成若干个互不重叠的几部分，每一部分叫做层，在各层中按层在总体中所占比例进行简单随机抽样或系统抽样，这种抽样方法叫做**分层抽样**。

分层抽样的步骤如下：

（1）将总体按一定标准分层。

（2）计算各层的个体数与总体的个体数的比。

（3）按各层的个体数与总体的个体数的比来确定各层应抽取的样本容量。

（4）在每一层进行简单随机抽样或系统抽样。

（5）汇合成样本。

例 4 某中职校在校生 2600 人，其中一年级学生 800 人，二年级学生 700 人，三年级学生 600 人，四年级学生 500 人，如果想通过抽查其中的 130 人来调查学生的消费情况，考虑到不同年级学生消费有明显的差异，应采用怎样的抽样方法？

分析上述问题，由题意得知，四个年级学生消费差异明显，故应采取分层抽样。

解：因为四个年级学生比为 $800 : 700 : 600 : 500 = 8 : 7 : 6 : 5$，

所以将 130 分成 $8 : 7 : 6 : 5$ 四部分。

设四个年级抽取的个体数分别为 $8x, 7x, 6x, 5x$，

由 $8x+7x+6x+5x=130$ 解得

$$x = 5，$$

所以四个年级分别应抽取 40 人、35 人、30 人、25 人。

各年级抽取的人数确定后，可以采取简单随机抽样或系统抽样的方法抽取样本。将各年级中抽取的个体合在一起，就组成了样本容量为 130 的样本。

答：应采取分层抽样法，四个年级分别应抽取 40 人、35 人、30 人、25 人组成样本。

习题 10-3A

1. 某校有 600 名护理专业应届毕业生参加护士执业资格考试，为了解这些考生的成绩，随机抽取 50 名考生的模拟成绩进行统计分析，请指出其中的总体、个体、样本和样本容量。

2. 每年 4 月 23 日是"世界读书日"，为了了解某校三年级 500 名学生对"世界读书日"的知晓情况，从中随机抽取了 50 名学生进行调查，请指出其中的总体、个体、样本和样本容量。

3. 有一车西瓜共 50 个,想从中选出 3 个检验是否成熟。请你用抽签法完成,写出抽样过程。

4. 为了检验某种产品的质量,决定从 200 件产品中抽取 10 件进行检查。请选择合适的方法进行抽取,写出过程。

5. 下面的数表是随机数表的一部分,

8735209643,1622779439,1737932378,4954435482,
8442175331,8426349164,7704744767,5724550688,
8392120676,2196335025,6301637859,1695556719,
4439523879,0810507175,1286735807,3321123429,
9966927954,5242074438,7864560782,1551001342,
9047279654,4917460963,5760863244,9052847727。

(1) 请利用上表随机抽取 10 个小于 50 的随机数;
(2) 请利用上表随机抽取 15 个小于 80 的随机数。

习题 10-3B

1. 一个地区 5 个乡镇,共有 3 万人口,其中各乡镇人口比例为 3∶2∶5∶2∶3,想从这 3 万人中抽取一个容量为 300 的样本,来分析某种疾病的发病率。已知这种疾病与不同的地理位置及水土有关,问应采取什么样的方法? 并写出具体过程。

2. 设计一个抽样方案,调查学校学生对老师授课的满意率。

第四节 用样本估计总体

案例

调查某职校三年级学生的身高,随机抽取 40 名学生,实测身高数据(单位:cm)如下:

171,163,163,166,166,168,168,160,168,165,
171,169,167,169,151,168,170,168,160,174,
165,168,174,159,167,156,157,164,169,180,
176,157,162,161,158,164,163,163,167,161。

请问:1. 你能对以上数据进行整理并列出频率分布表吗?
　　　2. 你能通过分析推测出三年级学生的总体身高情况吗?

在日常学习、工作中,我们常常需要利用统计的方法对数据进行整理和分析。从一个总体得到一个包含大量数据的样本时,我们很难从一个个数字中直接看出样本所包含的信息。如果把这些数据形成频数分布或频率分布,就可以比较清楚地看出样本数据的特征,从而估计总体的分布情况。列频率分布表,画频率分布直方图便是对数据进行加工整理的两种基本方法。

一、用样本的频率分布估计总体

(一)频数、频率及频率分布表

1. 频数与频率

将一批数据按要求分成若干组,各组内数据的个数,叫做该组的**频数**。每组频数与全体数据个数之比叫做**频率**。频率表示该组数据在样本中所占比例的大小。

2. 样本的频率分布及频率分布表

根据随机抽取的样本的大小，分别计算某一事件出现的频率，这些频率的分布规律（取值状况），就叫做**样本的频率分布**。为了能直观地显示样本的频率分布情况，通常将样本的容量、样本中出现该事件的频数以及计算所得的相应频率列在一张表中，这张表叫做**样本频率分布表**。

分析本节案例中样本的数据。其最小值是 151，最大值是 180，它们的差是

$$180-151=29(\text{cm})，$$

取组距为 3cm，将数据分为 10 组。

注意：确定分点时，一般使分点比数据多一位小数，并且把第一点的下限略去，或把第一小组的起点稍微减小一点。目的是使样本数据落在每一个小组内部。如表 10-5 中分组 $[150.5,153.5)$ 等。

列出频数分布表如下表 10-5：

表 10-5

分组	频数累计	频数
$[150.5,153.5)$	一	1
$[153.5,156.5)$	一	1
$[156.5,159.5)$	正	4
$[159.5,162.5)$	正	5
$[162.5,165.5)$	正下	8
$[165.5,168.5)$	正正一	11
$[168.5,171.5)$	正一	6
$[171.5,174.5)$	下	2
$[174.5,177.5)$	一	1
$[177.5,180.5)$	一	1
合计	40	40

计算上面频数分布表中各组的频率，得到频率分布表如下（表 10-6）：

表 10-6

分组	频数	频率
$[150.5,153.5)$	1	0.025
$[153.5,156.5)$	1	0.025
$[156.5,159.5)$	4	0.100
$[159.5,162.5)$	5	0.125
$[162.5,165.5)$	8	0.200
$[165.5,168.5)$	11	0.275
$[168.5,171.5)$	6	0.150
$[171.5,174.5)$	2	0.050
$[174.5,177.5)$	1	0.025
$[177.5,180.5)$	1	0.025
合计	40	1.000

频率分布表可以清楚地反映数据的分布规律,频率分布直方图可以将频率分布表中反映出来的规律直观、形象地表示出来。

绘频率分布直方图,如图 10-3。

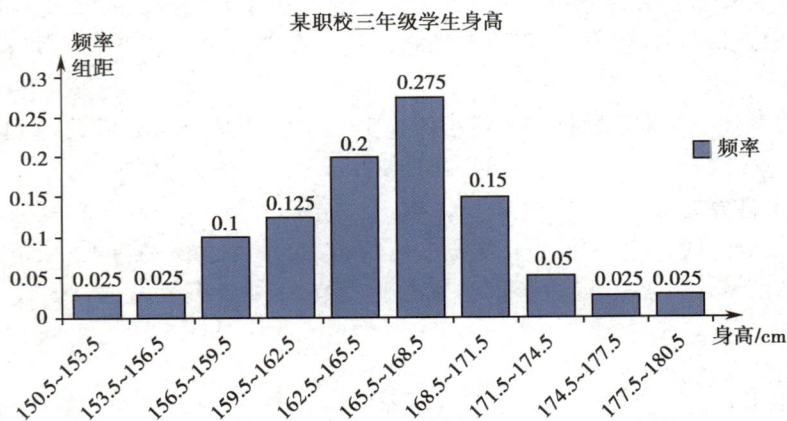

图 10-3

频率分布直方图的横轴表示身高分组情况,以组距为单位,纵轴表示频率与组距的比值。

由图 10-3 显示,身高 165~168cm 的人数最多,其频率等于该矩形的面积,即 $0.275 \approx \frac{1}{4}$。

根据样本的数据,可以推测,某职校三年级学生的身高情况:约 $\frac{1}{4}$ 学生身高为 165~168cm。

频率分布直方图可以直观地反映样本数据的分布情况。由此可以推断和估计总体中某事件发生的概率。

知识拓展

频率分布折线图:

顺次连接频率分布直方图中各小长方形上边的中点,就得到频率分布折线图。如图 10-4,

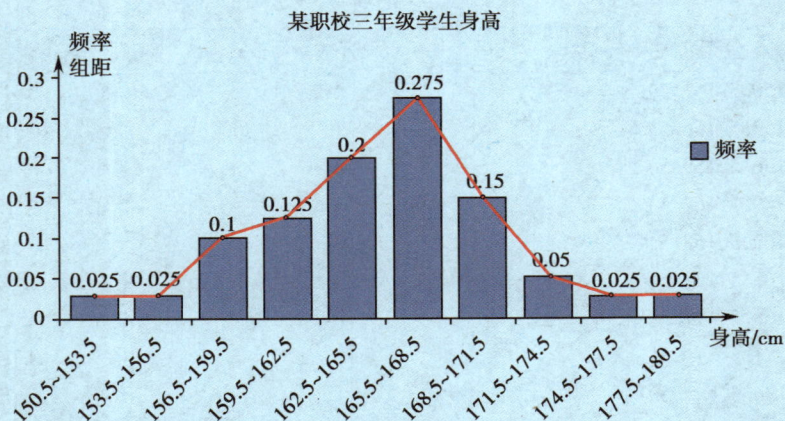

图 10-4

频率分布折线图也是用一个单位长度表示一定的数量。它是根据数量的多少在图中描出各个点,然后把各点用线段顺次连接成的折线。因此,它不但可以表示出数量的多少,而且能够以折线的起伏,清楚而直观地表示出数量增减的变化情况,反映数据的变化趋势。

(二)用样本的频率分布估计总体

具体步骤如下:

(1)选择恰当的抽样方法得到样本数据。

(2)计算数据最大值和最小值、确定组距和组数,确定分点并列出频率分布表。

(3)绘制频率分布直方图。

(4)观察频率分布表与频率分布直方图,根据样本的频率分布,估计总体中某事件发生的概率。

二、用样本均值、标准差估计总体

除通过分析样本数据,作出频率分布表与频率分布直方图,估计总体某事件发生的概率外,还可利用样本均值、标准差来估计总体。

(一)用样本的平均数估计总体平均数

在一组数据中,出现次数最多的那个数据叫这组数据的**众数**。将一组数据按大小顺序依次排列,把处在最中间位置的一个数据或最中间两个数据的平均值叫这组数据的**中位数**。

例如,1.5,1.5,1.6,1.65,1.7,1.7,1.75,1.8 的中位数是 $\frac{1}{2}(1.65+1.7)$ 即 1.675,众数是 1.5 和 1.7。

如果有 n 个数 $x_1, x_2 \cdots\cdots x_n$,那么

$$\bar{x} = \frac{1}{n}(x_1 + x_2 + \cdots + x_n)$$

叫做这 n 个数的**平均数或均值**,$\bar{x}$ 读作"x 拔"。均值反映出这组数据的平均水平。

众数、中位数与平均数都是描述一组数据击中趋势的量,平均数是最重要的量。

例如,某班 6 名学生代表班级参加学校专业技能竞赛,成绩分别为

$$89, 79, 78, 81, 88, 71,$$

则这 6 名学生本次竞赛的平均成绩为

$$\bar{x} = \frac{89+79+78+81+88+71}{6} = 81。$$

平均数描述了数据的平均水平,定量地反映了数据的集中趋势所处的水平。在统计时,样本的均值可反映出样本的平均水平。我们可以用样本的均值来估计总体的平均水平。

例 1 从社区卫生院抽取 10 名护士的 5 月份工资收入数据为 840,1830,1500,1650,1200,2050,1700,1410,1300,1620,估计该社区护士的平均工资。

解:$\bar{x} = \dfrac{840+1830+1500+1650+1200+2050+1700+1410+1300+1620}{10} = 1510。$

由此,可估计该社区护士月平均工资为 1510 元。

一般来讲,月平均工资可以用来与同类单位的工资待遇作比较,月平均工资水平是应聘者首要考虑的重要因素。

例2 某良种培育基地正在培育一种小麦新品种 A,将其与原有的一个优良品种 B 进行对照试验,两种小麦各种植了 15 亩,所得亩产量数据(单位:kg)如下:

品种 A:392,399,400,407,412,414,415,421,423,423,427,430,430,434,443。

品种 B:395,397,397,399,401,401,403,405,406,410,412,413,415,421,430。

根据产量统计数据,你觉得推广哪个品种更合适呢?

解:将两种小麦产量作为样本,对两个品种的产量水平进行估计。分别计算数据的平均值,得

$$\overline{x}_A = \frac{1}{15}(392+399+400+407+412+414+415+421+423+423+427+430+430+434+443) = 418,$$

$$\overline{x}_B = \frac{1}{15}(395+397+397+399+401+401+403+405+406+410+412+413+415+421+430) = 407,$$

$$\overline{x}_A > \overline{x}_B。$$

由此估计,品种 A 的产量平均水平高于品种 B,所以应选择推广种植品种 A。

(二)用样本标准差估计总体

方差是各个数据与平均数差的平方的平均数,即

$$s^2 = \frac{1}{n}\left[(x_1-\overline{x})^2+(x_2-\overline{x})^2+\cdots+(x_n-\overline{x})^2\right]$$

其中 $\overline{x}$ 是 $x_1,x_2\cdots\cdots x_n$ 的平均数,s^2 是**方差**。

例3 在全运会上两名射击运动员甲、乙在比赛中成绩如表 10-7 所示:

表 10-7

成绩序号	1	2	3	4	5	6	7	8	9	10
选手甲成绩	9.4	8.7	7.5	8.4	10.1	10.5	10.6	7.2	7.8	10.8
选手乙成绩	9.0	8.6	7.1	9.8	9.6	8.4	10.1	9.2	10.1	9.1

比较两名选手成绩,你认为两个选手哪名成绩较好些?

上述问题,首先将这次成绩作为样本,分别计算均值,得

$$\overline{x}_甲 = \frac{1}{10}(9.4+8.7+7.5+8.4+10.1+10.5+10.6+7.2+7.8+10.8) = 9.1。$$

$$\overline{x}_乙 = \frac{1}{10}(9.0+8.6+7.1+9.8+9.6+8.4+10.1+9.2+10.1+9.1) = 9.1。$$

两名选手的平均成绩相同,也就是均值相同。

我们再来比较两个选手的成绩对于平均成绩的偏离程度。偏离程度越大,说明其成绩波动越大,两极分化;偏离程度越小,说明其成绩波动越小,水平均衡稳定。

我们用偏差平方的均值来描述这种偏离程度。

如果样本由 n 个数 $x_1,x_2\cdots\cdots x_n$ 组成,那么样本的方差为

$$s^2 = \frac{1}{n}\left[(x_1-\overline{x})^2+(x_2-\overline{x})^2+\cdots+(x_n-\overline{x})^2\right]。$$

分别计算两个选手成绩的方差,得

$$s^2_{甲}=\frac{1}{n}\left[(9.4-9.1)^2+(8.7-9.1)^2+\cdots+(10.8-9.1)^2\right]=16.7,$$

$$s^2_{乙}=\frac{1}{n}\left[(9.0-9.1)^2+(8.6-9.1)^2+\cdots+(9.1-9.1)^2\right]=0.75,$$

$$S^2_{甲}>S^2_{乙}。$$

说明甲运动员成绩的波动大于乙运动员成绩的波动，所以，我们估计乙运动员的成绩更加稳定。

由于样本方差的单位是数据的单位的平方，使用起来不方便。因此，人们常使用它的算数平方根来表示个体与样本均值之间的偏离度，叫做**样本标准差**。即

$$s=\sqrt{\frac{1}{n}\left[(x_1-\bar{x})^2+(x_2-\bar{x})^2+\cdots+(x_n-\bar{x})^2\right]}$$

样本方差（标准差）反映了样本的波动情况，故我们可以用样本的方差（标准差）来估计总体的波动性。

计算样本的方差（或标准差）一般是很麻烦的，可以使用计算器或计算机软件完成计算。下面通过实例来说明。

例4 求由数据220.1，217.3，218.1，219.4，221.5，所组成的均值、方差、标准差（精确到0.01）。

解：采用函数型计算器（这里是用CASIO*fx*-82ES PLUS型计算器）计算样本均值、样本方差和样本标准差的步骤如下：

（1）设置统计计算状态（STAT）

操作：按一次$\boxed{\text{MODE}}$，显示$\boxed{\text{1：COMP 2：STAT 3：TABLE}}$，表示进入计算状态选项，按$\boxed{2}$进入统计计算状态。

（2）输入数据

操作：在统计计算状态下，按键$\boxed{1}$进入单个变量输入数据状态，依次输入各个数据，每输入一个数据后，都要按键$\boxed{=}$；输入最后一个数据221.5按键$\boxed{=}$后再按键$\boxed{\text{AC}}$。

（3）显示计算结果

1）依次按键$\boxed{\text{SHIFT}}\to\boxed{1}$，然后按键$\boxed{4}$，最后依次按键$\boxed{1}\to\boxed{=}$，显示样本容量为：$n=5$。

2）依次按键$\boxed{\text{SHIFT}}\to\boxed{1}$，然后按键$\boxed{4}$，最后依次按键$\boxed{2}\to\boxed{=}$，显示样本均值为：$\bar{x}=219.28$。

3）依次按键$\boxed{\text{SHIFT}}\to\boxed{1}$，然后按键$\boxed{4}$，最后依次按键$\boxed{4}\to\boxed{=}$，显示样本标准差为：$s=1.65$。

4）在显示样本标准差的基础上，依次按键$\boxed{x^2}$、$\boxed{=}$，4，显示样本方差为：$s^2=2.73$。

考点链接

求频率、样本均值、样本方差是高职升学考试的考点之一。

例如 1. CCTV青年歌手电视大奖赛上某一位选手的部分得分为84，84，84，86，87，91，93，求该歌手得分样本均值。

分析 此题的考察知识点为样本均值，根据样本均值定义，该歌手得分样本均值为

$\dfrac{1}{7}(84+84+84+86+87+91+93)=87$。

【答案：87】

2. 为了了解某中学男生身体发育情况，对随机抽取的 100 名男生的身高进行了测量（结果精确到 1cm），并绘制了如图所示的频率分布直方图（图 10-5），由图可知男生超过 172cm 的频率是。

分析　此题考察的知识点为频率直方图的几何意义，频率 $=\dfrac{频率}{组数}\times$组数，$P(A)=$ $0.06\times4+0.03\times4=0.36$。

【答案：0.36】

3. 一组数据 $2,3,a,5,6$ 的平均数是 4，求这组数据的方差。

分析　此题考察的知识点为平均数及方差的概念。首先通过平均数求出 $a=4$，再根据方差 $s^2=\dfrac{1}{n}\big[(x_1-\overline{x})^2+(x_2-\overline{x})^2+\cdots+(x_n-\overline{x})^2\big]$ 求值。

【答案：2】

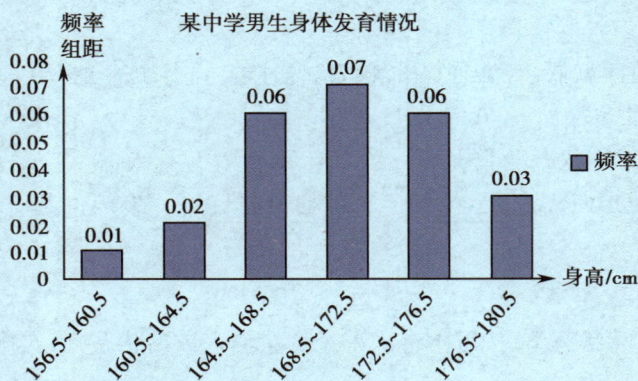

图 10-5

习题 10-4A

1. 抽查 100 袋洗衣粉，测得它们的质量（单位：g）如下：

494,498,493,505,496,492,485,483,508,511,
495,494,483,485,511,493,505,488,501,491,
493,509,509,512,484,509,510,495,497,498,
504,498,483,510,503,497,502,511,497,500,
493,509,510,493,491,497,515,503,515,518,
510,514,509,499,493,499,509,492,505,489,
494,501,509,498,502,500,508,491,509,509,
499,495,493,509,496,509,505,499,486,491,
496,499,508,485,498,496,495,496,505,444,
499,505,496,501,510,496,487,511,501,503。

（1）列出样本的频率分布表；

（2）画出频率分布直方图。

2. 求 $9.4,9.4,9.6,9.4,9.7$ 这组数的平均数和方差。

3. 甲、乙两机床同时加工直径为 100mm 的零件，为检验质量，各从中抽取 6 件，测量数据（单位：mm）为：

甲：$99,100,98,100,100,103$；

乙：$99,100,102,99,100,100$。

（1）分别计算两组数据的平均数及方差；

（2）根据计算结果判断哪台机床加工零件的质量更稳定。

习题 10-4B

1. 选择题：

（1）七位顾客对某商品的满意度（满意为 10 分）打出的分数为 $8,5,7,6,9,8,6$ 去掉一个最高分和最低分，所剩数据的平均值为（   ）。

A. 6　　　　　　B. 7　　　　　　C. 8　　　　　　D. 9

（2）今年一季度在某妇幼医院出生的男、女婴人数统计表 10-8（单位：人）

表 10-8

性别	一月	二月	三月	总计
男婴	22	19	23	64
女婴	18	20	21	59

则今年第一季度该医院男婴的出生频率是（   ）。

A. $\frac{44}{123}$　　　　B. $\frac{40}{123}$　　　　C. $\frac{59}{123}$　　　　D. $\frac{64}{123}$

（3）容量为 20 的样本数据分组后的频数分布如下：

分组：$[10,20),[20,30),[30,40),[50,60),[60,70)$；

频数：2，　　　3，　　　4，　　　5，　　　6。

则样本数据落在区间 $[10,40)$ 的频率为（   ）。

A. 0.35　　　　B. 0.45　　　　C. 0.55　　　　D. 0.67

（4）一个容量为 n 的样本分成若干组，若其中一组的频数和频率分别是 40 和 0.25，则 $n=$（   ）。

A. 10　　　　　B. 40　　　　　C. 100　　　　　D. 160

2. 为了比较 A、B 两种治疗失眠症的药物的疗效，随机地选取 20 位患者服用 A 药，随机地选取 20 位患者服用 B 药，这 40 位患者服用一段时间后，记录他们日平均增加的睡眠时间（单位：h），试验的观测结果如下：

服用 A 药的 20 位患者日平均增加睡眠时间为：

$$0.6,1.2,2.7,1.5,2.8,1.8,2.2,2.3,3.2,3.5,$$
$$2.5,2.6,1.2,2.7,1.5,2.9,3.0,3.1,2.3,2.4。$$

服用 B 药的 20 位患者日平均增加睡眠时间为：

$$3.2,1.7,1.9,0.8,0.9,2.4,1.2,2.6,1.3,1.4,$$
$$1.6,0.5,1.8,0.6,2.1,1.1,2.5,1.2,2.7,0.5。$$

分别计算两组数据的平均数,从计算结果看,哪种药的疗效更好?

3. 甲、乙两人数学成绩分别为

$$甲:65,71,75,76,81,86,88,89,91,94,95,107,110;$$

$$乙:65,72,79,83,86,88,93,98,98,99,101,103,114。$$

（1）求出这两名同学的数学成绩的平均数、标准差(结果精确到,0.1);

（2）比较两名同学的成绩,谈谈你的看法。

4. 某校甲、乙两个班级各有 5 名编号为 1,2,3,4,5 的学生进行投篮练习,每人投 10 次,投中的次数如表 10-9:

表 10-9

学生	1号	2号	3号	4号	5号
甲班	6	7	7	8	7
乙班	6	7	6	7	9

你认为成绩较好是哪一个班。

第五节　一元线性回归

案例

在中学校园里,有这样一种说法,"如果你的数学成绩好,那么你的物理学习就不会有什么大问题。"按照这种说法,似乎学生的物理成绩与数学成绩之间存在着某种关系,我们把数学成绩和物理成绩看成是两个变量。

请问:这两个变量之间的关系是函数关系吗?

我们不能仅根据一个人的数学成绩准确地断定其物理成绩,但这两个变量是有一定关系的,它们之间是一种不确定性的关系。学习兴趣、学习时间、教学水平等,也是影响物理成绩的一些因素。

变量之间的这种非确定性的相互依存的关系,叫做**相关关系**。它的特点是,当一个变量或 n 个变量的值确定后,另一个变量的值虽然与它(或它们)有着密切的关系,但却无法完全确定。

通过大量的观测数据,我们可以发现相关关系的变量之间存在着一定的统计规律性。应用统计方法,寻求一个数学公式来描述变量间的相关关系所进行的统计分析叫**回归分析**。

例　要分析学生初中升学的数学成绩对高一年级数学学习有什么影响,在高一年级学生中随机抽取 10 名学生,分析他们入学的数学成绩和高一年级期末数学考试成绩,如下数表所示:

$$x:63,67,45,88,81,71,52,99,58,76;$$

$$y:65,78,52,82,82,89,73,98,56,75。$$

表中 x 是学生入学数学成绩,y 是指高一年级期末考试数学成绩。为了探求两者之间的关系,我们以 x 的取值为横坐标,以 y 相应的取值作为纵坐标,将样本中有序实数对 $(x_i,y_i)(i=1,2,\cdots,10)$ 描在直角坐标系中(如图 10-6),这样的图形叫做**散点图**。

表面上散点图中的这些点杂乱无章,但图中点的分布从整体上看大致在一条直线附近,

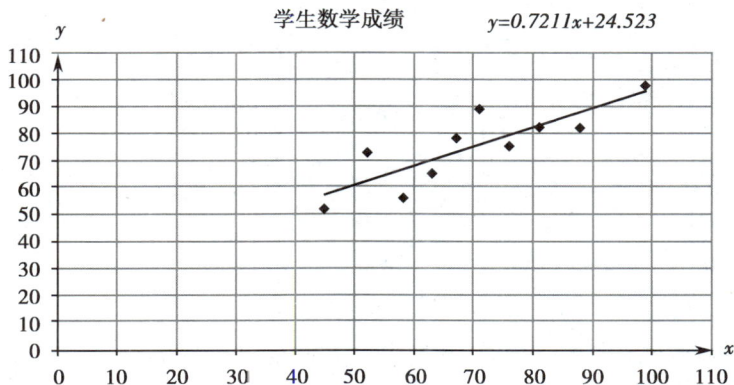

图 10-6

我们就称这两个变量之间具有线性相关关系,我们希望找到一条直线,使这条直线"最贴近"已知的数据点,使它最好地反映 x 与 y 之间的关系,我们把这条直线叫做**回归直线**。

记此直线方程为

$$\hat{y} = \hat{a} + \hat{b}x。$$

这个方程叫做 y 关于 x 的**一元线性回归方程**,它的图形叫做**回归直线**,$\hat{b}$叫做**回归系数**。

要确定回归直线,只要确定$\hat{a}$和回归系数$\hat{b}$。

一般地,$\hat{a}$,$\hat{b}$满足公式

$$\hat{b} = \frac{\sum_{i=1}^{n} x_i y_i - n\overline{x}\,\overline{y}}{\sum_{i=1}^{n} x_i^2 - n\overline{x}^2}$$

$$\hat{a} = \overline{y} - b\overline{x}。$$

下面利用公式来求题中高一级期末数学考试 y 对学生入学成绩 x 的回归直线方程。先把数据列表(表 10-10),

表 10-10

i	x_i	y_i	x_i^2	y_i^2	$x_i y_i$
1	63	65	3969	4225	4095
2	67	78	4489	6084	5226
3	45	52	2025	2704	2340
4	88	82	7744	6724	7216
5	81	82	6561	6724	6642
6	71	89	5041	7921	6319
7	52	73	2704	5329	3796
8	99	98	9801	9604	9702
9	58	56	3364	3136	3248
10	76	75	5776	5625	5700

271

可求得 $\bar{x}=\dfrac{1}{10}(63+67+\cdots+76)=70$，

$$\bar{y}=\dfrac{1}{10}(65+78+\cdots+75)=75，$$

$$\hat{b}=\dfrac{54\,284-10\times70\times75}{51\,474-10\times70^2}\approx0.721，$$

所以 $\hat{a}\approx75-0.721\times70=24.53$。

所求的回归直线方程为 $\hat{y}=0.721x+24.53$。

另外，可以利用计算器由表 10-10 数据求出 $\hat{a}$ 和 $\hat{b}$，具体步骤如下：

1. 设置统计计算状态（STAT）

操作：按一次 $\boxed{\text{MODE}}$，会显示 $\boxed{1:\text{COMP}\ 2:\text{STAT}\ 3:\text{TABLE}}$，表示进入计算状态选项，按 $\boxed{2}$ 进入统计计算模块。

2. 输入数据

操作：在上一步的基础上，键入 $\boxed{2}$ 进入线性回归计算（$A+Bx$）指令，依次输入数值，即 $63\to\boxed{=}\to67\to\boxed{=}\to45\to\boxed{=}\to88\to\boxed{=}\to81\to\boxed{=}\to71\to\boxed{=}\to52\to\boxed{=}\to99\to\boxed{=}\to58\to\boxed{=}\to76\to\boxed{=}$，然后用中间光标键把输入位置移到 y 下的第一位置，依次输入数值，即 $65\to\boxed{=}\to78\to\boxed{=}\to52\to\boxed{=}\to82\to\boxed{=}\to82\to\boxed{=}\to89\to\boxed{=}\to73\to\boxed{=}\to98\to\boxed{=}\to56\to\boxed{=}\to75\to\boxed{AC}$。在输入中注意 x 的量和 y 的量要对应起来。

3. 显示计算结果

（1）按键 $\boxed{\text{SHIFT}}\to\boxed{1}$，然后按键 $\boxed{5}$，最后依次按键 $\boxed{1}\to\boxed{=}$，显示回归系数：$A=0.721$。

（2）按键 $\boxed{\text{SHIFT}}\to\boxed{1}$，然后按键 $\boxed{5}$，最后依次按键 $\boxed{2}\to\boxed{=}$，显示回归系数：$B=24.53$。

因此，学生入学数学成绩与高一年级期末考试数学成绩的关系的回归直线方程为 $\hat{y}=0.721x+24.53$。

知识拓展

　　在科学研究中，常常要分析两个变量之间的关系。如在医学上，有关人的年龄与血压、体温与脉搏、身高与体重、药物剂量与疗效、传染病的易感率与发病率等之间相互关系的研究。

　　根据观察或实验所测得的两个变量的一些对应的数值，叫做实验原始数据；由实验原始数据画出的曲线，叫做经验曲线；根据实验原始数据和经验曲线建立的变量间函数关系的近似表达式，叫做经验公式。

　　如果经验曲线近似像一条直线，那么，它的经验公式可以用 $y=a+bx$ 形式表示，我们把它叫做直线型经验公式。在统计学中叫做回归直线。回归直线在医学统计学和卫生统计学的健康调查、疾病预测、药效统计、前瞻性估计等方面，都有广泛的应用。

习题 10-5A

为了解儿子身高与其父亲身高的关系，随机抽取 5 对父子的身高数据如下：

父亲身高 x(cm):174,176,176,176,178;

儿子身高 y(cm):175,175,176,177,177。

（1）画出散点图；

（2）求 y 对 x 的线性回归方程。

习题 10-5B

从某新生儿 1 个月开始,每月测量他的体重,得原始身高数据如下:

x(月):1, 2, 3, 4, 5, 6, 7;

y(kg):3.5,4.2,5.0,5.8,6.5,7.2,8.0。

根据这些数据,求关于 y 对 x 的线性回归方程(精确到 0.001)。

本章小结

　　概率是研究随机现象规律的学科,它为人们认识客观世界提供了重要的思维模式和解决问题的方法,同时为统计学的发展提供了理论基础。

　　计数原理为概率计算奠定了基础。分类计数原理要注意分类的全面性及"类"与"类"之间的独立性和等效性;分步计数原理要注意"步"与"步"之间的连续性。

　　概率的计算主要掌握古典概型公式 $P(A)=\dfrac{m}{n}$ 和互斥事件概率加法公式 $P(A+B)=P(A)+P(B)$。利用古典概型的公式应明确是否满足古典概型的特点,关键是求基本事件总数 n 及事件 A 包含的基本事件个数 m。互斥事件的概率计算要正确理解互斥事件及对立事件的含义。

　　统计学根据样本对总体做出推断。用抽样方法(简单抽样、系统抽样、分层抽样)以及根据样本的频率分布及平均值 $\bar{x}=\dfrac{1}{n}(x_1+x_2+\cdots+x_n)$、方差 $s^2=\dfrac{1}{n}\left[(x_1-\bar{x})^2+(x_2-\bar{x})^2+\cdots+(x_n-\bar{x})^2\right]$ 来估计总体分布是重点内容。

（张守芬）

目标测试

A 组

1. 选择题:

（1）在所有的两位数中取一个数,能被 2 或 3 整除的概率是(　　)。

　　A. $\dfrac{5}{6}$　　　　B. $\dfrac{4}{5}$　　　　C. $\dfrac{3}{4}$　　　　D. $\dfrac{2}{3}$

（2）从一篮鸡蛋中取 1 个,如果其重量小于 30 克的概率是 0.30,那么重量不小于 30 克的概率是(　　)。

　　A. 0.30　　　　B. 0.50　　　　C. 0.80　　　　D. 0.70

（3）有样本 x_1,x_2,x_3,x_4,x_5,若 x_1,x_2,x_3 的均值为 80,x_4,x_5 均值为 90,则 x_1,x_2,x_3,x_4,x_5 的均值为(　　)。

　　A. 80　　　　B. 84　　　　C. 85　　　　D. 90

（4）在袋中有编号依次为 1,2,3,4,5,6,7,8,9,10 的 10 个小球,现从袋中随机摸取一个小球,则摸得的小球编号是 3 的倍数的概率是(　　)。

A. $\dfrac{1}{2}$ 　　　　　 B. $\dfrac{1}{3}$ 　　　　　 C. $\dfrac{3}{10}$ 　　　　　 D. $\dfrac{3}{8}$

（5）抛掷一颗均匀的骰子,出现的点数不超过 4 的概率是(　　)。

A. $\dfrac{1}{6}$ 　　　　　 B. $\dfrac{1}{3}$ 　　　　　 C. $\dfrac{1}{2}$ 　　　　　 D. $\dfrac{2}{3}$

（6）从 1,2,3,4,5,6 这 6 个数中,任取两个数字,恰有一个偶数的概率是(　　)。

A. 0 　　　　　 B. 0.8 　　　　　 C. 0.6 　　　　　 D. 0.2

（7）容量为 20 的样本数据分组后的频数分布如下:

分组:[10,20),[20,30),[30,40),[50,60),[60,70);

频数:2,　　　　3,　　　　4,　　　　5,　　　　6。

则样本数据落在区间 [10,40) 的频率为(　　)。

A. 0.35 　　　　　 B. 0.45 　　　　　 C. 0.55 　　　　　 D. 0.67

（8）甲班和乙班各有两名男羽毛球运动员,从这四人中任意选取两人配对参加双打比赛,则两名运动员来自不同班的概率是(　　)。

A. $\dfrac{1}{3}$ 　　　　　 B. $\dfrac{1}{2}$ 　　　　　 C. $\dfrac{2}{3}$ 　　　　　 D. $\dfrac{4}{3}$

（9）为了了解 400 名听众对专家讲座的意见,打算从中抽取 25 名观众座谈,考虑采用系统抽样,则分段间隔为(　　)。

A. 16 　　　　　 B. 14 　　　　　 C. 18 　　　　　 D. 15

（10）某电视台对近期播放的电视连续剧进行了 5 次"电话调查",结果如下表 10-11:

表 10-11

被调查人数 n	1000	1000	1000	1000	1000
收看人数 m	90	81	89	93	91
收视率 $\dfrac{m}{n}$					

该电视连续剧收视率为(　　)。

A. 0.09 　　　　　 B. 0.08 　　　　　 C. 0.1 　　　　　 D. 9

2. 填空题:

（1）掷两颗骰子,出现点数之和等于 7 的概率是＿＿＿＿＿。

（2）抽取某种产品,抽查检验记录为一级品 30 件,二级品 40 件,三级品 10 件,则产品中三级品的频率为＿＿＿＿＿。

（3）袋中有红、黄、蓝、白球各一个,每次任取一个又放回,这样取 3 次,则取出的 3 个球颜色相同的概率是＿＿＿＿＿。

（4）若事件 A 与事件 $\overline{A}$ 互为对立事件,且 $P(A)=0.7$,则 $P(\overline{A})=$ ＿＿＿＿＿。

（5）某卫校 2015 级口腔班的学生分为三个学习小组,其中甲组有 10 人,乙组有 12 人,丙组有 9 人,现想选派一人参加市口腔专业知识大赛,有＿＿＿＿＿种不同的方法。

（6）某高校甲、乙、丙、丁四个专业分别有 150,150,400,300 名学生。为了解学生的就业倾向,用分层抽样的方法从该校这四个专业共抽取 40 名学生进行调查,应在丙专业抽取的学生人数为_____。

（7）某学校一、二、三年级的学生人数之比为 $3:3:4$,现用分层抽样的方法从该校三个年级的学生中抽取容量为 50 的样本,则应从二年级抽取_____名学生。

（8）8,7,6 这三个数的均值是_____,标准差是_____。

（9）从某工厂生产的一批零件中,随机抽取 10 件,测得长度为(单位:cm):79、81、80、78、79、81、79、82、79、78,则总体是_____,个体是_____,样本是_____,样本容量是_____。

（10）样本 101,103,99,108,97,113,93 的均值为_____。

3. 甲、乙两人参加一次知识竞答,共有 10 道不同的题目,其中选择题 6 道,判断题 4 道,甲、乙二人依次各抽一题,求

（1）甲抽到选择题,乙抽到判断题的概率是多少?

（2）甲、乙二人中至少有一人抽到选择题的概率是多少?

4. 甲,乙二人各 5 次 60 米短跑成绩(单位:秒)如下:

甲:10.2,8.7,9.2,9.6,3.8;

乙:9.2,9.7,8.9,8.8,10.1。

请问甲、乙二人谁的成绩更稳定?（结果保留到小数点后两位）

B 组

1. 选择题:

（1）抛掷一枚均匀的硬币,连续 4 次,4 次结果恰有 2 次反面的概率为（   ）。

A. $\dfrac{1}{8}$ B. $\dfrac{1}{4}$ C. $\dfrac{3}{8}$ D. $\dfrac{3}{4}$

（2）抛掷一颗骰子,掷出的点数为奇数或 2 的概率是（   ）。

A. $\dfrac{2}{3}$ B. $\dfrac{1}{2}$ C. $\dfrac{1}{3}$ D. $\dfrac{1}{6}$

（3）从 $1,2,3,\cdots,9$ 这九个数中,随机抽取 3 个不同的数,则这 3 个数的和为偶数的概率是（   ）。

A. $\dfrac{1}{21}$ B. $\dfrac{11}{21}$ C. $\dfrac{10}{21}$ D. $\dfrac{11}{126}$

（4）设从 8 名学生中选出 2 名男生和 1 名女生的不同选法共有 15 种。则这 8 名学生中有（   ）。

A. 男生 2 名,女生 6 名   B. 男生 3 名,女生 5 名

C. 男生 5 名,女生 3 名   D. 男生 6 名,女生 2 名

（5）已知 $\bar{x}$ 是 $x_1,x_2,\cdots,x_{10}$ 的平均值,a_1 为 x_1,x_2,x_3,x_4 的平均值,a_2 为 $x_5,x_6,\cdots,x_{10}$ 的平均值,则 $\bar{x}=$（   ）。

A. $\dfrac{2a_1+3a_2}{5}$ B. $\dfrac{3a_1+5a_2}{5}$ C. a_1+a_2 D. $\dfrac{a_1+a_2}{2}$

（6）某学校的数学兴趣小组部分成员的数学中考成绩如下(总分 120 分):

103,116,103,100,102,115,107,104,95,117;

$$106,113,117,97,109,112,101,95,108,100。$$

则样本均值是( )。

    A. 93   B. 106   C. 85.7   D. 96.35

(7) 上题中,样本标准差是( )。

    A. $\sqrt{980}$ B. 106   C. 7   D. $\dfrac{\sqrt{980}}{20}$

(8) 要考察某地区 2 岁儿童的身高状况,随机抽取 200 名 2 岁儿童测身高。这 200 名儿童的身高是( )。

    A. 总体   B. 个体   C. 样本   D. 样本容量

2. 填空题:

(1) 对 100 位应届大学毕业生在当年求职录取情况调查结果显示,20 人录取在政府机关,31 人录取在经贸公司,3 人录取在银行,18 人录取在学校,其余还在求职中。那么这批毕业生失业的概率为_____。

(2) 某家庭电话,打进的电话响第 1 声时被接听的概率为 0.1,响第 2 声时被接听的概率为 0.2,响第 3 声时被接听的概率为 0.3,响第 4 声时被接听的概率为 0.3,则电话在响第 5 声之前被接听的概率是_____。

(3) 计划从 500 名学生中抽取 50 名进行问卷调查,拟采用系统抽样方法。为此,将他们逐一编号为 001 至 500,并对编号进行分段,若从第一个号码段中随机抽出的号码是 002,则从第五个号码段中抽出的号码应是_____。

(4) 5 名同学分别去听同时进行的 4 个知识讲座,每名同学可自由选择听其中一个讲座,不同选法的总数是_____种。

(5) 一个班 50 名学生,其中 30 名男生平均身高 1.62 米,20 名女生平均身高 1.51 米,那么这个班的平均身高为_____米(精确到 0.01 米)。

3. 判断题:

(1) 甲射手击中目标的概率是 0.5,乙射手击中目标的概率是 0.7,若甲、乙同时射击目标,则目标被击中的概率是 0.5+0.7＝1.2。( )

(2) 新闻报道说:"今春流行性感冒的发病率是 30%",也就是说 100 个人中必有 30 个人患流行性感冒。( )

(3) 若 $P(A)=P(B)$,则 A、B 是同一随机事件。( )

(4) 设 A 表示"两件产品都是合格品",B 表示"两件产品都是不合格品",则 A 和 B 是对立事件。( )

(5) 为了了解 1200 名学生对学校某项教改实验的意见,打算从中抽取一个容量为 30 的样本,考虑采用系统抽样,则分段间隔为 14。( )

4. 甲、乙两人进行投篮训练,已知甲投篮命中的概率为 $\dfrac{1}{2}$,乙投篮命中的概率是 $\dfrac{3}{5}$,且两人投篮命中与否相互之间没大影响,求

(1) 若两人各投球 1 次,恰好有 1 人命中的概率;

(2) 若两人各投球 2 次,这 4 次投球中,至少有 1 次命中的概率。

5. 深夜,一辆出租车被牵涉进一起交通事故,该市有两家出租车公司——红色出租车公司和蓝色出租车公司,其中蓝色出租车公司和红色出租车公司分别占整个城市出租车的

85%和15%。据现场目击证人说,事故现场的出租车是红色,并对证人的辨别能力作了测试,测得他辨认的正确率为80%,于是警察就认定红色出租车具有较大的肇事嫌疑,请问警察的认定对红色出租车公平吗? 试说明理由。

6. 两名跳远运动员在10次测试中的成绩(单位:m)分别如下:

甲:5.85,5.93,6.07,5.91,5.99,6.13,5.89,6.05,6.00,6.19;

乙:6.11,6.08,5.83,5.92,5.84,5.81,6.18,6.17,5.85,6.21。

分别计算两个样本标准差,并根据计算结果估计甲、乙哪位运动员的成绩比较稳定?

7. 某大学就餐中心为了了解新生的饮食习惯,以分层抽样的方式从1500名新生中抽取200名进行调查,新生中的文科生有500名,理科生有800名。应如何抽取样本?

阅读与欣赏

概率论溯源

概率论是数学的一门分科,是从数量的角度来研究随机现象,并从中获得这些随机现象所服从的规律,从而对未来做出较为科学的预测的一门学科。

概率论起源于人们对赌博技巧的研究。概率论的第一部专著《论骰子游戏中的推理》于1657年问世,这部专著形成的背景奇特而有趣。

早在1494年,意大利数学家帕奇欧里在一本有关计算技术的著作中提出一个问题,其内容是:一场赌博赛 胜6局才算赢,当两个赌徒一个胜5局,另一个胜2局时,中止赌赛。问赌金怎样分配才合理? 帕奇欧里给出的答案是按照5:2分。后来人们一直对这种分配原则表示怀疑,但没有一个人能提出更合适的解决办法。

时间过去了半个世纪,意大利数学家卡当对帕奇欧里提出的问题经过研究指出:"此问题,需要分析的不是已经赌过的次数,而是剩下的次数"。这是一个正确的思路,但是最后还是没有得出正确的分配方案。

时间又过去了一个世纪,到了1651年,法国著名数学家帕斯卡研究了这个问题,他苦思冥想了整整3年,才悟出了较为满意的解法,后来又与法国数学家费马交流切磋,最后,由荷兰数学家惠更斯经过进一步探讨、归纳和总结,把结果载入1657年出版的《论骰子游戏中的推理》一书之中。书中引入了数学期望的概念,解决了延续了一个半世纪的难题,并诞生了数学的一个新分支——概率论。

20世纪初,俄罗斯数学家科尔莫戈罗夫建立了严谨的概率论理论体系。由此,概率论不仅成为一门重要的数学学科,而且已渗透到自然科学、社会科学、人文生活等各个领域,发挥着越来越重要的作用。

概率论是医学统计学和卫生统计学的理论基础,对于研究如何以有效的方式收集、整理和分析生命现象中受到随机影响的数据,对所考察的问题做出推断或预测,直至为基础医学、药物科研、临床检验和临床医学等采取决策和行动提供依据都有重要价值。

那么,帕奇欧里提出的分配赌金问题,该如何解决呢? 答案是16:1。推理过程,如图10-7:

从图中可以看出,

A 应得赌金 $=$ 赌注 $\times \left(\dfrac{1}{2} + \dfrac{1}{2} \times \dfrac{1}{2} + \dfrac{1}{2} \times \dfrac{1}{2} \times \dfrac{1}{2} + \dfrac{1}{2} \times \dfrac{1}{2} \times \dfrac{1}{2} \times \dfrac{1}{2} \right) = \dfrac{15}{16} \times$ 赌注,

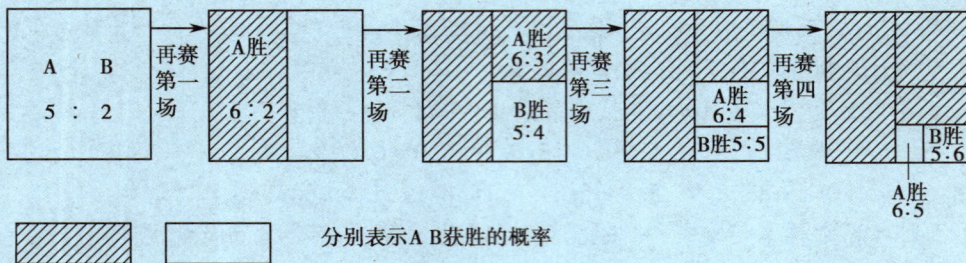

分别表示A B获胜的概率

图 10-7

B 应得赌金 = 赌注 $\times \dfrac{1}{2} \times \dfrac{1}{2} \times \dfrac{1}{2} \times \dfrac{1}{2} = \dfrac{1}{16} \times$ 赌注。

这是一个科学推理、应用概率知识解决问题的典型例子。那么,通过对上述例子的分析,能否给同学们启示,归纳出计算的公式呢?

附　　录

附录1　体温单

姓名 **李云飞**　科别 **外**　病室 **六**　床号 **26**　入院日期 **2014-3-13**　　住院号 **5412919**

日　期	2014-3-13	14	15	16	17	18	19
住院日数	1	2	3	4	5	6	7
术后日数			1	2	II-0	1	2

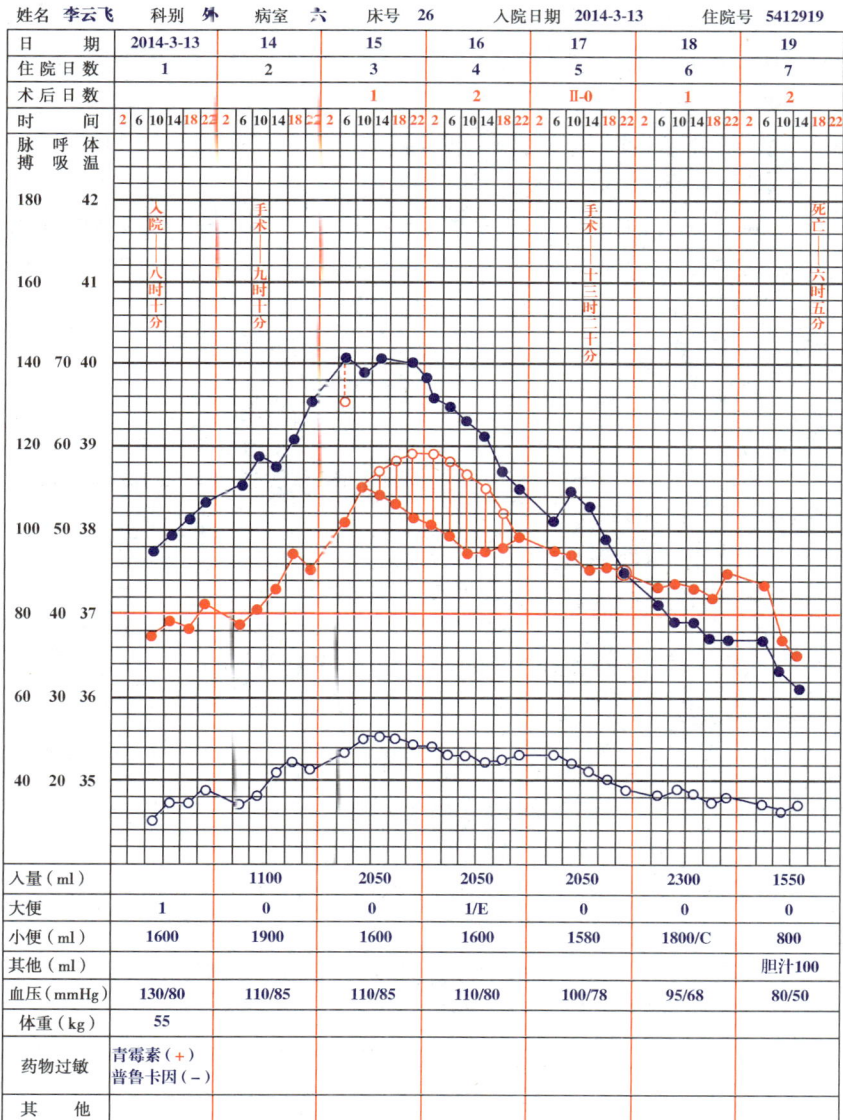

入量（ml）		1100	2050	2050	2050	2300	1550
大便	1	0	0	1/E	0	0	0
小便（ml）	1600	1900	1600	1600	1580	1800/C	800
其他（ml）							胆汁100
血压（mmHg）	130/80	110/85	110/85	110/80	100/78	95/68	80/50
体重（kg）	55						
药物过敏	青霉素（＋） 普鲁卡因（－）						
其　他							

体温单

附录 2　现代信息技术应用

附录 2-1　利用工作表解一元二次方程

大家知道，利用一元二次方程 $ax^2+bx+c=0(a\neq0)$ 中的三个系数 a、b、c 可以计算判别式 Δ 的值，$\Delta=b^2-4ac$，利用 Δ 可以判断方程的根的情况：当 $\Delta>0$ 时，方程有两个不相等的实数根；当 $\Delta=0$ 时，方程有两个相等的实数根；当 $\Delta<0$ 时，方程无实数根。如果方程有实数根，可以用公式 $x_{1,2}=\dfrac{-b\pm\sqrt{b^2-4ac}}{2a}$ 求解。由此可知，这三个量决定着方程的解，因此解一元二次方程的 Excel 工作表的界面中，要设置三个可以改变它们值的单元格，以便观察；同时判别式 Δ 作为一无二次方程根与系数的关系的重要依据，也应在表格中计算出来。设置工作表时，先输入表的标题和相关参数值的标题等文本，再进行相关参数的计算，最后保护工作表。

一、文本的输入：

如附图 2-1 所示，将 A1:F1 合并居中，输入标题“一元二次方程 $ax^2+bx+c=0(a\neq0)$ 的求解”，设置好字体、字号和底纹；将 A1:A7、F1:F7 合并居中，设置好字体、字号和底纹。将 C2:E2 并分别输入字母“a”、“b”、“c”，并设置好字体、字号和底纹；在 B3 单元格和 B5 单元格分别输入“输入区”、“输出区”，设置好字体、字号和底纹；将 C4:F4 分别输入“判别式的值”“x_1”“x_2”，设置好字体、字号和底纹；将 B7:E7 合并；输入说明“说明：请在红色方框单元格内输入 a、b、c 的值”，设置好字体、字号和底纹；“插入”→“公式”→“二次公式”，可得 $x_{1,2}=\dfrac{-b\pm\sqrt{b^2-4ac}}{2a}$，设置好字体、字号和底纹，调整好大小，移至 D6:F6。

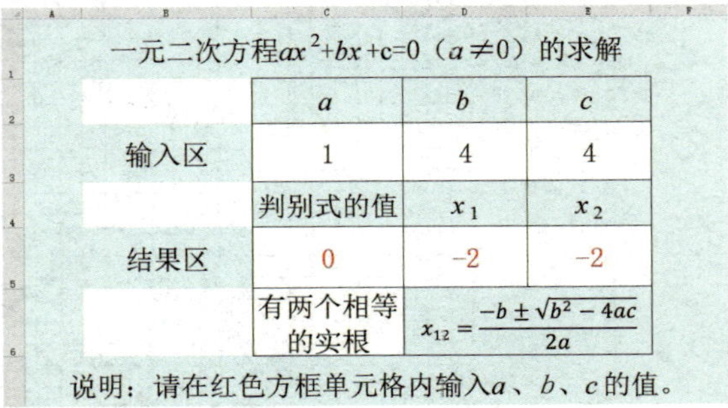

一元二次方程 $ax^2+bx+c=0$（$a\neq0$）的求解

	a	b	c
输入区	1	4	4
	判别式的值	x_1	x_2
结果区	0	−2	−2
	有两个相等的实根	$x_{12}=\dfrac{-b\pm\sqrt{b^2-4ac}}{2a}$	

说明：请在红色方框单元格内输入 a、b、c 的值。

附图 2-1

二、输出区域的计算：

在单元格 C3:E3 输入“1”、“4”、“4”作为 a、b、c 的值；

在 C5 单元格输入公式：=POWER(D3,2)−4*C3*E3，计算 Δ 的值；或者也可以输入公式=D3^2−4*C3*E3，计算 Δ 的值；

在 C6 单元格输入公式：=IF(C5>0,"有两个不相等的实根",IF(C5=0,"有两个相等的实根","无实数解"))；判别方程的解；

在 D5 单元格输入公式：=IF(C5<0,"无实数解",(-D3+POWER(C5,0.5))/(2*C3))，计算 x_1 的值；

在 E5 单元格输入公式：=IF(C5<0,"无实数解",(-D3-POWER(C5,0.5))/(2*C3))，计算 x_2 的值。

注意：在 Excel 公式计算时，公式中所有的标点符号应为英文标点符号。

三、保护工作表

保护工作表即是对工作表不修改进行保护,如本工作表中除了参数 a、b、c 允许更改,其余毕应设为不允许更改,即添加保护。

选择C3:E3,单击右键,选中"设置单元格格式",进入"设置单元格格式",在"保护"里,去掉"锁定";在"审阅"中,单击"允许用户编辑区域",单击"新建",选择C3:E3,单击确定;单击"保护工作表",勾选上"选定未锁定的单元格",然后设置密码,再次确认密码(也可不输入密码),单击"确定"(附图2-2)。这时,整个工作表中除了C3:E3可以输入数值,其余单元格均不可进行更改操作了。

请同学们通过改变参数 a、b、c 的值,观察方程的解。

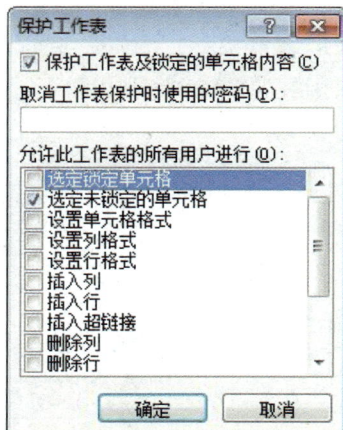

附图2-2

附录2-2　函数图像绘制(一)

《几何画板》软件是一个通用的数学教学环境,主要以点、线、圆为基本元素,通过对这些基本元素的变换、构造、测算、计算、动画、跟踪轨迹等,构造出其他较为复杂的图形。下面我们就简单介绍如何使用几何画板绘制函数图像。

一、绘制一次函数 $y=2x-1$ 的图像

1. 确定坐标系。单击工具栏中的"自定义工具"按钮,在出现的下拉菜单中的"经典坐标系"展开后点击"蚂蚁|直角坐标系【无参数】"。在绘图区单击会出现"按钮组"和"控制台",在空白处再次单击会出现"坐标系",然后单击工具栏中的"移动箭头工具"按钮,确定坐标系输入完成。单击绘图区"按钮组"中的"初始化",将坐标系设定为初始状态。适当调整"按钮组"、"操作台"和"坐标系"位置(附图2-3)。

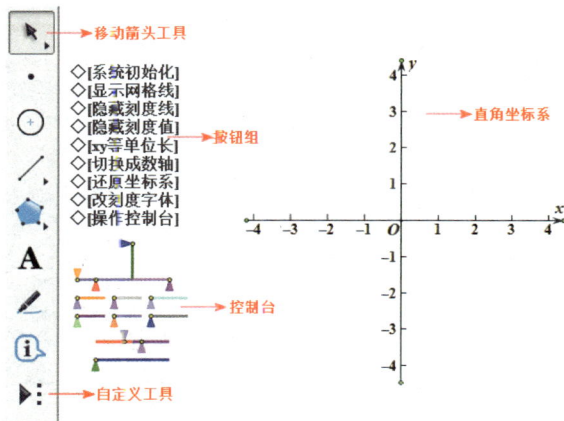

附图2-3

单击"显示"菜单中的"显示文本工具栏"选项后在水平滚动条下方会出现"文本工具栏",我们可以选中需要修改的内容后,在这里修改字体、字号、字形等。关于"按钮组"、"控制台"和"坐标系"的其他设定都可以根据需要进行调整。

2. 绘制新函数。在"绘图"菜单中选择"绘制新函数"后弹出"新建函数"对话框,在空白区域输入"$2x-1$",单击"确定"按钮。这时绘图区显示"$y=2x-1$",同时在坐标系上画出了该函数的图像(附图2-4)。

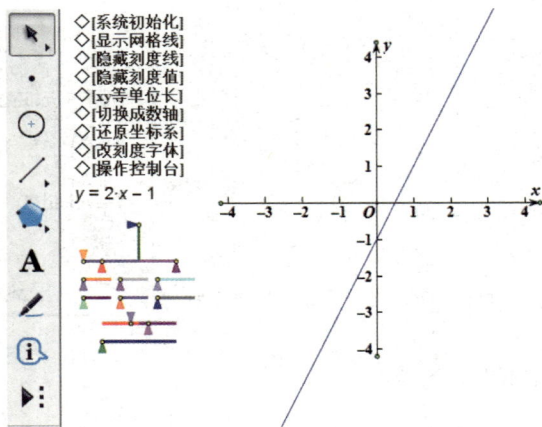

附图 2-4

此时拖动滚动条,我们会发现这条直线是无限延伸的,考虑到图像的美观性和应用性,可以通过设定函数的取值范围,只显示合适的一部分图像。右击图像后选择"快捷菜单"中的属性,然后在弹出的对话框中选择"绘图"选项卡,在"范围"中将取值范围修改为"$-1.5 \leqslant x \leqslant 2.5$",并将"绘图"中"显示箭头和端点"前的勾选去掉,最后单击"确定"按钮。为了使图像看起来更加漂亮,我们还可以根据需要进行更改。右击图像后选择"快捷菜单"中的"中等"、"颜色"等更改图像(附图2-5)。

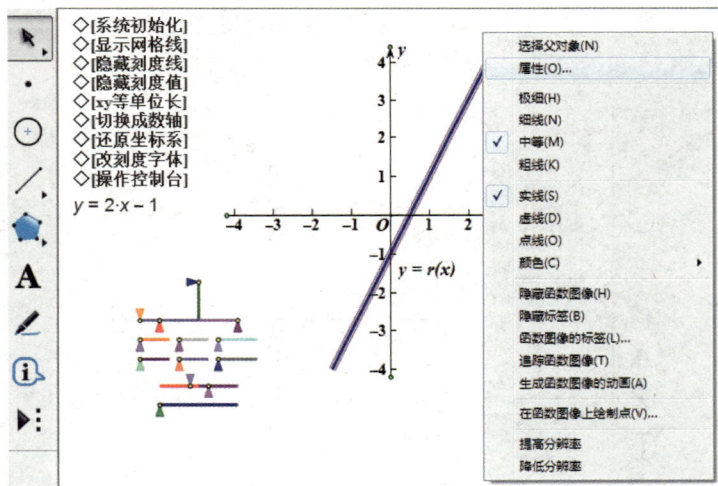

附图 2-5

至此,图像基本完成,同学们已经学会了最简单的绘制函数图像的方法,下面我们介绍用参数法绘制二次函数图像的方法。

二、用参数法绘制二次函数 $y=ax^2+bx+c$($a \neq 0$)的图像

1. 定义坐标系。在"绘图"中选择"定义坐标系"后,绘图区会出现一个带网格的坐标

系。右击"原点",在"快捷菜单"中选择"原点的标签"并且更改为"O"。

2. 绘制控制点。在"绘图"中选择"控制点"后,弹出"绘制点"对话框,将点在坐标系中的位置设为$(-5,-5)$,然后点击"绘制"按钮,此时在坐标点$(-5,-5)$上绘制了一个红色的点,右击该点选择"绘制的点的标签",将"标签"改为"B"。同样的方法绘制点$C(-5,5)$。同时选中点B和点C,在"构造"菜单中选择"线段",此时绘制出一条线段。点击工具栏中的"点工具",在线段BC上任作三点D,E,F,用"移动箭头工具"同时选取这三点,选择"度量"菜单中的"纵坐标",将其"标签"分别改为"a,b,c"。

3. 绘制函数。在"数据"菜单中选择"新建函数",输入函数"ax^2+bx+c",此时在绘图区出现一个函数$y=ax^2+bx+c$,右击此函数选择"绘制函数"得到函数图像。

4. 制作动画按钮。选中点D,在"编辑"菜单中选择"操作类按钮"下的"动画",将"标签"选项卡中的内容改为"改变a"。同理将点EF分别作出动画按钮"改变b"和"改变c",(附图2-6)。

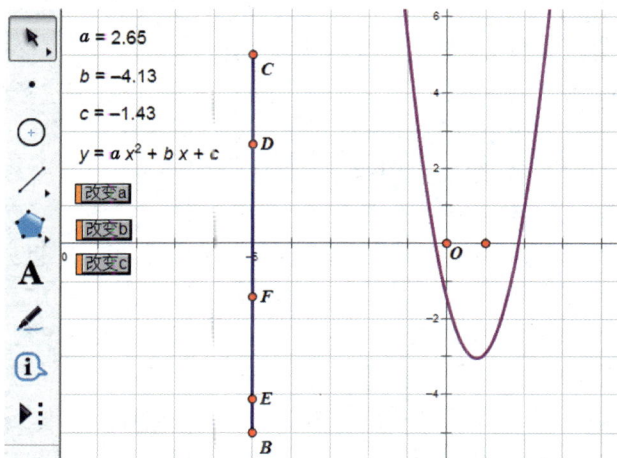

附图2-6

图像基本绘制完成后,我们可以点击动画按钮"改变a"、"改变b"和"改变c"或者拖动线段BC上的点D,E,F,来观察二次函数$y=ax^2+bx+c(a\neq0)$的图像随着a,b,c取值变化而变化,从而总结出二次函数图像的性质。

请同学们通过相关参考书或者帮助菜单,探索各个菜单及工具的功能。

附录2-3　函数图像绘制(二)

一、绘制指数函数与对数函数图像

（一）定义坐标系

依次单击"绘图"→"定义坐标系"菜单命令,在操作区建立直角坐标系。然后依次单击"绘图"→"隐藏网格"菜单命令,隐藏坐标系中的网格。单击工具箱上的"文本"工具,移动光标至圆点,当变成一只小黑手时,单击鼠标左键,然后再双击鼠标左键,将标签修改为"0"。

（二）新建参数a和参数b

选择y轴,单击工具箱上的"点"工具,移动光标至y轴上,当y轴呈现高亮度时,单击鼠标左键,作一个y轴上的点;选中y轴和y轴上的这个点,单击"构造"→"垂线"菜单命令,

作一条 y 轴的垂线；选择此垂线，单击工具箱上的"点工具"，分别移动光标至垂线上，当垂线呈现高亮度时，单击鼠标左键，作 1 个垂线上的点；单击工具箱上的"选择箭头"工具，选中垂线，单击"显示"→"隐藏垂线"（或快捷键"ctrl+H"）隐藏垂线；单击"线段直尺工具"，连接 y 轴上的点及垂线上的点，绘制出一条线段（或选中 y 轴上的点和垂线上的点，按快捷键"ctrl+L"）；单击"文本"工具，加注标签分别为 a；单击工具箱上的"选择箭头"工具，单击操作区空白处，释放所选对象，单击"度量"→"横坐标"菜单命令，操作区中显示此点的横坐标的度量值"$x_a = 2.01$"，移动光标至度量值上，当光标变成黑色箭头时，拖动度量值至 y 轴左侧位置。右键单击度量值"$x_a = 2.01$"，选择"属性"菜单项，弹出对话框，在"标签"选项中标签框中输入"a"，在"数值"选项中将精确度调整为"百分之一"，将标签字体设置为"Times New Roman"，倾斜；单击左边的文本工具 A，在 a 的右下方输入提示文本"拖动此点改变 a 值的大小"。

单击"数据"→"新建参数"，在新建参数对话框中，在"名称"框中输入 b，出现"$b = 1.00$"，右击参数，选择"编辑参数"，在编辑参数对话框中，输入 $1/a$，将此参数拖动至左上角，调整字体和颜色。

（三）新建函数及绘制函数图像

1. 新建指数函数及绘制指数函数图像

单击"数据"菜单下的"新建函数"工具，在弹出的"新建函数"对话框中，单击"方程"，选择其中"$y =$"，选择参数"a"，单击符号"^"，单击参数"x"（附图 2-7），单击"确定"，即可输入函数"$y = a^x$"，单击"绘图"→"绘制新函数"即可得到 $y = a^x$ 的函数图像，右击函数图像设置其颜色及线型；用同样的方法，新建函数"$y = b^x$"，并绘制其函数图像，右击函数图像设置其颜色及线型；将两个函数框移动至适合位置。

2. 新建对数函数及绘制对数函数图像

函数编辑器只有两种对数函数，log 函数与 ln 函数，其中 log 函数是以 10 为底的常用对数函数，ln 函数是以 e 为底的自然对数函数，若想输入以任意自然数为底的对数函数，需要用换底公式转换后才能得到。如输入 $f(x) = \log_a x$，打开新函数对话框，在函数按钮中选择"log"，在括号中输入"x"，在括号外输入除号，在函数按钮中选择"log"，输入"a"。

单击"数据"菜单下的"新建函数"工具，在弹出的"新建函数"对话框中，单击"方程"，选择"$y =$"，选择函数"log"，再选择参数"a"，将光标移到括号外，输入符号"/"，再选择函数"log"，选择参数"b"，此时新建函数公式为"$y = \dfrac{\log(x)}{\log(a)}$"（附图 2-8），单击"确定"即可输入函数"$y = \log_a x$"，单击"绘图"→"绘制新函

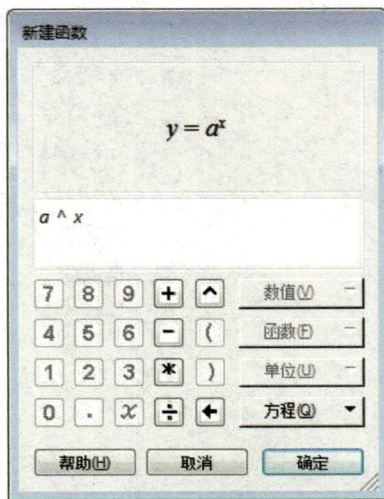

附图 2-7

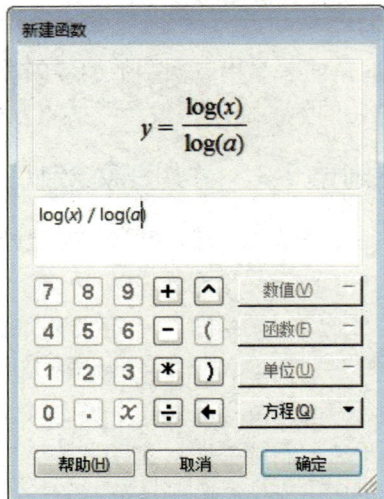

附图 2-8

数"即可得到 $y=\log_a x$ 的函数图像,右击函数图像设置其颜色及线型;用同样的方法,新建函数"$y=\log_b x$",并绘制其函数图像,右击函数图像设置其颜色及线型;将两个函数框的颜色与图像的颜色一致,并移动至适合位置,以便观察。

（四）观察函数图像

单击"绘图"→"绘制新函数",单击"方程",选择"$y=$",选择"x",绘制函数"$y=x$"的图像,右击函数图像调整其线型的颜色,调整其函数框的位置和颜色(颜色与函数图像一致,以便观察),(附图 2-9)。

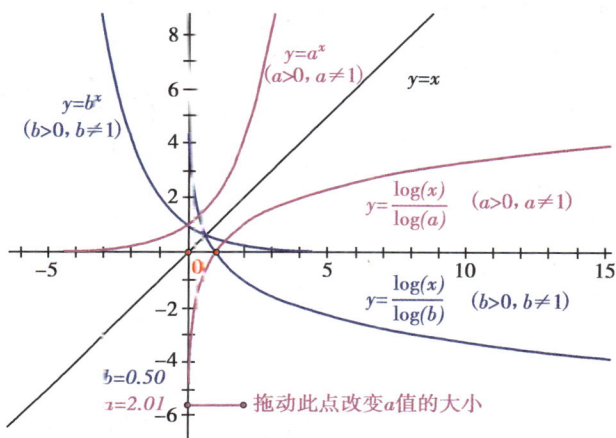

附图 2-9

拖动 a 点,调整 a 值的大小(注意 $a>0$,$a\neq1$),此时 b 值的大小随着 a 值变化而变化,同时图像也变化。

观察：

1. 指数函数 $y=a^x$($a>0$,$a\neq1$)与 $y=b^x$($b>0$,$a\neq1$)图像过的定点及增减性;

2. 对数函数 $\log_a x$($a>0$,$c\neq1$)与 $\log_b x$($b>0$,$a\neq1$)过的定点及增减性;

3. $y=a^x$($a>0$,$a\neq1$)与 $\log_a x$($a>0$,$a\neq1$)、$y=b^x$($b>0$,$a\neq1$)与 $\log_b x$($b>0$,$a\neq1$)图像与直线 $y=x$ 的关系。

做一做

利用几何画板绘制 $y=a^x$($a>0$,$a\neq1$)与 $\log_a x$($a>0$,$a\neq1$)的函数图像,并观察其图像与 $y=x$ 的关系。

二、绘制 $y=\sin x$ 函数图像

（一）定义坐标系

打开几何画板,依次单击"绘图"→"定义坐标系"菜单命令,在操作区建立直角坐标系。单击"编辑"→"参数选项"菜单命令,弹出"参数选项"对话框,在"单位"选项卡的下拉列表中选择"弧度"单位(附图 2-10)。然后依次单击"绘图"→"隐藏网格"菜单命令,隐藏坐标系中的网格。单击工具箱上的"文本"工具,移动光标至圆点,当变成一只小黑手时,单击鼠标左键,然后再双击鼠标左键,将标签修改为"0"。

（二）设置参数 x

单击"数据"菜单下的"新建参数"工具(附图 2-11),在弹出的窗口中修改"名称"为"x",单位为"角度",其他取默认值,单击确定,这时屏幕出现参数"$x=\boxed{1.00}$弧度",调整字体

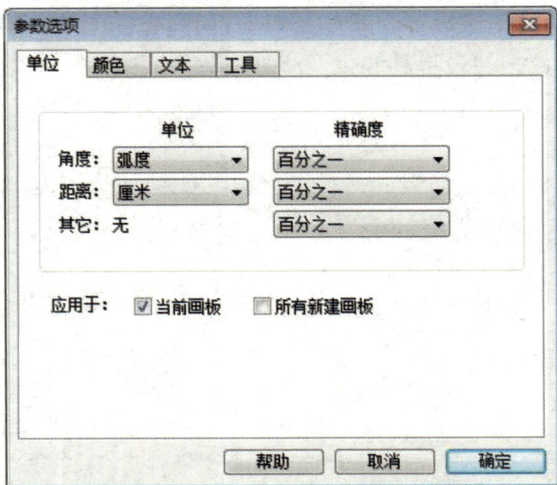

附图 2-10

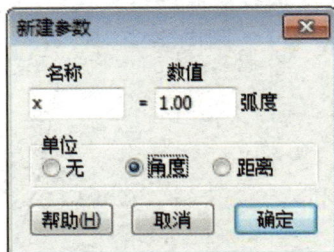

附图 2-11

及字号的大小,移动它到适当的位置;这个参数本质上就是函数的自变量 x,是图像上对应点的横坐标。

（三）新建函数 $y = \sin x$

单击"数据"菜单下的"计算"工具,在弹出的"新建计算"窗口中,输入函数。具体如下:在窗口中单击"函数",在下拉菜单中选择"sin",然后单击屏幕中的参数" $x = \boxed{1.00}$ 弧度",这时窗口中自色区域就出现"$\sin(x)$",单击"确定",关闭窗口,屏幕上出现"$\sin x = 0.841471$",调整字体及字号的大小,移动它到适当的位置;计算的值本质上就是 $y = \sin x$ 的函数值,是图像上对应点的纵坐标（附图 2-12）。

（四）观察函数图像

单击空白处,取消所有选择,然后依次先选中" $x = \boxed{1.00}$ 弧度"和"$\sin x = 0.841471$"（注意:选择顺序不能颠倒）,单击"绘图"菜单下的"绘制点(x,y)"工具,在屏幕上绘出了一个点,更改并显示它的标签为 M。

点 M 呈一个动点,它将随着参数 x 的变化而变化,并且当点 M 运动时,点的轨迹就形成了一条曲线,它就是函数的图像。

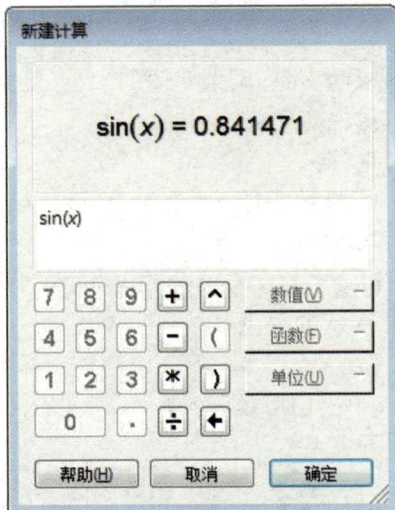

附图 2-12

观察:

1. 通过"追踪点"和设置参数的动画,观察点的运动变化和点运动的踪迹

（1）修改动画参数右击" $x = \boxed{1.00}$ 弧度",在弹出菜单中选"属性",在"动画参数"下修改需要设定的值（附图 2-13）。可将"范围"改为 -2π 到 2π,（π 可以用键盘上的 P 代替）。

（2）追踪点:在仅选中该点的情况下,勾选"显示"菜单下的"追踪绘制的点"工具。

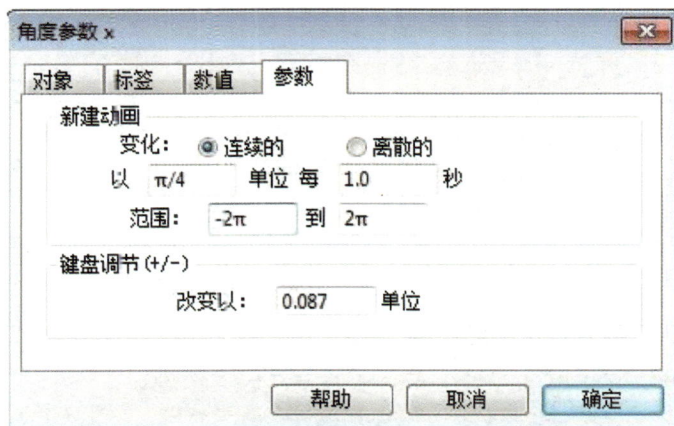

附图 2-13

（3）生成动画：点空白处，然后仅选中参数"$x = \boxed{1.00}$ 弧度"，单击"显示"菜单下的"生成角度参数的动画"工具，这时，屏幕出现小窗口"运动控制台"。同时发现，随着参数 x 的变化，"$\sin(x)$"的值跟着变化，点 M 也在运动，而且屏幕上留下了该点运动的踪迹，是一条正弦曲线（附图 2-14）。同学们可以自己利用"运动控制台"的按钮来控制点的运动，并仔细观察点 M 的坐标变化和动点的变化。

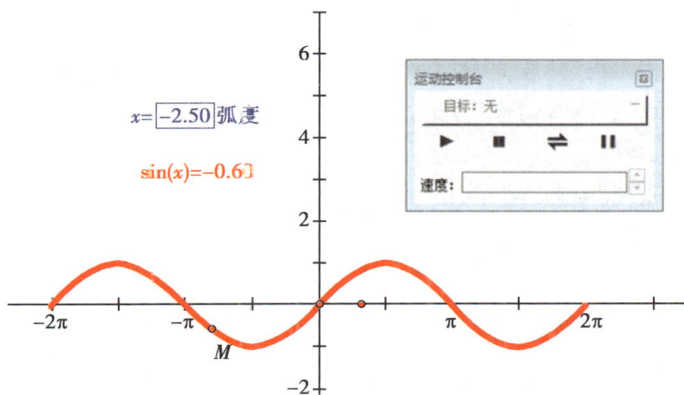

附图 2-14

（4）取消追踪，擦除踪迹：停止运动，关闭"运动控制台"。点空白处，然后再次选中动点，单击"显示"菜单下的"追踪绘制的点"工具，去掉勾选，再次单击"显示"菜单，然后点"擦除追踪踪迹"。

2. 构造点的轨迹

同时选中参数 x 和动点 M（依次单击即可，顺序无关），单击"构造"菜单下的"轨迹"工具。在弹出的窗口中设定轨迹的"动画参数"，取消"显示箭头和端点"前的勾选、修改"范围"改为 -2π 到 2π，再单击"确定"即可；调整坐标系的位置、坐标轴、刻度、标签等，使之符合我们的需要，这样就可以得到一条在 -2π 到 2π 范围内的正弦函数的图像（附图 2-15）。

一般地，构造点的轨迹作函数图像时，图像上的动点是依赖于参数变化的，参数是动点

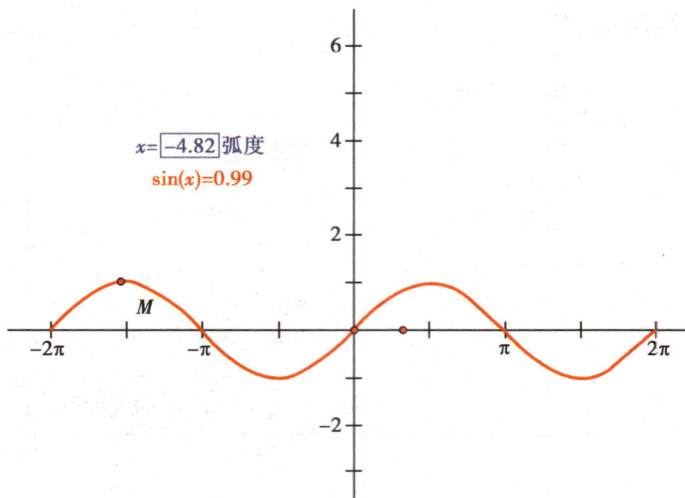

附图 2-15

的父对象,动点是参数的子对象。事实上参数也可以换成另一个动点,比如一条线段上的点,或者圆上的点等,这样作出的轨迹具有更大的灵活性和交互性。

做一做

1. 利用"参数"工具,设置函数 $y=1-2\sin x$ 在区间:$[0,2\pi]$ 上的动点,并通过"追踪点"和设置参数的动画,观察点的运动变化和点运动的踪迹。

2. 利用"参数"和"轨迹"工具,作函数 $y=\cos x$ 在区间 $[-2\pi,2\pi]$ 上的图像。

三、绘制 $y=A\sin(\omega x+\varphi)$ 的图像

（一）定义坐标系

打开几何画板,依次单击"绘图"→"定义坐标系"菜单命令,在操作区建立直角坐标系。单击"编辑"→"参数选项"菜单命令,弹出"参数选项"对话框,在"单位"选项卡的下拉列表中选择"弧度"单位,右击横坐标,选择"轴的坐标"→"坐标轴"→"π 的倍数或分数"。然后依次单击"绘图"→"隐藏网格"菜单命令,隐藏坐标系中的网格。单击工具箱上的"文本"工具,移动光标至圆点,当鼠标指针变成一只小黑手时,单击鼠标左键,然后再双击鼠标左键,将标签修改为"0"。

（二）设置参数 A、ω、φ

单击工具箱上的"点"工具,移动光标至 y 轴上,当 y 轴呈现高亮度时,单击鼠标左键,在 y 轴上绘制出 3 个点,选中此三点和 y 轴,单击"构造"→"垂线"菜单命令,绘制出过三点的垂直于 y 轴的三条垂线。单击工具箱上的"点工具",分别移动光标至三条垂线上,当垂线呈现高亮度时,单击鼠标左键,分别在三条垂线上各作一个点;单击工具箱上的"选择箭头"工具,选中三条垂线,单击"显示"→"隐藏垂线"（或快捷键"ctrl+H"）,将三条垂线隐藏,将垂线上的三点用文本工具加注标签,标签名分别为 A、ω、φ。单击"线段直尺工具",分别连接 y 轴上的点和点 A、ω、φ,绘制出三条线段（或分别选中 y 轴上的点和点 A、ω、φ,按快捷键"Ctrl+L"）。

单击工具箱上的"选择箭头"工具,单击操作区空白处,释放所选对象。然后分别依次将 y 轴上的三点和 A、ω、φ 选中,依次单击"度量"→"横坐标"菜单命令,操作区中显示三点

的横坐标的度量值,移动光标至度量值上,当光标变成黑色箭头时,拖动度量值至 y 轴左侧位置;右键单击度量值"$x_A = 3.60$",选择"属性"菜单项,弹出对话框,在标签选项卡的标签框中输入"A",单击"确定"按钮;单击左边文本工具,在"A"的右边插入提示文本框"拖动此点改变 A 值大小",调整字体和颜色。用同样方法,将其他两个参数标签修改为"ω"和"φ",并用文本工具分别在"ω"和"φ"的右边插入相应提示文本框,调整其字体和颜色(附图 2-16)。

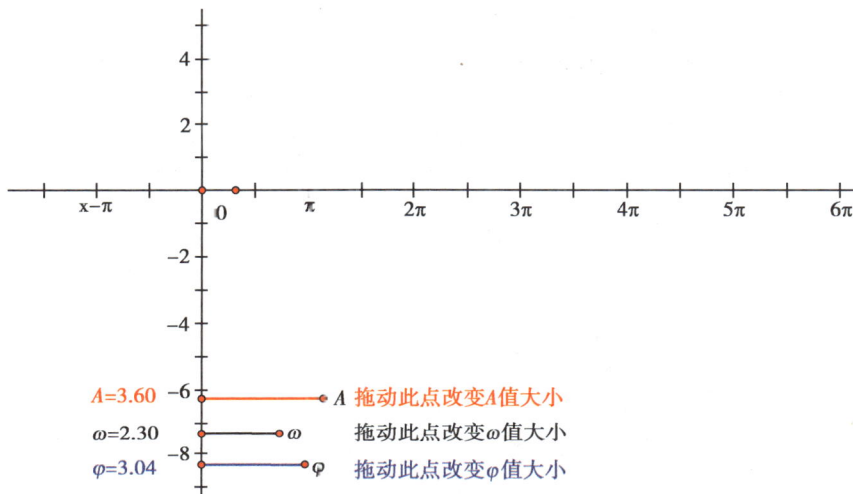

附图 2-16

(三)　新建函数 $y = A\sin(\omega x + \varphi)$

单击工具箱上的"选择箭头"工具,选中操作区中显示的 3 个度量值,依次单击"绘图"→"绘制新函数"菜单命令,弹出的"新建函数"对话框。依次单击"数值"下拉列表中的度量值"A"、计算器上的乘号"*"、"函数"下拉列表中的函数"sin"、度量值"ω"、计算器上的乘号"*"、自变量"x"、计算器上的加号"+"、度量值"φ",在"新建函数"对话框中出现计算式(附图 2-17),单击"确定"按钮,在操作区得到正弦函数的图像。单击操作区空白处,释放所选对象,然后右击正弦函数图像,选择线型为"中等"菜单命令,将其线型设置为中等;然后右击正弦函数图像,选择"颜色"菜单命令,调整图像的颜色;右击正弦函数图像,选择"属性",在弹出的属性对话框中,选择"标签",将标签改为"$y = A\sin(\omega x + \varphi)$"(附图 2-18)。

(四)　观察函数图像

为了与 $y = \sin x$ 的图像作比较,可选择"绘图"→"绘制新函数",在弹出的对话框中选择函数"sin",变量为"x",作出 $y = \sin x$ 的图像作对比,右击 $y = \sin x$ 的图像调整其线型、颜色和标签(附图 2-19)。

分别拖动 A、ω、φ,可观察 A、ω、φ 变化时函数

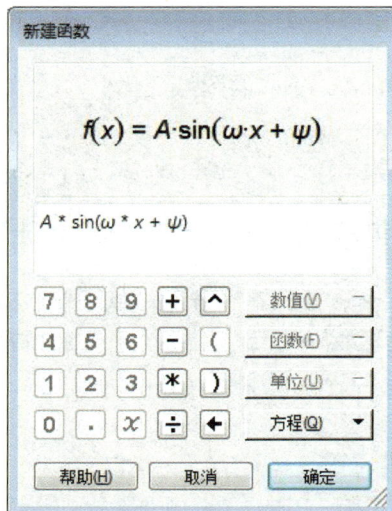

附图 2-17

附图 2-18

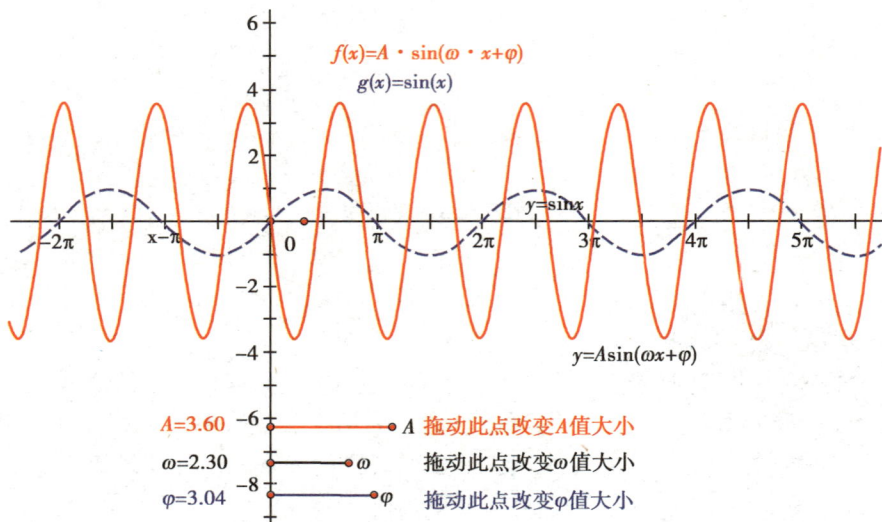

附图 2-19

$y = A\sin(\omega x + \varphi)$ 的图像变化。

做一做

作函数 $y = A\cos(\omega x + \varphi)$ 与 $y = \sin x$ 的函数图像,并观察 A、ω、φ 变化时函数图像的变化。

附录 2-4　进行数列相关计算的工作表的制作

一、等额本息分期付款工作表的制作

教材中介绍了等额本息付款的还款计算公式。设贷款金额为 A,贷款期数为 n(以月为单位),贷款利率为 i(以月为单位),则 n 期后一次性还款总为 $a_n = A \cdot (1+i)^n$;等额分 n 期,每期还款为

$$a = \frac{A \cdot i \cdot (1+i)^n}{(1+i)^n - 1}。$$

设置工作表时,先输入表的标题和相关参数值的标题等文本,再进行相关参数的计算,

最后保护工作表。

（一）文本的输入：

如附图 2-20 所示，将 A1:I1 合并居中，输入标题“等额本息法计算月还款额及利息”，设置好字体、字号和底纹；将 C2:H2 单元格分别输入“贷款金额”、“年利率”、“还款年限”、“月利率”、“还款月数”、“系数”，并设置好字体、字号和底纹；在 E5 至 E7 单元格分别输入“月还款额”、“还款总额”、“共还利息”，设置好字体、字号和底纹；将 A8:I8 合并，输入说明“说明：请在红色框中分别输入贷款金额、年利率和还款年限。”

	B	C	D	E	F	G	H
1	等额本息法计算月还款额及利息						
2		贷款金额	年利率	还款年限	月利率	还款月数	系数
3		400000	3.25%	10	0.00270833	120	100.27%
4							
5	月还款额	3908.76	¥-3,908.76				
6	还款总额	469051.34					
7	共还利息	69051.34					
8	说明：请在红色框中分别输入贷款金额、年利率和还款年限。						

附图 2-20

（二）输出区域的计算：

在单元格 C3:E3 输入“400000”、“3.25%”、“10”作为“贷款金额”、“年利率”、“还款年限”的值；

在 F3 单元格输入公式：=D3/12，计算月利率的值；

在 G3 单元格输入公式：=E3＊12，计算还款月数；

在 H3 单元格输入公式：=1+F3，计算（1+i）的值；

在 C5 单元格输入公式：=（C3＊F3＊POWER（H3，G3））/（POWER（H3，G3）-1），计算月还款的值（或用公式：=PMT（F3，G3，C3），此公式计算时，还款显示的是负值；PMT 函数是计算在固定利率下，贷款的等额分期偿还额，结果见 D5 单元格）；

在 C6 单元格输入公式：=C5＊G3，计算还款总额；

在 C7 单元格输入公式：=C6-C3，计算共还利息额。

注意：在 Excel 公式计算时，公式中所有的标点符号应为英文标点符号。

（三）保护工作表

保护工作表即是对工作表不修改进行保护，如本工作表中除了参数“贷款金额”、“年利率”、“还款年限”的值允许更改，其余应设为不允许更改，即添加保护。

选择 C3:E3，单击右键，选中“设置单元格格式”，进入“设置单元格格式”，在“保护”里，去掉“锁定”；在“审阅”中，单击“允许用户编辑区域”，单击“新建”，选择 C3:E3，单击确定；单击“保护工作表”，勾选上“选定未锁定的单元格”，然后设置密码，再次确认密码（也可不输入密码），单击“确定”。这时，整个工作表中除了 C3:E3 可以输入数值，其余单元格均不可进行更改操作了。

请同学们改变“贷款金额”、“年利率”、“还款年限”的值，观察每月还款额以及共还利息的值。

二、数列常用相关计算工作表的制作

等差数列中有 5 个常见的量，a_1、d、n、a_n、s_n，这 5 个量中，已知其中 3 个可以求出未知的 2 个值，奖常见的几种情况做成 Excel 工作表，可以方便地进行计算。

设置工作表时，先输入表的标题和相关参数值的标题等文本，再进行相关参数的计算，最后保护工作表。

（一）文本的输入：

如附图 2-21 所示，将 A1:F1 合并居中，输入标题"已知条件"、"a_1"、"d"、"n"、"a_n"、"s_n"，设置好字体、字号和底纹；将 A3:A10 单元格分别输入相应的已知条件，并设置好字体、字号和底纹；将 A11:F11 合并，输入说明"说明：白色底纹的单元格可输入数值。"。

等差数列的计算					
已知条件	a_1	d	n	a_n	s_n
a_1、d、n				0	0
a_1、d、a_n			#DIV/0!		#DIV/0!
a_1、n、a_n		0			0
a_1、n、s_n		#DIV/0!		#DIV/0!	
a_1、a_n、s_n		#DIV/0!	#DIV/0!		
d、n、a_n	0				0
d、n、s_n	#DIV/0!			#DIV/0!	
n、a_n、s_n	#DIV/0!	#DIV/0!			
说明：白色底纹的单元格可输入数值。					

附图 2-21

（二）输出区域的计算：

E3 单元格输入公式：$=B3+(D3-1)*C3$，计算 a_n 的值；

F3 单元格输入公式：$=B3*C3+0.5*D3*(D3-1)*C3$，计算 s_n 的值；

D4 单元格输入公式：$=(E4-B4)/C4+1$，计算 n 的值；

F4 单元格输入公式：$(B4+E4)*D4/2$，计算 s_n 的值；

C5 单元格输入公式：$=(E5-B5)/(D5-1)$，计算 d 的值；

F5 单元格输入公式：$=(B5+E5)*D5/2$，计算 s_n 的值；

按照这一思路，下面的公式均可设置好。

请同学们根据要求输入已知的 3 个的值，再输入计算公式，计算其余的 2 个值。

（三）保护工作表

保护工作表即是对工作表不修改进行保护，如本工作表中已知 3 个参数的值允许更改，计算的单元格应设为不允许更改，即添加保护。可参照前面保护工作表进行。

做一做

1. 自行设置界面制作分期还款的工作表；

2. 完成等差数列的工作表的计算，并制作等比数列的计算工作表。

附录 2-5　绘制平面图形和立体图形

一、绘制直线与圆的位置关系。

首先度量圆的半径和圆心到直线的距离，然后制作圆半径 r 和点到直线距离 d 的动画，

从变化的 r 和 d 中找出直线和圆相交、相切和相离的位置关系。

1. 定义坐标系。在"绘图"菜单内选择"定义坐标系"。

2. 构造平行线。单击"工具栏"中的"点工具",然后在"绘图区"绘制一个点 A。同时选中点 A 和纵坐标轴,选择"构造"菜单中的"平行线",这时"绘图区"出现一条过点 A 平行于纵坐标轴的直线。右击直线,将其标签设为 l。

3. 绘制圆。单击"点工具",在过点 A 的直线上画出点 B 和点 C。同时选中点 A 和点 B,在"构造"菜单中选择"以圆心和圆周上的点绘圆"命令,这时在"绘图区"出现一个过点 B 以点 A 为圆心的圆。和 2 同理,作过点 C 平行于横坐标轴的直线 k。

4. 构造圆和直线的交点。同时选中圆和直线 k,在"构造"菜单中选择"交点"命令,这时在"绘图区"出现两个交点 D、E。此时为了界面的清晰美观,我们可以分别右击直线 l 和直线 k 改变颜色,并且利用"显示"菜单中的"显示文本工具"将标签颜色改为和直线同样的颜色。

5. 构造圆的半径 r 和圆心到直线 k 的距离 d。首先同时选中点 A 和点 B,在"度量"菜单中选择"距离"命令,这时会出现" $AB = 2.92$ 厘米",然后右击度量结果,在弹出的快捷菜单中选择"属性"命令,将"距离度量值"对话框中的"标签"选项卡内容改为 $AB = r$。同理作点 A 到直线 k 的度量值,将度量值标签改为 $AC = d$。

6. 编辑半径 r 和距离 d 的动画。选中点 B,在"编辑"菜单中选择"操作类按钮"下的"动画"命令,弹出"操作类按钮动画点"对话框,修改速度为"慢速"、标签名称为"改变 r"。这时在"绘图区"出现一个名字为"改变 r"的按钮。同理选中点 C,编辑"改变 d"的按钮。

7. 编辑移动按钮。同时选中点 B 和点 C,在"编辑"菜单中选择"操作类按钮"下的"移动"命令,弹出"操作类按钮移动 $B \to C$"对话框,修改速度为"慢速",这时绘图区出现"移动 $B \to C$"按钮。同理编辑"移动 $C \to B$"按钮。这两个按钮是改变半径 r 和圆心到直线距离 d 时直线 k 和圆相切的动画。

我们通过动画演示,可以总结出直线和圆的位置关系(附图 2-22)。

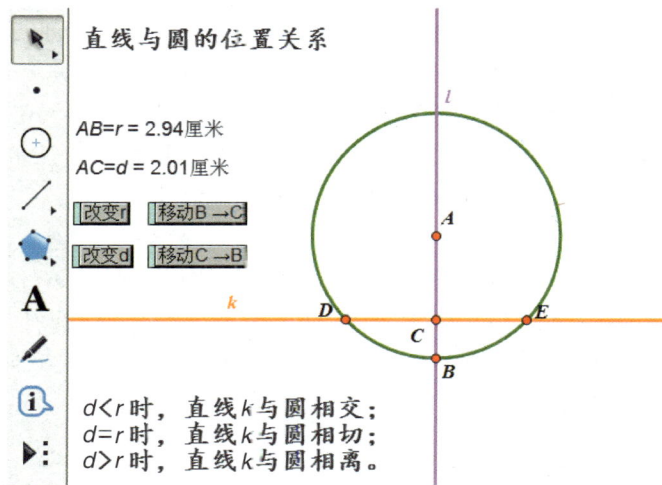

附图 2-22

二、绘制旋转的正方体。

1. 绘制正方体的底。选择"圆工具"在"绘图区"绘制两个圆心为 A 同心圆,利用"线段直尺工具",通过圆心 A 绘制一条直线 k。然后选择"点工具",在大圆上绘制一个点 D,点击"线段工具",绘制线段 AD 并交小圆与点 E。同时选中点 D 和直线 k,选择"构造"菜单中的"垂线"命令,会出现一条过点 D 垂直于直线 k 的直线 l。同时选中点 E 和直线 k,选择"构造"菜单中的"平行线"命令,会出现一条过点 E 平行于直线 k 的直线 j。这时,我们设直线 l 和直线 j 的交点为 G。双击圆心 A,标记其为中心点,选中点 D,选择"变换"菜单中的"旋转"命令,旋转 $90°$ 后得到点 D'。选中点 D',用同样的方法旋转 $90°$ 后得到点 D'',同样的得到点 D'''。最后按照构造点 G 的方法,构造出点 I、点 J、点 M,并将这四个点连成线,形成一个平行四边形,将其作为正方体的底(附图 2-23)。

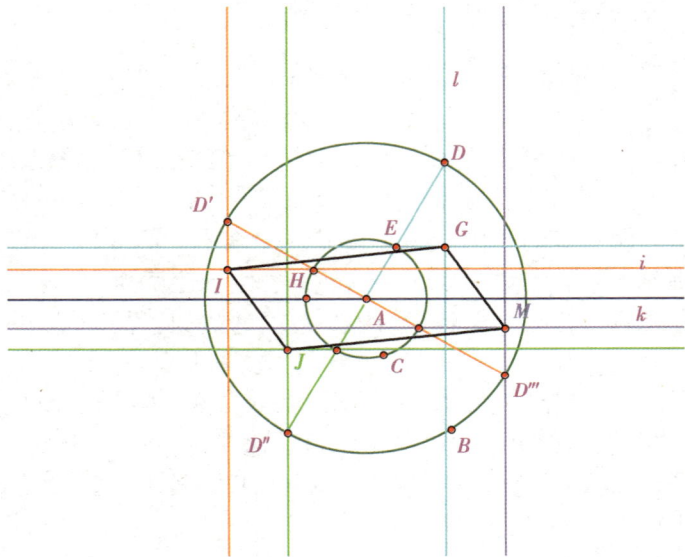

附图 2-23

2. 绘制正方体。隐藏不用的点和线,保留两个同心圆和平行四边形及点 C、B、D。同时选中点 A 和点 B,选择"度量"菜单中的"距离"命令,"绘图区"会出现度量值"$AB=3.65$"。选中点 G,选择"变换"菜单中的"平移"命令,然后单击度量值"$AB=3.65$",在"平移"对话框中,选择"标记距离",最后点击"平移"按钮,这时会出现平移点 G'。按同样的方法作出点 I 的平移点 I'、点 J 的平移点 J' 和点 M 的平移点 M'。将点连成线,这时就绘制出正方体 $GIJM$-$G'I'J'M'$。

3. 制作控制按钮。选中点 D,选择"编辑"菜单中"操作类按钮"下的"动画"命令,在弹出的对话框中将标签改为"旋转的正方体",单击"确定"。隐藏不用的对象(附图 2-24)。

这时,移动点 B 和点 C,可以使正方体改变形状。单击"旋转的正方体"按钮,就可以看到一个旋转的正方体,再次单击"旋转的正方体"按钮,就会停止旋转。

附录 2-6　统计图的绘制

在教材的第十章中,我们介绍了频率分布直方图、一元线性回归等统计知识,下面举例(应用 Excel 2010)讲解统计图的绘制。

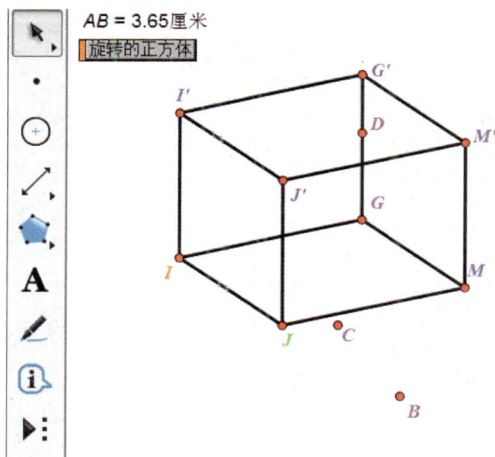

AB = 3.65厘米
旋转的正方体

附图 2-24

一、绘制频率分布直方图

例:调查某职校三年级学生的身高,随机抽取 40 名学生,实测身高数据(单位:cm)如下:

171,163,163,166,166,168,168,160,168,165;
171,169,167,169,151,168,170,168,160,174;
165,168,174,159,167,156,157,164,169,180;
176,157,162,161,158,164,163,163,167,161。

分析样本的数据:其最小值是 151,最大值是 180,它们的差是 180−151＝29(cm)。取组距为 3(cm)将数据分为 10 组。得到频率分布表如下:

分组	频数	频率
150.5~153.5	1	0.025
153.5~156.5	1	0.025
156.5~159.5	4	0.100
159.5~162.5	5	0.125
162.5~165.5	8	0.200
165.5~168.5	11	0.275
168.5~171.5	6	0.150
171.5~174.5	2	0.050
174.5~177.5	1	0.025
177.5~180.5	1	0.025

软件绘制频率分布直方图操作步骤如下:

1. 录入数据。新建工作表,在 A1 单元格输入"分组",在 A2 到 A11 单元格内输入表中的分组数据,在 B1 单元格输入"频率",在 B2 到 B11 单元格内输入表中的频率数据(附图 2-25)。

2. 根据数据生成柱形图。选取单元格 A1 到 B11 区域的数据,选择"插入"菜单中的"图表"按钮下的"二维簇状柱形图",这时得到一个柱形图。

附图 2-25

3. 绘制频率直方图。更改"图表标题",删除"网格线",增加"数据标签",调整数据系列的"分类间距"、"边框颜色"等格式,设置"水平(类别)轴"和"垂直(值)轴"的格式等(附图 2-26)。

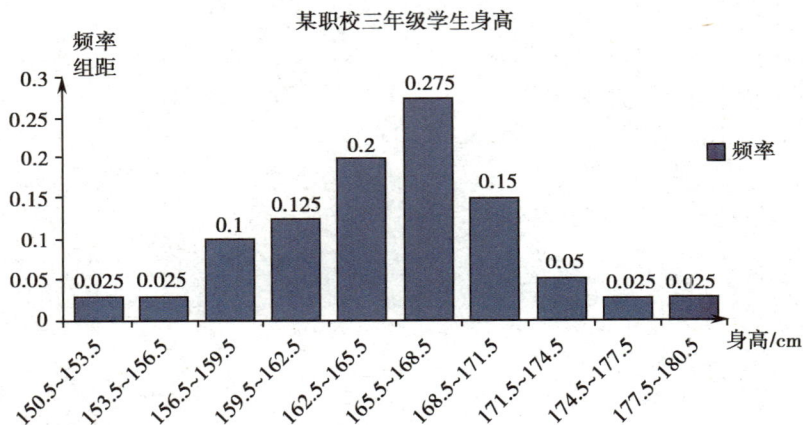

附图 2-26

二、绘制一元线性回归方程的散点图

例:要分析 10 名学生入学的数学成绩和高一年级期末数学考试成绩,数据如下:

x	63	67	45	88	81	71	52	99	58	76
y	65	78	52	82	82	89	73	98	56	75

表中 x 是学生入学数学成绩,y 是指高一年级期末考试数学成绩。为了探求两者之间的关系,我们以 x 的取值为横坐标,以 y 相应的取值作为纵坐标,利用软件绘制散点图,操作步骤如下:

1. 录入数据。新建的工作表,在单元格 A1 到 K2 中依次输入上表中数据。

2. 根据数据生成散点图。选中单元格 A1 到 K2 的区域,选择"插入"菜单中的"散点图"按钮下的"仅带数据标记的散点图"选项,这时出现一个散点图图表。

296

3. 绘制散点图。选中图标，然后选择"图表工具"的"布局"，再单击"趋势线"按钮下的"线性趋势线"选项，并且"显示公式"，这时在图表中就增加了数据的"趋势线"；增加"主要纵网格线"，设置图表标题格式、图例格式、数据系列格式、水平(垂直)坐标轴格式等(附图 2-27)。

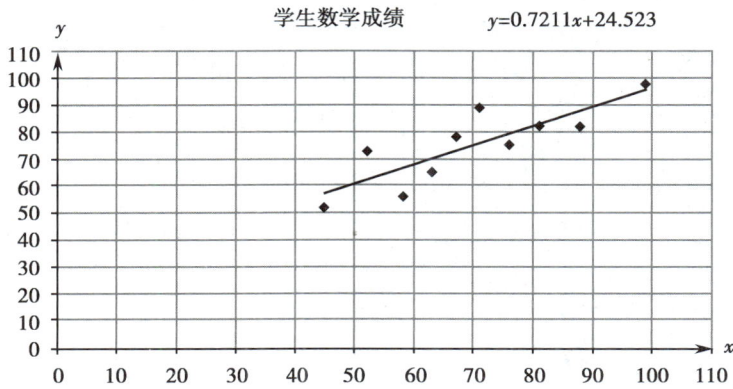

学生数学成绩　　　$y=0.7211x+24.523$

附图 2-27

(肖芬芬　姜　珊)

参 考 文 献

1. 李广全,李尚志. 数学(基础模块)(下册)(修订版). 北京:高等教育出版社,2013.
2. 职业教育课程教材研究开发中心. 数学(基础模块)(下册). 北京:人民教育出版社,2009.
3. [日]樱井进著. 陈晓丹译. 有趣得让人睡不着的数学. 北京:人民邮电出版社,2012.
4. 于莉萍,李智成. 数学. 北京:中国医药科技出版社,2013.